통속의 계보학

한국개념사총서 일상 편 4 통속

통속의 계보학
개념으로 읽는 통속의 변천사

강용훈 지음

2025년 12월 8일 초판 1쇄 발행

펴낸이	한철희
펴낸곳	돌베개
등록	1979년 8월 25일 제406-2003-000018호
주소	(10881) 경기도 파주시 회동길 77-20 (문발동)
전화	(031) 955-5020
팩스	(031) 955-5050
홈페이지	www.dolbegae.co.kr
전자우편	book@dolbegae.co.kr
블로그	blog.naver.com/imdol79
인스타그램	@Dolbegae79
페이스북	/dolbegae

편집	김진구
표지디자인	석운디자인
본문디자인	이은정·이연경
마케팅	고운성·김영수·정지연
제작·관리	윤국중·이수민·한누리
인쇄·제본	상지사 P&B

ISBN 979-11-94442-79-0 (94910)
      979-89-7199-562-4 (세트)

• 책값은 뒤표지에 있습니다.
• 이 책의 내용 일부라도 재사용하려면 출판사와 저자 양측의 동의를 받아야 합니다.
• 이 책은 2018년 대한민국 교육부와 한국연구재단의 지원을 받아 간행되었다(NRF-2018S1A6A3A01022568).

한국개념사총서 일상 편 4 | 통속

통속의 계보학

개념으로 읽는
통속의 변천사

강용훈 지음

돌베개

차례

한국개념사총서 일상 편 발간사 7
프롤로그 10

1장 '통속' 개념과 근대 한국 사회가 바라본 '속'俗

1 '통속'의 위치: 공통적인 것과 저급한 것 사이에서 21
2 '통속' 개념을 바라보는 시각 32

2장 '속' 관련 문화의 변동과 '통속' 개념의 부각

1 20세기 이전 '속' 관련 어휘들과 '통속' 51
2 보통교육의 제도화와 '통속' 56
3 '통속'의 언어들 64

3장 식민지 전반기(1910~1931) '대중' 인식 변화와 전유되는 '통속'

1 식민통치의 확대와 '통속강연'의 주체들 75
2 근대적 지식의 통속화와 일반인의 화법 83
3 사회운동의 대중화와 금지/허용의 경계 97
4 '대중' 내부의 이질성과 '통속' 개념의 전유 111

4장   식민지 후반기(1931~1945) 통속문화의 지반 탐색

  1 '통속'의 위상 변화와 '속' 문화의 상품성   133
  2 '상식'과 연결된 '통속'   145
  3 전시체제의 '속' 문화는 변화할 수 있는가   161

5장   해방 직후 '통속' 개념의 사용 양상

  1 집합적 주체의 귀환과 '통속'의 용법 축소   179
  2 남·북한 '통속' 개념의 차이   186

6장   전후戰後의 문화 변동과 '대중성', '통속성'의 차별화

  1 전후의 윤리 문제와 '통속'의 역할   201
  2 대중성의 재인식과 차별화된 '통속성'   210
  3 혁명 전후前後의 '통속'   219

7장   문화 민주화 시대의 '통속'

  1 문화산업의 융성과 문화 통제의 이면   233
  2 문화의 민주화와 문화 생산 주체로서의 '대중'   244
  3 1987년 이후의 '통속'   259

    에필로그   276

    미주   293
    참고문헌   345
    찾아보기   361

일러두기

1. 본문에 표시된 굵은 고딕서체는 이 책의 저자가 강조 및 구별 목적으로 한 것이다.
2. 본문에 인용된 자료 원문 중 현재의 표기법에 따라 수정한 것이 있다.
3. 이 책의 내용과 관련된 선행 연구 검토는 주로 미주 부분에서 진행했다.

한국개념사총서 일상 편 발간사

한림대학교 한림과학원은 19세기 중엽 이후 100년을 근대 개념 형성의 핵심적인 시기로 간주하여 한반도에서 사용되어온 정치·사회적 개념들의 탄생과 형성 과정을 다각도로 탐구해왔습니다. 전통적인 개념들의 의미가 변용되고, 번역을 통해 새로운 개념이 유입된 경위, 기존의 의미와 충돌하여 개념들의 선택과 굴절이 일어나는 과정들이 차츰 밝혀지고 있습니다. 현재 진행 중인 일련의 한국개념사총서 발간 작업은 그러한 노력의 산물입니다.

그러나 우리는 한반도가 세계사 흐름에서 차지하고 있는 '주변'적인 성격에 주목하지 않을 수 없었습니다. 정치·사회적 개념을 분석하는 것만으로는 한국 근대의 경험을 충분히 재현할 수 없다는 생각을 하게 되었기 때문입니다. 20세기 전반기 대부분을 일본 제국주의의 '식민지'로, 20세기 후반기를 냉전의 최전방인 '분단' 국가로 지내온 우리 사회에서 근대 학문의 제도적 기반이나 자유로운 공적 논의의 공간은 취약했으며, 따라서 정치·사회 개념의 운동성과 사회적 파급력 역시 상대적으로 제약되었던 것이 사실입니다. 이러한 문제의식에서 우리는 '일상 개념'의 영역에 주목하게 되었습니다.

그동안 '일상'을 '평범하고 무가치한 일들이 이어지고 반복되는 곳'으로 인식해 학문적인 탐구 대상에서 제외하는 경향이 있었습니다. 그러나 최근 '일상'을, 정치·경제·이데올로기적 규율이 관통하는 영역이면서도 이러한 규율에서 벗어나려는 다양한 힘과 감정, 열망이 공존하는 복합적이고 역동적인 공간으로 새롭게 인식하게 되었습니다. 다시 말해, '일상'을 분석하는 일은 식민지와 분단이라는 정치적 거대 '사건'이 개인들의 경험적인 세계에 깊숙이 자리 잡은 양상들을 살펴보는 작업입니다. 동시에 이로부터 벗어나려는 원심적인 힘들이 끊임없이 작용해온 한국 근대의 또 다른 특성을 규명하는 일이기도 합니다.

이에 한림과학원은 2009년부터 '한국개념사총서 일상 편'을 기획하여, 역사와 정치의 주류적 관심에서 제외된 개념군, 이데올로기적 시각에 의해 간과되었던 삶의 영역 등을 표현하는 개념에 주목했습니다. 이 시리즈는 다음 세 가지의 특별한 학문적 의미를 가집니다.

첫째, 한국 개념사 연구의 지평을 일상 속으로 투영해 연구 영역을 확대하는 의의가 있습니다. 일상 개념에는 보통 사람들이 간직한 삶의 경험과 기대가 응축되어 있으며, 그들은 일상적인 실천 속에서 다양한 개념들을 사용하면서 세계를 해석하고 변화시켜 나갔습니다.

둘째, 두터운 의미를 내장한 일상 영역으로부터 주류적인 역사의 흐름에서 배제된 경험들을 추출하고 집약해, 현재 우리의 일상적인 앎을 구성하는 지식체계나 우리에게 익숙한 지배적인 인식의 틀을 낯설게 하고 상대화하는 의의가 있습니다. 자명해 보이는 것들을 의심하는 일은 오늘날의 우리 사회를 좀 더 나은 세상으로 만드는 노력으로 이어질 것입니다.

셋째, 한국 개념사 연구에 효과적인 방법론을 만드는 데 기여하는 의의를 가집니다. 한국의 근대 경험은 공적 논의의 조건이 상대적으로 협소했던 만큼, 일상 개념의 역할과 위상에 주목할 필요성이 커집니다. 예를 들면 '청년', '취미' 등의 일상 개념은 주권이 부재했던 식민지 시기에도 특히 활발한 의미의 확장과 운동성을 보였습니다. 그 의의가 '국가'나 '국민' 같은 정치 개념의 위축 상황을 단순히 보완하는 데 그치지는 않을 것입니다. 이처럼 일상 개념을 적극적으로 시야에 넣어 고려하는 작업은 한국의 정치·사회 개념들이 논의된 장場 자체의 역사적 특성을 밝혀줄 뿐만 아니라, 우리들의 근대 경험을 온전하게 반영하여 한국 개념사 연구의 모델을 정립하는 데 중요한 단서가 될 것입니다.

한림대학교 한림과학원
원장 이경구

프롤로그

'통속' 연구를 하게 된 계기

왜 '대중'이 아니라 '통속' 개념을 연구합니까? '통속' 개념의 변화 양상에 대한 책을 준비하고 있다고 할 때 자주 받은 질문이다. "'대중'에 대한 연구는 이미 많이 발표되지 않았나요?"라고 얼버무려 말했지만, 마음 한편에 불충분한 대답이라는 생각이 남아 있었다. 이 책을 써나가는 과정에서 이 질문에 대한 대답을 계속 고민했다. 이러한 질문을 받게 되는 이유는 '대중'이 '대중문화', '대중지성'과 같이 오늘날 사회·문화의 변화를 이끌어내는 주요 키워드와 연결되며 그 확장성을 보여주는 개념인 데 비해, '통속'은 '저속'의 의미를 주로 담고 있다고 인식되며 최근에는 비교적 활발하게 쓰이는 말도 아니기 때문이다.

'통속' 개념 연구를 시작해야겠다고 결심한 것은 우연한 계기였다. 2013년 1월에 열린 학술회의 '사상의 형상, 병문屛門의 작가―새로운 염상섭 문학을 찾아서'에 청중으로 참석하여, 성균관대학교 한기형 선생님의 「노블과 식민지―염상섭 소설의 통속과 반통속」(『대동문화연구』 82, 성균관대 대동문화연구원, 2013)이라는 발표를 듣게 되었다. 그 발표에서 염상섭 장편소설에 나타난 '통속성'을 1920년대 사용된 '통속' 개념, 그리고 '대중의식의 성장'과 연결하여 설명하는 부분이 인상적이었다. 마침 그 무렵 발간된 나의 첫 책 『비평적 글쓰기의 계보—한국 근대 문예비평의 형성 과정』(소명출판, 2013)에서 1920년대 김기진의 대중화론을 비판적으로 논하며 그 논의에 나타난 '통속' 개념에 대해 연구한 적이 있기 때문에 그 설명이 더 흥미롭게 다가왔다. 그때 나는 한림대학교 한림과학원 인문한국사업단 '동아시아 기본 개념의 상호소통'팀에서 일하며 '한국개념사총서 일상 편' 관련 업무를 맡고 있었는데, 사업단에 '통속' 개념으로 총서 한 권을 집필하겠다는 기획서를 제출해 허가를 받은 후 본격적으로 연구를 시작하게 되었다.

'통속' 개념을 연구하며 고민한 지점

처음 연구를 시작할 때만 해도 '통속' 개념의 어원이 서양의 근대 개념어에 있는 것인지, 동아시아의 전통적 용례에 있는 것인지를 확정하지 못해 혼란스러웠는데, 이후 발표된 한문학 분야의 연구 성과들을 공부하며 그 말이 '아'雅와 '속'俗, 즉 상위계층의 문화와 하위계층의 문화가 분리된 동아시아 전통 질서를 반영하는 동시에, '속 문화'와의 관련성을 드러내는 용어라는 것을 알게 되면서 연구를 진척할 수 있었다. '통속' 개념이 20세기 이후 한국의 매체에서 사용된 양상을 연구해나가며 나는 크게 세 가지 지점을 고민하게 되었다.

우선, 오늘날 우리가 '통속'이라는 말을 사용하는 방식과 해방 전후 한국어 사전에 서술된 '통속' 간 의미 격차다. 1938년 편찬된 최초의 우리말 사전인 『조선어사전』에서 '통속'은 '모든 세상에 널리 통하는'의 의미로 쓰이고 있다. 오늘날 사전 역시 '통속'에 이러한 의미가 담겨 있다고 해설하지만, '저속하다'는 의미가 담겨 있다는 점도 소개하고 있다. 오늘날 일상에서 '통속'은 후자의 의미로 더 활발하게 사용된다. 그러나 이 책의 초점은 오늘날 우리가 '통속적'이라고 생각하는 문화가 과거에 어떤 모습을 지니고 있었는지를 살펴보는 게 아니라, 20세기 한국에서 '통속'이라는 말이 일상적으로 쓰이던 양상을 탐색하는 데 맞춰졌다. 그러한 작업은 1930년대 한국어 사전 속 '통속'에 '모든 세상에 널리 통하는'이라는 의미가 어떻게 담기게 되었는지를 분석하는 일과도 이어져 있다.

다음으로, 20세기 전반기 '통속'의 일상적 용법을 연구하는 과정에서 나는 그 용례의 상당수가 '통속강연' 혹은 '통속교육'과 관련되어 있음을 발견하게 되었다. 문학과 대중문화 영역에 초점을 맞추어 '통속'을 연구하던 기존 시각에서 볼 때 이러한 현상은 낯설게 느껴진다. 물론 그 용법은 지식을 가진 자가 그렇지 못한 자를 깨우치려는 계몽적 시각이 남아 있던 시대의 산물로 볼 수 있다. 그렇지만 '통속강연' 및 '통속교육' 관련 용례를 탐색하다보면, 그 활동의 기획 주체, 활동에 담긴 주제, 식민권력이 그 활동에 대응하는 양태 등이 변화하고 있었음을 알게 된다. 조선총독부 등 식민권력뿐 아니라 민족운동, 여성운동, 사회주의 운동을 이끌던 이들도 '통속강연'을 기획하고 있었다는 점, 그 활동이 강연 청중들과 만들어내는 예기치 않는 움직임을 식민권력이 경계하고 있었다는 점, 그리고 중일전쟁이 발발한 1930년대 후반의 시점에 강연의 수가 급격하게 축소되었다는 점을 1920~1930년대 신문 기사 속 '통속강연' 용례를 통해 확인할 수 있었다. 이는 '통속' 개념이 환기하는 '속'俗의 세계가 고정된 영역이 아니라 다층적 주체들이 개입하고 충돌하며 '민중' 혹은 '대중'으로 지칭되던 이들의 일상 문화와 상호 작용하던 공간이었음을 보여준다. 이 책의 제목인 '통속의 계보학'은 '통속'으로 불리던 문화의 영역에서 작동하고 있는 이질적 힘들이 어떻게 관계 맺으며 충돌하고 있었는지 탐색하려는 문제의식을 담고 있다.

    마지막으로, 나는 이 책을 쓰며 '통속'과 '대중' 개념이 어떻게 연관되는지 고민했다. 1920년대 후반부터 '통속'은 문학·문화 영역에서 '대중' 개념과 함께 사용되기 시작했고, 그 양상은 20세기 동안 지속되었다. 그러나 '통속'과 '대중'의 관련성을 고찰하는 시각은 시대에 따라 변하고 있었다. 1920년대 후반 '통속'은 '하층 대중'의 문화로 규정되기도 했지만, 1930년대 '통속'은 '대중'과 거의 유사한 의미를 지니는 개념으로 쓰였으며, 1950년대 이후에는 '통속'과 '대중'을 구별하는 용례가 두드러진다. '통속'과 '대중' 개념의 관련성이 변화하고 있는 양상은 '통속'과 '대중'을 연구하는 작업이 별개의 것이 아니라는 점을 말해준다. '통속' 개념의 사용 양상 변화를 탐색하는 일은 대중문학·문화의 특성으로 인식되는 요소들이 어떻게 구성되었는지, 그리고 어떤 문화적 특성이 '대중문학·문화'로 간주되기 시작한 영역에 온전히 포섭되지 못했는지를 분석하는 작업과도 연결되어 있다.

    '통속'이라는 용어는 20세기 전반기 '강연' 및 '교육'과 관련된 용례가 다수였지만, '통속' 개념의 의미를 규정하는 논의는 문학·

문화의 영역에서 압도적으로 많이 발표되었다. 그 논의에는 '통속' 관련 문화를 비판적으로 바라보며 통속문화와 자신들이 의미 있다고 생각하는 문화를 구별하려는 시각이 주로 담겨 있다. 그렇기에 개념에 초점을 맞춰 '통속' 관련 변천사를 탐색하는 이 책의 작업은 최근 발간되고 있는 '대중문화사' 저서들(대표적으로 김창남, 『한국 대중문화사』, 한울아카데미, 2021)과는 그 내용적 구성에 있어서 일정 부분 차이를 지니게 된다.

이 책은 문학·문화 활동 주체들의 시각에 담겨 있는 구별 짓기의 욕망이 당대의 통속문화를 배제하는 양상에 대해 비판적으로 검토했지만, 그러한 욕망이 특정 시기마다 조금씩 다르게 표출되었다는 점, 그 시각에는 지배권력 혹은 문화산업의 영향으로 획일화되고 있던 문화적 상황에 대해 문학·문화 활동 주체들 중 일부가 느꼈던 거부감 혹은 두려움이 깔려 있었다는 점에도 주목했다. 그들이 비판적으로 바라보고 있던 당대의 문화 변동은 그 시기의 여러 사회 구성원들이 공통으로 대면해야 하는 상황이기도 했다. 이 책은 그들의 '통속' 관련 담론이 당대의 사회·문화적 맥락 속에서 어떠한 수행적performative 효과를 발생했는지 분석하려 했다.

이상의 고민들이 이 책이 완성되기 직전인 2025년 하반기에 이르러서야 비교적 명확하게 정리될 수 있었다. 2015년 한림대 한림과학원을 떠나 인천대에서 학생들을 가르치게 된 이후 한동안은 '통속' 연구에 집중하지 못했다. 이 책을 완성해야겠다고 다시 마음을 먹은 2021년 가을 이후 4년 동안은 처음 이 책을 구상했던 2013년에 비해 한국의 학술·문화 지형이 급격하게 변화했다는 생각을 하게 되었다. 대중문화 연구 성과가 활발하게 발표되고 있었지만 이를 비판적으로 바라보는 시각도 적지 않았던 2010년대 초반과 달리, 2020년대에는 '웹소설'로 대표되는, 새로운 유형의 대중 서사에 대한 연구도 활발하게 진행되고 있었고, 대학들은 'K-컬처'로 지칭되는 한국 대중문화에 대해 적극적 관심을 드러내고 있다. 이른바 고급문화와 통속문화를 구별하는 시각은 문학·문화의 교육 및 연구 영역에서 예전과 같은 영향력을 발휘하기 어려워진 것이다. 그렇기에 20세기 '통속' 개념의 변천사를 연구하는 일이 그 자체로는 의미가 있을 수 있다고 생각했지만, 그 작업이 오늘날의 문화와 어떻게 연결되는지를 가늠하기는 힘들었다.

그런데 수정원고를 출판사에 넘기려던 2024년 12월 3일 반헌법적 비상계엄이 선포되었다. 이 사건은 나로 하여금 1970년대부터 1990년대까지의 '통속' 개념을 연구한 마지막 장을 다시 쓰게 했고, 오늘날 '대중'이 만들어가고 있는 문화에 대해 한번 더 생각하게 했다. 시대착오적 비상계엄과 이에 반대하기 위해 모인 여러 주체의 움직임, 그리고 집회에서 울려 퍼지던 케이팝과 대면하며 나는 1970년대부터 1990년대까지 한국 사회와 문화의 변화가 2025년 오늘에도 적지 않은 영향을 미치고 있다는 것을 새삼 절감했다. '개념으로 읽는 통속의 변천사'를 쓰기 위해 이 시기의 담론들을 더 적극적으로 논의할 필요가 있다는 생각을 했고, 그 결과 책의 완성이 늦어졌지만 미흡하나마 7장(문화 민주화 시대의 '통속') 내용이 재구성될 수 있었다. 1970년대부터 1990년대까지 '통속'보다는 '대중'과 '민중'에 대한 논의가 주를 이루었지만, 그중 문화의 민주화 혹은 문화의 대중화를 강조한 담론, 그리고 이 담론들 중 일부에 나타난 '통속'에 대한 관점은 '통속' 개념을 바라보는 이 책의 문제의식을 되돌아보게 했다.

'K-컬처'로 불리는 오늘날의 한국 대중문화 그리고 그 문화를 향유하고 만들어가는 '대중'이라는 주체는, 그리고 그 안에 속한 나 역시 단일하거나 동질적이지 않다. '통속' 개념의 변천사를 재조명하는 이 책의 작업은 오늘날 대중이 만들어가는 문화, 그 문화의 이질적 기원들의 계보를 탐색하는 일과도 연결되어 있다.

이 책은 한림대학교 한림과학원에서 기획한 '한국개념사총서 일상 편'의 일환으로 구상되었다. 한림과학원에서 3년 8개월 정도 총서 관련 업무를 담당했을 때 많은 것을 배웠는데, 이번에 책을 출간할 수 있게 되어 기쁘다. 한림과학원에서 10년 넘게 기다려주셨기에 최종 마감 기한 직전에 책을 완성해야겠다고 마음먹을 수 있었다. 함께한 기간이 길진 않았지만, 한림과학원에서 보낸 시간은 이후 나의 연구를 지탱하는 버팀목이 되었다. 한림과학원의 여러 선생님들, '한국개념사총서 일상 편'을 처음 기획한 김지영 선생님께 다시 한번 감사드린다.

미완성 상태의 초고를 읽고 여러 조언을 해주신 노지승 선생님, 이주라 선생님, 장세진 선생님께도 감사드린다. 선생님들 덕분에 이 책을 어떻게 완성해야 할지 가늠해나갈 수 있었다. 2025년 1학기 인하대 한국어문학과 대학원에서 '한국근대독서문화사' 수업을 맡게 되었고, 그 수업을 수강한 대학원생들과 함께 공부한 덕분에 이 책의 7장을 구성할 수 있었다. 수업에서 함께 이야기를 나눴던 선생님들께도 감사드린다. 수정한 원고를 출판사에 제출할 때까지, 그리고 재수정하며 완성할 때까지 생각보다 시간이 많이 걸렸다. 기다려주고 배려해주신 돌베개 출판사 김진구 선생님께도 다시 한번 감사드린다. 인천대학교 그리고 여러 학회에서 만난 분들, 김말봉 소설을 함께 읽었던 '현대소설 읽기 세미나팀' 성원들,

번역 연구 모임의 여러 선생님들, 가족들에게도 이 기회를 빌려 감사의 인사를 전한다.

'통속의 계보학'으로 책 제목을 정한 의도가 이 책에 온전히 구현되었는지는 여전히 의문이다. 부제인 '개념으로 읽는 통속의 변천사'가 이 책의 실상에 더 가깝지 않을까, 생각해본다. 그럼에도 이 책이 '통속' 혹은 '대중' 및 '대중문화'와 관련하여 여러 고민을 해나가는 분들에게 도움을 주는 또 다른 아카이브가 될 수 있으면 좋겠다.

2025년 11월
강용훈

1장

'통속' 개념과
근대 한국 사회가
바라본 '속'俗

1   '통속'의 위치
: 공통적인 것과 저급한 것 사이에서

통속과 저속

1955년 7월 4일 『경향신문』에 「통속通俗과 저속低俗」이라는 기사가 실렸다. 이 기사는 1951년 발행된 『우리말사전』¹에 근거하여 '통속'과 '저속'의 의미를 구분하려 시도한다. 『우리말사전』에서 '통속'은 "일반 세상의 풍속" 혹은 "모든 세상에 널리 통하는 것"이라는 의미로 해설된 반면, '저속'은 등재되어 있지 않았다. 『경향신문』 기사는 '저속'을 '고상하지 못하다', '점잖지 못하다', '천속하다'의 의미로 규정하며 '통속'은 '저속'과 달리 '일반의 흥미' 혹은 '대중적 기반'을 강조하는 용어라는 점을 부각시킨다. 『우리말사전』을 빌려와 이 기사가 비판하는 대상은 '통속'을 '저속'으로 규정하는 논자들이었다. 『경향신문』은 이들에 의해 대중잡지나 신문에 실리는 소설 혹은 악극이나 유행가가 천하고 속악한 것으로 취급되고 있는 상황에 반발하고 있었다.

통속소설이 머 어때서?!

『경향신문』 기사는 '통속'이라는 용어가 당대에 사용되던 양상과 그 말의 사전적 의미가 차이를 빚고 있었음을 보여준다. 이러한 차이는 1940년 이태준이 「통속성 기타」에서 언급한 내용이기도 하다. 이태준은 통속성 없이는 아무런 사회적 행동도 이루어질 수 없다고 말하며, 당대에 사용되는 "'통속성'이라는 말이 '저급'이란 말로 오해되고 있음을 지적한다.[2] 『경향신문』 기사에서 볼 수 있듯 '통속성'에 대한 이태준의 문제 제기는 15년 후에도 유사한 양태로 반복되고 있었다.

국립국어원에서 편찬한 『표준국어대사전』에 따르면, 오늘날 '통속'은 "세상에 널리 통하는 일반적인 풍속"과 "비전문적이고 대체로 저속하며 일반 대중에게 쉽게 통할 수 있는 일"의 의미를 지니고 있다.[3] 『표준국어대사전』에서 정리되고 있는 두 가지 의미는 이태준의 「통속성 기타」, 그리고 『경향신문』 기사 「통속과 저속」에서 확인할 수 있는 것처럼 식민지 시기와 1950년대 우리 사회의 '통속' 용례에 모두 나타나고 있었다.

그런데 1938년 발간된 최초의 우리말사전 『조선어사전』, 그리고 그 사전을 계승하여 1950년대 발행된 『우리말사전』에서 '통속'의 의미는 "일반 세상의 풍속" 혹은 "모든 세상에 널리 통하는 것"으로만 서술되었다.[4] 이때의 국어사전과 비교했을 때 오늘날의 사전에는 '통속' 개념의 의미와 '저속'을 연결하는 용법이 두드러진 것이다. 그러나 그 당시의 사전에는 실려 있지 않다 해도, 식민지 시기와 해방 직후의 우리 사회에서 '통속' 개념은 오늘날 『표준국어대사전』에서 정리되고 있는 두 가지 의미로 이미 사용되고 있었던 것 또한 사실이다. 이태준의 글, 그리고 『경향신문』 기사는 '통속'이라는 용어가 당대에 사용되던 양상과 그 말의 사전적 의미가 충돌하고 있었으며 '저급'으로 '통속'을 규정하는 용법이 두드러졌음을 보여준다.

'통속'을 '저속'의 의미로 주로 규정하는 용법은 '통속'의 속성을 고정된 것으로 규정하고, 이를 바탕으로 개별 작품 혹은 특정 시대 문화적 경향의 가치를 낮게 평가했다. 대중문화의 영향력이 그 이전 시기에 비해서 비약적으로 확장된 오늘날에도 이러한 용례는 적지 않게 나타나고 있다.[5] 그런데 오늘날에는 '통속'으로 규정되는 문화를 비하하는 시각에 질문을 던지는 용례 역시 발견된다. '통속작가'로 인식되었던 김말봉의 생애와 소설들을 연극으로 만들어 화제가 된 《통속소설이 머 어때서?!》(2023)가 그 대표적 예다.

이 연극을 소개한 신문기사는 김말봉의 소설들을 'K-드라마의 원조'로 규정하고 있다.[6] 한국 대중문화의 영향력이 커진 것과 맞물려 그 대중문화와 연관성이 있지만 기존 문학사에서 '통속작가'로 규정된 채 그 의미가 충분히 서술되지 않은 작가를 재평가하려는 움직임이 학술계와 공연 문화에서 나타났고, 그 과정에서 '통속'의 가치를 폄하하는 용법에도 의문이 제기된 것이다.[7] 그러나 이 용법 역시 1950년대 발행된 『우리말사전』 그리고 1955년 『경향신문』 기사 「통속과 저속」에서와는 달리 '통속'의 의미를 '저속'으로 규정하는 용법을 전제로 한 후 그 용법에 대해 의문을 건지고 있다. 이는 역설적으로 오늘날에도 '통속'을 '저속'으로 한정하는 견해가 암묵적 영향력을 발휘하고 있는 점을 환기시켜준다.

과거의 '통속'과 20세기 이후의 '통속'

'통속'을 '저속'한 것으로 해석하는 용법은 근대 이전 '통속' 개념의 의미와도 관련이 있다. '통속'은 '통하다'의 의미를 내포하는 '통'通과 중층적 의미를 내포하는 '속'俗이 결합된 말이다. "'속'俗과 통하다"는 뜻을 담고 있기에 '통속'은 '속'俗이 어떻게 인식되느냐에 따라 다른 양태의 의미를 부여받게 된다.

차태근의 연구에 따르면, 중국에서 '속'은 '아'雅와 비교했을 때 "중앙(수도)에 비해 지방"을, 상위계층에 비해 하위계층을, "보편적 규범에 비해 지방적 특수성을, 문자에 비해 음성[口傳]을 지칭"하던 용어였다. 중국의 전통 지식계층은 "자신들이 추구하는 문화와 가치"를 속俗과의 대비를 통해 형성했고, 이른바 '속 문화'가 비약적으로 발전한 송나라 시대에 통치 이데올로기로서 아雅를 중시하는 경향, "기성의 누적된 문자문화"를 습득하고 활용하는 능력과 '속' 관련 문화를 대비시키는 경향은 지속되었다.[8]

조선 사회에서도 '아'와 '속'은 변별되는 문화적 지향을 드러내는 용어였지만 18세기에는 그 경계를 넘나들며 "속을 예술의 자산으로 활용"하려는 시도들이 나타났다.[9] 역사학계의 연구에 따르면 18세기 조선의 지배층은 '유속'流俗이라는 용어를 부정적 의미로 사용하며 당대 사회 변화를 비판했지만, '속'을 긍정하려는 "새로운 문화 기운"마저 거부할 수는 없었다. 하지만 이러한 문화적 변화가 "속俗과 관련한 용어의 변천"까지 만들어내지는 못했다.[10]

선행 연구에서 지적했듯이 '속'俗과 관련된 용어는 20세기 이전 조선 사회에서 다양한 용례로 사용되고 있었다. ① "일반적으로 행해지는 생활문화를 지칭하는 '세속', '풍속', '습속', '시속'",

② 평범이나 보통을 지칭하는 '범속', '속인', ③ 고상한 가치에 대비되는 '저속', '속류' 등의 말들이 그 대표적 예다.[11] 20세기 이전에는 '풍속', '세속', '시속', '범속' 등 "'속'俗에서 파생한" 다양한 용어가 존재했고,[12] '통속' 역시 '속' 관련된 용어의 범주에 자리한 말들 중 하나였다.

'통속'이라는 말은 20세기 이전과 이후 용어의 사용 양상에 있어서 상당한 변화를 드러내고 있다. '통속'은 근대 이전 중국에서도 사용되던 말이었다. 중국 청나라의 임대춘은 한나라 시대의 콕건이 편찬한 책으로 알려진 『통속문』을 『일체경음의』에 모아서 하나의 책으로 엮었으며, 청나라의 적호는 『통속편』이라는 책을 펴낸 바 있다.[13] 이 저서들은 "시중에 유통되는 생활언어를 설명"한 책, 즉 '속어'를 모아놓은 책들이었다.[14] 또 한국, 중국, 일본 등 동아시아 삼국에서 '통속'은 중국의 백화소설(예컨대 『통속 삼국지연의』 같은)과 관련하여 민간에 향유되던 서적을 일컫는 말이기도 했다.[15]

조선에서 '통속'은 『조선왕조실록』과 『승정원일기』에는 관련 용례가 대략 한 차례씩만 등장할 정도로 근대 이전의 사용법이 제한되어 있었다. 근대 이전 '통속'은 당대 문화의 변화를 드러내는 용어로 빈번하게 사용되지 않았던 반면, 20세기 전후로는 교육제도, 언어 질서 및 문학활동까지 포괄하는 문화 변동과 긴밀하게 관련 있는 어휘로 사용되며 그 용례를 확대해나갔다.[16] 향후 서술하겠지만, 이러한 변화는 근대적 대중의 형성 과정과 연관되어 있다. 그렇기에 '통속' 개념의 사용 방식 변화는 '속'과 관련된 20세기 한국 문화 변동을 드러내는 지표로 참조될 필요가 있다.

한국 사회가 '속'俗을 바라보는 방식

'통속'이라는 말이 1900년대 이후 영어 'popular'의 번역어 역할을 담당하게 된 것은 당시 진행되던 문화 변동의 상황을 보여주는 상징적 사례다. 외국인 선교사들이 편찬한 이중어사전[17]에서 '통속'이 등재된 것은 언더우드의 1925년판 『영선자전』英鮮字典부터였으며, 이 사전에서 '통속'은 'popular'의 의미를 번역하는 용어 중 하나로 부각되기 시작한다.[18] 비슷한 시기인 1928년 간행된 김동성의 『최신 선영사전』에서는 '통속'을 'popular'와 'common'으로 번역하고 있다.[19] 이는 '통속'이라는 말이 오늘날에는 주로 '대중적인'으로 번역되는 'popular'의 의미, '공통적인 것'을 의미하는 'common'의 의미를 함께 내포하고 있었음을 보여준다.[20]

레이먼드 윌리엄스의 분석에 따르면, 영어 'popular'와 'common'은 다층적인 의미를 내포하고 있다. 'popular'는 '인민의', '일반 대중에 속하는'을 의미하는 라틴어 'popularis'에서 유래한 말로 '인기 있는', '널리 보급된' 등의 의미를 지닌다. 또한 이 말에는 '저급한, 천한'과 같이 비하하는 의미도 담겨 있다. 이러한 이중적 의미는 'common'에서도 발견되는데 이 말은 '공통의, 함께할 의무가 있는'의 의미를 내포한 라틴어 'communis'에서 유래했다. 'common'은 '공유된 것', '통상적인 것'을 지칭할 때 주로 사용되지만, 이 말 역시 경멸적인 용도로 사용될 때는 '저급한'vulgar의 의미를 내포한다.[21]

서두에서 제기한 『경향신문』 사례나 이태준의 용법에서 발견할 수 있듯이 한국의 '통속' 개념은 영어 'popular' 및 'common'과 마찬가지로 다층적 의미를 내포하고 있었다. '통속'은 때로 세

김동성이 1928년 발간한 『최신 선영사전』 표지. 이 사전은 "한국인이 편찬한 최초의 한영이중어사전"이다. 황호덕·이상현 편, 『한국어의 근대와 이중어사전: 영인편 9권』, 박문사, 2012, 7쪽 및 19쪽.

상에 널리 통하는 풍속, 즉 공통적 문화를 의미했지만, 때로는 가볍고 저속한 문화를 지칭하는 말로 사용되었다. '통속' 개념의 의미가 '공통적인'common 것과 '저급한'vulgar 것 사이에서 운동하고 있는 상황은 '속'俗을 규정하는 당대의 인식 체계가 유동하고 있었던 것과 연관된다. 이는 제임스 게일James S. Gale이 편찬한 1897년 『한영사전』에서 '속되다'라는 말이 한편으로는 '공통된 것'to be common으로, 다른 한편으로는 '저급한 것'to be vulgar으로 번역된 것에서도 확인할 수 있다.[22]

그렇기에 한국에서 '통속' 개념의 사용 양상을 탐색하는 일은 어느 시기에 '속'이 '공통적인 것'으로 이해되었는지, 그리고 어느 시기에 '속'을 '저급한 것'으로 규정하는 양상이 두드러졌는지, 또 그 과정에서 '속'이 어떻게 규정되었는지를 분석하는 과정과 연동되어 있다고 볼 수 있다. '통속' 개념이 어떻게 사용되었는지 탐색하는 작업은 한국 사회가 '속'俗을 바라보는 방식의 변화 양상을 살펴보는 일인 것이다. 이 책은 근대 이전 '속'으로 지칭되던, '하위계층'의 문화를 바라보는 방식이 20세기 이후 어떻게 변화했는지, 그리고 그 변화를 만든 요인은 무엇인지를 탐색하려고 한다.[23]

'통속'과 'popular'의 번역어

이와 관련하여 눈여겨볼 부분은 한국에서 'popular'를 번역하는 방식이 해방 이후 변화하고 있다는 점이다.[24] '통속'은 식민지 시기 이중어사전에서 'popular'의 번역어 중 하나로 등재되었고, 이러한 양상은 1961년 『사상계』에 번역된 글 「고급·저급·모던—통속문화와 민주정체에 관한 고찰」에도 반복된다. 이 글의 저자인 I. 크리스톨은 'popular culture'를 18~19세기 인쇄술이 발달하고 무교육자들의 독해력이 신장됨에 따라 소설 등의 문학 양식을 중심으로 형성된 문화로 규정한 반면, TV나 영화, 광고로 대표되는 'mass culture'는 대량 생산되어 누구나 다 같이 즐길 수 있기에 더 강력한 힘을 지닌 문화로 인식한다. 이때 이 글의 번역자는 'popular culture'를 '통속문화', 'mass culture'를 '대중문화'로 각각 번역했다.[25]

    이에 비해 권영민은 1980년대 발표한 「대중문화의 확대와 소설의 통속화 문제」에서 'mass culture'와 'popular culture'를 모두 '대중문화'로 번역하고 있다. 권영민은 '대중문화' 안에 'mass culture'의 의미, 즉 '대량으로 생산된 문화'라는 의미와 'popular culture'의 의미, 즉 '대중들이 참여하여 수용하고 있는 문화'라는 의미가 동시에 담겨 있음을 지적한다. I. 크리스톨과 마찬가지로 권영민도 'mass culture'와 'popular culture'의 의미를 구분하고 있지만, 'popular culture'의 번역어로 제시된 용어에는 차이가 있었다. 권영민은 'mass culture'와 'popular culture'를 모두 '대중문화'로 번역한 후 '통속성'은 이와 구별되는 개념으로 제시하고 있었다.[26]

'popular'를 '대중적'으로 번역하는 방식은 권영민의 저서뿐 아니라 1980년대 전후 발표된 번역서 및 저서에서 나타나고 있었다. '대중문화'에 'mass culture'의 의미와 'popular culture'의 의미가 함께 담겨 있음을 강조한 언론학자 강현두의 논의가 그 대표적 예다.[27] 그러한 번역의 양상은 동시대 중국의 방식과는 차이를 드러냈고 있었다. 영국의 문화연구자 존 스토리의 『An Introductory Guide to Cultural Theory and Polular Culture』가 1991년 『문화이론과 통속문화입문』이라는 제목으로 중국에서 소개된 것에서 확인할 수 있듯,[28] 1990년대 초반까지 중국에서는 '통속'이 'popular'의 번역어로 상정되고 있었다. 중국에서 『통속철학』이라는 이름으로 발간된 책이 1989년 한국에서 『대중을 위한 철학』으로 번역된 것도 유사한 사례로 볼 수 있다.[29] 1980년대 중국에서 '통속' 개념은 당대의 한국에서는 '대중'이라는 용어와 대응되고 있었던 것이다.

그리고 1990년대 중반의 신문기사는 북한에서 사용되는 '통속'이라는 말에 부정적 의미가 내포되어 있지 않으며, 북한의 '통속' 개념이 1990년대 한국에서의 '대중'이라는 말과 유사한 양태로 사용되고 있음을 서술하고 있다.[30] 반면 '통속성'을 재인식하며 대중예술의 특성을 규명하려고 한 1990년대 이후 한국의 연구서

『대중예술의 미학』은 '통속'을 영어 'vulgar', 즉 '저속'의 의미가 담긴 용어와 연결하고 있으며 'popular'와 대응되는 개념으로는 '대중'을 제시하고 있다.[31]

1990년대 초반 한국에서 'popular'를 번역하는 방식이 중국과 달랐던 점, 그리고 한국과 북한의 '통속' 개념이 각기 다른 의미를 내포하고 있었던 점은 '통속' 개념과 관련된 문화 변동을 더 세밀하게 탐색해야 할 필요성을 드러낸다. 레이먼드 윌리엄스가 지적했듯 영어 'popular'에 복합적인 의미가 담겨 있었다는 점을 염두에 둔다면, 'popular'를 번역하는 용어가 '통속'에서 '대중'으로 바뀌어갔다는 점은 한국 사회에서 '속'과 관련된 문화를 인식하는 방식이 바뀌어간 양태를 보여준다고 볼 수 있다. 그 변동은 'popular'의 번역어 역할을 수행하기도 했던 '통속' 개념이 '저속'의 의미를 주로 내포하게 된 과정과도 맞물려 있었다.

'통속'의 계보학과 개념적 성찰

일상적 용법이 변화하고 있는 것과는 별개로 '통속'처럼 한국 대중문화의 변동과 긴밀하게 관련된 개념의 변화 양상을 탐색하는 작업은 심층적으로 이루어지지 않았다.[32] 이 책은 일상 속 '통속' 용례와 문학 및 문화 담론에서 사용된 '통속' 개념의 의미를 포괄적으로 탐색하는 동시에, '통속'과 관계를 맺으며 사용된 어휘들을 함께 분석하려고 한다. 나아가 그러한 연관 관계가 내포하는 사회·문화적 의미들을 서술하려고 한다.

20세기 이후 '통속'은 '보통', '대중', '상식', '윤리', '신파' 등의 개념과 연결되어 사용되며 그 의미망을 확대, 구축해갔다. 오늘날 우리가 일상에서 문화를 향유하고 비평할 때 빈번하게 쓰는 용어들이 '통속' 개념의 사용 양상 변화와 맞물려 있는 것이다. 그렇기에 '통속' 개념의 변화를 추적하는 작업은 한국의 일상적 문화를 비평하는 오늘날의 방식 자체를 되돌아보는 일로 이어질 수 있을 것이다.

'통속' 용법을 포괄적으로 검토하는 동시에, '통속'과 관계 맺는 다층적 용어를 탐색하려는 이 책의 문제의식은 미셸 푸코가 말한 '계보화' 작업과 연결된다.[33] 푸코는 "다양한 계보들을 중압적이고 원리적인 단일한 원인으로 통일하려는 발생학"과 계보학을 대립시키며 계보학에서 중요한 것은 "다양한 결정 요소들에 입각해 특이성의 출현 조건을 복원"하는 것임을 강조했다.[34]

오늘날 '통속'은 대중문화와 긴밀한 관련을 맺고 있는 개념으로 인식되고 있으며, 대중문화가 급속도로 성장한 1970년대 이후로는 '대중' 개념에 비해 그 용법이 현격하게 축소된 용어로 자리잡았다. 이 책은 '통속' 개념과 관계를 맺고 있는 다양한 용어들을 함께 살펴보며 '통속' 개념의 변화 양상에 깃든 사회·문화적 특성을 '대중문화'로만 한정하지 않은 채 살펴보려고 한다. 식민지 시기 활발하게 진행된 '통속강연', '통속문'으로 지칭되었던 언어적 변화의 흐름, 보통학교 제도와 식민지 시기의 검열, 그리고 분단과 민주화 등의 사회·정치적 상황 변화가 '통속' 개념의 사용 양상 변화에 미친 영향 또한 탐색하려고 한다. 역설적으로 이러한 작업은 오늘날 '대중'이 만들고 있는 다층적 문화를 입체적 차원에서 재조명하는 작업으로도 발전될 수 있을 것이다.

2   '통속' 개념을 바라보는 시각

개념사 연구와 키워드 연구

이 책은 20세기 한국에서 '통속' 개념이 사용된 양상을, 근대 이전의 '통속' 용례 및 19세기 후반부터 20세기 초반 일본과 중국 등 동아시아 사회의 '통속' 개념 용례와 비교하며 논의를 시작하려고 한다. 이를 통해 근대 한국의 '속'俗 관련 문화가 변동한 양상을 탐색해나갈 것이다. 1900년대 전후 동아시아에서 '통속' 개념은 교육제도, 지식 체계, 어문 질서의 재편과 긴밀한 관계를 맺으며 사용되었고, 이는 특정한 계층만이 향유했던 지식과 문자를 공통의 것으로 재배치하려는 움직임과 관련되어 있었다. 한국에서 '통속'을 'popular'와 'common'의 의미로 해설한 김동성의 『최신 선영사전』(1928)은 그 용례로 '통속강의'popular lecture를 들고 있으며, 동일하게 '통속'을 번역한 제임스 게일의 『한영대자전』(1931)은 '통속'의 하위 용어로 '통속강의', '통속문'a popular composition, '통속어'colloquialisms, '통속체'colloquial style를 배치하고 있다.[35] 이는 '통속'이라는 말이 교육이나 강연, 언어와 관련하여 사용되면서 그 위상이 높아졌음을 보여준다.

앞으로 서술할 내용을 미리 이야기하면, '통속' 개념이 환기하는 한국 및 동아시아의 문화 변동은 보통교육의 제도화 및 어문 질서의 변화 과정과 연동되어 있다. '통속'과 관련된 문화 변동은 2000년대 이후 한국어문학 연구에서 탐색했던 네이션nation(민족/국민) 표상의 형성과 관련되어 있는 것이다. 이 연구들은 '국어', '국문', '국민/민족문학' 등의 개념을 살피며 국민/민족적 주체가 형성된 과정을 비판적으로 탐색했다.[36] 반면 이 책에서 초점을 맞추고 있는 '통속' 개념은 그 안에 내재해 있는 고전적 의미, 즉 계층 간 문화적 간극을 드러내던 의미를 담고 있기 때문에 국민/민족적 주체가 형성된 이후에도 온전히 사라지지 않는 계급·계층적 위계질서의 흔적을 환기하고 있다.

이 책은 '통속' 개념의 변화 양상을 탐색하는 과정에서 '개념사 연구'의 방법론을 활용하려고 한다. 주지하다시피 라인하르트 크젤렉으로 대표되는 개념사 연구자들은 개념적 변화와 사회적 변화 사이에 역동적 상호작용이 있다는 주장을 견지했다. 개념사 연구자들은 정치·사회적 변화가 개념의 잣대를 통해 인지된다는 점과, 개념 자체가 정치·사회적 변화에 영향을 미친다는 점을 동시에 강조했다.[37]

코젤렉은 '개념사'가 "연대기적으로 상이한 시대에서 연유하는 한 개념의 여러 의미들의 다층성을 해명"하는 작업이자 "한 개념에 포함되어 있을 수 있는 비동시적인 것의 동시성에 주목"하는 방법론이라고 말한다.[38] 그렇기에 개념사 연구는 "개념이 어떤 언어적·비언어적 맥락과 관련을 맺은 채 사용되었으며, 어떤 힘을 발휘했는가" 등에 초점을 맞추는 "공시적synchronic 분석"과 시대의 흐름에 따라 그 개념의 "외연과 의미 내용, 그리고 의미론적 기능에서의 지속과 변화 과정"을 확인하는 "통시적diachronic 분석"을 동시에 진행한다.[39]

'통속' 개념을 예로 들면, 그 개념 안에는 '아'雅와 '속'俗의 대립 구도에 근간을 둔 고전적 의미가 깃들어 있는 한편, 근대적 대중문화의 형성과 맞물려 대중문화의 속성 중 하나로 '통속'을 규정하는 의미가 혼재되어 있다. '통속'에 대한 개념사 연구는 그 혼재된 양상을 어느 한편의 의미망으로 손쉽게 환원하지 않은 채 양자의 긴장관계가 어떻게 변화하고 있는지를 살펴보는 작업이라고 할 수 있다.

코젤렉은 '혁명', '진보', '발전' 등과 같이 사회적 운동과 연관된 개념의 형성 과정에 주목하여 개념사 연구를 정립해낸 반면,[40] '통속'은 그러한 운동과의 연관성이 현저하게 드러나지 않는 용어다. 그러나 '통속' 개념은 20세기를 전후로 '속'俗으로 지칭되는 하위계층의 문화가 변모하는 양상을 보여주며, '민중'이나 '대중'과 같이 20세기에 부각된 집합적 주체와 긴밀하게 관련된 용어이기도 하다. 그렇기에 '통속'은 운동 개념으로는 충분히 설명되지 않는, 한 사회의 일상적 변화를 드러낼 수 있는 지표로 자리매김할 수 있다.

그럼에도 "사회적·정치적으로 중요한 용어들의 용법에 주목"한[41] 개념사 연구의 방법을 '통속'과 같이 문화적이거나 일상적 영역에서 주로 사용된 용어들의 변화 양상을 탐색하는 작업에 전적으로 활용하기에는 무리가 따른다.[42] 그렇기에 이 책은 '개념사' 연구의 문제 틀을 레이먼드 윌리엄스의 '키워드' 연구, 퀜틴 스키너의 '언어 맥락주의'linguistic contextualism에 담긴 문제의식과 결

『키워드』는 영국의 문화연구자 레이먼드 윌리엄스가 '문화'와 '사회' 관련 어휘들의 의미 변화를 탐색한 책으로, 1975년 처음 출판되었으며 한국에서는 2010년 번역, 출간되었다.

합하려 한다.

레이먼드 윌리엄스는 '문화'와 '사회' 영역의 여러 실천 및 제도와 관련된 단어를 모아 그 의미를 서술한 후 "해당 어휘의 내부에 숨어 있는 몇몇 쟁점이나 문제"를 분석한 『키워드』를 1978년 출간했다. 레이먼드 윌리엄스는 1983년 『키워드』 2판의 「서론」에서 자신이 분석한 키워드 대부분이 전문 용어가 아니라 일반적인 어휘, 즉 전문가 집단이 "다른 사람들과 공유하고 있는 어휘"임을 강조한다. 레이먼드 윌리엄스는 그 어휘들의 의미 변화 양상을 역사적이고 사회적 관점에서 서술하는 동시에, 일부 중요한 사회·역사적 변화는 언어 '내부'에서 일어나고 있음을 부각시킨다.

실제로 레이먼드 윌리엄스의 『키워드』는 앞에서도 언급한 'common', 'popular' 등의 의미 변화를 'class', 'folk', 'mass', 'ordinary' 등과 관련하여 서술하고 있고, 이들 어휘가 '계급'class,

'민주주의'democracy 등 당대 영국의 정치·경제 체제 변화를 보여주는 용어와도 긴밀하게 연결되고 있음을 역설한다.[43] '사상'을 드러내는 개념이 아니라 '일상'에서 사용되는 어휘를 통해 동시대의 문화 변동을 고찰하려고 한 레이먼드 윌리엄스의 문제의식은 '통속' 개념을 통해 20세기 한국의 사회·문화적 변화를 고찰하려는 이 책의 시각에도 영향을 미쳤다.

덧붙여 이 책은 '통속'이라는 용어로 지칭된 여러 발화행위가 당대의 공론장에 어떠한 수행적 효과들을 산출하고 있는지도 주목했다. 퀜틴 스키너는 행위자가 "말하면서 무엇을 행하고 있었는지" 주목해야 한다고 말하며 이를 오스틴의 "'발화수반적 효력' 개념과 연결"했다.[44] "과거의 텍스트가 주장하는 논변은 역사 속에서 수행된 행위"로 다뤄져야 하며, 그 논변을 분석할 때에는 "당시의 담론 및 배경으로 존재하는 언어적 맥락"과 텍스트를 연결하는 작업이 선행되어야 함을 강조한 것이다.[45] 이 책 역시 이러한 문제의식에 기반을 두고 '통속'과 관련된 다층적 발화행위가 20세기 한국의 사회/문화적 맥락 속에서 어떻게 수행되고 있었는지를 탐색하려고 한다.

한국에서의 '통속' 관련 논의

이 책은 1990년대 이후 한국에서 본격적으로 진행된 '대중' 및 '통속' 연구에 영향을 받았다. 근·현대문학 분야의 '통속' 연구는 주로 식민지 시기의 통속소설과 연관돼 진행되었고, 이러한 연구들은 1990년대 이전의 한국문학사 연구가 주로 다루지 않은 대중문

학의 위상을 재조명했다.[46]

2000년대에는 '본격문학'과 '대중문학'의 이분법적 대립 구도에서 탈피하여 '대중' 및 '통속'과 관련된 문화 현상을 폭넓은 층위에서 바라보려는 연구가 발표되었다. 대표적으로 천정환은 '대중'이라는 근대적 주체가 교육과 미디어를 통해 앎을 주체적으로 소지하게 된 현상을 '대중지성'으로 규정한 후 대중지성의 형성 과정에 주목하여 '앎의 문화사'를 새롭게 서술했다. 천정환은 지식인과 대중을 이분법적으로 구분하는 시각에서 벗어나 지식문화의 주체가 재편되는 양상을 폭넓게 조망했다. 그 시각은 '통속'과 관련된 이 책의 문제의식이 형성되는 데도 큰 영향을 미쳤다.[47]

2000년대 중반 이후부터는 식민지 시기의 통속문화를 검열 문제와 연관해 논의하는 연구들이 발표되기 시작했다. 이승희는 검열 당국이 1920년대 연극계를 통제했던 상황을 정리하며 이러한 검열이 "'통속의 정치'라고 설명할 수 있는 국면, 즉 희곡 텍스트에 새겨진 인식론적 구조와 감정구조"의 변화를 야기했다고 말한다. 이때의 '통속'은 텍스트에 나타난 '정서에 호소하는 경향', '과잉과 비약' 등으로 규정되고 있으며 이승희는 그러한 경향들에 대해 부정적 평가를 내렸다.[48]

반면 한기형은 식민지 시기 김기진의 대중화론을 재검토하며 김기진이 식민지 검열을 벗어나기 위한 창작방법으로 '통속문학'을 활용했으며, 이는 심훈이나 염상섭의 창작활동에 드러난 문제의식과도 연결되고 있음을 강조했다. 이 견해는[49] 이후 염상섭 소설의 통속성을 "식민지적 상황을 넘어서려는 서사전략의 소산"으로 해석하며, 1920년대 "통속" 개념을 사용하는 방식의 큰 흐름이 "대중의 독립적인 자기발전운동과 결합"되어 있음을 역설하는 견

구로 이어졌다.⁵⁰

2014년 '통속' 개념에 대한 연구를 처음 발표했을 때⁵¹ 나는 2000년대 이후 발표된 한국 현대문학/문화 분야의 연구들에 영향을 받았지만, 연구를 진행해나가며 여러 학문 분야에서 전개된 '통속' 관련 논의들과 마주칠 수 있었다. 역사학계에서 발표된 야스마루 요시오와 조경달의 연구가 그 대표적 예다.

야스마루 요시오는 근세 중·후기부터 메이지시대까지의 일본 사회에서 근면, 검양, 효행 같은 통속도덕이 폭넓은 사람들에게 받아들여졌으며, 이는 유교의 통속화와 결부되어 있음을 강조한다. 야스마루 요시오는 근대 일본의 지배자들이 이러한 통속도덕을 교묘하게 활용하였음을 지적하는 동시에, 그 통속도덕이 농민봉기와 자유민권운동, 종교운동 등과 결합하여 격렬한 사회비판으로 나아갈 수 있는 잠재력을 지니고 있었다고 말한다. '통속도덕'에 대한 야스마루 요시오의 양가적 견해는 궁극적으로는 메이지유신 이후 형성된 일본의 천황제 질서에 민중이 어떻게 대항하면서도 포섭되었는지를 보여주는 작업으로 이어졌다.⁵²

조경달은 야스마루 요시오의 논의를 참조하여 19세기의 동학, 특히 그중에서도 최시형이 체계화한 동학에 유교도덕의 통속화 양상이 드러나고 있음을 지적한 바 있다. 조경달의 연구는 이러한 양상이 갑오농민전쟁을 이끈 전봉준과 농민들에게 어떠한 영향을 미쳤는지를 분석하며, '통속도덕'의 흔적이 민중 고유의 생활세계에서 발견되고 있음을 강조한다.⁵³

이들의 논의는 독창적이며 논쟁적이지만, 연구의 주된 초점은 '통속도덕'이라는 용어를 통해 민중의 독자적 생활세계를 그리는 데 맞춰져 있다. 그러나 근대 이후 '통속' 개념의 사용 양상을 탐색하는 작업은 본격적으로 진행하고 있지 않다.[54] 앞서도 언급했듯이 근대 이후의 '통속' 개념은 '보통', '강연', '교육', '대중' 등의 개념과 긴밀하게 연동되어 사용되었다. 이를 염두에 둔다면, 근대 이후 '속'俗의 세계는 식민지 지배권력 및 조선 지식계층의 활동이 민중의 생활문화와 교섭·충돌하는 영역이었으며, 그 세계에는 성장하고 있던 대중문화 역시 개입하고 있었음을 유추해볼 수 있다.

'통속' 개념을 본격적으로 탐색한 연구들은 2010년대 중반 무렵부터 활발하게 발표되었고, 그 논의들 역시 이 책의 문제의식을 발전시키는 데 직접적인 영향을 미쳤다. 한문학 분야에서 발표된 연구들은 근대 이전 '통속'이라는 말이 어떻게 사용되었으며, 그 용례가 근대 이후 '통속'의 사용법과 차이를 드러내는 양상에 대해 탐색했다.[55] 그리고 현대문학 연구자 김지영은 1920년대 '대중문학' 개념이 형성된 과정에 주목하여 '통속', '민중', '대중'의 의기 투쟁이 벌어지고 있는 양상에 대해 세밀하게 분석했으며,[56] 고전문학회는 2024년 '고전문학과 통속성'이라는 주제의 학술대회를 개최하여 고전문학과 관련하여 '통속성'을 어떻게 규정할 수 있는지 깊이 있게 논의했다.[57]

이상의 연구들이 근대 이전부터 식민지 시기까지의 시기에 초점을 맞춰 '통속' 개념의 사용 양상을 탐색했다면, 2021년 발표된 이하나의 연구는 남한과 북한의 '통속' 개념 사이에 극명한 차이가 나타나고 있는 현상에 초점을 맞추었다. 남한의 『표준국어대사전』에서는 '통속'이 "세상에 널리 통하는 일반적인 풍속"이라는 뜻과 "비전문적이고 대체로 저속하며 일반 대중에게 쉽게 통할 수 있는 일"이라는 의미를 담고 있다고 서술되어 있지만 일상에서는 주로 후자의 뜻으로 사용되고 있는 반면, 북한의 『문학대사전』에서 '통속'은 "광범한 대중의 수준과 요구에 맞으며 그들이 알기 쉽게 씌어진 문학작품의 특성"이자 "참다운 인민적인 문학예술의 본질적 특성의 하나"로 서술되어 있음에 주목했다.

이하나의 연구는 '통속'을 둘러싼 남·북한의 극명한 차이가 "문화예술을 바라보는 관점의 차이뿐만 아니라 대중과 인민을 바라보는 시각의 차이"에서도 기인한다고 보며, "'통속' 개념이 남북에서 정반대의 가치 지향을 가진 의미로 쓰이게 되는 역사적 과정"을 추적하고 있다.[58] 이러한 이하나 연구의 문제의식은 이 책의 5장 "해방 직후 '통속' 개념의 사용 양상"을 서술하는 데 영향을 미쳤다.

'통속' 개념에 접근하는 방식

이 책은 이러한 선행 연구의 성과들을 이어받으며 '개념사' 연구, 레이먼드 윌리엄스의 '키워드' 연구, 퀜틴 스키너의 '언어 맥락주의' 등의 방법론에 근간을 두고 한국에서 '통속' 개념이 변화한 양상을 탐색하고자 한다. 구체적으로 20세기 초반부터 1920년대까지 '통속' 개념의 사용 양상을 다음의 방식에 따라 분석했다.

첫째, 20세기 초반 한국에서 '통속' 개념이 사용된 양상을 근대 이전의 '통속' 개념 용례 및 19세기 후반부터 20세기 초반 동아시아 특히 중국과 일본의 용례와 비교, 검토하려고 한다. 한 권의 책에서 분석하기에 다루려는 시기 및 연구 대상의 범위가 다소 넓기에 세밀한 서술은 불가능하지만, 이러한 거시적 비교 작업을 경유할 때 20세기 초반 한국의 '통속' 개념이 동아시아의 '통속' 개념

에 영향을 받은 양상과 동시에 용례의 차이를 드러내는 양상이 효과적으로 포착될 수 있을 것이다.[59]

둘째, 그중에서도 1906년 이후 『대한매일신보』와 『황성신문』에서 '통속'이라는 말이 본격적으로 사용되기 시작한 것에 주목하여 1906년부터 1920년대 초반까지 다양한 매체에 나타난 '통속' 용례를 집중적으로 살펴보려고 한다. 3·1운동 전후 식민지 조선에서는 『창조』, 『백조』, 『폐허』 등의 동인지, 『조선일보』와 『동아일보』 등의 일간지 외에도 『공제』, 『개벽』, 『동명』과 같은 다양한 성격의 매체들이 창간되었다. 이들 매체에 나타난 '통속' 개념의 사용 양상은 1910년대에 나타난 '통속' 용례와 일정 부분 변별되며 '민중' 및 '대중'과 같은 집합적 주체 개념과 긴밀하게 연동된, 1920년대 중반 '통속' 용례의 전사前史 역할을 수행하고 있다. 이 책은 1919년 3·1운동 전후 '통속' 개념의 용례가 변화한 양상을 1900년대 및 1910년대의 '통속' 관련 용례와 비교하여 고찰했다.[60]

셋째, 1920~1930년대부터 1990년대까지의 '통속' 관련 일상적 용법이 변화해온 과정을 장기적 시야에서 조망하기 위해 당대의 신문 매체에 나타난 '통속' 관련 용례의 변화 양상을 구체적으로 분석했다. 특히 『조선일보』와 『동아일보』는 그 성격에 있어서 부침을 겪었지만 1920~1930년대 지속적으로 발간되었고 오늘날까지 명맥을 이어가고 있기에 '통속'이라는 개념이 식민지 시기부터 2000년대까지 사용된 양상을 비교하여 검토하는 데 효과적인 매체다. 해방 이후 새롭게 발간된 『경향신문』은 1946년 발간 당시 좌우익 당파를 초월한 중립 노선을 표방했고, 1948년 이후 논조가 변화했지만 1950년대 후반에는 이승만 정권에 가장 비판적 입장을 표명하여 폐간 조치되기도 했다. 그렇기에 우익적 성향을 강하게 드러낸『조선일보』와『동아일보』의 '통속' 관련 논의를 상대화하는 데 유효한 참조점이 될 수 있을 것이다.[61]

'통속' 개념은 식민지 시기부터 1970년대까지 신문연재소설과 밀접한 관련을 맺으며 사용되었다. 이 시기의 신문은 '통속' 관련 기사가 수록된 매체이기도 하지만, '통속'과 관련된 사회·문화의 변화를 만들어낸 행위자 중 하나이기도 했다. 당대 신문에 나타난 '통속' 개념 분석은 그 매체가 당대의 사회·문화에 개입하는 방식을 보여주고 있기도 한 것이다.

넷째, 신문 매체에 나타난 '통속' 용례에 한정하여 논의를 진행할 경우, 협소한 지면으로 발행되는 신문 매체의 한계 때문에 '통속'에 대한 심층적 논의를 담은 자료들이 연구에서 누락될 수 있기에, '통속' 관련 논의가 발표된 잡지, 사전, 학술 및 비평 서적, 작법류 서적과 문학사 서술 작업 등을 함께 분석하여 그 분석의 결과를 신문 매체에 나타난 '통속' 용례의 변화 양상과 연결하려고 했다. 이러한 작업은 검열이 강화되었거나 정치·사회적 변동이 격렬하게 진행되어 신문 매체만으로 당대의 문화 양상을 분석하기 어려운 시기, 이를테면 1930년대 후반, 해방 직후, 1980년대 등의 시기에 나타난 '통속' 관련 문화를 탐색하는 데 도움을 줄 수 있을 것이다.

'통속' 개념과 잔여적인 것

이 책은 식민지 '통속' 개념이 사용된 양상을 통시적으로 추적하는 과정에서 오늘날의 '통속' 용례와 달리 식민지 시기의 언론 매체에 '통속강연' 같은 용법이 널리 사용된 현상에 주목했다. 아래 표 1에서 확인할 수 있듯이 1920년대 『동아일보』와 『조선일보』에 나타난 '통속' 용례를 살펴보면, '강연'·'강좌'·'교육' 관련 사용이 다수를 차지한다는 것을 확인할 수 있다. 특히 1925~1929년에 '강연'·'강좌'·'교육'과 관련된 '통속' 용례가 많아졌고, 그러한 특성이 해당 시기 전체 '통속' 용례의 빈도를 증가시키는 데도 영향을 미쳤다.[62]

[표 1] 1920년대 『조선일보』와 『동아일보』에 나타난 '통속' 관련 용례의 유형

연도	총 횟수	강연·강좌·교육	언어·지식·일반 서적	문학·예술·연극·영화	기타
1920	24	8	12	2	2
1921	53	39	9	5	
1922	19	6	10	2	1
1923	21	16	4	1	
1924	21	16	4		1
1925	55	34	14	7	
1926	62	23	14	24	1
1927	54	25	19	9	1
1928	53	26	8	18	1
1929	82	59	11	12	

흥미로운 것은 문학·예술·연극·영화에서 '통속' 용례가 늘어나게 된 때 역시 1926~1929년까지의 시기라는 점에 있다. 그리고 '통속강연' 관련 기사의 수가 줄어들기 시작한 1935년을 전후로 '통속' 관련 문학·예술·문화 기사의 수는 다시 한 번 늘어나게 된

다. '통속강연' 관련 용례의 수는 해방 이후 현격하게 줄어든다. 이 책은 식민지 시기 '통속' 관련 용례를 포괄적으로 검토하며 이러한 사용 방식 변화가 생겨나게 된 이유를 조명하고자 한다.

[표 2] 1930년대 『조선일보』와 『동아일보』에 나타난 '통속' 관련 용례의 유형[63]

연도	총 횟수	강연·강좌·교육	언어·지식·일반 서적	문학·예술·연극·영화	기타
1930	97	48	20	20	9
1931	71	30	14	12	15
1932	43	25	5	7	6
1933	68	38	4	21	5
1934	92	49	7	27	9
1935	80	44	4	28	4
1936	107	50	12	37	8
1937	47	5	1	37	4
1938	66	0	4	55	7
1939	57	6	6	42	3

'통속강연'을 비롯하여 '통속'과 관련된 여러 용례 대부분은 그 용어의 의미를 규정하는 작업이 깊이 있게 드러나지 않았다. 그렇기에 이 책은 '통속'이라는 용어의 의미가 어떻게 변화했는지를 분석하는 작업 못지않게, '통속'과 관계 맺는 어휘가 어떻게 변해갔는지를 통시적으로 추적하는 데도 초점을 맞췄다. '보통', '대중', '상식', '윤리', '신파' 등이 바로 그러한 용어들이다.

'통속'이 '보통'이나 '대중' 개념과 연관되는 상황은 곧 상층 문화와 하층 문화의 간극이 재편되는 과정과 연동된다. 그러한 재편의 움직임 속에서 '속'俗은 교육의 주체들 혹은 지식문화의 생산자들과 공통성을 지니는 보통의 존재들로 재현되기 시작한다. 20세기 초반 '속' 관련 문화의 재편 과정은 식민지 지배권력이 '속'의 세계로 통치성을 확대해나가는 과정이었지만, 그 과정은 '민중'이나 '대중'과 같은 집합적 주체가 형성되는 상황과도 연결되어 있었다. 이 책에서는 20세기 초반 '통속' 개념의 사용 양상 변화를 탐색하며 '통속'이 지식문화의 위계질서가 재배치되는 양상, 그리고 집합적 주체가 형성되는 과정과 어떻게 관계 맺는지를 탐색하려고 한다.

그다음으로 '통속'이 '상식'이나 '윤리' 개념과 함께 사용된 상황은 중일전쟁 이후 전시체제로 변화해가던 1930년대 후반기, 혹은 성性과 관련된 윤리가 급변하는 1950년대의 사회·문화를 비판적으로 바라보았던 작업들과 연결되어 있다. 그 비판을 전개했던 논자들이 '통속'을 '저급'이 아니라 '상식'이나 '윤리'와 연결했다는 것은 '통속' 관련 문화가 당대 사회의 구성원들에게 미치는 영향이 확대되었다는 점을 의미하기도 한다. 그렇기에 이 시기에는 '통속'이 대중의 상식 및 윤리에 미치는 부정적 영향을 비판하는 담론들이 빈번하게 발표되었지만, 다른 한편으로 그러한 담론들과 일정 부분 거리를 두며 '통속'의 지반이 무엇인지를 탐색하려 하는 논의들이 나타나기도 했다. 특히 이 책에서는 1930년대 후반 '통속' 관련 담론들의 입체적 양상을 분석하며 그 입체성이 해방 이후부터 1950년대까지 어떻게 변화했는지 살펴보고자 한다.

마지막으로 1950년대 중반 이후 한국에서 '통속'을 '대중'과 구별하려는 흐름이 뚜렷하게 가시화되었음에 주목했다. 식민지 시기인 1930년대에도 '통속'과 '대중'을 구별하는 시각은 나타났지만, 그러한 논의가 '통속'과 '대중'을 병용하는 용례를 압도할 만큼 다수는 아니었다. 1950년대 이후부터는 라디오와 영화로 대표되는 매스미디어가 발전하면서 문화의 새로운 수용자로서 '대중'을 규정하려는 관점이 늘어나기 시작했고, 4·19혁명을 전후로 '정치적 능동성을 지닌 주체'를 '대중'으로 규정하려는 논의가 빈번하게 발표되기도 했다. '대중'이 다층적 의미 연관을 형성하며 사회·문화적 변화의 주체를 의미하는 용어로 자리매김한 반면, '통속'은 상업주의 및 신파적 특성과 주로 연관되며 '대중'과 구별되는 용어로 사용되었다. 이 책은 그러한 차별화가 1970년대 이후 확산된 '문화 민주주의'의 흐름과 어떻게 관련되는지 탐색할 것이다.[64]

1970년대 이후 한국 사회에서 대중문화의 영향력은 그 이전 시기에 비해 비약적으로 커졌다. 반면 오늘날 '통속'은 식민지 시기나 1950년대에 비해 빈번하게 사용되는 용어가 아니다. '통속'은 20세기 이후 지속적으로 변화·발전한 한국 대중문화의 영역, 그 영역에서도 주변부에 위치하는 개념으로 자리매김한 것이다.

레이먼드 윌리엄스는 특정 문화의 복합성을 파악하기 위해 '지배적인 것'the dominant, '잔여적인 것'the residual, '부상하는 것'the emergent이라는 문제 틀을 제시한 바 있다. 이때 '잔여적인 것'은 "어떤 의미 체계나 가치관을 생겨나게 한 문화적 과정"의 초기적인 사회적 형성물과 연결된다. '잔여적인 것'은 과거에 효과적으로 형성되었으며, 문화적 현재를 이루는 요소로 존재하는 것을 가리킨다. 이러한 레이먼드 윌리엄스의 문제 틀에 입각해보았을 때 '통속' 개념은 오늘날의 지배적 문화 양식인 '대중문화'의 형성 과정에 영향을 미쳤지만 현재는 그 양식의 '잔여물'로 남은 것들의 위상을 환기한다고 볼 수 있다.

레이먼드 윌리엄스가 말했듯이 '잔여적인 문화'는 지배 문화가 과소평가하거나 제대로 인식하지 못하는 "인간의 경험과 열망"을 대변해주기도 한다.65 '통속'이라는 말은 상위계층과 하위계층의 사회·문화적 간극이 여전히 남아 있던 시기에 그 간극을 재편하려는 문화적 움직임을 보여주는 용어였던 동시에, 그 흐름과 스스로의 문화적 향유 방식을 차별화하려는 문화 활동 주체들의 가치 판단을 드러내는 개념이기도 했다.

'K-컬처'로 상징되는 오늘날의 글로벌 대중문화는 전 세계 문화 시장에서 통용되는 상품성 때문에 주목받고 있으며, 그 문화는 다양한 성격의 수용자들을 하나로 묶어주고 있는 것처럼 보인다. 한편 오늘날 한국의 대중들이 만들어가고 있는 문화에는 2024년 12월 '반헌법적 비상계엄'에 반대하기 위해 모인 주체들이 들고 있던 응원봉이 상징하듯 정치·사회적 변화와 관련된 다층적 목소리가 깃들어 있기도 하다.66 또한 앞서 언급했듯이 2023년 상연된 연극 《통속소설이 머 어때서?!》는 대중문화의 특정 흐름을 저급한 통속으로 간주하는 시각이 여전히 은밀한 영향력을 발휘하고 있음을 보여준다. 이 책은 '통속'이라는 개념의 변화 양상을 통해 그러한 이질적 목소리가 어떻게 변화했는지, 그리고 그 변동이 급속도로 발전해온 대중문화와 어떻게 관계 맺었는지 탐색하려고 한다.

퀜틴 스키너가 말했듯 "우리의 도덕적·사회적 세계는 우리가 물려받은 규범적 어휘들을 적용하는 방식"에 의해 지탱되며, 우리가 "세계를 재평가하고 변화시킬 수 있는 방법 하나는 이 어휘들이 적용되는 방식"을 바꾸는 것이다.67 '통속'의 계보를 탐색하며 그 개념의 중층적 의미망을 환기하려는 이 책은 궁극적으로 그 변화의 방법을 고민하는 계기를 만들어보려고 한다.

'속' 관련 문화의 변동과 '통속' 개념의 부각

1   20세기 이전 '속' 관련 어휘들과 '통속'

'통속'은 중국 한나라와 청나라 시대 "시중에 유통되는 생활언어를 설명"한 책, 즉 '속어'를 모아놓은 책들을 지칭할 때 사용하던 어휘였다. 정은진은 '통속'의 고전적 용례와 이덕무의 「이목구심서」耳目口心書에 나타난 "문인재사로서 통속을 모르면 훌륭한 재주라고 할 수는 없다"라는 용례[1]에 기반하여 '통속'을 "사대부 입장에서 민간의 일에 소통"하려는 자세가 담긴 개념으로 인식한다.[2]

   타당한 견해지만 이 견해를 일반화시키기 위해서는 근대 이전 동아시아에서 '통속'이 사용되던 다른 예들을 함께 살펴볼 필요가 있다. 조선 사회에서 '통속'은 『통속삼국지』通俗三國志라는 책 이름에서 확인할 수 있듯 중국 백화소설의 유입과 관련해 주로 사용되었다. 현재까지 밝혀진 자료에 따르면 『삼국지통속연의』三國志通俗演義는 1560년대 초·중반 사이 활자본으로 출판된 것으로 추정된다.[3] 중국에서도 '통속'은 원말명초元末明初 시기 "『삼국지연의』, 『수호전』 등과 같은 장편 장회체 소설"을 가리켰다.[4] 일본에서도 '통속'을 붙인 책은 에도시대부터 빈번하게 발간되고 있었으며 『통속삼국지』, 『통속서유기』, 『통속충의수호전』 등이 그 대표적 예다.⁵ 이러한 용례들을 염두에 두었을 때 근대 이전 동아시아 사회에서 민간에 유통되던 문화와 사대부로 대표되는 지식계층에서 유통되던 문화에는 일정한 간극이 존재했음을 확인할 수 있다. '통속'은 그 간극, 즉 '아'雅 문화와 '속'俗 문화의 간극이 뚜렷했던 시기 '속' 문화와의 관련성, '속' 문화의 특성을 드러냈던 어휘로 재해석될 필요가 있다.

고전문학 연구자 양승민은 중국의 "통속소설을 대표하는 연의소설演義小說 관련 비평 자료"들, 특히 「삼국지통속연의인」三國志通俗演義引, 「서한통속연의서」西漢通俗演義序, 「성세항언서」醒世恒言敍, 「고금소설서」古今小說序 등을 분석하며 이들 자료들에 나타난 '통속'이 '속'의 세계, 혹은 '속인'俗人과 통한다는 의미를 담고 있다고 말한다. 그러나 이러한 용례에는 '문인'과 '속인', 고문古文 중심의 '문언소설'과 '통속소설'을 구별하여 바라보는 관점 역시 담겨 있다.⁶

한국에서는 17세기 말 쓰인 김만중의 『서포만필』에 '통속소설'과 관련된 대표적 용례가 발견된다. 김만중은 이 글에서 나관중의 『삼국지연의』가 사람들의 감정을 이끌어내는 것에 주목하며 이를 '통속소설'의 창작 이유로 판단했다.⁷ 또한 조선 후기의 문인 이덕무도 19세기 후반 '통속문화'에 대한 관심을 드러냈지만, 이덕무가 연의소설이 유행하는 분위기를 강하게 비판하며 경전 중심의 독서문화를 강조한 것⁸에서도 확인할 수 있듯이 그 관심은 '아' 문화와 '속' 문화를 구별하는 틀 아래에서 표출되고 있었다. 역사학자 이경구의 연구에 따르면, 조선의 문화에도 바른 형식 및 내용과 연관된 아속雅俗과 진리를 내포하지만 불안정한 형식을 갖춘 풍속風俗은 현실세계의 양 측면을 구성하고 있었으며, 보편 문화의 원형인 고속古俗과 시세 변동을 드러내는 시속時俗이 대립 구도를 이루고 있었다. 또 '유속'流俗은 15세기 중반부터 시속時俗의 폐단, 타파해야 할 구습, 정도를 걷는 사람을 배척하는 풍조 등의 부정적 의미로 사용되었지만, 18세기 후반에 이르면 거부할 수 없는 새로운 문화 기운으로 부각되기에 이르렀다.[9] 고전문학 연구자들도 19세기 시조·가창가사·판소리·잡가 등의 레퍼토리가 닮아가는 양상, 판소리·오륜가 등의 문학 양식에 피지배층들이 성리학적 윤리를 수용하는 양상이 나타났음을 분석했고, 이를 통해 조선의 상층 문화와 하층 문화 사이의 격차가 좁혀지고 있음을 보여줬다.[10]

그럼에도 18~19세기 조선에서 '통속'이라는 말은 '풍속', '시속', '유속'과 비교했을 때 빈번하게 통용되던 용어는 아니었으며 그 사용법이 제한되어 있었다. 1900년대 이전 외국인 선교사들이 편찬한 『한불자전』韓佛字典(1880), 『한영자전』韓英字典(1897)에는 '속'俗과 관련된 여러 어휘들이 수록되었다. '세속'世俗, '습속'習俗, '풍속'風俗 등 약 13개의 '속' 관련 어휘가 두 사전에 모두 등재되었지만,[11] '통속'은 이들 사전 모두에 실려 있지 않았다.[12] 『조선왕조실록』과 『승정원일기』에도 '통속'과 관련된 어휘는 단 한 차례씩만 등장한다.

① 유구국 사람 7명이 표류하여 제주의 대정현에 도착하였으므로, 수로水路를 경유하여 되돌려보냈다. 그 배는 앞이 낮고 뒤가 높았으며 길이는 8파把이고 너비는 3파 남짓하였으며 높이는 1파 남짓하였는데, 전후와 좌우에 모두 달 모양을 그렸으며 위에 면포로 점풍기占風旗 2면을 세웠

다. 『통속삼국지』通俗三國誌 1권과 역력 1권을 휴대하였는데, 『삼국지』에는 가끔 한두 글자로 구두句讀를 방언方言으로 표시하였으나 문리文理가 끊겼다 이어졌다 하여 알아볼 수가 없었다.(1797년)[13]

② 학부學部 관제 개정에 관한 건을 반포하였다.
짐이 학부 관제 개정에 관한 건을 재가하여 이에 반포하게 하노라.
학부 대신은 교육敎育·학예學藝에 관한 사무를 관리한다. 대신관방大臣官房에서는 각부 관제 통칙에 게재된 것 이외에 교육상의 포상褒賞에 관한 사무를 관장한다. 학부에 다음 열거한 2국局을 둔다. 학무국·편집국으로, 학무국에서는 다음에 열거한 사무를 관장한다. 사범 교육師範敎育에 관한 사항, 보통교육普通敎育 및 유치원幼稚園에 관한 사항, 실업교육實業敎育 및 전문교육專門敎育에 관한 사항이다. 각종 학교에 관한 사항, 교원검정敎員檢定과 허장許狀에 관한 사항, 통속교육通俗敎育과 교육회敎育會에 관한 사항, 학교위생과 학교 건축에 관한 사항, 외국 유학생에 관한 사항, 교육비 보조에 관한 사항.(1907년)[14]

'통속' 관련한 두 문헌의 시간적 격차는 100년이 넘을 정도로 상당하다. '통속' 개념의 역사를 서술하는 작업은 바로 이러한 시간적 격차, 즉 '통속'이라는 용어가 특수한 시기 이후부터 기존과는 다른 양태로 사용되기 시작한 원인, 그리고 그러한 용례가 드러내는 사회사적 의미를 추적하는 일과 연결된다.

1797년의 용례에서 확인할 수 있듯이 '통속'은 중국 백화소설의 유통 및 번역/번안과 연관하여 주로 사용되고 있었다. 반면 '통속'이 1907년 『승정원일기』에 나타난 것처럼 '교육제도'와 결합되어 사용된 용례는 20세기 이전에는 발견하기 어려웠다. '통속'이 '교육'과 관련되는 양상을 추적하기 위해서는 '통속'과 함께 사용되기 시작한 '보통'이라는 용어에 대한 이해가 수반될 필요가 있다. '통속'은 'common'이나 'general'의 번역어 역할을 담당하기 시작한 '보통'이라는 개념을 매개로 교육제도와 긴밀하게 결합되면서 그 용례가 늘어났다. 이와 맞물려 '통속'이라는 어휘가 지니는 사회적 역할도 확대되기 시작했다.

이런 점에서 '통속'은 리디아 리우가 『언어횡단적 실천』에서 제시한 '손님언어'guest language와 '주인언어'host language의 조우 및 대결 양상이 잘 드러나는 용어라고 볼 수 있다. 리디아 리우는 서양의 개념을 원천언어로 간주하는 관념이 "권위·기원·영향" 등에 의존하고 있음을 비판하며 "어떤 개념이 손님언어에서 주인언어로 옮아갈 때 그 의미는 '변형'된다기보다는 오히려 주인언어의 현지 환경 속에서 창안/발명된다"는 점을 강조했다. '통속'은 전근대 동아시아 사회에서 사용되던 말이라는 점에서 '주인언어'의 일부로 볼 수 있지만, 동아시아 '주인언어'의 핵심적 문화 가치를 드러내는 어휘는 아니었다. 그런데 '통속'은 서양 개념의 번역어로서 성격을 지니게 된 '보통'(또는 '대중' 및 '상식') 등과 관계를 맺으며 그 사용 양상이 증대되었고, 이 과정을 통해 '통속' 개념에는 다층적 의미망이 담기게 되었다.[15]

2   보통교육의 제도화와 '통속'

1900년대 한국 '통속' 개념의 사용 양상

1900년대 대표 매체인 『황성신문』과 『대한매일신보』에서도 '통속'은 자주 사용되지 않았던 용어다. 『황성신문』에는 대략 6건, 『대한매일신보』에는 대략 5건 '통속'이라는 용어가 나타나고 있다.[16] 그럼에도 용례가 1906년 이후에 집중되어 있다는 점, 그 용례에 '통속' 개념의 위상 변화가 드러나고 있다는 점에 주목할 필요가 있다.

① 학부에서 각관공립보통학교장에게 통지하되 **통속교육**상에 참고하기 위하여 지방유행의 이언俚諺과 동요 등을 사찰할 필요가 있으니 그 의도를 상세하게 탐색하여 다음 구월십오일 내로 통보할 것인데[17]

② 고로 국민을 교육하는 자가 개개 상등지식은 여與치 못할지언정 보통지식은 여與하여야 가능할지며 국민된 책임을 가진 자가 개개 상등지식은 수修치 못할지언정 보통지

「보통교육의 필요」, 『대한매일신보』, 1908년 7월 7일. 국한문판에서는 제목이 「통속교육의 필요」로 나타나고 있다.

식은 수修하여야 할지라 (중략) 오호라 현재의 유지凡今有志는 여차히 주의하여 고대시인의 운云하는바 황금시대(즉 우주대동의 국가)를 공상치말고 우선 국민동포와 공진적방침共進的方針을 강구하여 **통속교육**, 즉 **보통지식**通俗教育卽普通知識을 계도하는 데 열심을 주注할지어다.[18]

첫째 인용문에는 학부차관이 각 공립보통학교장에게 내린 통지사항을 기사로 싣고 있다.[19] 통속교육에 참고하기 위해 지방에서 유행하는 속된 말과 동요 등을 조사하라고 한 것이 그 통지사항이었다. 이 사항은 앞에서 인용한 『조선왕조실록』의 학부 관제 개정안과도 연관된다.[20] 개정안에서 '통속교육'은 '보통교육'과는 변별되지만 학무국에서 관리해야 할 영역으로 인지되고 있었다. 그렇기에 '통속교육'에 참고할 '속' 관련 문화들, 즉 동요와 속된 말을 탐색할 주체로 '보통학교' 교장들이 상정되고 있는 것이다.

둘째 인용문에서는 국민을 교육하는 자가 보통지식을 갖추어야 함을 역설한다. 여기에서 '보통의 지식'은 높은 수준의 지식은 아니지만 국민으로서의 책임과 역할을 다하기 위해 필요한 수준의 지식으로 규정되고 있다. '통속교육'은 바로 그 보통지식을 계도하는 행위로 서술되고 있다.

이상의 예를 통해 확인할 수 있듯 '통속'은 1908년 『대한매일신보』에서 지식이나 교육과 밀접하게 연관되는 말로 사용되고 있었다. 이러한 용례는 이 시기 『대한매일신보』에서 빈번하게 사용되던 '속' 관련 용어인 '풍속'의 의미와 변별된다. '풍속'은 주로 한 사회의 지배적인 관습 체계를 의미하는 말, 즉 영어의 'custom'과 유사한 의미로 사용되었고,[21] 대한제국과 서양 문명의 관습적 차이를 의미화하고 있었다. 이때의 '풍속'은 주로 '속'과 관련하여 변하지 않은 채 지속되고 있는 문화를 지칭했다. 그렇기에 1900년대 '풍속'은 부정적 관습을 변화시켜 문명한 사회로 나아갈 방안을 모색하는 논의, 즉 '풍속 개량 담론'과 연동되고 있었다.[22] '풍속 개량' 담론에서 '속'이 변화해야 할 부정적 대상으로 간주된 반면, 앞에서 인용한 『대한매일신보』의 논설 속 '통속' 용례에서 '속'은 교육의 주체들과 함께 나아가야 할 동반자이자 국민적 주체로 변화할 수 있는 가능성을 내포한 존재로 규정되고 있었다. '통속교육'과 함께 배치된 '보통지식'이라는 말도 '속'을 일반화된 영역으로 규정하는 역할을 수행하고 있다.

일본에서의 '통속'과 '보통'

일본에서 '통속'이라는 어휘가 통용되기 시작한 시기는 '보통' 개념이 부각된 때와 맞물려 있다. '통속'은 일본의 고사전류에는 등록되어 있지 않았고 헵번J. C. Hepburn의 『화영어림집성』和英語林集成 제3판(1886)에 처음으로 등장한다.[23] '통속'이라는 말은 메이지유신 전후로 전개된 계몽운동의 과정에서 활발하게 사용되기 시작했으며 그 대표적 용례는 후쿠자와 유키치가 집필한 『통속민권론』, 『통속국권론』에서 발견된다. 『통속민권론』의 「서문」에서 후쿠자와 유키치는 민권民權의 취지를 이해한 사람은 상층사회 소수에 지나지 않는다고 말하며 세속의 사람들을 상대로 "간단하고 쉽고 명백"하게 논의를 전개하겠다고 말한다. 그러한 이유로 인해 후쿠자와 유키치는 자신의 저작에 '통속'이라는 이름을 붙이게 되었다고 한다.[24]

이러한 문제의식은 기쿠치 다이쿠로가 1891년 '통속강담회의 취지'에 대해 말하며 이를 "보통교육의 가장 초보"이자 "인간이라면 누구나 반드시 알아야 하는 것의 지식"을 가르치는 활동으로 규정한 것과도 긴밀하게 연결된다.[25] 바로 이 시기, 즉 1890년을 전후로 '통속'은 '보통'과 연관 관계를 맺기 시작했고, 일본에서 편찬된 여러 사전류에 '통속'이 등재되었다.

기쿠치 다이쿠로가 '통속'과 연결시키고 있는 보통교육은 일본에서는 1867년 "마에지마 하소카 등에 의해 언급되기 시작했으며, 후쿠자와 유키치는 1869년 마쓰야마 도안에게 보낸 서간에서 '커먼 에듀케이션'이라는 말"을 쓰고 있었다.[26] '보통'은 근대 이전 불교 서적에서 널리 사용되던 말로 "특별하지 않은, 일반적인"

의 의미를 내포하고 있었지만, 1872년 무렵 일본의 사전류에서 'common' 및 'general' 등의 번역어로 등재되기 시작했다.[27] 로브샤이드의 『영화자전』英華字典을 공역한 『영화화역자전』英華和訳字典(1879)에서도 'common'은 "복수의 것에 공통적으로 통용하는", 'general'은 "하나의 범주 전체에 통용되는"으로 의미가 규정되고 있으며, '보통'은 이 양자와 모두 관계되는 용어로 서술되고 있다.[28]

번역어로서의 역할을 담당하게 된 '보통'이라는 말은 양면적 특성을 지니며, 그 양면성은 일본에서 보통교육제도가 변화한 양상과 관련된다. 이권희의 연구에 따르면, 1872년 "일본 개인들에게 공통적으로 적용될 일본 최초의 체계적 교육법제인 학제"는 "국가교육의 핵심을 이루는 학교교육"에 관한 제도였지만, "진리 탐구나 개성의 신장이라는 근대 교육의 보편적 가치"에 대한 추구 또한 내포하고 있었다. 그러나 1880년 교육령 개정 이후 1890년 '교육칙어'로 대표되는 일본의 교육 이념이 만들어지기까지의 과정은 이 중 후자의 문제의식이 사라지고 "국민사상의 통일을 위한 수단"과 "헌법으로 보장하고 있는 국체"라는 하나의 범주가 부각된 것과 맞닿아 있었다.[29] 1장에서 언급한 야스마루 요시오의 논의를 참조한다면, 이는 '통속도덕'을 따르던 일본의 민중들이 '국민교육'을 받아들이며 천황제 질서에 포섭되어가는 과정과 연동된다고도 볼 수 있다.

1900년대 한국에서의 '통속'과 '보통학교령'

한국의 경우 '보통'과 '통속'의 연관 관계는 앞의 『대한매일신보』 용례에서 확인할 수 있듯이 1906년부터 1908년 사이에 집중적으로 나타난다. '보통'이라는 말이 한국 사회에 부각되기 시작한 것은 1906년 8월 27일 통감부가 '보통학교령'을 공포한 이후였다.

'보통학교'라는 명칭은 1905년 대한제국 정부의 학부참여관으로 고용된 시데하라 타이라가 기초한 「조선교육개량안」에 처음 등장했으며[30] '보통학교령'의 공포와 맞물려 여러 관립소학교들은 보통학교로 이름을 바꾸게 되었고, '보통학교'라는 어휘가 널리 통용되었다.[31] 고마고메 다케시는 일본 교육제도에서 확립된 질서, 즉 "소학교에서 중학교와 고등학교를 거쳐 제국대학에 이르는 계층 이동의 통로"로서의 학력주의 원리가 '보통학교'라는 명칭에는 발견되지 않음을 지적한다. 그렇기에 '보통학교령'이 공포된 이후에도 한국에서는 보통학교보다는 사립학교와 서당이 더 많은 학생들을 모집할 수 있었다.[32]

1906년은 '보통학교령'이 공포되었지만 관공립 보통학교가 학교 교육을 온전히 포섭하지 못하던 시기였다. 그 시기 다수의 매체와 지식인들은 '보통교육'이 나아가야 할 길에 대한 다양한 의견을 피력했다. 대표적 예로 1906년 1월 장응진이 『태극학보』 3호에 발표한 「아국국민교육의 진흥책」我國國民敎育의 振興策을 들 수 있다.[33] 장응진은 이 글에서 의무교육제도의 실시를 주장하며 국민교육의 역할을 강조하고 "세계에 상응한 보통지식"을 국민에게 가르쳐야 할 필요성을 역설하는데, 이때의 '보통'은 '일반적으로 통용되는'의 의미를 내포하고 있다.[34]

1906년에서 1908년 사이에는 다양한 지식인들이 보통교육 및 보통지식과 관련된 의견들을 피력하기 시작했고, 다른 한편으로는 후쿠자와 유키치 등이 발표한 '통속' 관련 논의들이 한국에 번역되기 시작했다. 비슷한 시기 중국에서 '통속 신문'을 통해 계몽운동을 전개하던 이들의 문제의식을 소개한 논설문도 『대한매일신보』에서 번역되고 있었다. 『대한매일신보』의 편집진은 한국과 청나라 양국의 하류사회가 모두 몽매한 상태에 처했다고 인식하고 있었다. 이들 편집진들이 『중외일보』의 기사를 번역한 것은 이러한 몽매의 상태를 깨뜨릴 수 있는 방법, 즉 '계몽'의 전략을 모색하기 위해서였다. 『중외일보』의 전략은 문자를 알고 있는 정도의 차이에 따라 각기 다른 방식으로 모색되고 있다. 문자를 알고 있는 사람에게는 '신문', 모르고 있는 사람에게는 '연설', 그리고 대략의 문자를 알고 있는 사람에게는 통속신문(通俗之報紙)을 활용할 것이 권장되고 있는 것이다.[35]

이러한 번역물들은 일본과 중국에서 쓰인 '통속'이라는 말이 계층적 위계질서에 따라 나뉘어 있던 지식 문화를 재구성하려는 지향을 드러내고 있었음을 보여준다. '보통교육'에 대한 다층적 논의와 동아시아의 '통속' 관련 활동을 번역하는 작업은 1906년부터 1908년까지 지속적으로 나타났고, 이는 '통속'과 '보통'이 긴밀하게 결합되어 '교육' 및 '지식활동'을 의미하는 용어로 재편되는 데 중요한 역할을 담당했다.

반면 한국의 경우 '통속'과 '보통'이 결합된 본격적 용례는 '보통학교령'이 공포된 2년 후인 1908년 주로 발견된다. 그 이유는 1908년이 통감부가 "교과용 도서검정규정과 사립학교령을 제정"했고, 사립학교 역시 "학부가 편찬했거나 인가한 교과서를 사용"

하도록 정한 시기였던 데서 유추할 수 있다.[36] 학생들의 교육에 더 큰 영향을 미치고 있던 사립학교도 보통교육제도의 틀과 긴밀하게 연관을 맺기 시작한 때가 1908년이기에 『대한매일신보』는 '통속'과 '보통'을 연결한 논설들을 연이어 발표했던 것이다.

　동아시아에서 '통속'과 연결되어 쓰인 '보통교육'이라는 제도에는 지식 체계를 일반화시켜 동질화된 국민을 형성하려는 의도가 담겨 있었다. 이 장에서 사례로 든 후쿠자와 유키치의 『통속민권론』, 기쿠치 다이쿠로의 통속강담회 그리고 『대한매일신보』의 '통속' 용례는 이러한 의도에서 완전히 자유로울 수 없다. 그럼에도 '보통교육', '보통지식'이라는 말과 함께 쓰이던 '통속'이라는 어휘에는 특정 계층만이 아니라 '속'俗으로 규정되고 있던 사람들도 지식을 공유할 수 있게끔 하려는 문제의식 역시 내포되어 있었다.[37] 이는 '통속'과 연결된 '보통지식'이라는 말을 통해 드러난다. 다음에 분석할 「논학교용가」論學校用歌 '통속' 용례에서도 이와 같은 양면성을 확인할 수 있다.

3   '통속'의 언어들

'통속교육'에 필요한 언어는 무엇인가

『대한매일신보』의 논설 「논학교용가」論學校用歌는 '통속'이 교육제도뿐 아니라 어문 질서의 변화와도 밀접한 관련을 맺고 있었음을 보여준다. 이 논설은 노래가 사람을 감화시키는 힘에 대해 역설하며 교육자가 학교에서 노래를 사용할 때 주의해야 할 점을 말하고 있다. 이때 논설자는 학생들이 부르는 노래를 경청하는 시정의 일반 인민들에게까지 주의를 기울인다. 이 논설은 학생과 인민들이 해석하기 어려운 문자를 노래에 사용하는 것이 '통속교육'에 알맞지 않은 행동임을 비판하고 있다.

> 우선 노래를 짓는 데 쓴 글자와 용어에 대하여 논의하면, 너무 깊고 심오하여 **통속교육**通俗敎育에 부적不適함이 많은지라. 매 봄과 가을 각 학교 대운동 때에 국기를 들고 대오를 정리하고 돌아가며 함께 부르는 노랫소리가 나면 일반 시정여항의 인민도 귀를 기울여 상세하게 듣지만 (중략) 대

저 노래라는 것은 사람의 감정을 찌르며 의기를 고동하여 흥기하고 분발하게 하는 것인즉 그 말은 간단하고 분명하고 쉽게 깨우칠 수 있게 주로 하며 그 뜻은 직설적이고 통쾌하게 힘을 써서 노래를 따라 해야 그 감분感奮이 발할 것인데 지금에 한자漢字를 많이 쓰고 국자國字는 보조로 하며 속어俗語는 말살抹殺하고 고상한 말 아어雅語만 중히 여기니 필경 그 뜻이 심히 어두움에 이르니 이는 불찰不察이 심한 것인져.[38]

이때 논설자가 말하는 '통속'은 앞에 배치된 '아'雅나 '오'奧, 즉 너무 심오하고 어려운 표현과 대립적 의미를 부여받고 있으며, '아'와 '속', 즉 우아한 언어와 속어의 대립 구도는 '한자'漢字와 '국자'國字의 대립 구도로 변주되고 있다. '통속교육'과 연결된 '속어'는 '국자'國字 즉 한글과 동의관계를 형성한다. 이를 통해 논설자는 한자를 많이 사용하고 한글을 보조로 간주하는 노래 방식이 통속교육에 적합하지 않다고 지적한다.

한문맥과 '통속'

19세기 말부터 20세기 초 동아시아에서 '통속'은 한문맥漢文脈으로 대표되는 언어 질서로부터 벗어나 '속어' 중심의 어문 질서를 형성하려는 움직임과 연관된다. 사이토 마레시는 "한자나 한시문을 핵으로 삼아 전개된 말의 세계"가 동아시아 사회에서 "수맥과 같이 흐르고 퍼지며 이어져" 내려왔음을 부각시키기 위해 '한문맥'이라는 표현을 썼다. 이때의 한문맥은 중국 '고전문'을 지칭하며 2000년 전부터 성립되어 오랜 시간 일본, 조선 사회에 영향을 미쳤다.[39]

반면 '통속'은 "'고문'古文 혹은 '아문'雅文과 대립되는 역할을 수행"하는 '속어'俗語 혹은 '속문'俗文과 연결되고 있었다. 그 대표적 용례는 '속문체'를 "통속의 언어를 가지고 그대로 문장을 만든 것"으로 규정하며 이를 '아문체'雅文體와 대비시킨, 쓰보우치 쇼요의 『소설신수』에서 확인된다.[40] 이보경에 따르면, 19세기 말 20세기 초 중국의 양계초는 표음문자를 활용해 문자 개혁에 성공한 일본의 사례를 부각시키며 "속어 사용의 중요성"과 "글쓰기 언어의 통속화"를 역설했다.[41]

사이토 마레시 역시 『한문맥의 근대』에서 양계초가 "'속어'라는 축에 의해 '진화의 과정'을 찾아"낸 후 『시경』에서 '신소설'까지 고금 아속의 텍스트"를 그 안에 포괄했음을 지적한다.[42] '속어'에 초점을 맞춰 '통속적 사회문학'을 주창했던 1910년대 중국 신문학운동이 양계초가 제기한 중국문학 진화론의 연장선에 있음을 강조하고 있는 것이다.[43]

안예리는 찰스 퍼거슨의 개념을 빌려 "상층언어와 하층언어가 기능적으로 뚜렷하게 분화"된 상황을 '다이글로시아'diglossia로 정의한 후 '속어'를 통해 어문 질서를 재편하려고 한 동아시아의 움직임을 전근대 다이글로시아가 변화한 일반적 사례와 연결하고 있다.[44] 이와 같은 양상은 후쿠자와 유키치의 논의에서 전형적으로 나타난다. 후쿠자와 유키치는 「전집 서언」에서 "아속雅俗을 뒤범벅으로 혼합"하는 문체가 "한문사회의 영지靈地"를 침범할 수 있으며 "통속 일반에 널리 문명의 신사상"을 알릴 수 있다고 보았다.[45]

이연숙은 『국어라는 사상―근대 일본의 언어 인식』에서 후쿠자와 유키치가 강조한 "세속 통용의 속문俗文"을 언어적 계층화를 넘어 "국민적 커뮤니케이션을 쟁취"하기 위한 무기로 해석했다.[46] 동시에 후쿠자와 유키치가 『구번정』舊藩情에서 "말투에 의하여 곧바로 화자의 신분을 판정"할 수 있었던 당대 언어 질서를 환기시킨 사례를 들며 "언어가 다양한 사회적 하위 체계로 끊임없이 분화"되어 있던 상황에서 "단일한 '국어'라는 존재는 항상 부옇고 흐린 모습일 수밖에 없다"고 지적한다.[47]

물론 이연숙은 이러한 후쿠자와 유키치의 사례에서 "지리적 계층적인 언어 변이에 전혀 오염되지 않은" 언어 규범, 즉 "익명의 '국민'이 말하는 언어의 이미지"를 만들어낼 필요성이 생겨났음을 부각한 후 이를 "'국어'의 이념이 태어나기 위한 사전 준비"로 해석했다. 그럼에도 이연숙이 언급했듯 '국어'의 이념 배후에는 그 이념을 탄생하게 만든 국어의 "부옇고 흐린 모습", 즉 "지리적 계층적인 언어 변이"라는 잔여물이 온전히 삭제되지 않은 채 남아 있다.[48] 후쿠자와 유키치의 「전집 서언」에서 '통속'은 그 잔여물이 자리하는 지점이자 '단일한 국어'라는 이념이 포섭해야 할 영역을 지칭하고 있었다.

한국의 어문 질서 변화와 '통속'

20세기 초반 한국의 경우에도 '통속'은 '국어'의 이념으로 온전히 포섭될 수 없는 잉여를 내포하고 있었다. 유길준은 『서유견문』(1895)에서 "아문我文과 한문을 혼집混集ᄒ야 문장의 체재體裁를 불식하고 속어를 무용務用하여 그 뜻을 달하기로 주主하니"⁴⁹라고 말한다. 『서유견문』에서 '국문'은 "아문"으로 지칭되고 있으며 이때의 "아문"은 속어俗語와 긴밀하게 연결된 것으로 쓰여 있다.⁵⁰ 이후 1908년 발표된 「소학교육에 대한 의견」⁵¹에서, 유길준은 '소학교육'의 핵심으로 '국어' 사용을 거론한다. 유길준은 이 글에서 '소학'을 국민의 근본교육이자 보통지식을 가르치는 것으로 쓰고 있으며 '국어'는 "자국의 정신을 양성"하기 때문에 국민교육에 있어 필수불가결한 요소임을 강조한다.⁵²

그러나 「소학교육에 대한 의견」에 나타난 유길준의 문체 의식은 '국어'에 대한 지향만으로 국한될 수는 없다. 이 글은 한문을 완전히 없애고 국문만을 사용하는 소학 교과서의 편찬 방식에 명시적 반대 의사를 표출하고 있다. 유길준은 한자를 글자별로 나누어 사용하고 훈독하면 "국문의 부속품이며 보조물"이 될 수 있음을 강조한다.⁵³ 물론 유길준은 한자에 국문의 보조적 위상만을 부여하고 있지만, 그 지점은 '국어'로 환원될 수 없는 이질적 언어 상황도 환기하고 있는 것이다. 「소학교육에 대한 의견」에서는 한문 중심의 소학교육을 명시적으로 비판하지만, '속어' 혹은 '통속'의 언어를 통해 계층화된 어문 질서를 재편하려는 문제의식을 부각시키고 있지는 않다.

'통속'을 어문 질서의 변화와 관련하여 사용한 대표적 예는 1910년대 대표적 문장교본인 『시문독본』, 그리고 『매일신보』의 현상문예모집 기사에서 발견된다. 『시문독본』 1918년 판본에는 "이 책의 용어用語는 통속通俗을 위주"⁵⁴로 했다고 쓰여 있고, 1919년 『매일신보』의 현상문예모집 기사에는 "난해한 숙어熟語를 피하고 가장 통속적通俗的의 순조선어로 작고作稿함을 요함"⁵⁵과 같은 항목이 포함되어 있다. 『매일신보』 현상문예모집의 경우 '통속'을 '조선어'와 연결하고 있는 반면, 『시문독본』에서는 '통속'의 의미가 엄밀하게 규정되고 있지 않다.

　『시문독본』을 편찬했던 최남선은 1910년대 대표적 종합잡지 『청춘』의 창간을 주도하여 당대의 문체 변화를 이끌었던 인물이며, 『시문독본』은 1910년대 출간된 교본·독본 가운데 가장 영향력이 있었던 책이다.[56] 임상석의 선행 연구에 따르면, 『시문독본』은 1916년 초판에서는 "표준적 표기를 위한 규범이 존재"했으나 1918년 판본에서는 그 규범 대신 '시속'이나 '통속'을 따른다는 기준을 제시하고 있다. 이때의 '통속'은 "언중의 언어 습관" 정도로 규정할 수 있으며, 그 규정은 "제도적 어문 규정이 설정"되지 못했던 1910년대의 불안정한 언어 상황을 보여준다. 『시문독본』에는 한국의 전통적 한문 문법을 국역한 양상도 적지 않게 담겨 있는 것이다.[57] 그렇기에 『시문독본』에서 엄밀하게 정의되지 않은 채 사용되고 있는 '통속'을 '조선어' 혹은 '국어/국문'에 대한 지향으로 해석하기에는 무리가 따른다. 국어학자 안예리는 『시문독본』에서 설명문의 성격을 지니는 글은 전통적 한문체 문장을 사용하고 있지만, 연설문이나 수필의 경우 전통적 문장과는 다른 문체적 실험이 시도되고 있다고 분석한다.[58]

　이러한 불안정한 언어 상황은 이원화된 전략을 취했던 1910년대 『매일신보』의 표기 방식과도 연동된다. 이희정의 선행 연구에서 지적한 것처럼 『매일신보』는 국한문혼용체를 위주로 표기해 지식인 독자들을 포섭하려 했지만, "3면의 사회면 기사와 1면과 4면의 연재소설"은 대중독자를 의식하며 순한글체를 사용했다.[59] 1910년대 『매일신보』에 연재된 『장한몽』, 『해왕성』 등의 번안소

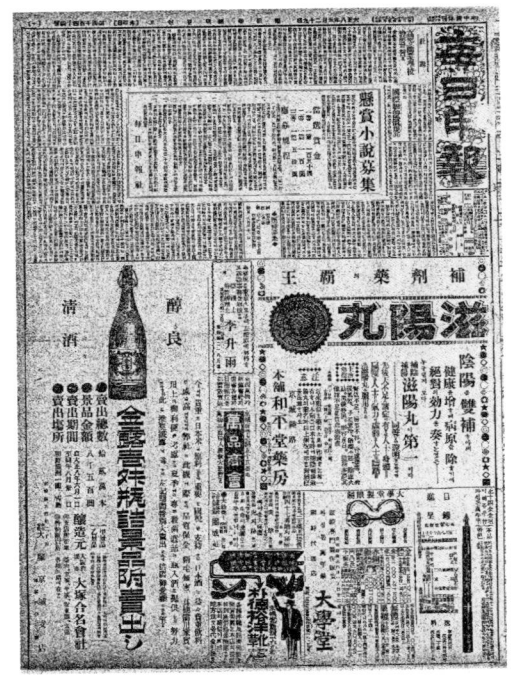

『매일신보』, 1991년 5월 29일 1면. 신문 2단에 '현상소설모집'이 공고되었다.

설, 그리고 이광수의 『무정』은 모두 "'순한글의 한국어 문장'"을 사용해 독자들의 호응을 이끌어냈다.⁶⁰ 1919년 『매일신보』의 현상문예모집에서 통속적 "순조선어"로 창작한 작품을 응모해보라고 권한 이유는 『매일신보』 연재소설들의 대중적 인기에 힘입은 것이라고 볼 수 있다.⁶¹

19세기 후반부터 20세기 초반 일본과 중국에서 '통속'은 '속어'를 통해 어문 질서를 재편하려는 움직임과 긴밀하게 연결된 용어였다. 1910년대 후반 중국 신청년 그룹이 주도한 신문학 담론은 이러한 움직임을 상징적으로 보여준다. 이들의 담론에서 '통속'은 문학예술의 혁명적 변화와 조응하는 용어로 사용되고 있었다. 대표적 예로 천두슈는 「문학혁명론」에서 "지나치게 수식하고 아첨하는 귀족문학", 지루하고 과장된 고전문학 등을 타도하고 "평이하고 서정적인 국민문학", "신선하고 진실한 사실문학", "명료하고 통속적인 사회문학을 건설"하자고 역설한다.[62]

이에 비해 한국에서 '통속' 개념은 어문 질서를 재편하려는 움직임과 역동적으로 조응하지는 않았으며, 『시문독본』에서 사용된 '통속' 역시 엄밀하게 의미가 규정되지 않은 채 1910년대의 불안정한 언어 상황을 드러내주는 역할을 수행했다. 반면 『매일신보』는 현상문예모집 기사에서 '통속'을 '순조선어'와 연결하고 있는데, 이는 1910년대 『매일신보』 연재소설의 주된 언어 표기 방식을 배경으로 삼고 있는 것이다. 『매일신보』가 신문연재소설을 통해 독자를 확장해나간 것은 식민권력의 통치성이 '통속강연'을 통해 '속'의 세계, 즉 하위계층의 세계로 확장해간 과정과도 견줄 수 있다. 『매일신보』의 그러한 과정을 통해 신문연재소설의 독자층이 생겨날 수 있었으며 이들은 1920년대에 통속문화의 주된 수용자로 인식되었다.[63]

'통속'을 '조선어'와 연결하는 용례는 1930년대 초반 한글학자 김윤경이 『동광』에 발표한 「훈민정음의 성질과 가치, 조선문자의 역사적 고찰 (10)」에도 나타난다. 이 글의 마지막 부분에서 김윤경은 '훈민정음'에 대한 여러 학자들의 비평을 소개하는데, 그중 폴 먼로 Paul Monroe가 『Cyclopedia of Education』(교육백과사전)에 쓴 '한국' 항목에는 통속문체를 "순純 조선글"로 적는 방식으로 설명하고 있다.[64] 조선어 혹은 '속어'俗語에 초점을 맞춰 '통속성'을 규정하는 용례는 이 책 4장에서 분석할 이태준의 「통속성 기타」(1940)에서 다시 나타나게 된다.

3장

식민지 전반기 (1910~1931) '대중' 인식 변화와 전유되는 '통속'

1   식민통치의 확대와 '통속강연'의 주체들

『매일신보』의 '통속강연'과 식민권력의 통치성

'통속강연'은 1910년대 『매일신보』 기사 제목에서 가장 많이 사용되던 '통속' 관련 용어다. 『매일신보』는 1918년 이전 10여 차례 이상 '통속강연회'와 관련된 기사를 보도했고, 1918년부터는 직접 '통속강연'의 기획자로 등장하여 그 강연의 내용을 신문 1면에 수록했다. 『매일신보』에서 빈번하게 재현되고 있던 '통속강연'은 식민권력이 조선 사회의 더 세밀한 영역까지 통치를 확대해간 과정을 보여준다.

> ① 인천공립보통학교장 原田佐一郎씨와 관립실업학교감 高山經慶씨 등이 발기하야 조선인에 대한 사회교육을 보급할 목적으로 통속강연회를 개최하기로 제창함에 해당 부윤府尹 尹久水三郎씨도 이를 찬성하여 본월십일일 오후 삼시에 실업학교 내에서 제일회로 개회하였는데 인천관측소 기사 平田德太郎民는 혜성과 전기에 관하여 조선은행 인천지점원

법학사 松田義雄씨는 화폐에 관하여 일장 강화講話함이 참회자가 백여명에 달하였고 금후今後에는 매월 일회식 개회하기로 결정하였다더라.¹

② 동대문 경찰분서장 즁도승中島昇씨는 이즈음, 여름을 당하여, 데일 그 관내에 위생衛生 사항을 고로 알아들니고, 각기 주의하게 하기 위하여, 장래의 염려를 헤아리고, 드디어 경무총감부 위생과 촉탁, 산근정차衛生課囑託山根正次씨를 소개하여, 그 적긔 하로날, 하오 한시부터, 동대문문루東大門樓上 위에서 **통속위생강연회通俗衛生講演會**를 열고, 관내 남녀 이천여명이, 구름같이 모여, 산근씨의 류셩긔蓄音機로써 위생상 가장 필요한 점을 들어, 일반에 들려주는데, 그 적절한 강연을, 모두 조용히 듣고, 대단 감심感心함을 이기지 못하는 가운데 또한 즁도서장의, 위생강연이 있은 후 산근씨는, 실리적으로, 수돗물과 기타 개천물을, 각각 병에다 넣고, 무슨 약을 혼합한 후, 실지로 구경시킨 결과, 황연히 물에 관계가, 어떠함을 깊이 깨달아 각기 위생을 주의하고, 헤어져 갔다는데, 그 관내 인민에 대한 대행복이라 하겠더라.²

③ 총독부 학무국의 종용에 의하여 금회 조선교육회 주최 하에 경성시민의 일반 사상 향상의 목적으로써 **통속교육강화회**라 하는 것을 조직하고 매월 일회씩 시내 각 학교를 통하여 순차로 개회할 터인데 매회 강사 이인을 정하여 가장 유익하고 취미있는 강화講話가 되게 함인데 이는 일은 진

지한 오락될 것인 고로 우선 그 제일회를 다음 십삼일 오후 삼시부터 일출 소학교 내에서 개회하고 풍영중앙시험소장의 우유와 대두大豆의 성분비교 급及 고성부관의 청오전靑嶋戰 경과의 개요 등 강화講話가 있을 터인 고로 생도의 부형은 물론이어니와 그외 일반 청강 희망자는 어떤 사람이던지 수의隨意 입장하되 입장료는 불요不要한다더라.[3]

'통속강연'과 관련된 『매일신보』의 기사들은 대체로 『매일신보』의 2면과 3면에 배치되어 있었다. 김현주의 연구에 따르면 『매일신보』는 1912년 3월 편집 체제를 개편했다. 2면에는 "식민국가가 행정기구 등 국가기관과 공공기업을 통해 지배를 수행하는 양상을 체계적으로 재현"했으며 3면에서는 식민지인의 생활세계를 재현하려고 했다.[4] '통속강연' 관련 기사가 『매일신보』 3면에 실렸다는 것은 곧 그 강연과 관련된 식민지인의 생활세계를 재현하려는 『매일신보』 편집진의 의도가 담겨 있었다고 볼 수 있다.

그렇다면 인용문 ③과 같이 『매일신보』 2면에도 '통속강연' 관련 기사가 실려 있는 이유는 어디에 있을까? 이는 통속강연회의 주최자 및 연사로 공립보통학교의 일본인 교장뿐 아니라 경찰서장, 군수, 총독부 의원 등 지배적 통치권력이 참여했다는 점으로부터 추론할 수 있다. 『매일신보』는 식민권력이 수행하는 통치의 한 방식으로 '통속강연'을 인식하고 있었기에 이를 2면에서 재현했던 것이다. 인용문 ③에는 '통속강연'이 개최된 배경에 총독부 학무국의 종용이 있었음을 서술하고 있다.

이철우는 「일제하 한국의 근대성, 법치, 권력」이라는 연구에서 일본의 식민통치가 "사회생활의 극히 사소한 일상에까지" 영향을 미치며 통제를 강화했음을 지적하며 그 통제를 "푸코가 '통치성'이라고 명명"한 근대성의 창출과 연결한다.[5] "한편으로는 일련의 특수한 통치장치를 발전시키고 다른 한편으로 일련의 지식을 발전시킨" 권력의 유형을 '통치성'의 한 의미로 규정한 푸코의 관점에 기대어볼 때[6] '통속강연' 역시 식민지 지배권력의 통치성 확대 전략의 한 방법이었다고 볼 수 있다. 이 강연은 '생명연장의 비결', '위생', '화폐' 같은 근대 문명과 관련된 지식과 함께 '조선인 유희에서 금지할 사항'[7]을 청중들에게 전달하며 통치의 효과를 확장하고 있었다.

『매일신보』는 총독부의 주도하에 진행된 통속강연을 기사화한 재현의 주체이기도 했지만, 그 통속강연 자체를 기획한 활동의 주체이기도 했다. 1917년 이후『매일신보』에는 자사가 주최한 '통속강연' 관련 기사가 신문 1면에 실리게 된다.「인격고하의 표준(1), 경일주최 통속강연회에서 村上문학박사 강연」이 1917년 4월 29일 1면에 실리기 시작해 5월 3일까지 연재되고, 1917년 9월 22일 이후에는 「석종연사의 강연, 통속강연회에서」 같은 기사가 실린다. 1918년에도 총독부의원의 「폐결핵에 대하여」[8],「미국의 사회교육」[9] 같은 기사 제목의 통속강연회를 직접 개최하고 그 강연 내용을 신문 1면에 연재했다.

연재 기사 중「미국의 사회교육」은『매일신보』가 기획한 '통속강연'의 의도를 상징적으로 드러낸다. 이 강연에서 니와 세지로는 전시 상황에서 미국 국민들이 보여준 질서 있는 모습이 미국의 사회교육에서 기인한 것으로 보았다. 여기에서 '사회교육'은 학교를 졸업한 후 사회에 나아가 일정한 직업에 종사하는 사람들이 받는 일련의 교육으로 서술되고 있으며, 강연자는 그 대표적 예로 체육

교육, 신문·잡지와 함께 '통속강연회' 등을 들고 있다.[10]

 '사회교육'을 '학교교육' 바깥 영역으로 상정하면서 '통속강연'을 '사회교육'의 하위 범주로 규정한 니와 세지로의 강연은 『매일신보』가 '통속강연'을 기획한 의도와도 연관되어 있다. '통속강연'은 1910년대 보통학교 교육이 포섭할 수 없었던 조선인들을 통치 영역으로 이끌어내기 위한 식민권력의 기획으로 볼 수 있다. 고마고메 다케시의 연구에 따르면, 총독부는 1911년 제1차 조선교육령을 공포하면서 "4년제 보통학교와 교육보통학교를 근간으로 하는 교육제도"를 구축했지만 보통학교의 수를 제한했기에 조선인이 보통학교에 취학한 비율은 10퍼센트에도 미치지 못했다. 총독부는 식민지 조선에서 일본과 같은 형태의 근대 교육제도가 보급되는 것을 수용하지 않았다. 이는 식민지 당국이 "보호국화를 계기로 근대 교육제도의 보급을 저지하는 쪽으로 선회"했음을 의미한다.[11] 1910년대 활성화된 '통속강연'은 식민지 조선의 보통학교로 대표되는 불평등한 교육제도를 보완하는 제도였다.

3·1운동 이후 '통속강연' 기획 주체의 변화

『매일신보』가 빈번하게 '통속강연회' 관련 기사를 싣고 1910년대 후반 직접 '통속강연'을 기획하여 그 강연의 진행 양상을 지면에 수록한 것과 달리, 1910년대 또 다른 대표 매체 『청춘』은 '통속'이라는 용어를 부각한 사례가 극히 드물었다. 훗날 3·1운동을 주도하는 천도교 그룹이 발간한 『천도교회월보』에도 '통속'이 두드러지게 나타나지는 않는다. '세속'의 세계를 교육 및 문화운동의 영역으로 견인하려는 활동은 1910년대 식민지 조선에서 『매일신보』로 대표되는 총독부와 지배권력 일부에게만 제한적으로 허용되었다. 1910년 이후 조선총독부는 "일련의 법을 제정하여 종교단체가 식민통치에 간섭하지 못하도록 제도화"했으며 1915년 3월 24일 공포된 「개정사립학교 규칙」에서는 "더욱 엄격하게 교육과 종교의 분리를 주장"했고, 1915년 8월 16일 공포된 『포교규칙』에서는 "종교의 포교활동 전반에 걸쳐 조선총독의 인가를 필수적인 조건으로 규정"했다.[12]

기존 연구에서 지적하는 것처럼 1917~1918년에 이르면 『천도교회월보』는 '사회'와 관련된 문제의식을 드러내며 '노동' 관련 기사를 수록하는 등의 변화가 나타났다.[13] 그럼에도 이 시기 『천도교회월보』의 핵심 논자였던 이돈화의 논설에서는 '통속'이라는 말은 부각되고 있지 않았으며, 이는 교육활동과 포교활동을 통해 '속'에 다가가려는 종교활동이 식민지 조선에서 통제된 것과 일정 부분 관련된다.[14]

그런데 3·1운동 이후 발간된 민간신문 『조선일보』와 『동아일보』에는 '통속강연'을 개최하는 다층적 주체들이 나타났다. 식민권력의 통치성을 '속'俗의 세계까지 확산하려 했던 1910년대 통속강연의 기획 의도는 1920년대에도 이어지고 있었지만,[15] 1920년대 통속강연을 기획한 주체들은 총독부와 관계가 있던 식민권력으로 한정되지 않았다. 다층적 결사체들이 1920년대 통속강연의 주체들로 등장하고 있었다.[16]

1920년 4월 14일 『동아일보』는 '조선여자교육회' 주최로 '부인통속강연회'를 개최했으며 교육회 회장 김미리사, 홍애스터, 이숙정, 방신영 등이 강연했다는 기사를 실었다. 이 기사는 여성 청중

300명이 모였고 여성들 스스로 주최한 강연회가 처음이었다는 점에 의의를 부여했다.[17] 이외에도 '신여자' 주최로 열린 통속강연에서 김원주가 「신여자의 사명」, 김선이 「구각을 벗으라」 제목으로 강연회를 열었다고 보도했다.[18]

여성 교육에 초점을 맞춘 '통속강연회'는 비단 경성으로만 국한되지 않았는데, '조선여자교육회'의 경우 '순회강연단'을 구성하고 김제 등을 돌며 강연회를 개최했다.[19] 또 1923년 『조선일보』에 실린 「여자청년회 강연」이라는 기사는 '부산중앙여자청년회'라는 결사체가 청년회관에서 통속강연회를 개최했으며 성황리에 모임을 마쳤다는 소식을 소개했다. 이 기사는 강연회 연사 중 한 명이 김말봉이고 「여자권리 주장」이라는 주제로 강연을 했다는 점을 보도하고 있다.[20]

1923년 부산중앙여자청년회 외에도 여러 청년회들이 결성되어 전국 각지에서 통속강연회를 열었다. 함경남도 홍원군에서 조직된 청년회,[21] 문천군 명효면 석전리 청년회,[22] 안주청년회[23] 등이 통속강연을 기획했음이 신문기사에서 확인된다. 경성의학전문학교에 있는 여러 모임[24]과 기독교 청년회, 천도교 청년회 등 청년 종교단체[25] 역시 '통속강연'을 기획하고 있는 주체였다.

천도교 청년회는 1920년대 통속강연을 기획한 핵심 주체였으며, 이들의 기획은 1920년대 대표 잡지이자 천도교 청년회의 기관지인 『개벽』에 '통속' 관련 용어들이 다양하게 나타난 것과도 연관된다. 역사학자 성주현의 연구는 '통속' 용어의 출현을 『개벽』 창간을 주도한 천도교 청년회의 '통속운동'과 연결한다. 성주현의 연구에 따르면 3·1운동 이후 천도교에서 이탈하는 교인들이 늘어나자 천도교는 청년당을 중심으로 포교운동을 대중화하려 했고 이

를 '통속운동'으로 명명했다.[26]

　성주현의 논의는 천도교 청년회의 '통속운동'과 『개벽』의 '통속' 개념을 연결했다는 점에서 선구적 의의를 지니지만, '통속' 개념이 『개벽』에 나타난 구체적 양상을 충분히 분석하지 못했다는 점에서 한계가 있다. 다음에서는 1920년대 초반 『개벽』의 '통속' 용례를 구체적으로 분석하려고 한다.

2   근대적 지식의 통속화와 일반인의 화법

『개벽』의 '통속' 관련 용례와 통속교육

1920년대 초반 『개벽』에 나타난 '통속' 개념은 크게 두 가지 양태로 구분된다. 첫째, 김기전과 신식 등의 논설에 나타난 '통속' 개념으로, 이는 천도교의 통속운동과 일정한 관련이 있지만, 한편으로 '통속'이 '교육' 및 '사회' 담론과 맺고 있던 관계를 드러내준다. 둘째, 양건식 등이 중국 신문학운동 논의를 번역하고 소개하는 과정에서 나온 '통속' 개념으로, 이때의 '통속' 용례는 1920년대 또 다른 매체 『동명』, 『공제』가 '통속' 개념을 사용했던 문제의식과 연결된다.

　이 두 가지 특성의 '통속' 용례 중 『개벽』에서 가장 부각되는 부분은 첫째 유형이며, 『개벽』의 주요 집필진이었던 김기전의 「농촌 개선의 긴급 동의」와 「농촌 개선에 관한 도안」은 그 사례를 전형적으로 보여준다. 이 두 편의 글은 『개벽』 5호와 6호에 연이어 실렸다. 먼저 실린 「농촌 개선의 긴급 동의」에는 김기전이 왜 농촌에 관심을 두려고 하는지가 잘 드러나 있다. 김기전은 농촌을 "아직까지 신문 잡지 기타 언론의 세력권 밖"에 있는 영역으로 규정하고 있다. 이는 곧 도회지의 세계와 농촌의 세계, 즉 "중류 이상의 계급"이 보는 세계와 농촌에서 대면하는 세계가 판이하게 다르다는 진단과도 연결된다. 특히 이 글은 서북 지역의 경우 경찰권력의 강한 압박을 받고 있음을 "공포의 음침한 구름"이라는 표현을 통해 드러내고 있다.[27]

이 표현은 앞서 이철우의 연구가 부각한 푸코적 의미의 통치성으로 온전히 설명할 수 없는 식민통치의 폭력성을 보여주고 있으며, 그 폭력성이 식민지 조선의 공간적 분할과 긴밀하게 연동되어 있음을 나타내고 있다. 김기전은 「농촌청년회의 설립을 촉함」(『개벽』 7호, 1921)에서 농촌에서 청년운동을 하는 이들이 경찰소에서 "까닭 없이 요주의인물"이 되고 "사회로부터 무용지물" 칭호를 듣게 되는 상황을 환기한다. 또 「남북조선을 순회한 자의 수작」(『개벽』 29호, 1922)에서는 그들 청년 다수가 3·1운동에 참여했다는 점, 그리고 식민지 지배권력이 경성과 평양 같은 대도시와 지방을 분할된 방식으로 통치하고 있다는 점을 드러낸다.[28]

『개벽』 6호에 실린 「농촌 개선에 관한 도안」에서 김기전은 이러한 난관을 돌파하려는 구체적 제안을 하는데, 크게 '교육'과 '오락', '산업'의 측면에서 농촌 개선에 관한 제안을 하고 있으며, 이 중 '교육' 부분의 제안을 '통속교육'과 '학교교육'으로 나누어 쓴다. '통속교육'과 '학교교육'을 구분하여 논의하는 방식은 앞에서 '보통과 통속'에 대해 서술할 때 분석한 일본 용례와 『대한매일신보』의 논설에도 나타났다. 차이점은 『개벽』에 실린 김기전의 글은 '통속교육'을 '보통교육'과 직접 연결하지 않는 대신 '사회적 보통 상식'이라는 표현을 부각시키고 있다는 점이다.

큰 탈 큰 탈하여도 알 것을 알지 못하는 것처럼 더 큰 탈은 없으리이다. 전문적 특수지식의 결여라 함은 오히려 있을 수 있으나, 사회적 보통 상식의 결여는 그중에도 기막힌 일이외다. 그런데 다 아는 바와 같이 우리에게는 일찍 학교의 건립이 없었고 대체로 서당의 교육은 없지는 않았으나 그의 가르치는 바는 오늘의 실사회와 아무 관계없는 한문글이었는 바 농촌에 계시는 우리 할아버지 아버지와 할머니 어머니는 대개 세상 모르는 어른이 되었나이다. 눈 꿈적하면 귀 잘리기에 꼭 알맞은 이 세상에 처하여, 아니 사느냐 죽느냐 하는 우리의 무서운 운명을 목전에 놓은 오늘에 있어서 우리 실사회의 중심 세력이 되는 할아버지 아버지가 그렇게 세상 모르는 사람이 되어서야 어떻게 하겠나이까? 그러나 이 분네를 위하여는 학교를 세운다 하여도 소용 없으며 서당을 개량함도 무의미한 일이외다. 오즉 **사회적 교육 즉 통속적 교육**을 행할 외에 타도他道가 없을 것이외다. 그리고 이 **통속교육**은 다못한 아버지 어머니에게뿐 필수할 것이 아니라 우리의 언니 누이님에게도 꼭 같이 필요할지니 이는 도회에 있는 언니 누이님 편은 대개 상당 교육을 받았다 할 수 있으나 농촌에 있어서는 아직 그렇지 못한 까닭이외다.[29]

김기전은 '사회적 보통 상식의 결여' 문제를 비판하며 이를 학교의 건립이 없었던 점과 서당 교육이 한문에 한정되어 있다는 점을 그 원인으로 지적한다. 전자, 즉 학교의 보급 문제는 우회적으로 조선의 보통교육제도가 불완전하다는 점을 환기하고 있다면,

후자는 근대적 교육보다는 전통적 지식의 보급에 치중했던 서당 교육의 문제점을 비판하고 있다. 김기전이 강도 높게 '서당'을 비판한 이유는 식민통치가 시작된 이후 1922년 제2차 조선교육령이 공포되기 직전까지 조선에서 '서당'이 지니는 교육적 영향력이 증대되고 있었던 상황에 기인한다.[30]

김기전은 식민지 조선의 근대적 교육제도가 영향을 미칠 수 없었던 지점을 응시하고 있으며, 농촌의 기성세대와 여성이 그 영역에 위치하고 있다고 보았다. 이 글은 근대적 교육의 영향력이 미칠 수 없었던 주체들에게 다가서는 방식으로 '통속적 교육'을 제시했다. 앞의 인용문에서 고딕체로 구별된 표기에서 확인할 수 있는 것처럼 '통속교육'은 근대적 교육에서 배제되어 있는 이들이 사회적 행위를 원활하게 할 수 있게끔 하는 활동으로 이해되고 있었다.

김기전과 천도교 청년회의 활동은 대체로 생활방식의 개선에 초점이 맞추어져 있고, 그 개선의 주체를 선각자 청년들에게서 찾고 있다는 점에서 계몽적 문화운동의 한계에서 크게 벗어나지 못했다.[31] 그럼에도 김기전이 「농촌 개선의 도안」의 결말 부분에서 '농촌 문제'를 '사회적 불평등'과 연결한 문제의식은 식민지 시기 전반에 걸쳐 다양한 양태로 나타났다는 점에서 주목할 필요가 있다.

지식·예술의 통속화와 집합적 주체

'통속교육'에 대한 김기전의 문제의식과 관계가 있으면서도 그 문제의식을 1920년대 문화운동 전반으로 확장한 논의로 『개벽』 14호에 발표된 신식의 「문화의 발전 급及 기其 운동과 신문명」을 들 수 있다. 신식은 '진화'라는 개념을 통해 문화가 발전해나가는 상태를 파악하려 했고, 그 상태에 따라 인류 사회의 우열을 구분했다. 즉 1910년대부터 통용되던 '우승열패'의 진화론적 관점에서 신식 역시 자유롭지 못했던 것이다. 그럼에도 신식은 문화의 필요조건을 "공통적이오 보편적이오 민중적이오 이상적인 총합체의 표현"으로 정한다. '공통'과 '보편' 같은 말을 결합하며 개별적 인간들이 공동으로 대면하고 있는 문화적 조건들을 포착하려 한 것이다. 신식의 글에서 집합적 주체인 '민중'이 부상한 것은 이러한 맥락에서 이해할 수 있다. 또한 신식은 '예술의 통속화'를 당대의 문화운동 전개에서 선결되어야 할 작업으로 바라본다.³²

> 먼저 오인吾人에게 산 예술의 교육, 산 예술의 교양을 주는 이외에는 아무 방법도 수단도 없다. 그러나 창조력은 인위로 발달시킬 수 없는 것이다. 타동적으로 출현하는 것이 아니오 자동적으로 발현하는 것이다. 그러나 그도 반드시 예술의 **통속화**通俗化하고 구체화하고 일반화한 그날에야 개중에서 위대한 천재의 창조력이 발현될 것이다. 문화운동에 필요한 수단으로는 적어도 일반인에게 가장 적당한 가장 기호嗜好하는 예술을 알려주고 맛보이고 그리하야 끈침업시 창조력의 발현에 친접親接케 하는 밖에는 다시 도리가 없을 것이다. 이것이 개인 가운데에 자고 있는, 일반사회 가운데에 숨겨 있는 특수의 신생명력新生命力을 인출하고 개방하는데 무엇보다도 첩경이오 양약良藥이다.³³

이 인용문에서 쓰이고 있는 '통속'이라는 용어는 신식의 글에서 복합적 맥락을 형성한다. 우선 '통속'은 동경 유학생이었던 신식이 동경과 조선의 문화적 상황을 비교하는 과정에서 발화되고 있다. 신식은 동경의 경우 조선과 달리 "사회 일반의 교양기관"이 널리 보급되었다는 점, 그럼에도 동경에서는 과학과 지식을 "통속화하며 민중화"하려는 움직임이 일어나고 있다는 점을 강조한다. 이러한 신식의 논의는 표면적으로 보았을 때는 문명국인 일본의 시선으로 조선의 야만적 상태를 규정하려고 하는 것으로 보인다. 그러나 그러한 시각의 이면에는 "누구나 다 받지 않으면 안 될 보통교육"이 조선에 충분히 보급되고 있지 않다는 점, "중등교육이나 전문지식을 양성할 기관"이 설립되고 있지 않다는 점을 지적하며 식민통치가 지니는 한계를 응시하려는 의도도 깃들어 있다.

신식의 논의는 예술의 통속화 작업을 '민중'과 연결하는 데서 한 걸음 나아가, 이를 예술활동에 내재하는 창조력과도 결합시킨다. 신식은 '예술의 통속화' 작업을 '예술의 일반화' 같은 의미로 쓰지만, 그 일반화를 위대한 천재의 창조력이 발현될 문화적 지반의 건설 작업으로 이해한다. '예술의 통속화' 작업과 '천재의 창조력'은 신식의 논의에서 대립되지 않는다. 이는 신식이 개인과 일반 사회 안에 "특수의 신생명력"이 잠재되어 있다고 간주한 것에서 기인한다. 신식은 "특수의 신생명력"이 무엇인지를 밝히고 있지는 않지만, 그 개념을 상정함으로써 일반 사회의 성원과 창조적 개인이 공통적으로 지니는 잠재력을 가시화할 수 있었다.

『개벽』의 필자들은 『매일신보』와 연결되지만 일정 부분 구분되는 층위에서 '통속'에 대해 발화하기 시작했다. 김기전의 논의는 '통속교육'을 통해 조선 민중의 습속을 개량하려고 했다는 점에서

『매일신보』의 논의와 맥락을 같이했다. 그러나 김기전은 식민지 통치권력의 양상이 공간적으로 분할되는 양상을 응시했고, 이른바 문화통치가 구현되지 않는 장소, 그리고 그 자리에 위치한 '노인'과 '여성' 등의 주체를 염두에 두며 '통속'에 대해 발화했다. 신식은 일반적 사회와 창조적 개인에게 공통으로 잠재된 생명력을 염두에 두며 예술과 지식의 통속화 작업이 지니는 의의를 논의했다. 이러한 '통속' 개념은 1920년대 초반 『개벽』에서 '민중'이라는 집합적 주체가 부상하기 시작한 상황과도 맞물리고 있었다.

'통속'에 대한 다층적 반응

김기전과 신식 등의 논설에 나타난 '통속' 외에도 1920년대 초반 『개벽』에는 또 다른 유형의 '통속' 개념이 나타나고 있었다. 『개벽』의 양건식 등은 중국 잡지 『신청년』에 실린 글을 번역·소개하고 있었다.[34] 중국 신청년 그룹의 논자들은 '통속적 사회문학'을 주창하며 백화소설의 문체, 이른바 속어체俗語體를 중심으로 문체를 개량할 것을 전면적으로 요구했다.[35] 신청년 그룹에게 '통속'은 원나라와 청나라 시대의 속어문학, 즉 백화문학과 연결되는 개념이었고, 고문古文으로 대표되는 전통적 어문 질서를 개편해 국민문학 건설을 만들어낼 요소로 간주되고 있었다.

이러한 신청년 그룹의 논의에 반해, 김동인이나 박종화 등의 문인들은 1920년대 전후 '통속'을 격렬하게 비판했다. 김동인은 『학지광』에 실린 「소설에 대한 조선 사람의 사상을」에서 예술가인 소설가의 범주에서 지금 조선에서 유행하는 통속소설의 작가를 배제시키면서, '통속소설'을 "독자를 끌려는 비열한 아첨의 사상"이 있을 뿐인 유치한 저급소설로 규정한다.[36] 이때 비판은 '통속소설'의 대립항으로 상정된 '진정한 예술'을 부각시키기 위한 목적을 내포한다. 박종화도 "신문소설은 통속적이며 재미잇는 것이라야 한다 하나 이것은 소설이란 예술의 참뜻을 하지 못하는 자의 말"이라고 쓴다. 이들의 담론에서 '통속소설'은 '예술'과 대립되는 것이며 '저급', '재미' 등의 속성을 부여받는다. 또 예술적 소설은 당대에 유행하는 소설, 특히 그중에서도 신문소설과 대립되는 위상으로 자리매김되고 있다.[37]

김동인과 박종화의 글을 통해 확인할 수 있듯 1920년을 전후로 예술적 소설과 통속적 소설의 창작 방식이 분화되는 양상을 보였지만, 이들의 글을 근거로 이 시기 조선의 '문학' 담론이 통속적인 것을 논의에서 완전히 배제했다고 보기는 무리가 있다. 1920년대 초반은 『창조』, 『백조』 등의 동인지를 중심으로 문학적 자율성을 추구하는 운동이 활발하게 전개된 시기이지만, 한편으로 러일전쟁 이후 일본에서 유행한 '민중예술론'이 식민지 조선에도 영향을 미쳤던 때이기도 하다.

선행 연구는 1910년대 후반부터 1920년대 초반 일본에서 로맹 롤랑의 『민중예술론』이 번역되었으며, 이는 러일전쟁 이후 일본에서 정치 주체로서의 '민중'이 등장한 것과 관련이 있음을 지적한다. 노동계급도 감상할 수 있을 정도의 비전문적 예술을 지향한 로맹 롤랑의 논의는 일본에서 '민중예술론'으로 소개되었고, 일본의 대표적 아나키스트였던 오스기 사카에는 민중예술 안에 '생명'을 표현하려는 경향이 담겨 있음을 강조했다. 1920년대 초반 식민지 조선에서 로맹 롤랑의 글은 현철, 신식 등을 통해 전해졌

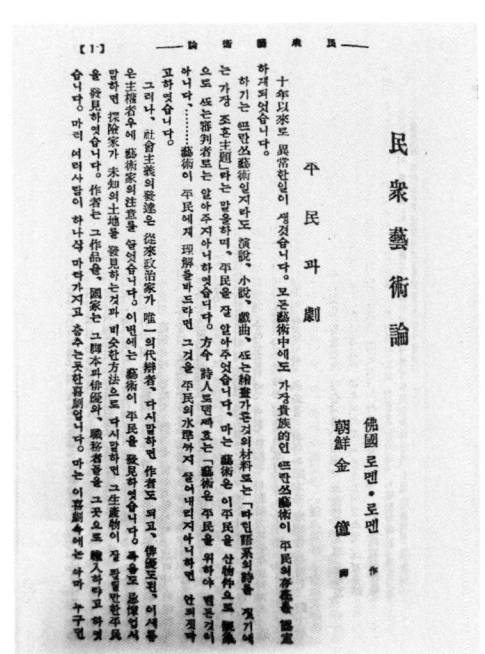

천도교 청년회가 발간한 종합 잡지 『개벽』 26호에 실린 「민중예술론」. 로맹 롤랑이 쓴 글을 김억이 번역했다.

고, 김억은 오스기 사카에의 번역을 저본으로 삼아 『민중예술론』 일부를 『개벽』에 게재했다.[38]

또한 동인지 『폐허』에서 활동을 한 염상섭은 1924년 『남방의 처녀』(평문관), 『시대일보』에 연재된 『쾌한 지도령』을 번역하며 통속소설을 폄하하는 관점에서 일정 부분 벗어난다. 손성준의 연구에 따르면, 염상섭은 『남방의 처녀』를 번역한 후 통속소설이 가져다주는 '재미'와 '유쾌'를 일정 부분 긍정하게 되었고, 알렉상드르 뒤마의 『삼총사』를 『쾌한 지도령』이라는 제목으로 번역한 이후에는 연이어 신문연재소설을 창작하며 "통속성과 예술성의 조화"를 이루기 위해 노력하기도 했다.[39]

비슷한 시기 『동명』과 『개벽』에는 '통속'을 '예술'과 대립하는 개념이 아니라 '일반적이고 평이한 화법'의 의미로 사용한 사례도 발견된다. 1922년 9월부터 12월까지 『동명』에 연재된 「조선역사통속강화」에서 최남선은 '통속'을 표제어로 사용하고 있으며, 1910년대 『시문독본』에서와는 달리 '통속'의 의미를 간략하게 규정한다. "통속 강화인 이 자리에서 어려운 이론과 어수선한 방식"⁴⁰은 긴요하지 않음을 강조하고 있는 것이다. 이때의 '통속'은 '강연'을 의미하는 '강화'講話라는 말과 결합하고 있으며, 난해한 이론을 불필요하게 사용하지 않고 간결하게 설명하는 「조선역사통속강화」의 서술 방식 자체를 지칭하고 있다.⁴¹

이와 유사한 '통속' 용례는 1920년대 대표 매체인 『개벽』에서도 또 다시 발견된다. 염상섭은 『개벽』에 실린 「개성과 예술」(『개벽』 22호, 1922. 4)에서 '개성 문제'는 "충분한 학적學的 연구를 통해 규명"되어야 하지만, 지금 이 지면에서는 "일반적 상식문제"로 간주하여 "통속적"으로 쓴다고 말한다. 여기에서 '통속'은 염상섭이 「개성과 예술」에서 전개하는 "상식적 화법 자체를 지칭하는 의미"로 쓰이고 있다.⁴² 1920년대 '통속'은 일반 사람들에게 통용되는 화법話法 혹은 더 많은 사람들과 소통할 수 있는 서술 방식을 의미하고 있었던 것이다. 그렇다면 최남선이나 염상섭과 같이 조선의 신문학운동을 주도한 논자들은 왜 통속적 화법을 일정 부분 받아들였을까?

발화 방식의 분화와 '통속'

1920년대 초반 이들은 이에 대해 명시적 답을 주고 있지는 않지만, 1920년 창간된 『공제』에서 대신 그들의 대답을 유추해볼 수 있다. 『공제』는 1호와 2호에 연속적으로 「통속유행어」를 연재하고, 8호에 「통속노동문제강화」를 실었는데, 이때 '통속'은 『공제』의 창간 의도와 긴밀하게 연관된다. 『공제』는 창간호에서부터 노동 문제가 사회의 근본 문제임을[43] 지적하며 노동문화를 촉진하고 노동사상을 환기하려고 했는데,[44] 「조선노동공제회주지」에서는 '지식 계발' 역시 공제회의 주된 목표임을 나타냈다. 그 목표는 『공제』가 1호부터 「통속유행어」를 소개한 의도와도 관련된다.

① 물론 노동상의 지식이란 운하면 노동시장의 요구에 수응할만한 기술적 지식으로 협의해석이 되나 그러나 우리는 아직 보통상식이 부족한 고로 일반적 지식부터 보급함이 계발의 주안이요. (박중화, 「조선노동공제회주지」, 『공제』 1호, 168쪽)

② 동장: 자네 경성京城서 언제 왓는가?
학생: 어제왓습니다. (중략)
동장: 아모 별일 업섯네. 이사람아 그런데 근일近日 신문新聞에는 보아도 알 수 업는 말이 많데그려.
학생: 네, 그렇습니다. 근일近日에는 각종各種 술어術語와 표어標語가 자꾸 나기 때문에 기억記憶하기가 매우 곤란困難합니다.
동장: 술어術語란 것은 무슨 말인가.
학생: 그것은 학문상學問上이나 쏘는 전문상專門上에 사용使用하는 말을 술어術語라고 합니다. 그런데 이러한 새말新語

을 아시자면 경성京城에 잇는 조선노동공제회朝鮮勞動共濟會에서 발행發行하는 월간잡지月刊雜誌 『공제』共濟를 구람購覽하면 그 잡지雜誌에는 **일반一般 구독자購讀者**를 위해서 그러한 **새말을 해석解釋한 편編**이 있을것이 올시다. (若水, 「통속유행어」, 『공제』 1호, 160쪽)

박중화의 글에서 확인할 수 있듯 '조선노동공제회'는 노동 관련 지식을 소개하기에 앞서 일반적 지식을 보급할 필요가 있음을 강조한다. 인용문 ①에서 일반적 지식은 '보통상식'의 문제와 연결되고 있다. 앞서 썼듯이 1910년대 이전에도 '보통지식'과 같은 표현에서 지식의 위계를 문제 삼으려는 지향이 드러나고 있었다. 1920년대 『공제』에서 '보통'은 '상식'이나 '일반적 지식'이라는 말과 결합했고, 그 결과 다수의 사람들이 공통적으로 지닐 수 있는 지식을 구축하려는 문제의식이 확장되기 시작한다.

인용문 ②에서 김약수는 이 문제의식을 짧은 서사의 형태로 구축해내며 '통속유행어'를 소개하려는 의도를 효과적으로 드러냈다. 서사에서 대화는 경성에 있는 학생과 시골 고향에 있는 동장 간에 이루어지고 있다. 그 대화의 주된 소재는 신문에서 사용되는 '술어'이다. 이 술어는 학문적이고 전문적 용어이자 새로운 말로 정의되고 있다. 다량의 새로운 말이 유행하고 있지만 일반 구독자들에게 그 말의 의미가 전달되고 있지 못하다는 점을, 『공제』는 문제 삼는다.

『공제』의 「통속유행어」에서는 새로운 말이 유입되면서 전문가와 일반인, 경성에 거주하는 사람과 경성 바깥에 사는 사람의 발화 방식이 분화되고 있음을 보여준다. 인용한 서사에서 학생이

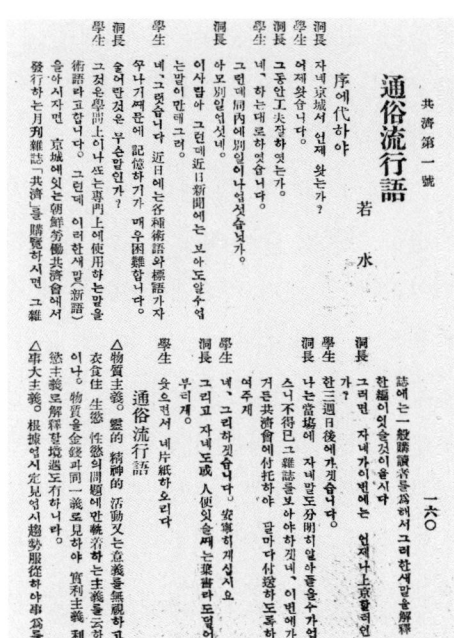

『공제』는 1920년 4월 창립된 조선노동공제회가 발간한 잡지이다. 김약수가 쓴 「통속유행어」가 1호와 2호에 실렸다. 약수, 「통속유행어」, 『공제』 1호, 160쪽.

『공제』라는 잡지에 실려 있다고 말한, "일반 구독자"를 위해서 "새말을 해석한 편"은 바로 이 서사 뒤에 배치될 「통속유행어」 자체를 지칭한다. 「통속유행어」는 지식 및 발화 방식의 분화를 문제 삼으려는 『공제』의 기획 방식 전체를 상징적으로 보여주고 있다.[45]

『동명』의 최남선과 『개벽』의 염상섭은 모두 학문적이고 전문적인 서술 방식과 '통속적' 화법을 구분한다. 에티엔 발리바르는 "형식적으로는 평등하지만, 언어적 공동체에 속한다는 것은—그것이 교육제도에 의해 매개된다는 사실 때문에—즉각 계급적 차이들과 많은 부분 중복되는 분할들, 차별적 규범들을 재생산"한다고 주장했다. 이러한 조건들이 개인적 특이성을 보여주는 발화 행위에 "인종적 또는 준인종적 흔적의 기능을 부여"하고 있음을 강조하는 것이다.⁴⁶ 차별적 교육제도는 그 제도에 속한 개인들의 발화 행위를 구별되게 만들고, 그 구별은 다시금 인종적 차별과 유사한 형태의 문제들을 발생시킨다.

앞에서 제시한 『공제』, 『동명』, 『개벽』 등에서 부각된 '통속'은 새로운 지식의 습득 여부가 발화 방식의 분화를 낳고 있는 상황을 보여준다. 20세기 이전에는 '한문' 중심의 문자 문화를 습득하여 활용하고 있는지의 여부가 '아'雅 문화와 '속'俗 문화를 변별되게 만들었다면, 20세기 이후에는 새로운 근대 문명 관련 지식의 이해 여부에 따라 또 다른 차별화가 생겨나고 있었다. '통속'은 그러한 상황을 가시화하는 용어였으며, 때로는 그 차별을 문제시하려는 발화 전략 자체를 의미하는 용어이기도 했다. 1938년 『조선어사전』의 '통속'에 '모든 세상에 널리 통하는'의 의미가 담기게 된 것은 이러한 발화 전략이 당대의 언중言衆에게 일정 부분 받아들여졌음을 보여준다.

3 사회운동의 대중화와 금지/허용의 경계

조선 사회운동의 전환과 '통속강연'

1920년대 중반에 이르면 통속강연을 기획하는 주체들의 성격이 그 이전 시기와 일정 부분 변화하고 있었다. 이는 강연 주체들이 통속강연과 함께 벌이는 활동들의 성격에서 확인할 수 있다. 1926년 3월 6일 『동아일보』에 실린 「경성여청동맹 공장방문대」라는 기사에 따르면 '경성여자청년동맹'이 '부인문제통속강좌'를 기획하고 있다. 경성여자청년동맹이 앞에서 분석한 '조선여자교육회', '신여자', '부산중앙여자청년회'와 다소 구별되는 성격을 지니고 있었음은 이들이 '조선여성동우회'와 함께 '국제무산부인 데이'를 준비하고 있으며 '통속강연'과 별개로 '공장방문대'를 계획하고 있음에서 확인된다.[47] '무산부인' 등의 용어는 이들의 활동이 염두에 두는 청중이 기존 통속강연회와 다소 달라지고 있었음을 보여준다.[48]

    1920년대 중반 전후 '통속강연' 관련 기사에서는 강연회를 듣는 청중의 특성, 나아가 강연회의 성격을 유추할 수 있게 하는 표현들도 구체적으로 쓰이기 시작했다. 대표적으로 1924년 8월 22일 『조선일보』에 실린 「대전에서 사회문제대강연」이라는 기사에서는 노동공제회 주최의 사상강연회에 초빙되었던 박일병·송봉우가 대전노동동지회가 주최한 사회문제대강연에도 참여했다는 점이 서술되고 있다. 이 강연회에서 송봉우는 '생의 창조와 사회제도'라는 주제로, 박일병은 '노동자의 살 길'이라는 주제로 연설을 했다. 이 기사는 박일병의 연설 방식이 '통속적'이며, "노동자들이 알아듣기 쉬운 어법"이라고 설명한다. 이때의 '통속'이라는 말은 뒤에 배치된 '알아듣기 쉬운 어법'이라는 표현에서 확인할 수 있듯 연설의 발화 방식과 관련되며, '통속'이라는 표현 뒤에 배치된 '노동자들'은 발화 방식이 그 연설을 듣는 청중의 계급적 특성과 연관되어 있음을 나타내주고 있다.[49]

통속강연을 듣는 청중들이 지식문화와 관계 맺는 특성은 1920년 초반 조선여자교육회 강연의 취지를 설명하는 김미리사의 말에도 담겨 있었다. "학교를 다니지 못한 가정에 있는 여자들은 편지 한 장도 자기의 손으로 쓰지도 못하고 신문 한 장을 마음대로 보지 못함으로 답답한 형편"이라는 표현을 통해 조선여자교육회의 '통속강연'이 학교 교육을 받지 못해 문자를 읽고 쓸 수 없는 여성들에게 초점을 맞추고 있었음을 알 수 있다.[50] 그리고 바로 위에서 분석한 「대전에서 사회문제대강연」을 보면, 1920년대 중반 '통속강연'의 기획자들이 지식의 습득 정도뿐 아니라 청중의 계급적 특성도 고려하여 청중 친화적 어법으로 강연을 하려고 했음을 확인할 수 있다.

유사한 특징은 간도에서 열린 '통속강좌'를 소개하는 『조선일보』의 기사 「간도에 통속강좌」에서도 발견된다. 이 기사는 간도

용정촌의 여러 주체들이 통속강연을 계획하고 있으며, 그들이 "일반빈민 또는 무식계급을 표준으로 하야 극히 간이하고도 평범한 말로 사회 각 방면에 대한 새로운 소식"을 들려주려 했음을 알려준다.[51] 여기서도 계급적 특성('빈민')과 지식의 습득 여부('무식')가 통속강연의 청중을 규정하는 요소로 작동하고 있으며, 강연 기획자들이 청중을 고려한 어법을 고민하고 있었음이 확인된다.

1925년 11월 26일 『조선일보』 기사 「한양청년연맹의 청년운동 신정책」을 살펴보면 이러한 변화가 조선의 청년운동 혹은 사회운동의 방향 전환에 대한 고민과도 연결되고 있음을 발견할 수 있다. 이 기사에 실린 '한양청년연맹'의 결의문에는 "조선의 청년군중을 전부 포용"할 수 있는 범위, 즉 "노동청년, 농민청년, 사회주의 청년, 민족주의 청년, 인텔리겐치아 청년 등 전체를 용납할 수 있는 강령"에 대한 고민, 나아가 조선의 청년운동을 "대중청년운동"으로 바꾸려는 문제의식이 드러나고 있다. 이때의 청년은 한편으로 노동자나 농민, 인텔리겐치아 같은 계급·계층적 층위에 따라, 다른 한편으로 사회주의나 민족주의 같은 이데올로기에 따라 구분되어 있다. 이 결의문에서 부각되고 있는 '대중청년' 개념은 그러한 구별 지점을 응시하면서도 각기 나뉘어 있는 청년들을 새로운 틀로 묶고 연결하려는 문제의식을 나타낸다. 이러한 문제의식은 이 단체의 '교양문제' 관련 기획에서도 잘 드러나고 있으며, '통속강좌'는 그 기획의 일부로 배치되어 있다.

　　二. 교양문제
　　일. 자체교양(**식자계급청년**본위 교양)
　　일. 방법

ㄱ 매주일회의 연구반
　　ㄴ 매월이회의 토론회강연회
　　ㄷ 문고를 설치하야 순회총람에 공供케 할 것
일. 교재
　　ㄱ 조선의 일반사정
　　ㄴ 시국문제급 세계정형
　　ㄷ 과학적 연구
일. 대외교양 (**무식청년본위** 교양)
1 방법
　　ㄱ 노동야학
　　ㄴ 여자야학
　　ㄷ 매월 이사二四 **통속강좌**
2 교재
　　ㄱ 조선어 산술
　　ㄴ 평이한 과학강화
(교양의 재료 등은 총연합출판부에서 제공 우又는 지시할 것)[52]

　위의 인용문에서 확인할 수 있듯 '한양청년연맹'은 교양 관련 활동을 기획할 때 근대적 지식의 습득 여부, 즉 '유식'과 '무식'에 따라 청년들을 구분한 후 이에 따라 각기 다른 강연 활동을 배치했다. 식자계급 청년에 대해서는 '연구반', '토론회', '강연회' 등의 활동을 배치한 반면, 무식청년에 대해서는 '야학'과 '통속강좌' 등의 활동을 기획했다.
　흥미로운 것은 활동 방식뿐 아니라 교재 역시 구분하려고 했다는 점이다. '식자계급' 청년에게는 '조선의 일반사정' 및 '시국문제'와 국제적 상황 등을 다루도록 하고 '과학적 연구'를 교재로 삼은 데 비해, '무식청년' 관련 교재는 '조선어', '산술', '평이한 과학강화'를 상정했다. '무식청년' 관련 교재로 '조선어'를 배치한 것을 보면 '무식'과 '유식'의 기준으로 청년들을 나눠 각기 다른 교양 활동을 배치한 데는 '조선어'라는 문자의 습득 여부가 중요하게 고려되었음을 유추할 수 있다.

식자계급을 위해 배치된 '과학적 연구'와 무식청년을 위해 상정된 '평이한 과학강화'라는 문구를 살펴보면, 강연 속 내용의 난이도 측면에서는 구분되지만, 두 활동의 문제의식이 담긴 내용은 '과학'이라는 이름하에 연결되고 있었음을 보여준다.[53] 결의문에서 부각된 '대중청년'이라는 개념은 그 연결의 지점을 드러내준다.

'통속강연'의 청중과 '대중'

1920년대 중반 이후 『조선일보』와 『동아일보』 기사에 재현된 '통속강연'에는 사회주의 운동, 혹은 민족협동전선 운동과 관련된 양상이 빈번하게 나타나게 된다. 이는 조선 사회운동의 전반적 변화 양상과도 연결되어 있었다. 선행 연구에 따르면 1927년 초 신간회가 조직된 이후 조선 공산주의자들은 "민족해방운동에 적극적으로 진출"하여 민족적·협동적 전선을 구축하는 한편 "노동 대중을 중심"으로 하는 좌익 세력의 조직화를 위해 노력하고 있었다.[54]

이 시기는 카프KAPF, 즉 조선프롤레타리아예술가동맹의 운동에서 방향 전환이 강조되던 때이기도 했다. 대표적으로 윤기정은 「무산 문예가의 창작적 태도」(『조선일보』, 1927. 10. 9)에서 조선의 무산계급운동이 방향 전환기를 지나 "대중적 정치투쟁을 목표로 하고 투쟁"하여 나아가고 있음을 말하고 있으며,55 『예술운동』 창간호에 실린 「무산계급 예술운동에 대한 논강」이라는 글은 무산계급운동의 방향 전환이 "부분적 투쟁으로부터 대중적 전체적 투쟁", 즉 "조합주의투쟁에서 정치투쟁"으로 바뀌는 것을 의미한다고 말한다.56 이때의 '대중'은 정치투쟁으로의 전개를 위해 투쟁의식을 고양시키고 조직해야 할 대상이자 미래적 운동의 주체로 여겨지고 있었다. 방향 전환 담론과 맞물려 카프의 문예운동 관련된 글에도 '대중'이라는 용어가 빈번하게 사용되기 시작했다.57

1920년대 한국·일본·중국의 '대중' 개념

19세기 전후 새롭게 등장하는 민民의 움직임을 부각시킨 용어는 '인민'이었다. 1880년에 발간된 『한불자전』에 인민은 'peuple' 및 'le peuple', 즉 단수 및 복수 형태로 동시에 번역돼 수록되었다. 1876년에서 1894년 사이 '민'民, 즉 백성은 "임금의 적자赤子"라는 관념이 점차 영향력을 잃게 되었고, 그 결과 '인민'은 통치의 수동적 대상으로서의 '사람'이라는 의미에서 벗어나 "국가 또는 지역 공동체의 구성원"이라는 의미를 내포하기 시작했다.58 또 1900년대에는 근대적 지식과 사상의 영향력이 대내외적 위기감과 맞물려 커져갔으며, 그 과정에서 '국민' 개념의 사용이 증대되었다.59

조선에서 활동하던 외국인 선교사 제임스 게일이 1911년 편찬한 『한영자전』을 살펴보면 '인민', '국민'으로 포괄되지 않는 집합적 주체 관련 어휘도 생겨나기 시작했음을 확인할 수 있다. '민중'

과 '대중'이 바로 그 용어인데, 이 용어들은 1897년 게일이 편찬한 『한영자전』에는 실려 있지 않다는 점에 주목할 필요가 있다. 1911년판 『한영자전』에서 게일은 '민중'을 '네이션'the nation과 유사한 개념이나 일반인public으로 번역한 반면, '대중'은 'masses'나 'a great number of people' 등과 같이 '많은 사람들' 혹은 '군중'an immense crowd과 연결한다.[60] '대중'을 번역하는 방식은 게일의 1931년판 『한영대자전』에까지 동일하게 나타난다.

제임스 게일이 1931년 편찬한 『한영대자전』을 1911년 『한영자전』과 비교했을 때 새롭게 부각된 용어는 '계급', '무산계급'이었다.[61] '계급', '무산계급' 같은 용어는 1920년대 쓰이기 시작한 '대중'이라는 말과 결합되어 빈번하게 쓰였다.

일본에서도 '대중'이라는 용어는 다이쇼 후기, 즉 1920년대 중반 무렵 마르크스주의 문헌 등에 쓰이기 시작해 이후 급증하게 된다. 이러한 현상의 원인으로는 다이쇼 시대(1912~1926)의 민주주의가 "정치 참여의 대중화"를 이끌어낸 점, "백만부 잡지와 라디오라는 매스미디어가 탄생"한 점, 그리고 마르크스주의의 영향이 확대된 점을 들 수 있다.[62] 시마무라 테루 역시 이 시기 '대중'이라는 단어가 각광을 받은 배경 중 하나로 마르크스주의 이론, 즉 "혁명의 주체 형성에 관한 사고방식"이 조성된 점을 꼽는다. 그 방식에서는 노동자와 농민을 피지배대중이자 혁명의 주체로 정했지만, 혁명이 성공하기 위해서는 "자연발생적인 대중의 혁명성에 목적의식을 부여하는 '전위당'全衛黨이 존재"해야 한다는 점 또한 강조되었다.[63] 전위와 대중의 관계 설정에 대한 고민이 '대중'을 새롭게 규정하려는 시도로 연결된 것이다.

중국의 경우 '대중'은 고대에는 "위로부터 징발되어 병역이나 노역을 담당하는 무리, 즉 다수의 '농민'"을 의미했지만, 불교가 유입되면서 "구체적인 수량의 의미를 갖는 무리"를 뜻했으며 "흩어져 있는 사람들을 개별적으로 지칭할 수 있는 표현"으로도 쓰였다. 중국에서도 이러한 '대중' 개념은 1920년대 후반 "'혁명문학' 또는 '무산계급(또는 프롤레타리아) 문학' 활동이 본격화"되면서 '무산계급 대중'이라는 함의를 지니게 된다.[64]

『개벽』,『별건곤』,『삼천리』등의 잡지에 나타난 '대중'의 용례를 분석한 허수의 연구에 따르면, 식민지 조선에서도 1920년부터 1925년까지 '대중'은 '사회운동'의 변화 양상과 긴밀하게 연결되어 쓰였으며, 이 시기 사회주의자들은 기존의 '민중' 개념을 '무산대중'이라는 말로 대체하려는 움직임을 보였다. 그러한 흐름은 여러 유형의 지식인들에게 영향력을 미쳤다.[65] 유사한 변화는『조선일보』와『동아일보』등의 신문에도 나타나고 있었다. 1920년대 중반 무렵 언론 매체의 '통속강연' 용례에도 사회주의 운동 혹은 민족협동전선 운동 관련 양상이 빈번하게 보이고 있었으며, 이 기사들에서 '대중'이라는 말이 부각되고 있었던 것이다.

대표적으로 1928년 함흥춘추단이 주최한 함흥 통속강연에 대한『조선일보』의 기사를 예로 들 수 있다. 이 강연의 사회는『조선일보』기자이자 사회주의자인 한홍정이 맡았으며,[66] 강연회의 기획 취지는 당면 투쟁에 필요한 지식을 대중에게 보급하고, 부르주아 과학의 그릇된 이론을 대중 앞에 폭로·비판하는 것이라고 보도되고 있었다. 이러한 취지를 보았을 때 이 강연회는 부르주아 과학에 대한 비판적 견해를 '대중'으로 규정된 청중에게 알리는 데 목표가 있었다.[67]

유사한 특징이 1927년 신간회운동 관련 '통속' 용례에서 발견된다. 1927년 7월 18일 『조선일보』 3면에 실린 기사 「신간전주지회 간담회를 적개최」는 신간회운동이 "종래의 편협한 투쟁으로부터 전환"하여 "전대중적 전면적 투쟁"을 모색하고 있다고 말한다. 그 준비 작업으로 신간회 전주지회는 조사연구부를 통해 "통속경제강좌"를 열고 회원 각자와 통할 수 있는 회보 발행을 하려는 실천 계획을 밝히고 있다. 신간회 형성과 맞물려 '대중적 투쟁'이라는 노선이 사회운동에 부각되었고, 그 운동의 일환으로 학술 연구와 결합할 수 있는 통속강좌가 중요시되기 시작했다.[68] 위의 두 사례는 모두 '통속강연'의 청중을 '한양청년연맹'의 결의문과 유사하게 '대중'으로 상정하고 있다는 공통점을 지닌다.

통속강연, 금지와 허용의 경계에 놓이다

흥미롭게도 통속강연의 주체들 그리고 통속강연이 상정한 청중이 일정 부분 변화하기 시작한 1925년 무렵부터 통속강연 관련 기사에서 경찰권력이 강연을 감시하거나 금지하려 했다는 흔적들이 지속적으로 나타났다. 1925년 1월 18일 기사 「대성황의 통속강좌」는 간도 용정촌에 논설, 지방, 시사, 학예, 농촌 등 다양한 분야의 연사가 등장하는 통속강좌가 열렸고, 1,000명 이상이 참여하며 열정적 반응을 보였다고 통속강연에 대해 소개했다.[69] 그런데 얼마 후 2월에 열린 간도 제2회 통속강좌부터는 정복과 사복을 입은 순사들이 군중 사이에 끼어 있었다고 신문기사는 전한다.[70] 제3회 통속강좌에서는 경관들이 엄중하게 감시를 하였으며 강연 중 김하준의 「수문수답」에 주의를 주어 이와 관련된 언쟁이 일어나기도

했다.[71]

　식민지 경찰이 간도의 통속강연에 촉각을 곤두세운 이유는 엄중한 감시를 받는 김하준의 행적을 통해서 유추해볼 수 있다. 김하준은 원산 청년으로 와세다대학교 정치경제과를 마치고 1923년 귀국하여 청년회 활동 등을 벌였고 '전쟁으로 촉진된 노동계급의 자각' 같은 주제로 강연을 벌이기도 했다.[72] 1923년 10월 「간도소식일속」이라는 기사는 김하준이 간도의 동양학원을 계승하려 했으나 그 이름을 폐기하고 새롭게 동계중학을 설립했음을 알리고 있다.[73] 이 동양학원은 사회주의의 영향을 받은 교육기관으로 식민지 당국의 감시를 받다가 폐교되었으며, 이는 설립자 방한민이 '천도경편 철도' 개통기념식에 맞춰 일으키려 한 민중봉기의 적발과 관련이 있었다.[74] 간도일본총영사관은 새로 설립된 동계중학 역시 폐쇄할 것을 권고하다가 결국에는 폐지 명령을 내린 것으로 보도되어 있다.[75] 식민당국은 이러한 전력 때문에 김하준이 하고 있는 통속강좌 활동들에 대해 각별한 관심을 보이고 있었던 것이다.

　식민당국이 촉각을 곤두세우고 있었던 간도의 통속강연이 그 내용에 있어서 사회주의 운동과의 관련성을 직접적으로 표명하고 있었던 것은 아니다. 이는 앞서 말한 간도의 제3회 통속강연에서 있었던 논쟁과도 연관된다. 식민지 경찰은 지속적으로 강연에 주의를 보내지만, 강연의 기획자들도 경찰들에게 강력하게 반발하며 주의를 주는 이유에 대해 묻고 있으며 이에 경찰은 한 걸음 물러서고 있었다. 이는 명시적으로 드러난 강연 내용에 대해 경찰 당국이 금지할 수 있는 명백한 근거를 제시하고 있지 못했음을 보여준다.

　1926년 11월 12일 『조선일보』 기사도 함경북도 성진군 청년연맹이 개최한 통속강연회를 경찰 당국이 무리하게 금지했음을 지적한다. 이 기사에 따르면 청년회가 개최하려고 한 강연회의 주제는 '일반 사회의 악풍폐습惡風弊習'이었고 종교단체인 천도교당을 강연 장소로 삼았음에도 강연회는 "시기가 시기라는 이유"로 허용되지 않았다.[76] 경찰 당국이 금지 명령을 내리기 위해 소환한 연맹 간부 김재수는 1926년부터 '과학사상연구회' 총회를 개최하려 하다 불온하다는 이유로 검속되었고,[77] 같은 해 8월에는 '함북대중운동자 동맹'을 결성하여 창립대회를 주도했다. 통속강연회가 금지된 지 4일 후 그는 사상단체 '태양회' 창립 과정에 참여했으며,[78] 이 단체의 총회 역시 '치안 방해'라는 이유로 집회를 금지당한다.[79]

주목할 것은 '과학사상연구회' 총회와 사상단체 '태양회' 총회가 금지된 근거는 보안법 2조 혹은 '치안 방해' 같은 명시적 이유가 제시된 데 반해, '통속강연'의 경우 경찰 당국이 정확한 근거를 제시하지 못한 채 '시기가 시기'라는 모호한 이유만을 내놓아 강한 반발을 불러일으켰다는 점이다. 사상 관련 모임과 달리 '통속강연'은 금지와 허용을 명확하게 구획하기 어려운 경계에서 수행되었다. 그럼에도 경찰 당국은 주의 대상인 강연 기획자들이 다수의 청중과 대면할 수 있는 가능성에 대해 끊임없이 감시의 시선을 보내고 있었다. 다음 두 사례는 그 경계 위에서 경찰 당국과 강연 기획자들이 충돌하고 있는 양상들을 보여준다.

① 호남선 이리 청년회 주최로 통속대강연회를 개최한다함은 기보既報한 바어니와 예정일인 거입去廿 일일 오후 구시부터 이리유치원 내에서 개開하고 임혁근씨 사회로 개강되

었는데 정각전부터 청중은 만장을 이루었으며 인습을 논함이라는 연제로 이종규씨를 비롯하여 계급투쟁과 우리의 방향 조선청년은 특별하다는 제하에 김광우 임표 양씨의 열변에 일반청중의 고막과 심장은 일시 경동되어 장내공기는 긴장미를 띄웠든바 임장경관으로부터 연차連次 중지 명령이 내리어 양군은 부득이 강단降壇 후 청중으로부터 중지명령에 질문전質問戰이 일어나 사태는 일시 험악하였으나 동십일시에 무사폐회하엿다더라.[80]

② 투보한 바와 같이 경남하동 청년동맹의 주최로 팔월십사일부터 하기 상식강좌夏期常識講座를 개최하였는데 본 지방에 있어서 근일에 처음으로 열리는 것만큼 수백여명의 청강으로 대성황을 이루었으며 당야에는 원만히 강좌를 마치고 그 이튿날밤에도 여전히 다수의 청강으로 윤영철 군이 통속경제학通俗經濟學에 대하여 강의를 하는 도중에 돌연히 정사복 순사 십여명이 몰려와서 강좌를 중지시킨 후 해산을 명령하였으나 일반 청중은 이에 분개하여 해산치 않고 질문이 분분하다가 청강자 중으로 긴급교섭위원 제영순 김호 심만중 김대근 김용호 김진두 등 륙인을 선정하여 임석 경관에게 해산의 이유를 질문한즉 강좌가 불온하다고 상관의 명령이니 자기로서는 무엇이 불온한지 모르겠다고 애매한 어조로 대답함으로 이 보고를 들은 청중들은 더욱 분개하여 임석 경관도 입회치 않고 무엇을 불온으로 인정하는지 해산의 이유가 너무 박약하다고 다시 질문한즉 그 답변은 못하고 해산명령 위반이라고 책임자와 강사와 청

중에 차봉기 김진두 김형 리태영 신만중 전영우 윤영철 등 제씨를 검거하고 강사의 초안까지 압수한 후 해산을 시켰는바 일반은 유감으로 돌아갔으며 약 한시간 후에 신만중, 김진두 양씨만 검속하고 나머지 제씨는 곧 석방되었다는 바 각 사회단체측에서는 지방경찰의 폭압정책과 직권남용에 격분하여 대책을 강구중이다.[81]

기사 ①은 이리 청년회 주최의 통속대강연회에 대해 보도하고 있다. 기사에서 볼 수 있듯 '통속강연'의 주제가 '인습을 논함'과 같이 일반적 특성을 드러냈을 경우 강연회 주최자와 참석자들은 현장에 있는 경관과 충돌하지 않았지만, 그 주제가 '계급투쟁과 으리의 방향', '조선 청년은 특별하다'와 같이 정치성을 첨예하게 드러내는 방향으로 바뀌면 강연회 참여자들은 경찰 당국과 충돌할 위험에 놓이게 되었다.

기사 ②에 따르면 경남 하동 청년동맹의 '상식강좌' 중에 경찰 당국은 윤영철의 '통속경제학' 강의를 집중적으로 문제 삼았다. 그러나 기사에 실린 내용처럼 강좌를 해산한 이유가 단지 '불온하다'라는 명확하지 않은 근거에 있었기에, 통속강연의 주체들은 식민권력과 충돌을 빚고 있는 상황에서도 지속적으로 강연회를 기획해나가며 해산 명령에 대해 항의하는 명분을 확보할 수 있었다.

1929년 엡웟청년회가 주최하고 조선일보사 학예부가 후원한 '상식보급 단기강좌 통속대학'[82]이 열렸다. 이 행사는 청중의 큰 호응을 이끌어내어 그다음 해에도 기획되었다.[83] 흥미로운 것은 이 강연이 1931년 금지되었고, 조선일보사는 스스로 후원한 행사를 경찰이 금지했다는 것에 대해 단신 기사로만 보도하고 있다는 점이다.[84] 이 기사가 보도된 이후『조선일보』와『동아일보』는 통속강연 금지 소식, 혹은 금지를 둘러싸고 갈등이 벌어진 정황을 더 이상 매체 안에서 재현하지 않았다. 1932년 이후에도 통속강연이 열렸다는 기사는 두 매체에 여전히 계속 실렸지만, 그 주된 내용은 '의학'이나 '위생' 관련 강연, 그리고 '과학' 관련 내용으로 한정되었다.

'통속강연'이 금지와 허용의 경계에 놓인 상황을 보도한 기사들은 식민권력이 조선 '대중'의 움직임에 대해 계속 경계하고 있었음을 드러내고 있었다. 그리고 그 기사들은 강연 앞에 놓인 '통속'이라는 말이 식민권력의 지속적 검열을 우회하며 강연 기획자와 청중 대중이 대면하게 하기 위한 역할 또한 수행하고 있었음을 보여준다.[85]

이처럼 식민지 전반기에 여러 유형의 '통속강연'이 기획되었고, 그중 일부는 청중과의 만남이 감시되고 금지되기도 했다. 적지 않은 통속강연은 근대적 교육의 수혜를 받지 못한 이들에게 다가갈 수 있는 방안들을 고민하고 있었다. 이는 식민지 전반기에 '민중' 혹은 '대중'으로 지칭되던 이들의 일상 문화가 식민권력에 온전히 포섭되지 않은 채 유동하고 있었음을 보여준다.

4   '대중' 내부의 이질성과 '통속' 개념의 전유

무산대중과 상업적 취미를 향유하는 대중

'통속강연'의 청중을 무산계급 혹은 대중으로 규정하는 용례가 늘어나고 있던 1920년대 중·후반의 시기는 문학/예술 및 대중문화 분야에서 '통속' 관련 논의가 본격적으로 진행되기 시작한 때이기도 하다. 허수의 선행 연구에서는 1926년부터 1933년까지를 사회운동 계열의 '대중' 용례와 대중문화 계열의 '대중' 용례가 혼재되어 나타나기 시작한 시기로 규정했다.[86]

오늘날 '대중'으로 번역되는 'mass'에도 '사회운동' 관련 의미와 '대중문화' 관련 의미가 혼재되어 있다. 레이먼드 윌리엄스는 『키워드』에서 'mass' 혹은 'masses'의 의미가 변화한 양상을 정리하며 이 용어가 두 가지 구별 가능한 의미를 가진다고 말한 바 있다. 그중 첫째는 머릿수가 많은 군중을 일컫는 의미로, 이때 '대중'은 무지하며 불완전한 대상으로 취급된다. 둘째는 "능동적인 혹은 잠재적으로 적극적인 사회적 세력으로서의 대중"을 의미한다. 이 중 첫째 의미는 '대중매체'mass media나 '대중전달'mass communication 같은 용례에서, 둘째 의미는 '대중집회'mass meeting나 '대중운동'mass movement 같은 용례에서 확인할 수 있다.[87]

사회주의 운동의 대중화 과정에서 나타난 '무산대중'이라는 말은 레이먼드 윌리엄스의 『키워드』에서 서술한 둘째 의미와 조응한다. 반면 『개벽』이 폐간된 1926년부터 개벽사에서 발간한 잡지 『별건곤』에는 당대 융성하고 있던 '영화' 등의 문화와 관련하여 '대중'이라는 말이 사용되고 있었다. 이러한 용례는 1927년 『별건곤』 7호에 발표된 「조선 영화제작에 관한 일고찰」에서 상징적으로 나타난다. 이 글은 '영화'를 '대중예술'이자 '대중오락물'로 정의하며 '대중' 안에 구별하기 어려운 많은 사람들이 포함되어 있음을 강조한다. 이때의 '대중'은 근대적 매스미디어의 불특정한 다수 수용자로서의 의미, 즉 레이먼드 윌리엄스가 서술한 'mass' 개념의 첫째 의미를 내포한다.

흥미로운 것은 「조선 영화제작에 관한 일고찰(1)」이 이러한 '대중'의 특성 때문에 "대중을 상대로 한 영화의 내용은 보편 통속적"이어야 함을 강조하고 있다는 점이다. 이 글의 필자는 대중의 요구와 멀어져서는 영화의 발달을 꿈꿀 수 없다고 말한다.[88] 이때 '통속'은 '보편'이라는 말과 연결되며, '특권계급 혹은 특수한 사람들만이 이해할 수 있는 내용'과는 대립되는 특성 즉 '널리 통용되는'과 같은 의미를 부여받는다.

「조선 영화제작에 관한 일고찰(1)」이 실린 『별건곤』은 창간 때부터 '취미 잡지'를 표방했다.[89] 연구자 문경연에 따르면, 1910년대 초반 '취미'는 문명화된 활동으로 제시되고 보급되었지만 점차 취미의 오락적 특성이 강조되기 시작했고, 1920년대에는 영화와

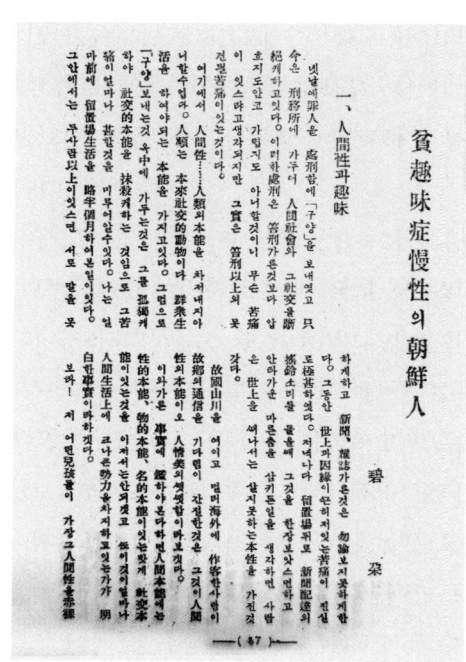

『별건곤』은 『개벽』이 폐간된 이후 개벽사가 취미 잡지를 표방하며 창간한 잡지다. 벽타, 「빈취미증만성의 조선인」, 『별건곤』 1호, 60쪽.

음반과 같이 근대 매체를 향유하는 상업적 취미 문화가 확산되기 시작했다.[90] 『별건곤』은 1920년대 식민지 조선의 문화적 변화 양상을 상징적으로 보여주는 잡지였다.

그런데 『별건곤』 1호에 실린 「빈취미증만성貧趣味症慢性의 조선인」은 조선의 무산대중이 인간이 '취미'라는 욕망을 만족시키지 못하고 있다는 점을 환기시킨다. 1920년대 유행하고 있는 조선의 활동사진관, 박물관, 동물원, 공원, 극장 등은 일부 인사만이 독점적으로 즐거움을 누리는 기관이 되었고, 노동자·농민 대중에게는 아무런 위안을 주지 못함을 비판했다. 물론 이 글은 민중적 취미 인쇄물의 필요성을 강조하며 마무리되고 있지만, 그 이면에는 조선의 상업적 취미문화를 향유하는 계층이 제한되어 있다는 인식이 담겨 있다.[91] 『별건곤』에서 강조하는 '대중' 그리고 '대중문화'에는 1920년대 중반 이후 '통속강연'에 나타난 '무산대중'에 대한 관심 즉 계급적 문제의식도 깃들어 있었던 것이다.

1920년대 문학·예술 분야에서의 '통속'과 김기진

김기진은 '대중' 개념의 다층적 의미가 경합을 벌이고 있던 1920년대 중·후반 '대중' 및 '통속'과 관련해 심층적 논의를 펼친 인물이다. 1903년에 태어난 김기진은 일본 유학 중이던 1920년 일본으로 유학을 떠났고, 사회주의 운동의 영향을 받아 사상적 변화를 겪는다. 이후 1923년 조선으로 돌아와 『개벽』에 여러 글들을 발표하고, 1925년 조선프롤레타리아예술가동맹 즉 카프KAPF(Korea Artista Proleta Federacio)의 결성 및 초기 활동에 핵심적 역할을 담당한다.[92]

1920년대 중반 무렵의 김기진은 사회주의 운동에 영향을 받은 프롤레타리아 문예운동의 핵심 주체로 활동했지만, 동시에 여러 신문사의 기자로 활동한 언론인이기도 했다. 그는 1924년 9월 『매일신보』의 일요 부록을 책임지는 기자로 입사했고, 1925년에는 『시대일보』, 1926년 이후부터는 『중외일보』 기자로 활동했다. 특히 『중외일보』에서는 학예면 편집을 맡으며 경영난에 빠진 신문사의 상황을 목도하기도 했다.[93]

김기진은 『중외일보』에 세 편의 번안소설 및 장편소설 『전도양양』을 연재했다.[94] 학예부 기자로 활동하며 신문연재소설을 창작한 경험은 1928년 이후 김기진이 발표한 통속 및 대중 관련 논

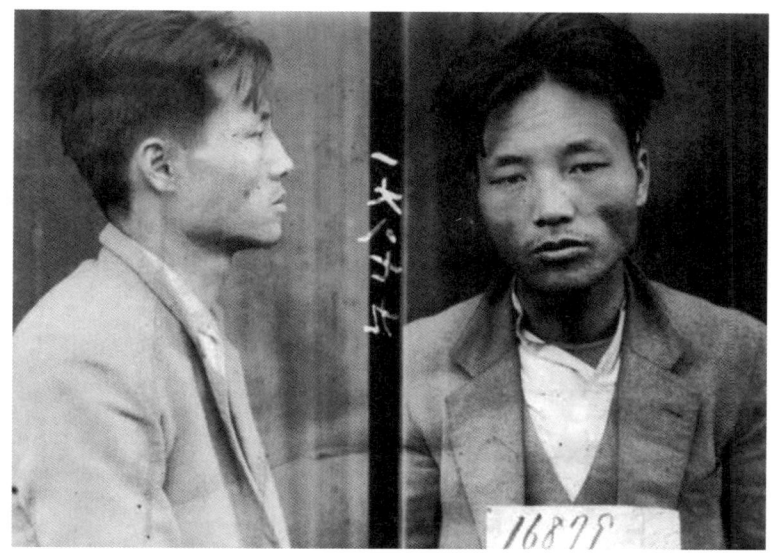

김기진(1903~1985)은 식민지 시기 프롤레타리아 문학운동의 대중화와 관련하여 여러 글을 남긴 비평가다. 1931년 10월 치안유지법 위반 혐의로 체포되었을 때의 모습. 국사편찬위원회 일제감시대상인물카드.

의에도 직·간접적 영향을 미쳤다.[95] 1928년 11월 발표된 「문예시대관 단편—통속소설 소고」가 김기진이 『중외일보』 학예부 기자로 활동하던 시절에 연재되었다는 점, 이후 김기진이 '통속소설'을 신문연재소설로 규정하며 신문연재소설의 '독자' 문제를 반복적으로 논의했다는 점을 통해 이를 확인할 수 있다.[96]

1장에서 제시된 표 1에서도 확인할 수 있듯 1925년 이전 『동아일보』와 『조선일보』에서 '통속' 관련 용례는 '강연·강좌·교육'과 사용된 경우가 압도적으로 많았고 '문학·예술·연극·영화'와 관련해 사용된 사례는 드물었다. 그런데 1920년대 초반 '문학·예술' 관련 '통속' 용례의 상당수는 신문연재소설과 연관되어 사용되었다. 대표적으로 『조선일보』의 1921년 11월 30일 기사에는 이후 연재

될 「처녀의 자랑」이라는 연재소설을 소개하며 진부한 통속소설과 일부의 지식층만 읽고 있는 순문예소설을 지양하고 "흥미를 일으키는 동시에 풍부한 예술미를 가진" 신문소설을 추구하려고 한다는 점을 밝히고 있다.[97] 신문연재소설 관련 기사들은 대부분 '통속'을 진부한 것이나 저급한 것으로 가치 평가하고 있을 뿐, '통속' 자체에 대해서 본격적으로 논의하고 있지는 않았다.

1920년대 중반 이후 『동아일보』와 『조선일보』의 문학 및 예술 관련 기사에서 '통속' 용례가 늘어나게 된 것은 1920년대의 '통속강연'이 드러냈던 문제의식, 즉 다층적 지식을 각기 다른 문화적 상황에 놓인 사람들이 모두 접근할 수 있게끔 재구축하려는 의도와도 연결된다. 문예활동의 주체를 '대중' 혹은 '민중'이라고 지칭된 이들에게로 확장하려는 고민이 생겨나기 시작한 것이다. 1925~1926년 연재된 주요한의 「문예통속강화」, 1928년 11월 9일부터 11월 20일까지 『조선일보』에 연재된 김기진의 「문예시대관 단편—통속소설 소고」는 그 대표적 예다.

주요한의 「문예통속강화」(『동아일보』, 1925. 12. 31~1926. 2. 25)는 '통속'을 표제어로 삼으며 '문예의 초심자'를 가상의 청중으로 설정하여 '문예'와 관련된 지식을 알기 쉽게 전달하고 있다. 주요한의 글은 서술 방식을 드러내는 제목에서부터 '강연'과 같은 의미로 사용되는 '강화'라는 표현을 부각했다는 점에서도 근대적 지식을 더 다양한 사람들이 접근할 수 있게 재구성하려 한 '통속강연'의 문제의식과 맞닿아 있다. 그러나 「문예통속강화」는 '민중'의 예술 감상력을 향상시키는 방법을 주되게 고민하고 있으며 '통속' 관련 문화 현상에 직접적인 관심을 기울이지는 않았다.

1928년 11월 9일부터 11월 20일까지 『조선일보』에 연재된 김기진의 「문예시대관 단편―통속소설 소고」, 1929년 4월 14일부터 4월 20일까지 『동아일보』에 연재된 김기진의 「대중소설론」, 1930년 1월 1일부터 1월 14일까지 『조선일보』에 연재된 김기진의 「예술의 대중화에 대하여」에 이르러 '통속'과 관련된 다층적 문예 현상들이 본격적으로 논의되기 시작했고, 그 담론들은 '통속'이라는 용어를 '대중'과 연결해 다층적 의미 연관을 지니는 개념어[98]로 구축하는 효과를 발생시키며 이후의 논의들에도 영향을 미쳤다. 김기진의 논의들은 '통속강연'에 대한 문제의식을 직접적으로 드러내고 있지는 않지만, '통속'과 관련된 다층적 문화의 특성을 서술하고 있기에 '통속강연' 청중들의 특성을 유추할 수 있게 해주는 자료로 볼 수 있다. 또한 그 논의들은 '통속'을 통해 당대의 조선문학/문화와 관련된 활동 전반을 변화시키려는 문제의식도 드러내고 있기에 직접적으로 표출되지 못했던 '통속강연'의 기획 의도를 추정해볼 수 있게 해주는 자료이기도 하다.[99]

「문예시대관 단편―통속소설 소고」에서 김기진은 당대의 대표적 신문연재소설 작가였던 이광수와 최독견을 예로 들며 통속소설이 독자를 붙잡는 이유를, 어려운 문자를 쓰지 않고 일반이 하는 말로 글을 쓴다는 점에서 찾고 있다. 그리고 김기진은 통속소설이 일반 독자의 흥미를 붙잡고 보통 사람의 보통 감정을 움직이게 하는 점에도 주목한다. 이러한 김기진의 관점은 20세기 전후로 '통속'을 '일반적인 사람들에게 통용되는 화법'으로 의미화한 용례와도 조응한다.

이 글에서 김기진은 프롤레타리아 문예운동에 참여한 문인이 통속소설을 쓸 필요가 있는지 질문한다. 김기진은 대중의 의식이 그들 생활의 물질적 조건에 의해 파악될 수 있다고 보았다. 물질적 조건은 계급적 관계를 주로 의미하기에 이때의 '대중'은 프롤레타리아 운동에서 강조되는 '무산대중'과 동일한 의미를 내포한다고 볼 수 있다. 그런데 김기진은 "독서 대중을 획득"하기 위한 작품 제작 방법을 제시하지 않은 것을, 당대 프롤레타리아 문예운동의 한계로 문제 삼는다. 여기서 '대중'은 계급적 의미보다는 '불특정한 수용자'로서의 의미를 더 강하게 내포한다. 김기진은 다소 구별되는 의미를 내포하는 두 가지 유형의 '대중' 개념을 동시에 사용하며 논의를 전개하고 있었다.

> 이미 말한 바와 같이 우리들의 문예는 **독서 대중을 저들의 의식과 취미로부터 격리하는 것**이 그 임무의 하나이다. 그리하여 이 임무를 수행하려면 독서 대중에게 우리들의 작품이 들어가야만 할 것임이 선행 요건이다. 그렇게 하자면 작품의 보급·배부와 선전의 힘도 필요할 것은 물론이려니와, 작품 자체가 그들을 끄는 힘이 있어야 할 것은 그보다도 더 '물론'이어야 한다. 그러면 그 힘은 어떻게 하면 생기는 걸까? 여기서 비로소 현재 **대중의 기호**로 우리들의 작품을 조금도 강하하지 않으면 안 될 직접 문제가 출발한다. 그들의 기호에 조금이라도 영합되는 점이 없으면 **작품이 작품으로서 그들을 끄는 힘**이란 있을 수 없다. 그러면 우리의 작품은 현재의 **대중의 통속 작품에 대한 기호**를 분석하고 그것을 취사하여 우리의 것을 만들지 아니하면 안 된다.[100]

'독자 대중', '독서 대중'을 분석의 초점으로 설정했을 때 김기진은 '무산'無産이라는 수식어, 즉 '대중'의 계급적 위상을 부각시키는 표현 대신, '취미', '기호'嗜好 같은 용어를 사용한다. 김기진은 사회적 세력으로서의 '대중'을 염두에 두고 자신의 논의를 전개했지만, '독자'로서의 대중을 강조할 때 그의 용법은 '대중'의 현재적 기호를 강조하는 효과를 발생시킨다. 김기진에게 중요한 것은 '대중'의 기호를 취사하고 분석하여 대중을 이끌어낼 수 있는 방법을 탐색하는 일이다. 이는 곧 프롤레타리아 문예운동의 '대중화'를, '대중'이 현재 가지고 있는 의식과 취미로부터 벗어나게 만들 수 있게끔 하는 '마르크스주의적 통속소설 창작'에서 찾은 것과도 연관된다.

그 과정에서 김기진은 '독자로서의 대중'을 "보통 독자와 교양 있는 독자"로 나눈 후 이 중 전자만을 통속소설과 연관이 있는 지점으로 규정한 반면, 양자를 구분하는 방식 자체를 문제 삼으려 하지는 않았다. 그러한 한계에도 불구하고 김기진의 논의는 '대중'을 무산계급과 동일시하는 논의에서는 재현할 수 없었던 부분, 즉 '대중'의 기호 및 교양 차이를 부각시키며 '대중' 내부의 이질성을 드러냈다는 점에서는 의의를 지닌다. 김기진은 보통 독자를 "보통인의 견문과 지식과 사상·감정·취미"를 지닌 무리로 규정한 후 "부인, 소학생, 봉건적 이데올로기를 가지고 있는 노년·청년·농민 대중"을 그 구성 분자로 든다. 반면 학문과 문학적 수양, 그리고 사회의식·시대의식이 있는 이들은 "교양 있는 독자"로 지칭하며 "각성한 노동자, 진취적 학생, 실업 청년, 투쟁적 인텔리겐차"를 그 구성 분자로 한다고 말한다.[101] 이러한 김기진의 구분 방식은 다소 자의적이지만, 교양이나 사회의식의 측면에서 당대의 대중이 이질적으로 구성되어 있음을 보여준다. 이러한 논의는 앞에서 언급한 '한양청년연맹' 같은 운동 단체가 '교양문제'와 관련하여 기획한 실천적 프로그램들에서 청년 대중을 '근대적 지식의 습득 여부' 등에 따라 두 가지 양태로 구분하려 한 것과도 일정 부분 유사성이 있다.

'대중' 내부의 이질성과 전유되는 '통속'

김기진의 논의는 프롤레타리아 문학과 신문연재소설을 포함한 조선의 근대문학이 노동자와 농민으로 규정되는 '대중'의 독서활동과 상당 부분 괴리되어 있음을 지적한 「대중소설론」으로 이어졌다. 김기진은 「대중소설론」(『동아일보』, 1929. 4. 14~4. 20)에서 '대중'을 '노동자와 농민'을 가리키는 말로 명확하게 한정한다. 하지만 '대중소설'의 문제를 탐색할 때에는 노동자와 농민의 "생활문제·교양문제·취미문제·의식문제"를 중요하게 생각해야 한다고 덧붙인다. 이때의 김기진은 계급적 틀로 대중을 규정하고 있지만, 그들이 지닌 교양과 취미 역시 중요하게 고려하면서 논의를 전개한다. 물론 김기진은 「대중소설론」부터는 '대중의 취미'를 '통속'과 직접 연결하고 있지 않지만, 이 글에서도 '대중' 내부에 존재하는 이질적 문화 향유 방식을 강조하고 있다.

김기진은 종래의 조선에는 '예술소설'과 '통속소설'이라는 말만 존재했으며 '통속소설'이 신문소설을 지칭하는 반면 '대중소설'은 일반적으로 사용되지 않던 용어라고 주장했다. 실제로 1920년대 『동아일보』를 보면 김기진이 '대중독자'의 문제를 제기한 시점인 1927년 무렵 '대중문학'과 '대중소설'이라는 말이 자주 나타나고 있음을 확인할 수 있다. 대표적 예로 염상섭의 논의를 들 수 있는데, 그는 「소설과 민중—조선과 문예, 문예와 민중의 속론」(『동아일보』 1928. 5. 27~6. 3)에서 "소위 통속소설 즉 대중문예"라는 표현을 사용했다. 이 시기를 즈음하여 '통속소설'이라는 용어는 '대중소설' 혹은 '대중문예'라는 말과 병용되기 시작했다.[102]

1920년대 후반 김기진은 '대중소설'을 새롭게 생겨난 용어로 규정하며 '통속소설'과 구분하려 했지만, '대중소설'의 특성을 서술하는 과정에서 다시금 '통속'이라는 개념을 불러오게 된다. 이때 김기진이 '통속' 개념을 전유한 방식은 소설 독자를 '보통 독자'와 '교양 있는 독자'로 구분하던 「문예시대관 단편—통속소설 소고」에 기원을 두고 있으며, 「대중소설론」에서 그 방식은 대중을 교양 정도의 차이에 따라 분할하는 방식으로 변주된다. 「대중소설론」에서 김기진은 문자 또는 상식 같은 "일반적 교양의 차이", 그리고 문예·취미와 계급의식 같은 "특수한 교양의 차이"에 따라 대중을 구분한 후 이를 '상층 대중'과 '하층 대중'으로 위계화한다. 그 위계 지점은 '상층 대중'이 흥미를 느낄 수 있는 소설과 '하층 대중'이 향유할 수 있는 소설을 구획하는 선과 일치한다. 교양의 정도에 따라 대중을 구별하는 인식은 김기진의 이원적 대중소설론을 낳게 만든 근본적 동력인 것이다.

'프롤레타리아 소설'과 '대중소설'을 구분한 김기진은 '프롤레타리아 소설'에 대해서는 "제재와 문장이 고등하고 논리적이어도 무관"하지만, '대중소설'은 "제재와 문장이 평범하고 통속적이어야" 한다고 주장한다. 이때 '대중소설'을 규정하는 '평범하고 통속적인'이라는 말은 '고등하고 논리적인'이라는 말과 대립관계를 이룬다. 그 결과 '통속'이라는 말은 '여러 사람들에게 널리 통용되는'의 의미가 아니라 '고등하지 않은' 혹은 '논리적이지 않은'의 자질을 부여받게 된다. 바로 그 '통속', '고등하고 논리적인' 것과 대립 관계를 이루는 그 '통속'이 '대중소설'을 규정하는 주요한 속성으로 전유된다. 이러한 김기진의 시각은 또 다른 문학평론가 백철이 1930년대 그리고 해방 이후인 1950년대까지 '대중' 및 '통속'에 대해 논의한 방식과도 일정 부분 닮아 있다.[103]

2010년대 발표된 연구에서 한기형은 식민지 조선의 출판시장은 일본에 비해 현격히 작았으며 식민지 검열에 의해 위축되었음을 강조한 바 있다. 그렇기에 한기형은 김기진에게 있어 '통속문학'은 "탈검열의 창작방법"이었으며 김기진이 "프로문학의 고유한 시장을 창출하기 위해 전통문학의 유산과 결합해야 한다"는 문제의식을 드러냈음을 강조했다.[104]

김기진은 앞서 분석한 「문예시대관 단편―통속소설 소고」에서는 조직적·집합적 활동이 어려워진 정세를 강조하고, 「대중소설론」에서는 농민이나 노동자 같은 대중에게 가장 많이 팔리는 책이 『춘향전』, 『심청전』 등 고전소설이라는 점에 주목하며 대중들이 그 책을 읽는 심리를 분석한다. 그런 점에서 분명 한기형의 분석은 설득력을 지닌다. 그러나 김기진은 고전소설의 양식 자체보다는 그 소설이 대중의 흥미를 이끌어내는 지점, 대중이 그 소설을 향유하는 방식에 더 관심을 기울였다는 점 또한 강조될 필요가 있다.

그런 점에서 김기진이 새로운 대중소설을 창작하기 위한 방법 중 하나로 평이하고 간결한 문장, 사건 중심의 서술 외에 "낭독할 때 호흡에 편하도록" 문장이 구성되어야 한다고 강조한 것을 눈여겨볼 필요가 있다. 김기진이 고전소설에 주목한 것은 그것이 지니는 시장적 영향력에만 있는 것이 아니라, 고전소설의 수용자들이 문학작품을 향유하는 방식에도 있었다. "노동자와 농민은 반드시 눈으로 소설을 보지 않고 흔히 귀로 보는 까닭"이라는 표현에서 확인할 수 있듯 그 향유 방식은 구술적 특성을 지니고 있었다.[105]

구술적 방식을 공유하는 수용자들은 문자 습득의 여부와 관계없이 낭독의 과정에 함께 참여하게 되기에, 문화 향유의 과정에서 집합체를 형성할 가능성이 크다. 이는 이후 김기진이 '프롤레타리아 시가의 대중화'에 대한 논의에서[106] '묵독'에 기반을 둔 근대시가 아니라 재래의 가요를 차용하여 계급적 문제의식을 대중에게 확산시키는 방식을 모색한 것, 그리고 「예술의 대중화에 대하여」에서 다층적 매체의 수용자에게 관심을 기울인 것과도 연관된다.[107]

김기진의 '대중화' 논의와 이질적 집합의 장소

김기진은 그동안 자신이 전개해온 '통속소설'과 '대중소설' 그리고 '시가의 대중화'에 대한 논의들을 정리한 후 이를 발전시킬 방향을 모색한 「예술의 대중화에 대하여」(『조선일보』, 1930. 1. 1~1. 14)에서 '연극·영화·음악·미술' 등의 문화 영역에까지 대중화의 문제의식을 확장했다. 이러한 문제의식 변화는 카프의 소장파 비평가들이 김기진의 대중화 논의에 대해 비판을 제기한 이후 생겨났으며, 연극·영화·미술전람회 등의 다양한 매체를 활용하여 대중과의 접점을 마련하려 했던 그들의 문제의식에 상당 부분 영향을 받은 것이기도 했다.[108]

「예술의 대중화에 대하여」에서 김기진은 예술작품의 발표 기회 및 발표 기관의 문제를 검열과 함께 고민하며 "검열 아래에서라도 우리의 목적에 합하는 작품을 만들어야 한다"고 말한다.[109] 그 말의 의도는 프롤레타리아 문예운동이 '합법적 출판'이라는 영역 안에서 활동해야 한다는 차원을 넘어서서 해석될 필요가 있다.

> 일이 권의 실사 혹은 단편 주제 영화를 촬영하여가지고 이것을 일시적으로 성립된 프로덕션으로 하여금 제작케 할 것이며 이동극장을 가지고 순회하고 또는 각본만이라도 제공하여 학생 및 소위 소인극단으로 하여금 상연케 할 것이요 또는 온갖 이용할 수 있는 대중적 집회에서 낭독을 할 것이며 가두와 공장과 집회와 극장 등 처소에서 음악대로 하여금 연주하게 하고 그 악곡을 인쇄하여(복사판도 가하다) 이것을 소유할 것이며 자수로 출판을 못하면 서점으로 하여금 출판케 하여서라도 정가 이삼십 전에 사호 활자로 인쇄하여 그림 그린 표지를 붙여서 대중으로 하여금 우리의 소설을 읽도록 꾀하여야 하며 적당한 시사時事를 붙잡아가지고 이것을 만화 혹은 포스터화로 하여 노상 진열 혹은 상점의 진열창 이용 등의 방법을 강구하여야 할 것이다.[110]

인용문에서 확인할 수 있듯 김기진은 프롤레타리아 문예운동이 대중과의 접촉면을 획득할 수 있도록 하려면 이동극장, 소인극단, 음악회 등 다양한 미디어를 활용해야 한다는 점을 부각시키고 있다. 김기진은 대중화 논의를 통해 "'시장'과 '선전' 사이의 중간지대"를 탐색했지만, 그 탐색은 조선의 고전소설을 출판하는 '토착출판 자본'[111]으로 환원되지 않는 다층적 장소들을 모색하는 작업으로 나아갔다. 그중 "온갖 이용할 수 있는 대중적 집회"라는 공간은 식민지 시기 통속강연을 기획한 여러 주체들이 "대중적 집합"[112]을 구성해내려 했던 그 장소와 별반 다르지 않을 것이다. 「예술의 대중화에 대하여」에서 김기진은 그 장소 중 가장 통속성을 지니고 있다고 판단한 영화, 많은 독자를 확보하고 있는 신문에 대해서는 그 중요성을 한번 더 강조한다. 신문의 경우 실제 구매하는 독자가 노동자와 농민이 아니더라도, 그 독자층이 구매자 밖으로 확장될 가능성이 높다고 판단했다.

김기진은 '통속'을 '하층 대중'의 문화 향유 방식으로 전유하며 대중 내부의 이질적 문화를 가시화했고, 그 이질성에도 불구하고 '대중'이라는 틀 안에 있는 사람들이 집합체를 형성할 수 있는 가능성을 모색했다. 이민영의 연구에 따르면, 이러한 김기진의 대중화론은 프롤레타리아 연극운동이 극장을 넘어서 "노동자 농민의 집단 속으로 이동식으로 공연"해야 하며 공연의 과정에서 "만담, 노래 등의 다양한 연예의 방식"을 활용해야 한다고 본 신고송의 견해, 〈아리랑〉 등의 전통 민요를 가극으로 개작하는 방식을 모색했던 민병휘의 견해와 겹쳐진다.[113]

「예술의 대중화에 대하여」에 나타난 김기진의 논의는 신문기사의 내용만을 통해서는 명확하게 파악할 수 없는 '통속강연' 속 청중의 특성, '통속강연'의 기획 의도를 유추하는 데도 하나의 실마리를 던져준다.[114] 일본의 노동자와 조선의 노동자, 그리고 "일본에 가 있는 노동자에게 가지고 갈 예술"과 "조선 내지에 있는 농민에게 가지고 갈 예술"의 차이를 부각한 「예술의 대중화에 대하여」의 결론 부분에서 유추할 수 있듯 이러한 김기진의 논의는 단일한 유형의 '대중'을 상정하는 논의들에서는 온전히 재현될 수 없었던 지점을 가시화하고 있다. 대중 내부의 이질성을 포착하면서도 그 이질적 주체들이 집합체를 형성할 수 있는 가능성을 만들어내는 작업. 1920년대 중·후반의 통속강연과 김기진, 그리고 신고송과 민병휘 등의 대중화론은 그 작업을 고민했다는 점에서 유사성을 지닌다.

주지하다사피 임화와 안막 같은 카프의 대표적 논자들은 김기진의 논의를 강도 높게 비판했다. 「탁류에 항하여」(『조선지광』 86, 1929)와 「김기진군에게 답함」(『조선지광』, 1929. 11)에서 임화는 김기진의 견해에 현재의 정세에 대한 순응적 인식이 담겨 있다는 점, 김기진의 견해가 조직적 논의를 거치지 않았다는 점을 주되게 비판했으며, 안막도 임화의 문제의식에 동의하고 있었다.

그러나 이후의 논의에서 안막을 기존의 카프 문학이 노동자와 농민을 기계적이고 공식화된 대중으로 그렸다는 점에 대해 인정했다. 이러한 인식은 안막의 「프로예술의 형식 문제」(『조선지광』 90, 1930. 3), 「맑스주의 예술 비평의 기준」(『중외일보』 1930. 4. 19~1930. 5. 29)에서 구체화되었다. 안막은 무산계급 문학운동이 "문화적 수준이 비교적 높은 일부 소수" 지식층의 지지만을 받고 있을 뿐, "문화적으로 뒤떨어진 무산대중"의 호응을 받고 있지 못하다고 말한다. 그렇기에 그 역시 예술의 대중화 문제를 당면 과제로 인식하기에 이른다. 안막은 "무산대중", "노동자 농민" 같은 표현을 사용하며 당대의 대중이 무산계급적 성격을 지니고 있다는 점을 김기진보다 선명하게 강조했지만, 대중 안에 내재한 문화적 격차를 부각시키고 있다는 점, 대중이 카프의 작품에 호응하고 있지 않다는 점을 지적했다는 점에서는 김기진의 논의와 일정 부분 인식을 공유하고 있었다.

「프로예술의 형식 문제」에서 안막은 예술이 사상적·관념적인 면과 심리적·정서적인 면을 동시에 가진다고 보았다. 안막은 과거 카프의 작품들이 노동자·농민의 이데올로기를 드러내고 있지만, 그들의 심리 혹은 정서는 그리지 못했다고 비판한다. 안막에게 대중화 전략은 무산대중의 심리와 정서를 형상화하는 작업을 의미한다. 「맑스주의 예술 비평의 기준」에서도 "예술작품의 정서적, 감각적 방면 즉 피시코 이데올로기적 방면은 그 작품의 예술적 형식과 불가분적 밀접한 관계를 갖고 있"다고 말한다. 정서적이고 감각적 층위를 "피시코 이데올로기"로 명명한 안막은 기존의 카프 작품이 "피시코 이데올로기"와 관련하여 소부르주아적이고 봉건적 요소를 담고 있음을 비판한다. 그 대표적 예로 임화의 시와 이를 모방한 다른 시인들에게 나타난 '센티멘탈리즘'과 '로맨티즘'을 지적한다.

김기진에게 '센티멘탈리즘'이 대중의 취향을 구성하는 핵심 요소였다면, 안막에게 이 감정은 "소부르조아 인텔리겐차"의 수동적이고 비관적 감성에 불과한 것으로 이해된다. 생산에 종사하는 노동자·농민이 가지고 있는 정서를 안막은 낙관적이고 리얼리스틱한 감정이라고 하며 이를 '프롤레타리아적 정서'로 단정했다.[115] 김기진이 교양과 취미의 차이에 따라 나뉘어 있는 대중을 포착했지만 이를 다시금 위계화하는 문제를 초래했다면, 안막은 무산대중의 정서를 낙관적이고 리얼리스틱한 심리로 한정하며 그 외의 감성을 논의에서 배제하는 한계를 범했다.[116]

'대중' 재현의 한계와 '통속'

한설야의 「사실주의 비판―작품제작에 관한 논강」은 이 시기 '프롤레타리아 문학의 대중화'와 '통속'적 방법을 '대중' 재현의 한계와 연결하고 있다는 점에서 주목을 요한다.[117] 한설야는 프롤레타리아 문학의 대중화 방식을 논의하며 과학적이고 논리적 방법과 평범하고 통속적인 방식을 구별해서는 안 된다고 말한다. 과학과 이론을 근본적으로 소화하고 생활 속에서 수용한다면, 그 이론은 평이하고 통속적인 것이 될 수 있으며 대중 역시 그 이론을 쉽게 이해할 수 있게 된다고 보았다. 이때 '평이'와 '통속'은 일차적으로는 대중이 쉽게 이해할 수 있는 표현이라는 의미를 지닌다. 한설야는 한 걸음 더 나아가 과학적 이론으로 규정된 마르크스주의 사상을 인간의 일상생활에 삼투시킨 후 이를 작품 속에 재현하는 작업 역시 '통속'과 연결했다.

> 프롤레타리아는 의식적 또는 무의식적임을 물론하고 가장 과학적 현실적 역사적 과정을 생활하고 있기 때문에 우리의 작품은 항상 이에 대한 관심과 구명을 잇서저는 안된다. 그러나 작품을 이해시키자면 물론 평이와 통속을 요하는 것은 論보다 사실이니 작가는 경색난삽한 이론을 작품에 나열하기 전에 위선 자기 자신이 이론을 소화하고 생활하여야 한다. 이론은 철두철미하게 인간의 일상생활에 삼투되어서만 누구나 알아들을 수 있는 말이나 글로 재현될 것이다.
> 우리가 노동자의 생활을 모르고 그들의 감정을 이해하지 못하는 날까지는 우리의 생활과 그들의 생활이 다를 것이

한설야(1900~1976)는 식민지 시기 프롤레타리아 문학운동에 참여한 대표적 소설가로 여러 비평문을 남겼다. 해방 이후에는 북한 문학의 핵심 인물로 활동했다. 1952년 10월 2일 아시아태평양 지역 평화회의에 북한 대표로 참석한 한설야(오른쪽 악수하는 남자). 위키미디어 커먼스.

요 또 그만치 말과 글도 서로 다를 것이다. 그러나 금일의 작가가 대번에 그들과 같은 생활을 얻기 어렵고 또 자연 구거溝渠가 있는 것도 사실이지만 요는 작가가 모든 모멘트를 이용하여 그들의 생활에 접근하고 그들의 속으로 들어가서 그들의 생활을 우리의 시야에 넣어야 하는 것이다. 그리하여 우리는 이론을 우리의 생활의 맷돌에 갈아서 우리의 활력소가 되게 하는 동시에 이것을 작품에 재현해 놓으면 그것은 충분히 이론적이요 과학적이면서도 평이하고 통속적이 될 것이다.[118]

그 삼투의 과정은 이론적 언어를 도식적으로 사용하는 것에 대한 비판을 내포하며, 노동자의 생활과 감정을 손쉽게 재현하는 방식의 한계를 응시하는 작업과도 연관되어 있다. 한설야는 이론 혹은 과학의 언어와 노동자들의 생활언어가 동일하지 않다는 인식에서 논의를 전개하며, 노동자 대중의 생활언어를 재현하는 과정에서 생겨나는 한계에 대해 고민했다. 동시에 한설야는 '통속'을 이론 및 과학의 언어와 대립되는 것으로 여기지 않았다. 작가 스스로가 재현의 한계를 지닌 자신의 위치성을 자각하며 이론적 언어와 노동자 대중의 생활언어를 결합할 수 있는 방법으로 '통속'이 이해되고 있는 것이다.[119] '통속'에 대한 이러한 이해는 뒤에서 논의하겠지만 1930년대 중반의 이기영에게도 유사한 양태로 나타났다.

4장

식민지 후반기 (1931~1945) 통속문화의 지반 탐색

1   '통속'의 위상 변화와 '속' 문화의 상품성

에로, 그로테스크, 비속

1930년대 초반 당대의 문화 전반에 '통속화' 경향이 나타났음을 비판하는 논의들이 여럿 발표된다. 『동광』 40호(1933. 1)에 실린 「1933년도 조선문단의 전망」이 그 대표적 예다. 이 글의 필자 백철은 1933년을 자본주의 국가에 금융 공황이 발생하고 파시스트적 지배 형태가 생겨난 시대로 규정하며 기성 문학 역시 위기에 처하게 되었음을 지적한다. 신성한 예술을 강조하던 기성문단이 "저급한 저널리즘적 취미에 기초를 둔 통속적 대중문학"으로 빠져들고 있음을 비판했다. 그렇기에 그는 다음과 같이 조선 문화의 미래를 예상한다.

> 대중적 잡지의 덤핑적 유출과 부르신문의 소설란에 유리한 생로를 발견하기 위하여 한층 더 노골적으로 **에로성性**과 **그로성性**과 **비속성卑俗性**을 그들의 작품의 전적 요소로 삼어가게 될 것이다. 그리하야 그들은 그 **통속작품通俗作品**을 복건

적 이데올로기와 연결시켜, **문화수준이 극히 저하低下한 대중** 속에 그 근거를 두고 내용의 비속卑俗, 음외淫猥, 유일遊逸, 퇴폐적 표현에 의하여 대중을 부르조아적 ……문화의 분위기 가운데 두기 위한 ……적 행동을 계속하게 될 것이다.[1]

인용문에서 백철은 문화 수준이 극히 낮은 대중과 '통속작품'을 연결한다. 이때의 '대중'은 같은 글에서 백철이 주시하는 '근로대중', 즉 사회적 세력으로서의 대중과는 구별되는 특성을 부여받는다. 이러한 논의 구도는 앞 장에서 상술한 김기진의 글들과 유사성이 있다. 단 백철의 글은 '에로', '그로테스크', '비속' 등 1930년대 대중문화의 주된 속성으로 이야기된 것들을 통속의 특징이라고 하고 있다는 점에서 김기진의 논의와 차이점을 드러낸다.

이는 이광수와 최독견의 소설을 통속소설의 대표적 예로 들며 통속소설의 핵심적 특징을 보통 사람이 가지는 감정 및 흥미에서 찾은 김기진의 논의와 비교된다. 김기진은 교양의 정도에 따라 대중을 구별하여 사유했지만, '통속'에 내재한 대중의 공통적 속성, 즉 보통 사람들의 보통 감정에도 주목했다. 이와 달리 백철은 '통속성'을 대표하는 문화가 1930년대 융성하기 시작한 대중문화로 자리매김한 것을[2] 반영했으며, 그 문화의 부정적 속성에 논의의 초점을 맞추었다.[3]

'대중' 관련 용례의 변화는 1934년 청년조선사에서 펴낸 『신어사전』에서 더 분명하게 확인된다. 이 사전에는 '대중문학'이라는 용어가 등재되어 있으며 그 용어는 "통속문학을 말함"이라는 의미로 해설되고 있다. 같은 사전에서 '대중'이 '피지배계급', 즉 프롤레타리아와 유사한 의미로 규정된 것과 비교하면, '대중문학'이라

는 말이 '대중' 개념과 일정한 의미 차이를 내포하게 되었음을 확인할 수 있다.[4]

1930년대 후반에 이르면 '대중' 개념은 "세상에 있는 여러 사람"을 일컫는 말로 재정립된다. 1938년 편찬되었으며 최초의 우리말사전인 문세영의 『조선어사전』에서 '대중'은 "세상에 있는 여러 사람"이라는 의미로만 해설되고 있다. 또한 이 사전은 '대중'과 관련된 어휘로 '대중말', '대중문학' 등을 소개하는데, 이때 '대중문학'은 "대중에게 환영받을 만한 쉬운 문학"으로 정의된다.[5]

'대중'을 '피지배계층', '대중문학'을 '통속문학'이라고 한 『신어사전』(1934)의 해설과 달리, 문세영의 『조선어사전』에서는 '세상에 있는 여러 사람'을 의미하는 '대중'이라는 어휘로부터 '대중문학'이 파생되었음을 보여준다. 『조선어사전』은 '대중'을 '무산계급', '피지배계층'과 연결하는 해설을 담고 있지 않다. 이 시기 '무산대중'이라는 용례가 점차 사라지기 시작한 것은 사회 변화를 이끄는 주체로서 '대중'을 바라보는 관점이 사회적 기반을 잃은 상황과도 연계된다. 이러한 변화는 '통속강연'과 관련된 1930년대의 용례에서도 확인된다.

'통속강연'의 유형 변화

엡윗청년회가 주최하고 조선일보사가 후원한 '통속대학'이 금지되었다는 기사가 1931년 11월 27일에 실린 이후 '통속강연'의 검열을 알리는 흔적은 『조선일보』와 『동아일보』에서 두드러지게 나타나고 있지 않다. 그 이후에도 '통속강연' 관련 기사는 여러 차례 실렸지만 그 대부분은 '통속의학강좌' 혹은 '통속위생강좌'였다. 이 외에는 라디오를 통해 '통속법률강좌'가 진행되고 있다는 기사가 간헐적으로 보도되었고, 1934~1935년에는 '통속과학만담회', '통속과학강연'이 성황리에 개최되었다는 기사들이 실렸다. 의학 강연 및 과학 강연 관련 기사들에는 1920년대 중·후반과 달리 '대중' 개념이 빈번하게 등장하지 않았다.

1장에서 제시한 표 2에서 확인할 수 있듯 1938년 즈음에는 관련 통속강연회가 열렸다는 기사의 수조차 현저하게 줄어들었다. 이는 1931년 만주사변이 일어난 후 사회정세의 변화에 영향을 받아 사상 관계 집회의 개최 수가 줄어들고 있던 상황, "만주사변을 계기로 강화된 일본 및 식민지 조선에서의 언론 통제"가 1937년 발발한 중일전쟁 이후 한층 더 강력해진 상황과도 긴밀하게 맞물린다.[6]

'통속의학강연'과 '통속과학강연'은 강연의 기획 주체가 의사와 과학자 같은 전문가 집단이라는 점에서도 이전의 통속강연들과 구별된다. 그런데 1930년대 '통속의학강연'에 전문적 의학지식을 알기 쉽게 소개하는 활동으로만 해석될 수 없는 지점이 부분적으로 드러나고 있었다. 1934년 10월 16일 『동아일보』에 상세하게 소개된 '통속의학강연'의 주제와 내용을 살펴보면 이를 확인할 수 있다. 경성의학전문학교 강연부가 주최한 이 강연회에서는 「의안으로 본 뱃속」(백인제), 「사회학상으로 본 의학」(유상규), 「성병性病 이야기」(이긍현), 「인체 기형의 의학적 관찰」(이성숙) 등의 주제로 강연이 열렸다. 이 중 흥미로운 부분은 유상규의 강연으로, 다른 강연들이 전문적 의학지식을 소개하는 데 초점을 맞춘 것과 달리, 이 강연은 "질병의 발생이 사회적 환경과 밀접한 관계"가 있음

을 강조하며 질병의 본질을 검토할 때도 "반드시 사회학적 견지에서 재인식할 필요"가 있음을 역설했다.[7]

'통속의학강연'의 강연자 중 한 명이었던 유상규는 "1916년 경성의학전문학교 1기생으로 입학"하여 3·1운동에 참여한 뒤 "상해로 망명하여 임시정부에서 활동"한 인물이다. 그는 1925년 경성의학전문학교(경성의전)에 복학하여 1932년 경성의학전문학교 외과학교실의 조수로 임명되었으며, 수양동우회와 보건운동사의 활동에 참여했던 인물이다.[8] 유상규가 참여한 보건운동사는 1931년 "조선민중에게 보건 위생사상을 보급하고 보건위생을 대중적으로 실천"하기 위해 설립되었고, 공장노동자 대상의 무료건강진단, 도시 세민층 대상의 객담 검사, 농민층 대상의 순회 진료 등을 하나갔다. 보건운동사의 창립대회 임시의장 김탁원, 서무재정부 부장 양봉근은 모두 경성의전 출신으로 이들은 신간회 활동에 핵심적으로 참여했던 인물들이기도 하다.[9]

물론 '통속강연' 활동에 참여한 이들은 세브란스 의학전문학교 교장 오긍선에게서도 확인할 수 있듯이 신간회운동에 참여한 유상규, 양봉근, 김탁원의 활동만으로 한정되지 않았다.[10] 또한 민중보건운동에 영향을 받은 의학 활동은 식민정부의 정책적 개입과 온전히 분리될 수 없었다. 민중보건운동에 참여한 식민지 위생학자 이인규에 대한 최근 연구가 보여주고 있듯이 조선인 아동의 건강 관리에 대한 이인규의 관심은 조선인 아동의 경제적 가치 및 군사적 가치를 관리하려고 하는 식민정부의 정책과 맞닿아 있었다.[11]

유사한 문제가 1930년대 중반부터 『동아일보』와 『조선일보』에 반복적으로 나타났던 '통속과학강연'에서도 발견된다. 1934년부터 '통속과학만담'이 성황리에 개최되었다는 기사가 반복적으로 나타났고, 1934년 11월에는 과학지식보급회가 결성되어 '통속과학강연'을 개최하려고 한다는 기사가 실렸다.[12] 과학지식보급회의 부회장이기도 했던 이인에 대한 최근 연구에 따르면, 이인이 발명학회 이사장이 된 후 발명학회 주도로 "조선 민중에게 과학을 알리는 연례행사"인 과학데이가 개최되었고, 과학지식보급회의 창립 논의도 이루어졌다. 1930년대 중반 이후 빈번하게 열린 '통속과학만담'의 연사인 박물학자 김병하도 과학지식보급회와 뜻을 함께 한 인물이었다.[13]

임종태의 연구는 과학지식보급회의 설립을 "1933년 하반기부터 발명학회에 나타나기 시작한 문화적 과학화 이념과 과학대중화 노선이 발명학회의 틀을 뛰어넘어 전 사회적인 과학운동으로 성장"한 과정으로 해석한다.[14] 그러나 성황리에 개최되던 '과학의 날' 행사는 1937년 중일전쟁 발발 이후 간소화되었고 1938년부터는 강연회 원고조차 사전 검열되었다.[15] 1938년 이전 "민족주의적 열정과 결합되어 있던 중립적 과학관과 과학대중화 운동 노선"은 전시체제로 변해가는 사회 분위기에 제약되기 시작했다.[16]

흥미로운 것은 1장의 표 2에서 확인할 수 있듯 '통속강연'의 유형이 의학·과학 분야로 전문화되고 '통속강연'과 식민당국의 충돌을 재현하는 기사가 줄어든 1933~1934년 이후로 문학·예술과 관련하여 '통속'이라는 용어를 쓴 기사의 수가 늘어나고 있다는 점이다. 그 원인에 대해서는 "검열이 강화되어 검열의 흔적까지 지우라는 요구가 강제되던" 1930년대에 "강화된 검열권력에 저촉될 가능성을 최소화"하며 수익을 증대화화기 위해 신문사가 문예면 중심의 증면을 택했음을 분석한 기존 연구를 참조해볼 수 있을

것이다.[17]

통속생通俗生, 신문소설의 상품가치를 강의하다

1930년대 조선의 사회·문화에 나타나고 있던 변화의 징후는 일본에서는 그 이전부터 나타나고 있었다. 이헌구가 쓴「문학유산에 대한 맑스주의자의 견해」(1932)에서 이를 확인할 수 있다. 이 글은 일본의 프롤레타리아 소설 작가 도쿠나가 스나오德永直의 말을 인용하며 프롤레타리아 순회도서관이 노동자 대중에게 대여한 읽을거리 중 가장 많이 대여된 것이 통속오락잡지이고, 그다음이 대중소설임을 부각시킨다. 이를 통해 이헌구는 문예를 통해서 대중을 움직일 수 있게 하기 위해서는 프롤레타리아 문학의 이데올로기적 설교만으로는 불가능하다는 점을 강조한다.

이러한 일본문학계의 상황에 대해서는「총괄적으로 본 해체기의 일본문단」(1933)에서 더 상세하게 서술하고 있다. 백철은 이 글에서 일본 순문학의 위기에 영향을 미친 것은 '통속대중문학'이라고 본 후 대중문학이 일본문단에 등장한 것은 다이쇼 10년(1921)에서 13년(1924) 무렵이며 기쿠치 칸菊池寬이 발표한 통속장편소설『진주부인』이 그 대표작이라고 쓴다. 그리고 1920년대 중반 이후 '이십일회'라는 대중작가 그룹, 잡지『대중문예』가 생겼으며 1930년대 들어 일본의 '대중문학'은 더 거대한 세력을 형성하게 되었다고 말한다. 이러한 백철의 논의에서 주목해야 할 부분은 '통속'과 '대중'이라는 용어가 별다른 구분 없이 연결되고 있다는 점, 대중문학의 융성이 대중잡지라는 토대 위에서 이루어졌음을 말하고 있다는 점이다. 이헌구와 백철의 논의는 어디까지나 일본문단을 대상으로 삼아 논의를 전개한 것인데, 이와 유사한 특징은 일본문학계뿐 아니라 조선의 문단에서도 나타났다.[18]

1933년 『동아일보』에 실린 「문인좌담회」는 그 대표적 예다. 이 좌담회에 참석한 작가들 대부분은 대중소설에 대한 불만을 토로하고 있다. 백철과 정인섭은 기성문단이 통속문학을 따를 수밖에 없는 상황에 대해 비판적으로 언급하고 있으며, 정인섭과 이은상은 '대중소설'과 '통속소설'을 "저열한 취미 독물"로 규정한다. 이와 대립되는 의미를 지니는 어휘로는 '계몽'과 '예술'이 다시금 소환되고 있다.[19]

그러나 표면적으로는 최독견이나 윤백남과 같이 신문연재소설을 통해 인기를 끌었던 작가들조차 소설 창작에 대한 신문사의 과도한 개입을 비판했지만, 상세히 살펴보면 그 비판 역시 신문소설이 작가들에게 미치는 압도적 영향력 하에 수행되고 있었음을 알 수 있다. 이는 같은 해 5월 『조선일보』에 발표된 윤백남의 「신문소설 그 의의와 기교」(1933)에서 확인된다. 이 글에서 윤백남은 오늘날의 신문소설이 '대중을 위한 문학'으로 전환되고 있음을 강조하며 '통속소설'과 '대중소설'을 유사한 의미의 용어로 바라본다. 윤백남은 대중의 흥미를 끌 수 있고 대중이 요구하는 요소를 포함한 신문소설을 대중소설이라고 했지만, 신문소설과 대중소설을 저급으로만 평가하는 견해에 대해서도 강하게 비판한다. 이때 '대중'은 "문학에 대한 특별한 교양이 없는" 사람들, "생활의 고투에 시달려 유희와 휴식이 필요한 사람들"이다. 1920년대 김기진이 '대중' 개념을 규정할 때 고민했던 정치·사회적 주체로서의 의미는 더 이상 포함되어 있지 않은 것이다.

'대중'을 '독자'의 층위에 한정한 후 윤백남은 일반적 장편소설과는 달리 신문소설에만 요구되는 기교가 있음을 강조하며 신문소설의 창작 방식에 대해 서술한다. 윤백남의 논의에서 통속문학 및 대중문학은 여전히 저급한 취미로 취급되지만, 일언지하에 평가 절하될 유형의 문화가 아니라 새롭게 분석되어야 할 대상으로 논의되고 있다.[20]

그렇기에 1933년 9월 6일부터 14일까지 '통속생'이라는 필명의 논자가 『조선일보』에 「신문소설강좌」를 발표한 것은 상징적 의미를 지닌다. 이 글은 '신문은 왜 소설을 요구하나', '통속소설의 상품가치와 독자', '소설 분야 중의 특수부문인 신문소설', '독자의 심금을 울리는 주제의 엽기성', '통속소설의 제일비결 "자미잇는 이야기"' 같은 주제로 연재되었다. 흥미로운 것은 이 글이 '신문인' 新聞人, 즉 신문과 관련된 일에 종사하는 전문인의 관점에서 '신문소설'을 논하며 '신문소설'을 타 신문사와의 경쟁에 지지 않고 독자를 이끌어내기 위해 기획된 일종의 장식품으로 규정한다는 점이다. 그러나 신문소설의 상품가치를 부각시키는 이 논의는 신문소설의 예술적 특성을 부정하거나 비하하지 않는다. 이 연재물은 신문소설이 일반적 소설과는 다른 특수한 전문 분야이며 사건이 주가 되어 사람들의 흥미와 호기심을 이끌어내는 이야기라고 주장한다.

이 글에서 신문소설의 독자는 "광범한 범위의 독자층", "상인, 변호사, 문인가객, 관리, 노동자, 직공, 유민, 노소남녀"를 포괄한다. 신문소설을 "각 계급의 사람에게 공통되게 애독될 소설"로 표현한 것에서 확인할 수 있듯 이 글은 신문독자에게 이질적 계급을 아우를 수 있는 동일성이 있음을 역설한다. 반면 '대중'의 무산계급적 성격을 강조하는 동시에, '통속' 개념을 통해 '대중' 안에 내재한 이질성을 가시화하려 한 김기진의 문제의식은 이 글에서는 발견되지 않는다. 신문연재소설의 독자층이 소수에 지나지 않음을 안타까워하며 고전소설에 눈길을 돌렸던 김기진의 탄식과는 달리, 「신문소설강좌」는 표면적으로는 신문들끼리 벌이는 경쟁을 강조하고 있지만, 그 경쟁에도 불구하고 '신문소설'을 매개로 광범위한 독자층이 형성될 수 있을 것이라는 자신감을 피력하고 있다.[21]

1930년대 '통속'의 복합적 위치

1930년대 대중문학과 통속문학을 연결해 논의하는 필자는 신문연재소설에 관심을 두고 있던 이들에 국한되지 않았다. 사회주의 운동에 영향을 받아 카프의 대중화 논쟁에 참여했던 문인들 역시 변화한 사회·문화적 지형 속에서 '통속'에 대해 논하고 있었다. 식민지 시기의 대표적 농민소설 작가였던 이기영은 그 문인들 중 하나다. 「문예적 시사감―창작방법 문제에 관하야」(1934)의 마지막 부분에서 이기영은 "우리들의 문학의 새로운 양식문제는 대중성 획득에 목표를 두고 출발"해야 한다는 점을 강조한다. 이기영은 프로문학의 대중화 문제가 대중문학을 전제하는 것은 아니라고 말하면서도, 프로문학이 대중적 독자를 획득하지 못하고 있는 상황을 문제 삼는다.

이때의 '대중'은 현재 문학적 활동을 담당하고 있는 소시민 엘리트층과 구별되는 주체들의 자리를 가리킨다. "문화의 정도가 얕고 전 인구에 문맹이 대다수를 차지한 이 땅에서는 그럴수록 통속적이고 대중적이어야 할 것 아닌가?"라는 표현에서 확인할 수 있 듯 이기영은 '대중'을 무산계급 혹은 대중문화의 수용자 중 어느 하나로 환원하지 않은 채 '대중' 내부에 존재하는 문화적·언어적 격차를 응시한다. 여기서 '통속'은 '대중적 독자'에 포함되지 못하는 이들의 위치, 즉 글을 읽고 쓸 수 없거나 근대적 교육의 수혜를 받지 못한 이들의 자리를 우회적으로 드러내준다.

프롤레타리아 문학, 나아가 위대한 작품 안에 통속성이 내재해 있음을 역설하던 이기영 글의 후반부에서 '통속'은 또 다른 의미망을 내포하게 된다. 이기영은 문학의 대중화 문제는 "춘향전이나, 조웅전과 같"은 방식으로 써서는 안 되며 "또한 객관적 정세에 따라서 검열의 수준만을 고려한, 통속취미"에 흐르는 것도 안 된다고 강조한다.[22] 이러한 이기영의 주장은 문학·예술의 영역에서 '통속'이 '취미'와 결합되고 있던 1930년대의 상황에 검열의 영향이 작동하고 있음을 환기한다.

앞에서 분석했듯 금지와 허용의 경계 위에 전개되던 1920년대의 '통속강연'은 1931년 이후부터 '과학' 및 '의학'과 같은 전문 영역에서 주로 진행되고 있었고 '통속강연'과 관련된 금지의 흔적은 신문 매체에서 재현되기 어려워졌으며, 이러한 강연마저도 1938년 전후 전시체제의 사회적 분위기와 맞물려 급격하게 줄어들고 있었다. 통속강연 및 신문소설이 각각 전문 영역으로 변해가고 있던 1930년대의 상황은 이러한 전문화를 유도하는 동시에 여기서 벗어나려는 움직임을 통제했던 일제의 통치기술과도 연동되어 있었다.

제국의 통치권력은 공식적 교육제도의 바깥에서 이루어지던 '통속강연'에서 이질적 주체들이 비판적 지식 담론을 매개로 집합적으로 교류하려는 움직임, 그리고 그러한 움직임을 다층적 방식으로 재현하려고 했던 저널리즘 영역을 검열하고 있었다. 1930년대 '통속'의 위상이 재편되는 과정에는 한편으로 상업적 저널리즘의 발전, 다른 한편으로 일제의 통치기술이 개입되어 있었다.

2   '상식'과 연결된 '통속'

1930년대 후반 '통속성'의 재인식

1930년대 중반을 넘어서면, 대중문학의 속성으로 인식된 '통속성'을 규정하려는 논의가 다양한 매체에서 빈번하게 나타났다. 그 이유는 1936년 『삼천리』에 실린 「장편작가회의」라는 대담에 참여한 한설야에게서 확인된다. 한설야는 대담에서 신문소설 연재 과정 중 '대중성' 및 '통속성'에 대한 유무형적 요구가 존재했음을 밝힌다. '예술성과 통속성'의 조화에 대한 문제 역시 신문소설의 집필과 관련해 제기되었던 것이다.

    1930년대 중반 무렵부터 예술문학과 대중문학(혹은 통속문학)의 대립 구도는 더 이상 자명하지 않은 것으로 인식되었다. 이러한 인식은 「장편작가회의」에서 상징적으로 드러난다. 이 대담에서는 "신문소설을 써나려가실 때 '예술성'과 '통속성' 또는 '순수문학'과 '대중문학'의 조화에 대하야 어떠한 고심"을 하는지에 대한 질문을 참석자들에게 던졌다. 대담에 참여한 박종화는 이 질문에 예술성과 통속성을 명확하게 구분하기 어렵다고 대답한다. 1920

「장편작가회의」는 대중잡지 『삼천리』 1936년 11월호에 실린 좌담으로 이광수, 염상섭, 박영희, 한용운, 이태준, 박종화, 장혁주, 김말봉, 한설야 등이 참석했다. 「장편작가회의」, 『삼천리』 8권 11호, 1936. 11, 54쪽.

년대 발표한 글에서는 통속적 소설의 가치를 전면 부정했던 박종화는 1930년대 중반에 이르면 "독자의 수준을 끌어올리기 위하야 자기의 수준을 약간 떨어뜨려서라도" 같이 알아들을 수 있게 이야기하겠다고 말한다.[23]

'통속'과 '예술'의 대립 구도를 강조했던 논자들도 1935년에 이르면 일정 부분 변화의 징후를 드러낸다. 1935년 8월 『동아일보』에 연재된 『먼동이 뜰 때』의 작가 이무영은 「장편소설 예고」에 실린 '작자의 말'에서 "'예술소설의 통속화'"를 강조하는 최근의 경향을 염두에 두며 "통속소설의 예술화"를 고민하고 있다고 말한다. 이어 배치된 '소개의 말'에서도 이 작품이 "통속소설과 예술소설의 중간"을 걸어가며 독자의 흥미를 끄는 동시에 독자의 정서도 고양시킬 것이라고 말한다. 이무영의 '작자의 말', '소개의 말'에서 확인할 수 있듯 '통속'과 '예술'은 구별되지만, 이분법적으로 경계 짓기 어려운 항목으로 인식되기 시작했다.[24]

이러한 변화는 당대의 작가들과 문인으로 하여금 '통속성'이 무엇인지 그리고 이와 대비되는 '예술성'이 무엇인지를 적극적으로 고민하게끔 만들었다. 각기 다른 예술관을 지닌 문인인 한설야와 김환태가 1936년 '통속성'과 '예술성' 혹은 '통속성'과 '순수성'을 어떻게 구분할 수 있을지 논의하고 있던 것에서 이를 확인할 수 있다. 카프KAPF에서 주로 활동한 한설야는 『동아일보』에 연재된 「통속소설에 대하야」에서 작가가 파악한 이념을 선명한 형상을 통해 드러냈는지 여부로 '예술'과 '통속'을 구분했고,[25] 순수문학을 강조한 김환태는 스토리의 각기 다른 요소들이 유기적으로 결합되어 필연성을 지닌 채 독자에게 제시되고 있는지 여부로 '순수성'과 '통속성'을 구별했다.[26]

물론 선행 연구에서 지적한 것처럼 '통속성'과 '예술성'을 엄밀하게 구분하려는 논의들은 대체로 '예술성'의 관점에서 '통속성'을 비판하는 데 초점을 맞추고 있다. 또 그 논의들 중 일부의 글은 '통속소설'과 '대중소설' 역시 구별하고 있기도 하다.[27] 그럼에도 이 시기의 논의들 중에는 '통속'을 저급으로 손쉽게 단정하여 부정하는 데서 한 걸음 나아가 '통속'을 만들어내는 지반이 무엇인지 분석하며 이를 비판하려는 논의들도 있었다. 이러한 논의들은 이 시기 '통속문화'의 영향력이 강하게 발휘되고 있었으며 그 영향력을 심층적으로 분석하려는 움직임이 생겨났음을 말해준다.

'통속'과 저널리즘

우선 '통속'을 만들어낸 지반인 저널리즘의 역할을 탐색하는 담론들이 나타났다. 앞선 시기의 논의들이 신문연재소설 자체의 특성 혹은 한계를 논의하는 데 맞추어졌다면, 1930년대 후반에는 그러한 신문소설을 탄생하게 만든 저널리즘의 영향 자체를 탐색하는 논의가 진행되었다. 한식의 「신문소설의 재검토」(『조선일보』, 1937. 10. 28~10. 31), 김남천의 「조선적 장편소설의 일 고찰—저널리즘과 문예와의 교섭」(『동아일보』, 1937. 10. 19~10. 23), 안함광의 「저널리즘과 문학의 교섭」(『조선문학』, 1939. 3) 등이 그 대표적 예다. 이 글들은 저널리즘이 당대 조선의 문화에 어떻게 영향을 미치는지를 구체적으로 파악하려 했다.

> ① 그럼으로써 다만 통속적의 테-마를 취급한다든가 또 신문소설이라는 기왕과 가튼 생각으로써 그날그날의 흥미를 쫓아간다는 연재형식으로만 생각하야 막연히 경멸한다든가 또 의식적으로 비평의 붓으로 취급치 않는다는 것은 결코 정당하다고 못할 것이다. 우리는 이제야 최근의 우리문학의 발전을 기초 잡는 것이며 우리 문단에 있어서 겨우 남아있는 장편소설의 발표형식이며 또 예술적 작가들 중의 가장 역량 있는 사람들의 손에 의하여 창작되는 이유로도 또 많은 독자 대중을 획득하는 유일의 기관이라는 의미로써도 신문소설을 새로이 검토하며 재인식하야 높이 평가하지 않으면 안될 시기에 이르렀다고 할 것이다.[28]

② 한때 조선의 저널리즘은 순전히 영리만을 목적으로 했다느니보다는 성실한 의미에서 사회의 목탁으로서의 역할을 감행한 일이 있다. 허나 지금에 있어서는 다량의 상품의 기업적 대상으로서 다수의 소비층의 획득이 주안일 뿐으로, 그 질은 다른 기업 일반이 그러한 거와 마찬가지로, 언제나 고객의 요구에 영합, 추종되게 된 것이다.

여기에서 저널리즘의 대중성이란 것이 나타난다. 물론 이 '대중'이란 것에 대하여서는 까다로운 정치적 해석이 있는 것이나, 지금 필자는 그런 의미로서가 아니라, 단순히 상식과 통속의 지반이라는 의미로서 사용하고 있는 것임을 두말할 것도 없다. 이리하여 강도로 기업화한 저널리즘의 숙명적 결과인 대중추수성은 동시에 저널리즘의 통속성이란 사태를 초래한 바 되었다. (중략)

문예비평―광의로서의―의 통속성은 문예비평의 상식화라는 형태로서 나타났다.

이렇게 논리의 세계는 문제도 삼지 않는 그 '전제' 즉 상식의 기본적 의거처로서의 그의 '전제'란 것은 다름아닌 현실의 한계(표준)이고 따라서 생활의 통속화 위에 근기根基되어 있는 물건이다.

이러한 사유를 염두에 가질 때에 우리는 저널리즘에 의한 한계(표준)의 지배화와 통속화의 촉진이 비평단의 위에는 그의 상식화를 초래하는 바 있다는 것을 이해할 수 있게 된다.[29]

인용문 ①에서 확인할 수 있듯 한식은 신문소설을, 소설 속 주제나 연재 방식에만 초점을 맞춰 막연하게 비난하는 현상을 비판한다. 대신 한식은 신문소설이 조선문단에 여전히 남아 있는, 장편소설의 발표 형식이자 독자 대중을 획득하고 있는 매체임에 주목한다. 이러한 인식은 당대의 조선문화에 장편소설을 연재할 수 있는 문학 잡지가 결핍되어 있던 상황과도 연결된다.

한식은 신문소설의 본질과 형태를 명확하게 인지하면서도 그 소설 안에 독자적 문학성이 잔존하고 있다는 점을 강조한다. 한식이 볼 때 신문소설의 본질과 형태는 저널리즘 자체에 내재된 상품성 및 우연성에 기반을 두고 그날그날의 흥미를 추구하는 연재 형식에 있다. 한식은 신문소설 창작에 참여하는 작가들이 신문소설을 발생하고 유행하게 하는 조건을 숙지하는 동시에, 신문소설의 예술성을 확장하는 데도 힘을 기울여야 한다고 역설한다.[30]

한식이 '상품성'과 '우연성'에서 신문소설의 본질을 찾고 있었다면, 안함광은 저널리즘 자체가 지닌 기업적 속성에 초점을 맞추고 있었다. 인용문 ②에서 확인할 수 있듯 안함광은 당대 조선의 저널리즘이 다수의 소비층을 획득하는 데 목적을 두고 있다고 보았으며, 이 지점이 저널리즘의 대중성 혹은 통속성을 만드는 주요 요인이 된다고 판단했다. 신문소설이 상품적 속성에 기반을 두고 있지만 나름의 예술적 특성도 지니고 있다고 본 한식과 달리, 안함광은 저널리즘이 지닌 기업적 속성으로 인해 신문소설, 나아가 신문에 발표되는 비평 역시 표준화의 길을 걷게 되었고, 저널리즘의 자체 표준이 신문소설 및 저널리즘에 발표되는 문예비평을 지배한다고 보았다. 안함광은 이러한 저널리즘의 특성으로 인해 문학의 통속성이 생겨난다고 생각했다. 이때 안함광은 통속성을 '상식화'常識化라는 개념과 연결하며 '저널리즘의 표준'이라는 한계

아래에서 전개되는 문학활동을 비판한다.

'통속'과 '상식'을 연결하는 논의들

1930년대 중반 이후 '통속성'을 재인식하려는 시도 중 또 하나 흥미로운 지점은 안함광의 논의와 유사하게 '통속'을 '상식'의 문제와 연결하려는 시도가 여러 차례 나타나고 있다는 점이다. 김남천의 「소설의 당면 과제―통속소설론」(1939. 6. 23~6. 25), 임화의 「속문학의 대두와 예술문학의 비극」(1938. 11. 17~11. 27), 안회남의 「통속소설의 이론적 검토」(1940. 1)가 그 대표적 예다. 그중에서도 임화의 글은 1930년대 후반 신문에 발표된 글 중 '통속' 개념이 가장 많이 나타나고 있는 글이라는 점에서 주목할 필요가 있다.[31]

훗날 단행본 『문학의 논리』에 묶이며 「통속소설론」으로 제목이 변경된 이 글에서 임화는 1930년대 후반 '통속소설'이 유행하게 된 원인을 일차적으로는 신문의 기업화와 신문소설의 발전에서 찾는다.[32] 동시에 임화는 1930년대 후반 예술소설이 "성격과 환경의 분열" 혹은 '심리소설과 세태소설의 분열'을 극복할 방법을 찾지 못해 비극적 운명을 맞이했음을 강조한다.

이러한 「통속소설론」의 논의는 『문학의 논리』 4장에 실린 「세태소설론」, 「본격소설론」과 긴밀하게 연결된다. 「세태소설론」에서는 당대 문단에 '세태 묘사의 소설'과 '내성(內省)의 소설'이 한거번에 두각을 나타내는 현상을 언급한 후, 작가의 내부에서 "말하려는 것과 그리려는 것과의 분열"이 생겨난 것을 그 현상의 원인으로 든다. "작가가 주장하려는 바를 표현하려면 묘사되는 세계가 그것과 부합되지 않고, 묘사되는 세계를 충실하게 살리려면 작가의 생각이" 그 세계와 일치할 수 없는 상태, 임화는 그러한 상태가 생겨나게 된 원인을 "이상과 현실이 너무나 큰 거리로 떨어져" 있어 양자가 분열되어 있는 상황에서 찾고 있는 것이다. 그 분열로 인해 소설가들이 "성격과 환경과의 하모니", 즉 인물의 성격 묘사와 세태 묘사의 조화를 더 이상 추구할 수 없게 되었음을 임화는 강조한다.

임화는 환경 묘사와 작가의 자기표현이 정당하게 교섭할 때 소설의 예술적 의미가 생성될 수 있다고 보았다. 임화가 볼 때 1930년대 후반의 예술소설은 "성격과 환경의 분열" 혹은 '심리소설과 세태소설의 분열'을 극복할 방법을 찾지 못했고, 그 결과 비극적 운명을 맞이한 채 '통속소설'의 방식을 차용하게 된다. 임화는 「통속소설론」에서 통속소설이 유행하는 현상을 당대의 조선문학이 직면한 전반적 상황과 연결해 논의를 전개한다. 나아가 통속소설이 당대 소설에 나타난 "성격과 환경의 분열"이라는 모순을 나름의 방법으로 해결하고 있다는 점도 강조한다.

특히 임화는 동시대 『밀림』이나 『찔레꽃』으로 인기를 끌고 있던 김말봉에 주목하며 이를 "조선서 전례를 보지 못한 순통속소설, 상업문학의 길의 확립"으로 해석한다. 동시에 김말봉으로 대표되는 통속소설은 저급한 소설 혹은 예술문학에 미달한 소설로 가치 절하되는 것이 아니라 역사적·사회적 맥락 속에서 출현할 수밖에 없는 문학적 방법으로 재평가된다. 임화는 이때 '통속소설'의 본질을 '상식적인 것'과 연결한다.

이 오로지 상식적인 데 통속소설로서의 특징이 있는 것으로

임화(1908~1953)는 식민지 시기 프롤레타리아 문학운동을 이끌었다. 1940년 「통속소설론」, 「세태소설론」, 「본격소설론」 등의 평론을 수록한 『문학의 논리』(학예사)를 출간했다.

> 묘사란 묘사되는 현상을 그 현상 이상으로 이해하려는 정신의 발현이고, 상식이란 현상을 그대로 사실 자체로 믿어버리려는 엄청난 긍정의식이다. 그러므로 통속소설은 묘사 대신 서술의 길을 취하는 것이며, 혹은 묘사가 서술 아래 종속된다.[33]

임화는 '통속소설'의 본질을 "묘사가 서술 아래 종속"되는 것으로 보고 이를 '상식적인 것'과 연결한다. 임화에게 '묘사'는 "과학에 있어서 분석의 정신"과 동일한 위상으로 상정되며 "현상을 그 현상 이상으로 이해하려는 정신의 발현"으로 인식된다. 반면 통속소설이 중시하는 방법인 '서술'은 '상식'과 연결되며, 상식은 "현상을 그대로 사실 자체로 믿어버리려는 엄청난 긍정의식"으로 여겨진다.

임화가 '통속소설'에서 문제 삼는 '상식'은 '사회적 통념으로 전환된 공통감각'을 의미한다. 나카무라 유지로가 강조했던 것처럼 '상식'common sense이라는 말에는 '공통감각'sensus communis이라는 의미가 담겨 있다. 공통감각은 '오감을 관통하면서 통합하는 감각'을 의미하며 공통감각이 오감을 통합하는 방식이 타성화될 때 공통감각은 사회적 통념으로 전환된다.[34] 나카무라 유지로의 논의를 빌려 말하면, 임화는 '사회적 통념'이 된 상식을 통속성의 핵심 요소로 보고 있는 것이다. 이러한 임화의 견해 이면에는 통념이 된 '상식'을, 또 그 '상식'과 연관된 '속俗 문화'를 변화할 수 있는 것으로 만들려는 문제의식이 깃들어 있다.

그러나 임화는 김말봉의 소설을 포함한 당대의 통속소설이 '상식이란 현상'과 어떻게 교섭하는지를 구체적으로 분석하려고 하지는 않았다. 임화는 통속소설이 사회현상의 한 측면인 "속중俗衆의 생각이나 이상"을 그대로 드러낸 반면, 그러한 표현 방식에 대해서는 "조금도 책임을 느끼지 않"고 있다고 비판한다. 이때 임화는 스스로를 그 '통속소설'의 지반을 이루는 '속俗 문화'의 외부에 위치시켜버린다. 그리하여 임화는 '속 문화'의 영향력이 전면화되고 있는 상황을 연루된 자의 관점에서 분석하지 못한 채 바깥의 시선에서 그 상황을 조망하는 데 머무르게 된다.[35]

『일본 이데올로기론』에서 도사카 준의 '상식'

흥미롭게도 이 시기에는 식민지 조선뿐 아니라 일본에서도 '상식' 개념을 문제시하려는 시도들이 일어났다. 일본의 도사카 준은 1935년 발표된 『일본 이데올로기론』의 「상식의 분석」에서 '상식'

개념의 계보를 재구성한다.[36] 도사카 준이 '상식'을 문제 삼는 것은 자유주의적 사회 상식에 비춰보았을 때에도 비상식적 특징을 지니는 '일본 이데올로기'가 당대 대중의 또 다른 상식으로 자리매김하고 있다고 생각했기 때문이다. 즉 도사카 준은 '이데올로기'를 단순한 '허위의식'으로 규정하고 있지 않으며, 이데올로기가 대중을 사로잡는 물질적 힘을 지니고 있다고 인식했다. 일본적 파시즘의 한 형태인 '일본 이데올로기'가 대중과 만나는 거점이 '상식'에 있다고 본 도사카 준은 '상식' 개념 자체를 재규정하며 이데올로기 비판의 새로운 가능성을 탐색하려 했다.[37]

도사카 준은 '상식'에 모순되어 보이는 두 가지 측면이 있음을 강조한다. 한편으로 상식은 비과학적이고 비철학적, 비문학적으로 인식되는 소극적 혹은 부정적인 지식을 의미한다. 다른 한편으로 상식은 표준적인 사회에 통용되는 실질적이고 건전한 상태의 지식을 의미한다. '너무 상식적인 결론이다'라는 일상적 표현이 전자의 특성을 환기한다면, '그 사람은 끝까지 상식을 지켰다'라는 표현은 후자의 특성을 나타낸다.[38]

도사카 준은 '상식'을 '내용으로서의 상식'과 '수준으로서의 상식'으로 구분한다. '내용으로서의 상식'은 상식적 주장 안에 포함된 개개의 상식적 내용을 의미하며, 이 경우 지식의 획득은 상식 내용의 양적인 증가를 이루게 된다. 그러나 도사카 준은 상식 내용이 양적으로 증가했다고 해서 인간적 견식見識의 수준이 높아진다고 말할 수는 없다고 본다. 그에게 '상식 수준'은 양적인 '상식 내용'의 증가와는 독립되어 있으며 독자적 성격을 지닌다.

도사카 준에 따르면, '상식 수준'은 사회적 인식의 평균치를 말하는 것이 아니라 오히려 이 평균치를 높일 만한 목표, 즉 이상선

理想線을 의미한다. 그 이상선은 도달해야 할 실질적 위치를 제시하는 것이 아니라, 상식의 수준을 끊임없이 유지하거나 높이는 역할을 담당한다. 상식 수준에서 평균치적으로 여겨졌던 것이 실제로는 "평균치 자신을 항상 높여가면서 작용"하는 움직임이었음을 강조하고 있는 것이다.[39]

두 가지 유형의 '상식'과 통속성

1930년대 후반 식민지 조선의 비평가 이원조는 도사카 준과 유사한 방식으로 '상식'에 대한 논의를 진행하고 있었다. 이원조는 1939년 「교양론—지성론의 발전으로서의」(『문장』 1호), 「상식문학론」(『문장』 2호)을 연이어 발표했는데, 두 글은 서로 연결된다. 「교양론—지성론의 발전으로서의」에서 이원조는 지성을 '식별능력' 내지 '비판능력'으로, 지성이 가진 합리적 정신을 양식 bon sensus으로 각각 규정한 후 "식별능력 내지 비판능력인 지성이 '양식'에까지 이르는 데는 어떤 과정"을 거쳐야 하는가라는 질문을 던진다. 「교양론—지성론의 발전으로서의」에서는 그 대답의 하나로 '교양'을 제시했다면, 이후 제기된 「상식문학론」에서는 '상식'에서 그 답을 찾고 있다.

　「상식문학론」에서 이원조는 상식이 한편으로는 '수량적 의미'가 있지만 다른 한편으로는 '논리적 의미'가 있음을 말한다. 상식의 '수량적 의미'는 한 사람이 알고 있는 여러 가지의 지식을 의미하며, 그 의미는 앞에서 도사카 준이 말한 '내용으로서의 상식'과 같은 의미를 내포한다. 그런데 이원조는 상식에 논리적 의미도 내포되어 있음을 강조하며, "여러 사람이 다 아는 사실, 또는 앞으로 번연히 그렇게 될 사실을 모르거나 안 그렇다고 우기는 사람을 가리켜 몰상식한 사람"이라고 할 때 이 상식은 논리적 의미를 지니게 된다고 말한다. 이원조가 제기한 '논리적 상식'은 상식의 질적인 측면을 부각시키고 있다는 점에서 도사카 준이 언급한 '수준으로서의 상식'과도 연결된다고 볼 수 있다.

이원조는 「상식문학론」에서 '수량적 상식'과 '논리적 상식' 사이의 긴장관계를 고찰하며 그 긴장이 사람들에게 미치는 효과를 '권태'와 '공포'로 구분한다. 누구나 다 알고 있어서 따분한 사실은 상식에 대한 권태를 불러일으키지만, 때로 그 논리적인 상식은 역사를 뒤집을 수도 있는 공포스러운 힘을 지니고 있음에 주목하는 것이다.[40]

이와 유사한 논의가 안회남의 「통속소설의 이론적 검토」(『문장』, 1940. 1)에서도 확인된다. 안회남의 「통속소설의 이론적 검토」는 '통속성'과 '통속소설'을 분리하여 이해한다. 안회남은 '통속성'이 '통속소설'뿐 아니라 모든 소설의 기본적 원리에 해당한다고 말하며 이원조가 「상식문학론」에서 전개한 '상식' 논의를 빌려와 다음과 같이 통속성을 규정한다.

> 이런 의미에서 **통속성**이라는 것은 두말 없이 **상식성**이다. 상식성이 소지하는 수량적 의미와 논리적 의미의 것을 통속성 역시 갖는 것이다. 통속이 당해當該 사회와 시대에 있어서, **누구나 모두 다 안다고 하는 많은 수량과 그것은 으레히 그럴 것이 아니냐 하는 논리를 내포하고 있는 것**은, 상식의 경우와 꼭 마찬가지이다. 그렇기 때문에 통속성이란 곧 사회성이

다. 대중이라는 대다수와 통하는 바닥이다.[41]

　인용문에서 안회남은 '통속성'을 '상식성'과 연결하며 '통속' 개념에 상식성의 수량적 의미, 즉 '누구나 알고 있다는 의미'와 논리적 의미, 즉 '당연히 그럴 것이 아니냐'는 의미가 내포되어 있음을 강조한다. 안회남이 '통속'과 연결하는 상식성의 의미, 즉 '누구나 알고 있는'과 '으레히 그럴 것이 아니냐'와 같은 의미는 앞에서 언급한 문세영의 『조선어사전』에서 '통속' 개념의 의미로 정립된 내용과도 유사한다. 이원조의 '상식' 개념을 빌려온 안회남에 이르러, 통속의 사전적 의미, 즉 '여러 사람에게 통용될 수 있는'이라는 의미가 문학 및 예술의 '통속성'을 논의하는 틀로 명확하게 정립되고 있었다.

　안회남은 '상식'의 양면성을 부각시킨 이원조의 논의를 '통속성'과 연결했기에 '통념으로서의 상식'만을 '통속'과 연결한 임화의 견해보다 복합적 시각에서 '통속성'에 대한 논의를 전개할 수 있었다. 안회남의 논의에서 '통속성'의 조건을 이루는 '상식'은 통념적 한계를 지니지만, 그 통념을 전복할 수 있는 힘도 내포한다. 그런데 안회남의 논의는 궁극적으로 '통속소설'에 대한 비판으로 수렴되고 있다. 「통속소설의 이론적 검토」의 말미에서 안회남은 순수소설이 '상식의 수준'을 상승시키려고 하는 반면, 대중소설은 상식의 수준을 추종하고 통속소설은 상식을 저하시킨다고 말한다. 안회남은 통속소설이 '상식의 논리적 의미', 즉 '당연히 그럴 것이 아니냐'는 의미의 상식을 담고 있지 않기에 '상식성'을 왜곡하고 있으며, '통속성'에도 부합하지 않는다고 비판한다.

　안회남은 조선의 문단에 발표한 대부분의 장편소설을 '통속소

「통속소설의 이론적 검토」는 소설가 안회남(1909~?)이 1940년 잡지 『문장』에 발표한 글로, '통속성' 및 '통속소설'에 대한 심층적 논의를 담고 있다. 『문장』, 1940. 1, 150쪽.

설'로 바라보며 그 문학적 가치를 인정하지 않는다. '통속성'의 양면적 특성을 고찰하던 안회남의 시각은 이 지점에서 '순수소설', '대중소설', '통속소설'을 위계화하려는 논의로 전환된다. 안회남은 동시대에 통념화된 상식이 무엇인지, 그리고 어떤 유형의 상식이 '통념화된 상식'을 무너뜨릴 수 있는지의 문제를 적극적으로 고민하지 않았고, 통속소설에 담겨 있지 않은 '논리적 상식'이 무엇인지를 상세하게 분석하지 않은 채 순수소설과 대중소설, 통속소설을 손쉽게 구별하는 데 머무른다.

이러한 한계는 안회남이 이원조의 「상식문학론」에서 논의된 '논리로서의 상식'에 대해 깊이 있는 고민를 전개하지 못했기 때문에 생긴 것이기도 하다. '논리로서의 상식'은 다수의 사람들이 공통적으로 가진 논리적 판단력에 의거하고 있으며, 그 판단력을 인정하지 않는 사회(적 통념)에 대항할 수 있는 힘도 지니고 있다. 안회남의 '통속' 담론은 '상식'이 가진 양면적 성격, 즉 '통념으로서의 상식'과 '전복적 성격으로서의 상식'의 의미를 충분히 밝혀내지 못한 채 순수문학/대중적 통속문학의 이분법적 틀을 재생산했다는 점에서 한계를 드러냈다.

3 전시체제의 '속' 문화는 변화할 수 있는가

'통속'은 상식적 도덕의 한계를 넘을 수 있을까

임화를 비롯한 1930년대 비평가들이 '통속성'을 '상식'과 연결하며 이를 비판한 것은 1937년 중일전쟁 발발 이후 일본과 조선이 본격적인 전시체제로 돌입하게 된 상황과도 관련된다. 2000년대 이후 발표된 차승기의 연구에서 강조되었듯이 '말하려고 하는 것'과 '그리려는 것'의 분열을 강조하는 임화의 견해 이면에는 "중일전쟁 발발과 '국가총동원법' 공포 이후 주체와 세계의 위상"이 "이전과 질적으로 전혀 다른 불확실성과 비결정성의 성격"을 지니게 된 변화가 놓여 있다.[42] 당대의 여러 문학가들은 '상식'과 '도덕'을 부각시키며 '통속소설'이 당대의 변화하는 사회현상과 연관되는 지점을 문제 삼았다.

'통속' 개념이 '상식'과 함께 논의되기 시작한 1930년대 후반은 역사적 운동의 유효성에 대한 회의감과 위기의식이 전면화된 때이기도 했다. 백철은 해방 이후 발표된 『신문학사조사』에서 1930년대를 '불안사조'不安思潮가 세계를 지배하던 때라고 회고했다.

그 불안은 경제적으로는 세계 대공황의 심화에, 정치적으로는 제국주의의 위기와 파시즘의 도래에 영향을 받은 것이었다.[43] 이 시기 일본은 1931년에 만주사변을 일으켰으며 이는 곧 1937년에 일어나게 될 중일전쟁의 전조이기도 했다.

중일전쟁 발발 전후, 즉 제국 일본이 전시사회체제로 이행해가던 그 시기 일본과 식민지 조선에는 '운동' 개념으로 환원되지 않는 다층적 개념들을 탐색하려는 시도가 생겨났다. 그 개념들 중에는 '통속'이나 '풍속' 같은 '속' 관련 용어들이 포함된다. 이러한 용어들은 일상어로 정착되어 언중의 생활 속에 유통되고 있었는데, 식민지 조선의 비평가들은 그 용어 속에 내재된 다층적 의미 연관들을 새롭게 문제화했다. 그런 점에서 그들의 활동은 곧 전시사회체제의 '세속적 일상'과 관련된 문화들을 재인식하는 작업이었다고 할 수 있다.[44]

김남천은 이 시기 '통속', '풍속' 등의 '속' 관련 개념을 집중적으로 살핀 평론가이자 직접 신문소설 『사랑의 수족관』을 연재한 창작 주체이기도 했다. 또한 김남천은 1930년대 후반 『동아일보』와 『조선일보』에 '통속' 용례가 담긴 글을 가장 많이 발표한 논자라는 점에서 주목할 필요가 있다.[45] 그 글들 중 「조선적 장편소설의 일 고찰」, 「일신상 진리와 '모랄'」, 「현대조선소설의 이념」, 「세태와 풍속」 등은 1930년대 후반 소설론의 변화 양상과 관련해 비중 있게 연구된 글들이기도 하다.[46]

「조선적 장편소설의 일 고찰」에서 김남천은 조선의 장편소설이 신문소설에 의존하는 상황을 조선 사회경제의 불충분한 발전과 연관시킨다. 그렇기에 김남천은 '신문소설', '통속소설', '대중소설' 같은 개념을 "비예술적인 것"을 지칭하는 용어로 사용하는 방식에 대해 비판한다. 김남천은 조선적 장편소설의 대부분이 신문을 통해 발표될 수밖에 없었음을 강조하며 신문소설, 나아가 '통속소설'이나 '대중소설'로 불리는 작품을 비예술적인 것으로 단정할 수 없다고 말한다.

이러한 관점은 김남천이 저널리즘을 바라보는 시각과도 맞닿아 있다. 김남천은 저널리즘이 출판물을 생산 판매하는 자본주의적 기업으로서의 특색을 지니지만, 다른 한편으로 사회를 비평적으로 전망하는 이데올로기적 특징 또한 지니고 있음을 강조한다. 그렇기에 저널리즘이 일상적이고 시사적 성격을 띠고 있음에 주목한다. 그런 점에서 김남천의 시각은 앞에서 정리한 안함광의 관점, 즉 저널리즘이 지니는 기업적 속성만을 부각시킨 관점과 비교했을 때 저널리즘의 긍정적 측면도 응시했다고 볼 수 있다. 김남천은 신문연재소설이 저널리즘을 통해 일상성과 시사성에 참여할 수 있음을 강조한 동시에, 그 시사성이 상업주의로 인해 왜곡되고 오해될 수 있음을 경계하고 있었다.[47]

이후 김남천은 「작금의 신문소설―통속소설론을 위한 감상」, 「장편소설계」, 「소설의 당면 과제」 등의 글에서 당대의 신문소설들을 비평하며 '통속'에 대한 자신의 관점을 더 명확하게 서술한다. 이 중 통속소설에 대한 김남천의 시각이 가장 선명하게 드러난 글은 「장편소설계」다. 「장편소설계」에서 김남천은 식민지 후반기 장편소설에 관해 발표된 여러 논의들의 시각을 정리한 후 당대의 신문연재소설을 "순전한 통속소설이라고 단정할 수 있는 작품", "순수한 통속소설은 아니라고, 작자 내지는 일부의 평가, 독자에 의하여 생각"되어왔지만 분석해보았을 때 통속성이 명확히 드러난 작품, 통속성에 빠져들어 순문학이라고 주장하기 곤란한 작품, "아직도 순문학이라고 말할 수 있는 작품" 등으로 분류한다. 앞서 분석한 「조선적 장편소설의 일 고찰」에서와는 달리 「작금의 신문소설론—통속소설을 위한 감상」에서 김남천은 '통속성'과 '예술성'을 이분법적으로 구획한다. 김남천은 '통속성'을 다음과 같이 정리하며 자신의 관점을 비교적 명확하게 밝힌다.

> 우리 장편소설이 갖고 있는 모든 모순, 분열, 이괴(장편 논의의 성과를 총괄한 개조 중 제3항을 참조하라)에 대하여 고민하거나 초극할 방향에서 노력치 아니하고, 출판 기관의 상업주의에 영합하여, 그대로 안이한 해결 방법으로 몸을 던진 것, 그리하여 흥미 본위, 우연과 감상성의 남용, 구성의 기상천외, 묘사의 불성실, 인물 설정의 유형화 등등에로 가 버린 것을 '통속성'이라고 불러 볼 수는 있을 것 같다.[48]

이러한 김남천의 논의 중 흥미로운 부분은 괄호 친 '장편 논의의 성과를 총괄한 개조 중 제3항을 참조하라'고 한 부분이다. 3항 부분에서 김남천은 조선적 장편소설이 생겨난 과정, 그리고 현재 조선 장편소설의 위상이 조선적인 특수성에 말미암았다고 정리하며 "사회적 관계의 동양적 후진성"과 출판 조건의 미발달을 그 특수성으로 든다. 사회·문화적 발달이 충분하게 이루어지지 못했기에 조선의 장편소설 역시 "환경과 성격", "내향과 외향", "세태 묘사와 심리 내성", "플롯과 세부 묘사" 등으로 분열되어 있다고 본 것이다. 김남천은 그러한 분열을 우연적 구성과 불성실한 묘사, 유형화된 인물 설정 등을 통해 흥미 위주의 방식으로 극복한 것을 '통속성'으로 규정한다.

이러한 시각은 앞에서 분석한 임화의 논의와도 유사하지만, 임화가 예술소설을 포함한 당대 조선 소설 전반에 '통속화' 현상이 나타나고 있다고 본 것과 달리, 김남천의 논의는 당대에 발표된 작품을 "순전한 통속소설"과 "아직도 순문학이라고 말할 수 있는" 것 사이에 배치하는 데 초점을 맞춘다. 이러한 분류 방식은 '순문학'으로 규정된 채만식의 『탁류』, 『천하태평춘』, 홍명희의 『임꺽정』, 이기영의 『신개지』와 『청년』을 제외한 나머지 작품들을 사실상 배제한 채 조선적 장편소설에 대한 논의를 진행하는 결과를 초래했다.[49] 특히 그중에서도 "순전한 통속소설이라고 단정할 수 있는 작품"으로 규정된 김말봉의 『밀림』, 한용운의 『박명』, 박종화의 『대춘부』, 윤백남의 『사변 전후』, 김동인의 『제성대』, 윤효정의 『만향』 등에 대해서는 이 작품들이 독자에게 미치는 영향에 대해 더 깊이 있는 분석을 수행할 여지를 남겨 놓지 않는다.[50]

물론 김남천은 신문연재소설이 기반을 두고 있는 일상성이나 시사성 자체를 간과한 채 '순문학'의 예술성만을 강조하고 있지는 않다. 「작금의 신문소설―통속소설을 위한 감상」에서 김남천은 일상성과 시사성 가운데 침투하여 "대중의 생활 속에서 비판력과 정서를 배양"해주는 것이 문학 본래의 정신임을 강조한다. 이러한 시각은 한편으로는 일상성과 시사성을 떠나는 데서 문학의 본질을 찾는 논의를 부정하고 있으며, 더 나아가 일상성과 시사성을 "비판이나 변별" 그리고 "역사의 동향에 대한 합리적인 인식"이 생겨날 수 있는 지점으로 규정하는 것이다.[51] 비판과 역사성을 일상성 및 시사성과 연결하려고 한 김남천의 시각은 궁극적으로는 신문연재소설이 "상식적인 도덕의 경계"를 어느 정도로 넘을 수 있느냐의 문제에 초점을 맞춘다. 김남천은 '통속소설'이 기반을 두고

있는 문화가 상식적 도덕의 틀 아래 갇혀 있음을 비판하고 있는 것이다.[52]

김남천은 개별 소설의 통속적 특성을 비판하는 것에서 한 걸음 나아가 당대 소설이 세태 묘사에 치중하는 경향과 내성적 심리에 초점을 맞추는 경향으로 분열된 양상 자체에 주목한다. 이는 김남천 스스로가 지적하고 있듯이 '말하려고 하는 것과 그리려고 하는 것의 분열'을 강조한 임화의 견해에 기반을 둔 것이다. 앞에서 분석했듯 임화는 「본격소설론」(1938)에서 환경 묘사와 자기표현이 조화를 이룬 고전적 소설을 강조하며 사상과 문학이 소설 장르 안에서 교섭할 수 있는 가능성을 부각시켰다.[53]

반면 김남천은 적극적이고 긍정적인 인물을 설정했는지의 문제가 소설의 분열된 양상을 해결하는 방법이 될 수 없음을 강조한다. 이러한 시각은 당대 시대적 분위기를 '전체주의'로 규정한 김남천의 견해와도 맞닿아 있다. 김남천은 "전체주의를 경계하면서 생기발랄한 통일된 적극적 성격을 창조하기는 우리들로서 지극히 힘든 일이 아닐 수 없"다고 말한다. 김남천은 「현대 조선소설의 이념」을 발표한 1938년이 '시민사회의 상향기'나 '산업 자본주의의 상승기'와 다른 시기, 즉 전체주의를 경계해야 하는 시대라고 생각하고 있었던 것이다. 전시체제로 이행해가던 시기에 적극적이고 발랄한 성격을 창조하는 작업은 자칫 잘못하면 동시대의 전체주의적 분위기에 편승할 수 있다고 우려했던 것이다.[54] 그렇기에 당대의 적극적 인간형이 아니라 근대적 풍속이 형성된 시기로 거슬러 올라가 그 시대의 인물이 근대 초기의 풍속에 대응하는 양상을 형상화하려 했다. 1939년 발표된 장편소설 『대하』가 그 대표적 예다. 김남천의 이러한 시도에는 동시대의 사회적 분위기 및 동시대

의 전형적 인간형들과 거리를 유지하려는 태도가 깔려 있었다.[55]

김말봉의 『밀림』과 통념적 상식 이상의 것

김남천이 '순전한 통속소설'로 규정했던 김말봉의 『밀림』도 '상식적 도덕'의 틀에만 갇혀 있는 작품이라고 보기는 어렵다. 김말봉의 『밀림』은 야학 활동을 하며 가난한 노동자들을 치료하는 의사 동섭과 한성물산주식회사 사장 딸인 자경의 사랑 이야기, 그리고 고아로 태어나 고학으로 간신히 학업을 마친 후 취업난에 시달리는 오상만이 이들 사이에 개입하는 이야기로 구성된다. 동섭의 이야기가 1930년대 중반 사회주의 운동에 동조했던 이들의 이야기를 담아내고 있다면, 오상만의 이야기는 하층계급의 인물이 여러 우여곡절을 거쳐 상층계급의 세계로 편입했다가 몰락하는 이야기를 그리고 있다. 『밀림』의 중반 이후 서사세계의 상당 부분은 인간 사회로부터 천대와 멸시를 받아왔다고 생각하는 오상만이 "황금의 수레 위에서 호령할 때까지 나는 모든 것을 초월"(『밀림』 상권, 365~366쪽)하겠다고 결심한 후 이를 실행해가다 파멸의 과정을 그리고 있다. "상만의 생명을 노리는 맹수가 거처하는 황량한 빈 들"(『밀림』 상권, 605쪽)로 경성을 비유하는 장면, 자경과의 결혼으로 한성물산주식회사의 총지배인이 된 후 오상만이 "가슴 한복판에서 맹수와 같이 포효"하는 자부심을 느끼는 부분(『밀림』 상권, 714쪽)이 그 대표적 예다.

동시에 『밀림』에는 상만의 계층상승 욕망, 그리고 의사 동섭과 상류층 여성 자경의 사랑 이야기로 환원되지 않는 지점이 있다.

이 작품의 또 다른 핵심인물인 동섭은 인천 지역 축항공사장 노동자와 빈민들의 생활에 관심을 기울이는 의사로 설정되어 있다. 그리고 사회주의자인 조창수의 병을 치료한 후 그의 탈출을 돕다가 경찰에 체포되어 심한 고문을 받고 감옥에 갇히게 된다. 선행 연구에서 지적한 것처럼 이러한 동섭의 면모 그리고 동섭이 드러내는 사상적 고민은 속물형 인물 상만과 대비를 이루며 "도덕적 양극화를 강화하기 위한 장치로써의 기능"을 수행한다고도 볼 수 있다.[56]

그런데 『밀림』의 서두 부분에는 인천 축항 공사장에서 일하는 노동자들과 그들의 가족의 모습을 세밀하게 묘사하고, 「힘과 힘」이라는 장에서는 공사 과정에서 죽은 인부들에 대한 회사 측 태도를 규탄하며 파업을 일으킨 노동자들의 요구사항과 그들이 처한 곤경을 구체적으로 형상화하고 있다. 이 장면들은 '동섭'이라는 인물의 성격을 드러내는 장치로만 사용되고 있지 않으며 당대의 계급 갈등을 첨예하게 드러내어 도덕적 양극화의 층위로 수렴되지 않는 효과를 발생시킨다.[57]

『밀림』에 등장하는 흥미로운 인물 중 한 명인 '오꾸마'도 이 작품의 인물 구도가 유형화된 대립성에서 벗어나는 지점을 잘 보여준다. 오꾸마는 열세 살 때 일본인 부부에게 양녀라는 명목으로 팔려가 동경으로 이주했고, 일본인 부부는 오꾸마가 열다섯 살 되던 해 그녀를 요정에 팔아버린다. 기생 생활을 하던 오꾸마가 상해로 이주했다가 중국 사람의 후원으로 조그마한 요리점을 열게 된 상황, 이후 그가 상해의 사회운동 단체와 연결되어 조선으로 돌아오게 되고 동섭을 도와준다는 설정은 다소 작위적이어서 우연이 남용된 것으로 평가할 수 있다. '오꾸마'의 원래 이름이 금순이고, 『밀림』 하권에 등장하는 또 다른 기생 인물 '오죽엽'의 원래 이름도 금순이라는 점, 오죽엽이 오상만의 잃어버린 동생으로 설정된 부분, 그리고 오상만이 오죽엽을 '오꾸마'와 비슷한 인물로 느끼는 장면(『밀림』 하권, 488쪽)은 출생의 비밀에 의거해 스토리를 전개하는 오늘날의 대중 서사를 연상하게 한다. 그럼에도 이러한 설정은 동섭 및 동섭을 도와주는 '오꾸마'와 악인형 인물 '상만'의 대립이 선과 악의 이분법적 구도로만 유형화되지 않았다는 점을 드러내준다. 『밀림』은 사회주의 운동을 돕는 '오꾸마'의 세계와 '기생은 연애도 결혼도 하지 못하냐고 항변하는' 오죽엽의 세계, 그리고 인천 축항 노동자들의 삶과 상만의 원한 감정이 그리 멀지 않은 곳에 놓여 있다는 것을 보여주고 있다.

김남천은 '통속소설'이 상식적 도덕의 경계를 넘지 못한다고 규정하며 이를 비판했다. 하지만 김남천이 '순전한 통속소설'로 규정하며 논의에서 배제한 『밀림』에도 가난한 자와 부유한 자의 갈등 구도, 파업을 일으키는 노동자의 모습, 주인공이 받는 고문 장면은 선과 악의 이분법적 대립 구도에 온전히 포섭되지 않는 잉여를 담고 있다. 『밀림』에 담긴 서사의 특성은 '통속'의 세계를 배제한 채 '예술'의 세계를 상정하려는 시각에 균열을 내며 '통속'으로 규정되던 서사 안에 통념적 상식과 '통념 이상의 것'이 함께 담길 수 있음을 보여준다.[58]

이태준과 사회적 지반으로서의 '통속'

김남천은 「소설의 당면 과제」에서 신문소설이 '상식 도덕'의 대변

자임을 문제 삼는다. 흥미로운 것은 이 글의 말미에서 김남천이 이원조와 이태준을 거론하며 논의를 전개한다는 점이다. 김남천은 이원조가「상식문학론」에서 '건전한 상식'에 대해 언급한 점에 의문을 제기하며 그렇게 된다면 "상식은 벌써 '양식'良識이 되는 것은 아닐까?"(『김남천 전집 1』, 510쪽)라고 반문한다.

안회남은 '상식'의 양면성을 강조한 이원조의 논의를 차용하여 이를 '통속성'과 연결한 바 있다. 이러한 안회남의 논의와 비교한다면, 김남천은 '상식'의 긍정적 측면까지 포착하려고 한 이원조의 논의를 비판하는 대신, '상식'이 지니는 통념적 성격, 즉 '누구나 그렇게 생각한다'는 의미를 부각시킨 것으로 볼 수 있다. 또한 김남천은 이 글에서 단편소설 작가 이태준과 신문소설 작가 이태준의 차이를 논하며 후자의 이태준에 대해 '상식 도덕'의 대변인이라고 비판한다.

반면 이태준은「통속성 기타」(『문장』 2권 7호, 1940. 9)라는 글을 발표하며 '통속'에 의미를 부여했다. 이태준은 이 글에서 경서와 공문서를 기록하는 라틴어와 이야기책을 구성하는 생활어로 언어체계가 분화된 서양의 상황을 환기한다. 동시에 동양의 한문을 서양의 라틴어에 비유하고, "'로만어語', 즉 '이야기책말'로 총칭되고 하대"되어온 유럽의 개별 민족어를 "오늘에 우리가 문학을 쓰는 조선어"와 연결한다. 이태준은 현대문학 특히 이를 대표하는 소설이 여러 나라에서 속어俗語로 쓰이고 있음을 강조하는 것이다. 이태준의 이러한 견해는 '속어'라는 언어적 지반을 '통속성'과 연결한 후 "통속성이란 곧 사회성"임을 부각시키는 논의로 이어졌다. 나아가 이태준은 위대한 예술이란 통속성의 제약 아래서 가능함을 역설하며 '통속성'을 '공통만속', 즉 만인에게 널리 통용되는

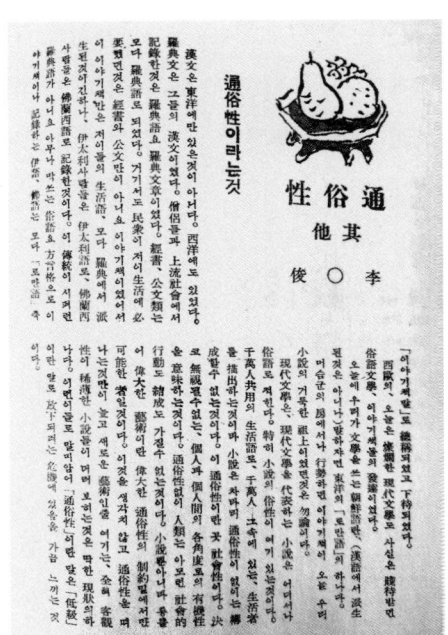

「통속성 기타」는 식민지 시기 단편소설과 신문연재소설을 동시에 발표했던 이태준이 1940년 『문장』에 남긴 글이다. 이후 이태준의 수필집 『무서록』에 수록되기도 했다. 이태준, 「통속성 기타」, 『문장』 2권 7호, 1940, 82쪽.

속성으로서의 '통속'과 흥미만을 추구하는 '불진실'로서의 '통속'으로 구분한다. 후자의 의미로만 '통속'을 규정하는 것을 강하게 비판하려 한 것이다.[59]

'통속성'과 관련된 이태준의 견해는 1939년 잡지 『문장』 창간 이후부터 연재되어 1940년 출간된 『문장강화』와도 일정 부분 연결된다.[60] 이태준은 『문장강화』의 첫 연재부터 새로운 문장작법은 글짓기가 아니라 말짓기이며 우리가 표현하고자 하는 마음, 생각, 감정에 가까운 것은 글보다 말임을 강조했다.[61] 이는 마지막으로 연재된 「문장의 고전, 현대, 언문일치 ─「문장강화」 노트에서」에서 이태준이 "말하듯 쓴 것"을 '언문일치 문장'으로 규정하며 언문일치 문장이 민중의 문장이자 현대 문장의 모체라고 말한 것과도 연관된다. 덧붙여 이태준은 언문일치 문장이 이광수의 통속적 장편들에서 완성되었지만, 예술가의 문장은 '언문일치'의 문장을 넘어서는 곳에서 생겨난다는 점을 강조한다.[62]

이태준은 경성의 중간 이상 계층의 말을 표준어로 상정한 조선어학회의 방안을 받아들여 경성 바깥에서 통용되는 말과 중간 이하 계층의 말을 방언으로 규정했다. 그리고 작가 자신이 쓰는 말은 표준어여야 하지만, 인물들이 쓰는 말은 방언으로 사용해도 된다는 입장을 드러냈다.[63] 한자어에 대해서도 이태준은 유사한 인식을 보여준다. 묘사를 위한 문장에는 한자어를 사용하지 말 것을 강조하면서도 학문적이고 이론적 문장에는 한자어를 사용할 수밖에 없다고 말한다. 글을 쓰기 위해서는 일상생활에서 쓰이는 속어俗語에 통달해야 한다는 점을 강조하면서도 속어로는 "교양인의 사고나 감정을 표현"하기 어렵다는 견해를 함께 표출하고 있는 것이다.[64]

이태준의 「통속성 기타」는 현대소설의 언어를 조선어이자 속어로 규정한다는 점에서는 『문장강화』와 유사한 문제의식을 담고 있다. 그런데 『문장강화』 연재가 끝난 후인 1940년 9월 발표된 이 글에는 『문장강화』에는 빈번하게 사용되지 않은 '통속성' 개념이 부각되어 있다. 위대한 예술이 '통속성'의 제약 아래서 탄생했다는 주장은 '민중의 언문일치 문장'과 '예술가의 문장'을 위계적으로 구분하며 "지식인을 민중으로부터 소외"[65]시킨 『문장강화』의 의도와는 일정 부분 거리를 두고 있다. 문학적 글쓰기의 기반을 이루는 '속어'에 대해 쓸 때에도 이태준은 '속어'가 천만의 조선이 공용하는 생활언어라는 점에 더 초점을 맞춘다.[66]

이태준이 『문장강화』 연재가 잠시 중단된 지 6개월이 지난 시점에 이 글을 발표하며 "통속성 없이 인류가 어떠한 사회적 행동도, 결성도 가질 수 없"음을 강조한 이유는 이 글이 발표되기 직전인 1940년 8월 『조선일보』와 『동아일보』가 강제 폐간된 상황과도 관련되어 있다고 추정할 수 있다.[67] 실제로 이태준은 1940년 8월 『청춘무성』이라는 작품을 연재하다 『조선일보』의 폐간으로 연재를 중단하게 된다.[68] 그다음해 2월 『문장』에 발표된 소설 「토끼 이야기」에서 이태준은 신문소설을 연재하며 생활의 안정을 이루었지만 여전히 예술 창작에 의지를 두고 있는 소설가 '현'을 주인공으로 등장시켜 『조선일보』와 『동아일보』의 폐간이 소설가에 미친 영향을 보여주고 있다.

이 소설에서 눈여겨볼 점은 『동아일보』와 『조선일보』가 폐간되었음을 기술한 문장의 바로 뒤에 "'명랑하라' '건실하라' 시대는 확성기로 외친다"라는 문장을 배치하고 있는 부분이다.[69] 이때의 '명랑'과 '건실'은 사회적 저항뿐 아니라 개인적 일탈까지도 용인하지 않던 식민지 후반기 전시체제의 문화적 분위기를 드러낸다.[70] 「토끼 이야기」는 신문소설을 더 이상 쓸 수 없게 된 현이 생계 수단으로 계획한 '토끼 기르기'조차 실패로 끝나는 상황으로 결말을 맺고 있다. 잡지에 실릴 단편소설을 완성하지 못하는 현의 모습을 통해 소설가가 직면한 생계의 위기가 예술 창작의 어려움으로까지 이어지고 있음을 형상화하는 것이다.

『동아일보』와 『조선일보』가 폐간되기 전 '현'에게 신문소설은 예술적 창작을 방해하는 요인으로 인식되었지만, 신문소설의 창작이 어려워진 이후의 '현'은 생활 자체의 위기에 봉착한다. 이러한 '현'의 모습은 「통속성 기타」에서 이태준이 '통속성'의 의미에 '여러 사람들에게 널리 통용되는'의 의미가 있음을 환기하며 이를

'사회적 행동'의 지반으로 규정한 심리를 대신 유추하게 한다.

이태준은 '진실하지 않은' 통속소설에 대해서는 비판했지만, 신문연재소설 전반을 '통속적'이라고 하며 폄하하는 시각에는 동의하지 않았다. 이태준의 이러한 시각은 직접적으로는 '통속소설'과 '예술소설' 창작을 병행한 이태준의 문학활동과 연결되며, 그 이면에는 식민지 조선문학이 대면하고 있는 언어적·매체적 상황의 변화가 자리한다.[71]

반면 안회남은 조선문단에서 발표된 대부분의 장편소설을 '통속소설'로 보며 그 문학적 가치를 인정하지 않는다는 점에서 이태준과는 시각을 달리했다.[72] 궁극적으로 안회남의 논의, 안회남과 유사하게 '상식'과 '통속'을 연결한 임화와 김남천의 논의는 '통념적 상식'을 벗어나지 못하는 '통속소설'이 현상의 변화 가능성을 모색하려 하지 않음을 비판하는 데 초점이 맞춰져 있다. 이와 달리 이태준은 '통속소설'을 비롯한 여러 소설 창작 과정에 공통적으로 드러나는 언어적 지반을 '통속'으로 규정한 후 그 지반 위에서 인류의 사회적 행동이 이루어질 수 있음을 강조한다.[73]

식민지 후반기, 특히 전시체제로 변해가는 1938년 이후의 조선 사회는 통속강연의 유형이 변화하고 그 횟수마저 줄어든 것에서 알 수 있듯 이질적 주체들이 집합체를 형성할 수 있는 가능성이 상당 부분 통제되었다. 반면 문화의 상품성 혹은 상업성을 강조하는 논리는 더 힘을 얻고 있었다. 임화, 김남천, 안회남 등은 이러한 논리로부터 거리를 두려고 했지만, '통속'을 '저속'이 아니라 '상식'으로 의미화한 것에서 알 수 있듯 상업적 통속문화의 압도적 힘을 응시하고 있었다. 그렇기에 상식적 도덕을 뛰어넘지 못하는 '통속소설'을 비판하고, 예술소설을 이와 대립시키려는 그들의 논의에는 비관적 색채가 깃들어 있다.

반면 '통속'의 사회적 지반을 강조한 이태준의 논의는 통속문화 내부의 이질성을 통제하는 파시즘적 식민권력과 호응할 위험성이 내포되어 있는 것이기도 했다. 이태준의 '통속성' 논의에 1920년대 후반 김기진과 한설야의 논의, 1930년대 중반 이기영의 논의에서 환기되는 노동자와 농민, 그리고 근대적 교육의 수혜를 받지 못한 비문해자非文解者의 자리가 나타나고 있지 않는 것에서도 이를 확인할 수 있다. 그럼에도 이태준의 논의는 협소해진 유형의 통속성마저 1940년 이후 사라질 위기에 놓여 있었음을 보여준다. 이들의 서로 다른 시각은 1930년대 후반에 나타난 '통속' 관련 논의들을 다층적 층위에서 입체적으로 조망해야 함을 방증한다.

5장

해방 직후 '통속' 개념의 사용 양상

1   집합적 주체의 귀환과 '통속'의 용법 축소

해방 직후 집합적 주체를 지칭한 말

해방 이후 1948년 간행된 문세영의 『중등조선어사전』에서 '통속'은 1930년대 후반의 『조선어사전』에서와 마찬가지로 "일반 세상의 풍속", "모든 세상에 널리 통하는 것"으로 규정되고 있다.[1] 해방 전후의 조선어사전에서 '통속'의 의미가 유사한 양태로 의미화되고 있었던 것이다. 그러나 해방 직후 일상 매체에서 '통속'은 사전적 의미로는 빈번하게 사용되지 않았다.

해방 직후 정치사회의 좌우 분화와 맞물려 다층적 성격을 지닌 집합적 주체들이 형성되기 시작했다. 사회학자 박명규가 지적했듯이 '국민'과 '인민'은 그 과정에서 '정치적 개념'으로 부각된 용어들이었다.[2] '국민'과 '인민'은 식민지 시기에도 사용된 용어지만 해방 직후 그 용례가 폭발적으로 늘어났다.[3] 이는 해방 직후 집합적 주체를 지칭하는 방식이 재편되고 있던 상황을 보여준다.

'국민'과 '인민' 개념의 의미 분화는 이 시기 임화가 쓴 「문학의 인민적 기초」에 잘 드러난다. 임화는 이 글에서 국민을 '일정한 국가에 속한 민중의 총칭'으로, '인민'은 "사회계급적 요소가 보다 더 많은 개념"으로 규정한다. 동시에 인민의 사회계급적 내용이 단일하지 않다는 점을 강조하며 '인민' 안에 "소시민성을 가지고 있는 계층"까지를 포괄하려 했다.[4]

해방 직후의 공론장에서 '인민'과 '국민'은 '대중' 개념과도 결합되어 사용되었다.[5] 이때 '대중'은 표면적으로는 '다수의 일반 사람들'을 의미했지만, 그 말 앞에 덧붙여진 '국민' 혹은 '인민'이라는 말은 '대중'이 언제든 적극적 사회 세력으로 변화할 수 있는 잠재성을 지닌 집단임을 보여주고 있었다. '대중'이라는 말이 해방 직후의 공론장에서 중요한 위상을 부여받게 된 것은 해방 이후 각기 다른 견해를 지닌 정치적 세력이 '대중' 개념을 전유하려 했기 때문이다.

대중계몽사업과 문예 대중화 운동

'대중'이 지니는 사회적 세력으로서의 역할이 재조명됐던 해방 직후의 공론장에서 '통속'은 '대중'과는 달리 별다른 위상을 부여받지 못한 용어가 되었다. 이 시기는 식민지 때와는 달리 '통속강연', '통속강좌' 같은 용어도 빈번하게 사용되지 않았다. 좌익 계열의 문학단체들이 주도한 논의에서도 '대중'이 '통속'과 연관되어 사용되는 경우는 드물었다. 대표적으로 김남천은 해방 직후 발표한 「문학의 교육적 임무」에서 문학자의 교육적 임무 중 하나로 대중계몽사업과 문맹퇴치사업에의 참여를 들고 있다. 이 작업은 일본의 식민지적 문화교육정책의 유산과 대결하는 일로 인식되었다.[6]

식민지 시기 문맹퇴치사업을 비롯한 활동들은 '통속강연'이라는 명칭으로 수행되기도 했는데, 해방 이후에는 유사한 활동이더라도 그 운동이 지니는 계몽적 성격을 더 부각시키고 있었다. 비슷한 시기 발표된 임화의 글 「현하의 정세와 문화운동의 당면임무」에서도 확인할 수 있듯이 당대 문화운동의 주된 목표는 일본 제국주의 문화의 사대주의적·봉건적 잔재로부터 해방되는 것에 맞추어져 있었다.[7]

1946년 이후 본격적으로 전개된 '조선문학가동맹'의 대중화 관련 논의에서도 '대중' 개념은 '인민'과 더 빈번하게 결합되어 사용되고 있다. 대표적 예로 김기림은 「우리 시의 방향」(1946. 6)에서 대중과의 문화적 교섭이 없었던 시인들의 태도를 비판하며 시인은 인민 속으로 들어가게 될 것이라고 선언한다.[8] 해방 이후 문학 대중화 담론을 주도한 김남천은 "인민대중의 진정한 사랑"을 받기 위한 노력만이 작품을 질적으로 향상시키는 "단 하나의 옳은 방향"[9]이라고 말한다. 동시에 인민대중의 사랑을 받는 작품을 창작하는 작업과 질적으로 향상된 문학작품을 창작하는 일이 별개의 것이 아님을 강조한다. '대중에 대한 이해'가 '저급'을 안이하고 속되게 추수하는 것과 같지 않음을 역설하는 것이다.[10]

진보적 문학운동 단체 '조선문학가동맹'은 1946년 10월 항쟁을 계기로 적극적으로 대중화 운동을 전개해나갔고 그 과정에서 운동의 조직적 거점을 만들어내는 일과 운동을 이끌어나갈 주체를 형성하는 작업이 중요시되기 시작했다.[11] 이 두 가지 역할을 수행하기 위해 기획된 것이 바로 '문화써클' 운동과 '문학공작자'의 양성이었다.

김남천은 문화써클을 "대중단체의 조직적 저수지"라고 말하며 문화써클은 "브라스 밴드를 희망하는 직공, 사랑방에 모여 야담을 즐기는 농촌 청년, 단오놀이에 씨름을 하고 싶어하는 농군"이 "사상의 좌우, 빈부의 차이, 기질의 여하를 막론"하고 모일 수 있는 모임이자 '융통성 있는 조직'이라고 말한다. 이렇게 봤을 때 '문화써클'은 강연보다 포괄적 형태를 지니며 대중조직으로의 전환을 모색하는 모임이었음을 알 수 있다. 이는 '문화공작자'의 경우도 마찬가지인데 김남천은 아무리 고명한 예술가이고 권위 있는 학자라 할지라도 조직을 건설할 역량이 없으면 문화공작자가 될 자격이 없다고 말한다. '문화공작자'에게는 강연회의 교사, 혹은 낭송회의 전문예술인의 모습을 탈피한 역할, 즉 적극적으로 조직을 이끌고 설계하는 역할이 요구된 것이다.[12]

'문화공작단'의 행사 내용은 연극 공연, 음악 공연, 무용 공연, 시 낭독, 만담, 영화 상영, 사진 및 미술 설치 등으로 다채로웠다. '문화공작단'의 파견 지역은 지방 위주로 설정되어 지방문화운동을 적극적으로 담당했다는 점이 특징적이었다.[13] 더 광범위하고 조직적인 층위에서 대중화 운동을 전개하려 했던 '조선문학가동맹'의 기획에서는 '통속강연'이 차지할 수 있는 영역이 크지 않았던 것으로 보인다.

이러한 대중화 관련 담론에서 주목할 것은 김영석의 글들이다. 김영석은 김남천과 함께 해방기의 문예대중화론을 주도한 평론가이며 1946년 말 조선문학가동맹 서울지부 조직이 개편되면서 문학대중화운동위원회의 위원장으로 활동한 바 있다.[14] 1946년 7월에 발표된 김영석의 「문예의 대중화 문제·기타」(『신세대』 1권 3호)는 해방기의 대중화 운동과 관련하여 '대중'과 '통속' 개념을 동시에 사용한 글이라는 점에서 주목할 만하다.

김영석은 8·15 이후 발표된 수많은 문학작품들이 재미없고 생경한 것이었음을 지적하며 "노동자 농민에게 높은 의식을 넣어줄 수 있는" 재미있고 평이한 작품, "그러면서도 통속적인 데 떨어지지 않는 문학작품"을 어떻게 만들지 고민한다. 이 부분에서 김영석이 사용하는 '재미'나 '평이'는 식민지 시기 '통속' 개념과 긴밀하게 연결되었던 말들이다. 그러나 김영석은 '통속'을 '재미', '평이'와도 구별되는 말로 쓰고 있다.

> 알기 쉽게 재미있게 근로대중의 요구에 따라 쓰라는 말은 의식수준을 저하시키자거나 또는 **대중의 통속적 취미**에 맞추어 쓰라는 뜻은 아니다. 다희이多喜二의 소설들이 그때 그때의 **근로대중의 요구**를 알고 그때 그때 제기되었던 가장 중심적인 절실한 문제에서 떨어지지 않았던 데 그 진보성이 있었고 항상 근로대중 속에서 재미있게 읽히었던 것이다.[15]

인용문에서 김영석은 '근로대중의 요구'와 '대중의 통속적 취미'가 다르다는 것을 강조한다. 김영석에게 대중의 요구는 대중의 생활 과정에서 터져 나오는 절실한 문제로 규정되고 있다. 반면 '취미'와 연결된 '통속'의 예로 김영석은 『사랑에 속고 돈에 울고』 나 『마의 태자』와 같이 당대에 유행하던 연극을 든다. 김영석에게서도 '통속'은 문예의 대중화 과정에서 넘어서는 안 될 한계지점이자 저급한 문화를 의미하는 말로 사용되고 있는 것이다.

성인교육의 제도화와 '통속강연'의 행방

해방 직후 '통속' 개념이 당대의 언론에서도 활발하게 사용되지 않은 이유를 살펴보기 위해서는 해방 이후 『동아일보』에서 '통속강연' 용례가 처음 등장했던 사설 「성인교육문제」에 주목할 필요가 있다. 이 글은 교육의 기회균등과 국가발전을 위해 "현재 정규의 학교에 통학하지 못하는 학령 이상의 국민을 대상"으로 삼은 성인교육을 제도화할 필요가 있다고 말한다. 이때 이 사설이 '성인교육'의 사례로 드는 것이 야학교, 통속강연, 단기강습 등이었다.[16] 이 사설은 교육제도의 기본이념을 확립하는 문제의 중요성을 논하며 의무교육제도 실시 요강이 발표되었음을 밝히고 있다. 또 의무교육제도의 도입 이후에는 "현재 정규의 학교에 통학하지 못하는 학령 이상의 국민"을 대상으로 삼는 성인교육을 제도화할 필요가 있다고 말한다.

『동아일보』의 사설 「성인교육문제」에서 '통속강연'은 국민교육의 한 하위 범주이자 제도화된 성인교육으로 자리매김하고 있다. 중요한 것은 이 시기 학교교육제도가 충분히 정비되어 있지 않은 상황에서도 성인교육의 행정을 강화하고 이를 제도화하려는 움직임이 마련되고 있었다는 점이다.[17] 미군정 학무국은 1945년 11월 중순 문맹 퇴치를 주관하기 위해 성인교육계를 설치했고, 성인교육계는 1946년 1월 성인교육과로 승격했다.[18] 미군정 학무국은 「성인교육문제」가 발표된 직후인 1946년 3월부터 전국적으로 성인교육회를 확대해갔는데, 이러한 움직임은 전 인구의 상당수가 문맹자였던 상황에서 '문맹 퇴치'의 문제 해결이 시급하게 요구되고 있던 상황과 맞물린다. 다른 한편으로 성인교육회의 강화에는 좌익 세력이 "도시 노동자와 농촌 농민을 대상으로 전개하고 있던 강습회나 야학 활동을 와해시키려는 목적"도 있었다.[19]

　1940년대 중반 이후부터 한국전쟁 직전까지『동아일보』와『경향신문』에는 '통속강연' 혹은 '통속교육'과 같은 용례는 거의 나타나지 않는 반면, '성인교육', '문맹 퇴치'라는 용어는 빈번하게 쓰이고 있다. 1920~1930년대의 '통속강연'에는 총독부가 추구하는 통치성 확대 전략과 긴장관계를 맺으려는 다층적 주체의 움직임이 일정 부분 드러났지만, 해방 이후 한국에서 그 문제의식은 국민교육이라는 기획으로 포섭되고 있었다. 그리고 그 기획은 좌익단체에서 추구하던 대중계몽 활동들과도 충돌하고 있었다.[20]

2   남·북한 '통속' 개념의 차이

'순수문학'과 '대중문학'의 대립

1948년 이후 남한과 북한에는 정통성의 배타적 독점을 주장하는 두 국가가 등장하게 되었다. 정치학자 박명림은 1948년 이후 좌익과 우익의 대립이 국가 대 국가, 정권 대 정권의 대결 구도로 전환되었음을 지적한다.[21] 남·북한에 단독 정부가 수립된 1948년 이후 한국에서 '통속' 개념은 '문학'이나 '소설'이라는 말과 결합되어 활발하게 쓰이는데, 이러한 양태는 북한에서의 '통속' 개념의 사용 양상과 일정 부분 차이를 드러낸다.[22]

1948년 이후 한국에서 '통속문학' 혹은 '통속소설' 등의 개념은 '순수문학'과 '대중문학'의 대립 구도가 부각되며 다시금 빈번하게 등장하기 시작한다. '조선문학가동맹'을 주도한 임화, 김남천, 이태준 등이 1947년을 전후로 월북하고 1948년 남한만의 단독 정부가 수립되면서 문단 내의 좌우 대립은 약화된다. 1949년 이후에는 '조선청년문학가협회'의 주요 구성원인 김동리·조연현이 주도한 『문예』가 창간되었고(1949. 8), 중간파와 '전향문인들'까지 광범위하게 수용한 '한국문학가협회'가 결성(1949. 12)되었다. 이는 좌우대립 시대의 막이 내렸음을 상징적으로 보여주었다.[23]

'순수문학'과 '대중문학'의 대립은 한국 문단의 좌우대립 시대의 종언과 맞물려 다시금 부각되기 시작한다.[24] 조연현이 쓴 「민족문학의 당면과제―현 문단의 장해는 무엇인가」가 그 대표적 예이다.[25] 이 글에서 조연현은 민족문학 건설을 유무형으로 저해하는 요소를 지적하기 위해 '문학의 애국적인 성격'과 '문학의 상품주의'에 대해 논의한다. 우선 조연현은 문학의 애국적인 성격이 "애국적인 용어의 나열이나 목전의 정치적 효과"에 있는 것이 아니라, "민족의 근본적인 요소인 정서나 감정을 심화·순화"한 후 이를 통해 민족의 이념을 형상화하는 "**순수한 창작행위**" 속에 있다고 주장한다. 이러한 주장을 통해 조연현은 '순수'와 '정치'의 대립 구도를 다시금 환기하며 문학이 지니는 '영원성의 가치'를 부각시킨다. '문학의 상품성'에 대한 조연현의 비판도 유사한 논리 구조에 입각해 있다.

> 소위 말하는 **대중소설**이나 **통속소설**은 그러한 독자에게 흥미와 자극과 향락을 제공해주면서, 그것을 통하여 문학이 가지는 높은 실용성을 전교해주는 문학의 한 부분이다. 그런데 **성적 자극과 저급한 향락과 반윤리적인 무질서**만을 제공해주고 문학이 가지는 **형이상학적인 높은 의미**를 첨가해주지 않는다면, 그것은 가짜의 비누나 양말과 마찬가지로 진정한 문학적 상품이 아니라 문학이란 형식과 레테르를 이용한 가짜 상품일 수밖에 없는 것이다. 오늘 이 땅에 유행되

고 있는 **대부분의 통속소설**은 그 전부가 이러한 소설의 레테르를 이용한 가짜들인 것이다.[26]

조연현은 당대의 문학이 상품으로 존재할 수밖에 없다는 점은 인정했지만, '문학'이라는 상품에는 '형이상학적 의미'가 반드시 담겨 있어야 한다고 말한다. 조연현이 보기에 당대에 유행하는 대부분의 통속소설은 이러한 의미를 담고 있지 않기에 가짜 상품에 불과하다. 인용문에서 확인할 수 있듯 이와 같은 논지를 전개할 때 조연현은 '통속소설'을 '대중소설'과 동일시하고 있으며 '성적 자극', '저급한 향락', '반윤리적인 무질서' 등의 속성을 '통속소설'과 연결한다.

이에 반해 백철은 조연현과 달리 근대 문학이 대중성에 기반하고 있음을 강조한다. 백철은 '대중성'을 무시하려는 경향을 개인적 문학취미 속에 칩거하는 태도라고 비판하며 이를 "자기도취의 감상주의"이자 "현실도피적 귀족주의"라고 규정한다. 동시에 백철은 대중성을 비속한 것으로 한정하는 경향도 비판한다.

> 한편 대중취미란 것을 막연히 그리고 해석하기 때문에 비속한 것만을 그들의 취미로 생각하고 가급적 많은 독자를 얻는 것을 탐욕하는 나머지 **성욕적인 것, 기괴한 것 등의 저속한 세계**로 작품을 끌고 들어갈 때에 그 소설이 소위 **통속소설**이 되어버리는 데 이런 비속주의는 우리 문단의 또 하나의 바르지 못한 경향인 것이다.[27]

이때 백철은 대중성을 '통속소설'과 구별한 후 '비속한 것', '저속한 세계'에서만 대중성을 찾는 경향을 '통속소설'의 속성으로 말한다. 이는 앞의 4장에서 분석했던 식민지 시기 백철의 논의를 연상하게 한다. 1930년대 백철은 '문화수준이 낮은 대중'과 '사회적 세력으로서의 대중'을 구별한 후 통속문학을 전자의 대중과 연결한 바 있다. 이에 반해 해방 이후 백철은 '대중성' 자체를 '저속'과는 변별되는 개념으로 규정하는 대신, '비속'과 '저속'을 '통속소설'의 속성으로 한정한다.

'통속'을 '저속'과 연결하는 용법은 『서울신문』에 실린 백철의 「순소설과 정통소설: 대중소설과는 삼각관계인가」(1950)에도 나타난다. 이 글에서도 백철은 '대중소설'이 질적으로 저하된 상태를 '통속소설'이라고 했으며 '통속소설'의 주된 속성으로 '비속한 취미'를 든다. 백철은 궁극적으로는 '순소설'과 '대중소설'을 동시에 비판하며 '대중적 공감'과 '창조적 역량'을 결합한 '정통소설'로 나아갈 것을 촉구한다.[28]

조연현에게 백철의 논의는 '순수소설'을 근본적으로 오해한 견해로 인식되었다. 조연현은 『경향신문』에 연재된 「본격소설에의 길」(1950. 6)에서 '순수소설'이란 "원래 통속소설이나 정치주의의 경향소설에 대립되는 문학 개념"이며 "일종의 예술소설"을 의미한다고 말한다. 백철의 논의를 반박하기 위해 조연현은 '통속소설'을 '대중소설'과 등치한 후, '통속소설/대중소설'과 '순수소설'의 대립구도를 부각시킨다.[29]

백철과 달리 조연현은 '대중소설'을 '통속소설'과 동일시하며, '대중소설'이 더 발전된 방향의 소설로 나아갈 수 있으리라는 기대를 애초부터 배제한다. 이에 반해 백철은 현실세계의 '추하고 속된 측면'을 소설 안에 포함해야 한다고 보았으며 그 과정을 통해

소설은 대중적 공감을 만들어낼 수 있다고 생각했다.

'대중성' 및 '대중소설'을 바라보는 백철·조연현의 관점은 달랐지만, 두 사람의 논의에서 '통속소설'이라는 용어는 유사한 기능을 담당했다. '통속소설'은 당대의 소설이 비속하게 전락된 양태를 의미했으며 당대의 소설들이 지양되어야 할 상태를 가리켰다.

백철과 조연현의 이러한 견해는 1930년대 후반 '통속성'의 지반을 저널리즘과 같은 근대 매체의 속성과 연결한 김남천의 논의, 대중이 지닌 '상식성'에서 찾은 임화와 안회남의 논의를 충분히 발전시키지 못하고 있었다. 조연현과 백철의 담론은 '통속' 개념의 역사적 의미 변천을 충분히 고려하지 못한 채 '통속'의 일상적 용법 중 일부를 재생산하는 데 머물렀다. 결과적으로 두 사람의 논의는 한국전쟁 이후 한국의 공론장에서 '통속' 개념이 이해될 수 있는 지평을 협소화시키는 데에 영향을 미쳤다.

'통속'과 고상한 리얼리즘

북한에서는 '통속'이 식민지 시기 『조선어사전』에 있던 '모든 세상에 널리 통하는'의 의미로 주로 사용되었다. 역사학자 이하나의 연구에 따르면, 1949년 김일성은 북조선북한인예술대회에서 "자연과 사회발전의 법칙을 통속적으로 해설한 도서"를 근로자들에게 널리 보급해야 함을 강조했다. 1959년 창간된 잡지 『공산주의교양실』은 "대중 통속월간잡지"로 규정되었다. 나아가 1960년대에는 "인민들의 감정에 맞고 누구나 다 부를 수 있는 통속적이면서도 혁명적 내용이 풍부한 혁명가요"를 만들어야 한다는 점이 강조된다. '통속' 개념은 문화예술의 영역에서도 부각되기 시작했으며 이 때의 '통속'은 '대중'이나 '인민' 같은 개념들과 연결되고 있었다.[30]

그런데 해방 이후 1950년대 초반까지 북한에서의 문예 활동과[31] 관련된 논의에서는 '통속' 개념이 남한에서와 마찬가지로 부정적 의미를 내포한 채 사용되었다. 1946년 발표된 이찬의 「예술문화의 군중 노선」은 그 대표적 예다. 이 글에서 이찬은 북한에서의 예술문화운동이 군중 속에서 자라났음을 지적하며 예술문화운동의 군중화를 위한 방안들을 모색한다. 이찬은 예술문화운동의 창작물이 군중, 특히 절대다수의 노동자·농민과는 거리가 있음을 지적하며, 창조적 활동을 어떻게 하면 군중 속으로 가지고 들어갈 것인가를 고민한다. 그 과정에서 이찬은 일체의 예술을 선전으로 규정한 후 군중이 이해하고 즐길 수 있는 예술활동을 펼쳐야 함을 강조한다.

이찬의 이러한 주장은 식민지 시기 카프에서 전개했던 대중화 관련 논의들과도 일정 부분 유사성이 있다. 다만 이찬은 '알기 쉽다'는 것이 저급의 예술이라는 오해에서 벗어나야 함을 강조하며 내용을 왜곡하지 않으면서도 "통속화하지 않고 알기 쉽게 형상화" 할 것인가의 문제가 중요하다고 말한다.[32] 이때 이찬이 쓰고 있는 '통속' 개념은 '비속'의 의미를 내포하며, '알기 쉽게 쓰는 활동'과 직접적으로 연결되지는 않았다.

해방 직후의 북한에서 '통속'이 부정적 의미로 쓰이고 있던 상황은 당대 북한 사회에 식민지 문화의 유산이 남아 있음을 비판한 작업들과도 연결된다. 1947년 발표된 「민족문학과 민족예술 건설의 고상한 수준을 위하여」에서 안막은 『사랑에 속고 돈에 울고』 같은 연극이 여전히 북한에서 상연되고 있는 점, "퇴폐적 분위기만을 조성하는 '째즈'"가 극장과 방송에서 불리고 있는 점을 개탄한다. 안막은 이러한 문화를 "저열한 취미와 풍습을 위해서만 존재하는 유물"이라고 하며 이를 "북조선 인민의 **고상한** 품성과 도덕"의 대립물로 인식한다.[33] 안막의 글은 직접적으로 '통속' 개념을 사용하지는 않았지만, 식민지 후반기 '통속'으로 규정된 문화에 대한 거부감이 북한의 문화예술인들에게 강하게 자리 잡고 있었음을 보여준다.

선행 연구에 따르면, 안막이 강조하는 '고상한'이라는 표현은 1947년 초 북한 문학에서 강조된 창작방법론 '고상한 리얼리즘'과 연결된다. 북조선문화예술총동맹은 1946년 말부터 "모범적인 인물 타입을 창조하여 대중들을 교양"하는 작업을 강조하기 시작했고, 이후의 북한 문학에서 이러한 흐름과 배치된 것들은 배격되었다.[34] '고상한 사상성과 예술성'이 강조되며 "'고상하지 않은 부르조아 문학, 자연주의, 예술지상주의, 형식주의, 반동조류 문학, 정치적 무관심, 무사상성, 낡은 사상'" 등은 배제되기 시작했다.[35] 안막의 논의를 참조하면 식민지 후반기 '통속'으로 규정되던 문화도 '고상한 리얼리즘'에 배치되는 경향이었음을 유추해볼 수 있다.

하지만 북한에서는 1946년 이찬의 논의에서처럼 예술문화운동을 누구나 쉽게 이해할 수 있는 방향으로 전개하려는 움직임이 강조되고 있었으며, 그 움직임에 담긴 문제의식은 1949년 북조선북한인예술대회에서 김일성이 강조한 '통속' 용법과 연결된다.

이태준의 『신문장강화』와 북한에서의 '통속'

남한에서 '조선문학가동맹'의 서기장이었던 이태준은 1946년 8월 월북한 후 북한에 남았고, 1948년 북조선문화예술총동맹의 부위원장으로 활동했다. 이태준은 식민지 후반기 발간된 『문장강화』를 개작한 책 『신문장강화』를 1949년 청년생활사에서 출판하기도 했다. 1940년대 후반 북한에서 문장교본의 역할을 수행한 『신문장강화』는 식민지 후반기와 해방 이후, 그리고 남·북한 '통속' 관련 개념의 변화와 관련하여 주목할 필요가 있는 저작이다.[36]

문학 연구자 박진숙은 『신문장강화』가 식민지 후반기의 『문장강화』와 달라진 부분을, ① "두음법칙을 적용하지 않은 점", ② "순국문으로 풀어 쓰고 있다는 점", ③ 예문을 교체하고 있는 점, ④ "장르에서의 변화가 발생했다는 점", ⑤ "일본 제국주의에 대한 비판, 노동자 농민이 사용할 조선말과 인민대중의 문화에 대한 강조, 스탈린, 김일성 찬양의 내용" 등이 추가된 점으로 분석한다.[37]

이 중 중요한 내용은 ⑤로, 『신문장강화』에서 이태준은 글 쓰는 사람들이 인민들의 새로운 언어 표현을 바탕으로 언어 창조의 방향을 예견해야 한다는 점을 강조한다. 여기에서 '인민'은 '인민대중', '근로대중'이라는 용어와 같은 의미로 사용되고 있으며, 이태준은 '인민대중'의 말에 주목해야 하는 이유를 식민지 시기의 조선어가 자유롭게 활용될 수 없었던 상황에서 찾는다. 이태준은 식민지 시기의 '조선어운동' 및 문학인들의 창작이 조선어 저작이 용인되는 최후의 지점에서 이루어졌지만, 궁극적으로 그 시기 조선어는 인위적으로 도태되어 있었음을 강조한다.

이러한 서술에서 확인할 수 있듯 『신문장강화』는 식민지 후반기 조선어운동, 그리고 「통속성 기타」라는 글에서 이태준이 드러낸 문제의식과도 일정 부분 연결된다. 하지만 이태준은 식민지 시기 조선어운동의 한계 또한 지적하며 "조선말의 명맥이 인민대중" 속에서 유지되어왔음을 강조한다.[38]

'표준어와 사투리'를 규정하는 『신문장강화』의 논의에서도 이태준은 표준어가 서울말을 기초로 해야 한다고 했던 『문장강화』의 문제의식을 견지했지만, 『문장강화』에서와는 달리 '중류 이하'의 말을 표준어에서 배제하려 했던 조선어학회의 문제의식과는 거리를 둔다. 그 대신 이태준은 "근로대중이 노동관계에서 많이 쓰는 말"을 표준어로 끌어 올려야 한다는 점을 강조한다. 『문장강화』에서 강조되었던 조선어 중심주의가 『신문장강화』에서는 '인민대중', '근로대중'의 말을 중심에 놓는, 계급적 관점과 결합되고 있는 것이다.

이태준은 『신문장강화』의 「한자어와 문장」에서 "논설이라 하더라도 널리 대중적으로 읽혀야 할 글들은 전문적인 술어를 될 수 있는 대로 풀어서 쉽게 쓰기를 도모"해야 한다고 말한다.[39] 이러한 서술은 문학적 표현을 할 때에는 조선어로 쓸 것을 강조했지만, "교양인의 사고나 감정을 표현하려면 도저히 속어俗語만으로는 만족할 수 없다"[40]고 한 식민지 후반기 『문장강화』의 문제의식과는 상당 부분 차이를 드러낸다.

『신문장강화』에서 이태준은 '통속'이라는 말을 직접적으로 사용하지는 않지만, '인민대중의 말'에 초점을 두며 전문적 술어를 되도록 쉽게 풀어 써야 한다는 시각을 드러낸다. 이러한 시각은 앞에서 언급한 이찬 및 김일성의 논의와 맥락을 같이한다. 또한 이태준은 『문장강화』의 마지막 장 「문장의 고전과 현대」에서 '문장의 현대'와 '언문일치 문장의 문제'에 대해 서술한 부분을 『신문 장강화』에서는 삭제했다. 예술가의 문장과 민중의 언문일치 문장 사이에 위계를 설정하려 했던 『문장강화』의 문제의식은[41] 『신문장 강화』에서는 사라진 것이다. 이는 북한의 문화예술에서 '인민성' 이 강조되고 있던 것과 상당 부분 맥락을 같이하는 것이다. 이때 의 '인민성'은 국가의 구성원인 동시에 "혁명성을 체현한 존재"인 "인민들의 요구와 지향에 맞게 문학예술을 형상화하는 것"을 의미 한다.[42]

그럼에도 『신문장강화』에서 이태준은 "자기다운 글을 위한 문 장작법"을 모색해야 한다는 문제의식을 여전히 드러낸다. 이때의 '자기다운 표현'은 "갑甲도 할 수 있는 말, 을乙도 쓸 수 있는 표현" 에 만족해서는 안 된다는 점을 의미한다. 즉 이태준은 "새로운 글, 혁신적 문장"을 강조하며 기성의 언어, 기성의 문법을 탈피하는 형식도 부각시키고 있는 것이다.[43] 글쓰기 주체의 위상을 어떻게 규정해야 할 것인가, 새로운 글을 쓰기 위해서는 무엇을 해야 할 것인가의 고민은 『신문장강화』에도 여전히 드러나고 있었다. '자 기다운 표현'을 위해 혁신적 문장을 쓰는 일과 '인민대중의 말'에 초점을 맞춰 되도록 쉽게 쓰는 일을 어떤 방식으로 결합할 수 있 을까? 이태준은 『신문장강화』에서 이 질문에 대한 해답을 제시하 고 있지는 않다.

한국문학 연구자 정종현의 최근 연구에 따르면, 『신문장강화』 에서 제시된 이태준의 문장론은 1956년 북한에서 강하게 비판받 는다. 북한의 언어학자 신구현은 「리태준의 『신문장강화』의 반동 성」을 발표하여 『신문장강화』가 후스의 '문학개량론'에 입각해 서 양 문학론의 번역을 강조한 반면, 전통적 고전문학 유산을 부정했다고 지적한다. 신구현은 "'우리 것(주체)'을 강조하는 인식과 어법"을 강조하며 이태준을 "주체를 몰각한 작가로 비판"한 것이다.[44] 신구현의 논의는 1953년 한효가 「자연주의를 반대하는 투쟁에 있어서의 조선문학」에서 임화, 김남천, 이태준의 식민지 후반기 활동을 강력하게 비판한 것과도 연결된다. 한효는 임화와 김남천이 사회주의 리얼리즘의 방법을 왜곡하고 자연주의적 한계에 갇혔다고 비판했으며, 이태준에 대해서는 식민지 후반기 조선 인민에게 해독을 전파한 문인이자 해방 이후 산문 분야에 자연주의의 독소를 뿌린 자로 규정한다.[45]

한효뿐 아니라 안함광을 비롯한 여러 북한 문학인들도 이러한 비판에 동조했으며 '조선문학가동맹'에서 주로 활동한 임화, 김남천 등이 1953년 9월 숙청된 이후 이러한 경향은 두드러진다. 1956년 발간된 『조선문학사』에서 안함광이 식민지 후반기의 이태준, 김남천, 임화가 자연주의적 반동성을 드러내며 패배주의를 고취했다고 비판하는 부분, 해방 이후 이들의 행적을 간첩 및 파괴 종파 분자로 단죄하는 부분에서 이를 확인할 수 있다.[46]

선행 연구에서도 언급했듯이 이는 "건강한 의미의 토론과 논쟁"이 사라지고, "당 중앙위원회에서 내려준 판단을 문학 논의"에 그대로 적용하는 문제점이 북한 문학계 내부에 발생한 것으로 볼 수 있다.[47] 식민지 후반기 '통속'에 관해 흥미로운 논의들을 펼친 임화, 김남천, 이태준 등이 자신들의 예전 논의를 새롭게 변용할 수 있는 가능성은 1950년대의 북한 사회에서는 봉쇄되었다.

김일성 유일체제가 확립된 이후인 1970년대에는 '인민성'과 '통속성'의 관계가 조금 더 명확하게 규정되었고, "'인민성'을 규정하는 중요한 지표"로 '통속성'이 거론되기에 이른다. 이때의 '통속성'은 "인민대중이 이해하기 쉽게" 창작하는 경향을 일컫는 말이었다.[48] 이후 1990년대까지도 북한에서 '통속성'은 긍정적 가치를 내포하는 개념으로 자리매김했다. 이는 1950년대 이후 한국에서의 '통속성' 개념이 부정적 의미를 더 강하게 내포하게 된 것과 대비를 이룬다.

그러나 그러한 자리매김은 임화, 김남천, 이태준이 펼친 식민지 후반기의 '통속' 관련 논의들 그리고 그 논의들 속에 담긴 식민지 후반기 조선 사회의 입체적 양상에 대한 고민이 배제된 채 이루어진 것이었다. 1948년 이후 한국에서의 '통속' 관련 담론 역시 식민지 후반기에 관련된 논의를 펼친 이들의 흔적을 온전히 담아내지 못한 채 진행되었다.

6장

전후戰後의 문화 변동과
'대중성', '통속성'의
차별화

1 전후의 윤리 문제와 '통속'의 역할

통속소설과 상식적 윤리의 변동

1955년 『경향신문』에 실린 「통속과 저속」에서는 1951년 발간된 문세영의 『우리말사전』¹에 실린 '통속'이라는 말에 '저속'低俗이라는 의미가 담겨 있지 않음을 강조하며 '통속'과 '저속'을 같은 뜻으로 사용하는 논의들을 비판했다.² 그러나 이 기사는 1950년대 '통속'이라는 말이 사전적 의미와는 달리 '저속'이라는 뜻으로 사용되었으며 그 의미가 사전의 용법과 충돌하고 있었다는 점도 보여주었다.

1950년대부터 1960년대 초반 『경향신문』, 『동아일보』, 『조선일보』에 나타난 '통속' 관련 용례를 주제별로 정리하면 다음 표3과 같다. 표를 보면 '문학/예술/연극' 관련 용례는 한국전쟁이 끝난 직후인 1954년부터 전쟁 직전인 1949년과 비슷한 빈도로 나타나기 시작했으며, 1955년과 1956년에 그 빈도가 비약적으로 늘어났음을 확인할 수 있다. 조연현이 1949년 발표한 「통속·안이·사실」과 백철이 1954년 발표한 「문학과 윤리의 문제」는 1949년과

1954년에 나타난 '통속' 관련 논의의 문제의식을 보여주는 글들이다.

표 3 1950~1960년대 초반 『경향신문』, 『동아일보』, 『조선일보』에 나타난 '통속' 관련 용례

연도	총 횟수	강연·강의·교육	언어·지식·학술	잡지	문학·예술·연극	영화·TV·라디오	기타
1949	11				9	1	1
1950	4				3		1
1951	0						
1952	1				1		
1953	0						
1954	11	1	2		7		1
1955	23	1	3		17		2
1956	29	3	3	1	20	1	1
1957	22	6	3	3	7	2	1
1958	34	4	11	3	12	3	1
1959	28	3	1	2	12	9	1
1960	30		9	2	11	8	
1961	24		8		9	7	
1962	62	1	2	1	4	54	
1963	26		2		6	18	
1964	20	1			7	12	

조연현은 1949년 『경향신문』에 발표된 「통속·안이·사실」에서 정비석의 「냉혈동물」과 「서한」, 박용구의 「AU·R·EVOIR」를 '통속적인 작품'들로 평가했다. 그중 정비석의 「냉혈동물」을 비평한 부

분을 보면 조연현이 '통속적인 것'을 어떻게 보았는지 확인할 수 있다. 조연현은 돈 많은 남자를 유혹하는 주인공 마담이 보여주는 반윤리적 행위를 지적하며 「냉혈동물」이 이를 도덕적으로는 부정하지만, 생리적으로는 긍정하고 있다고 문제 삼는다. 이때의 '통속'은 성적性的, 인격적 무질서를 승인하는 문화적 분위기로 밝혀지고 있으며 '윤리적 태도'와 대립관계를 이루는 어휘로 배치되어 있다. 박용구의 「AU·R·EVOIR」를 분석하면서도 성적 무정부주의자로 지칭되는 C양의 모럴이 규명되지 않으면 "통속적인 작품세계"에 그치게 될 것이라고 쓴다. 이때의 '통속' 역시 윤리와 연관되는 개념으로 규정된다.[3]

조연현의 이러한 '통속' 관련 논의는 '정통소설'에 대한 백철의 견해를 비판하는 방향으로 전개되었다. 백철은 순소설과 대중소설로 분화된 당대 문단의 문제를 극복할 대안으로 대중적 공감에 기반을 둔 '정통소설'을 제안했다. 그러나 조연현은 다수의 독자에게서 고립되더라도 "영원한 보편성"을 가진 소설이 중요하다는 점을 강조했고, 이러한 소설을 '본격소설'이라고 명명했다.[4]

흥미로운 것은 조연현이 주되게 비판한 정비석과 백철 역시 1950년을 전후前後로 '통속'에 관한 글을 남기며 이를 '윤리'와 연결하고 있다는 점이다. 정비석은 1949년 발간된 『소설작법』의 「통속소설소고」에서 '통속소설'을 "문학적 교양이 옅은 일반독자를 상대로 통속적으로 쓴 대중소설"이라고 한 후 '통속소설'과 '본격소설'을 구분하지 않는 서양과 달리 한국 문단에서는 양자를 별개의 소설처럼 구별하고 있음을 지적한다. 정비석은 통속소설이 "선발된 소수의 독자만을 상대로 제작"된 본격소설과 달리, 일반독자 대중을 염두에 두기에 몇 가지 특징을 지닌다고 말하며, 그 특징 중 '상식적 윤리관'에 기반을 두고 있다는 점을 첫째로 들고 있다. 만인의 독자에게 영합하기 위해서 '통속소설'은 "건전한 상식의 범위"를 벗어나서는 안 된다는 점을 강조하며 '통속소설'이 지니는 사회교화적 역할을 강조한 것이다.[5]

정비석이 『소설작법』에서 통속소설을 규정한 관점은 1950년대 이후 본격화된 정비석의 신문연재소설 창작과도 밀접하게 연동된다. 1954년 발표된 백철의 「문학과 윤리의 문제」는 바로 그 소설들, 즉 『자유부인』 등 당대 신문연재소설에 드러난 윤리적 태도를 문제 삼는다. 백철이 해방 이후 10년간 한국 사회의 변화로 주목하는 지점은 성性과 관련된 남녀의 윤리 문제다. 남녀 간의 유교적 윤리관이 붕괴되는 과정이자 "성의 문제에 대한 이해와 적용" 방식이 급격하게 전환되는 상황으로 해방 이후 10년간의 한국 사회를 바라본 백철은 정비석의 『자유부인』이 그 붕괴 과정을 보여주는 대표적 작품이라고 말한다. 이때 백철이 말하는 윤리는 정비석이 「통속소설소고」에서 언급한 '상식적 윤리관' 혹은 '건전한 상식의 범위'와 관련된다고 볼 수 있다.

백철은 상식적 윤리가 변동하는 상황을 혼란으로 보고 있으며 그 혼란을 "'아메리카니즘'에의 경박한 모방적 유행", "퇴폐적인 저속 취미", "성 장면에 대한 노골적인 음외성淫猥性의 흥미" 등으로 서술한다. 백철은 당대의 문학 역시 독자 대중의 저속화 양상을 따라간다고 말하며 김내성의 『인생화보』와 정비석의 『자유부인』에는 부분적으로, 김말봉의 『푸른 날개』와 방인근의 작품에는 이러한 양상이 극심하게 나타나고 있음을 비판한다.[6]

「문학과 윤리의 문제」에 담긴 백철의 견해를 살펴보면, 표면적인 차이에도 불구하고 백철과 정비석이 통속소설과 윤리의 관

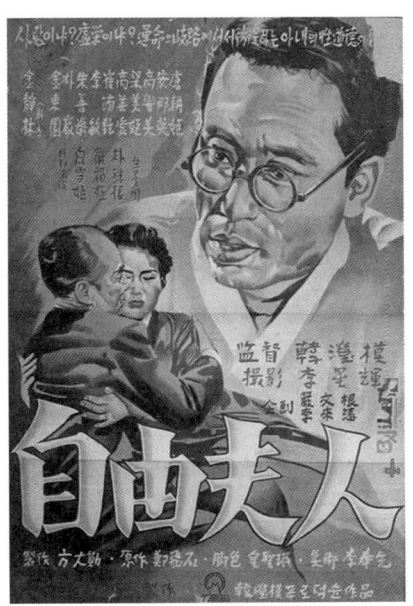

정비석이 1950년대 『경향신문』에 연재한 『자유부인』은 1956년 영화(한형모 감독)로 만들어져 큰 인기를 끌었다. 한국영상자료원.

계에 대해 유사한 문제의식을 드러내고 있다는 점을 발견할 수 있다. 정비석의 『자유부인』은 양품점에서 일을 하며 댄스에 빠져들게 되는 '오선영'이라는 인물을 통해 '미국적 근대'의 표상이자 "'소비'의 측면과 연결"되어 있는 여성 섹슈얼리티의 표상을 드러내는 동시에, 이들의 자유를 "방종과 타락"으로 단죄하는 작품이다.[7] 그런 점에서 기본적으로 『자유부인』은 정비석이 「통속소설소고」에서 강조한 상식적 윤리관에 기반을 두고 있는 작품으로 볼 수 있다. 그러나 『자유부인』에 재현된 "전후 풍속 변화의 주체들", 즉 젊은 여성과 대학생[8]은 백철을 비롯한 기성 엘리트들에게 상식적 윤리가 무너지고 있다는 위기의식을 불러일으켰다. 그 위기의식은 신문소설의 풍속 묘사를 '퇴폐', '저속', '음외성' 등과 같은 표현을 통해 강하게 비판하며 이를 '통속성'이라고 단정하는 방식으로 표출되고 있다. 바로 이 지점에서 백철의 견해는 정비석 단편소설의 성性 묘사를 '반윤리적'이라고 비판한 조연현의 논의와도 일정 부분 문제의식을 같이한다.

『푸른 날개』의 성 묘사와 전후戰後의 김말봉

최근의 연구에 따르면, 백철이 "문학의 타락"이라고까지 비판한 김말봉의 『푸른 날개』(1954)는 "가난하지만 젊고 지적인 여성과 아름다운 남성의 낭만적 사랑"을 "아름답지만 욕망을 절제할 줄 모르는 중년 여성의 파국적 죽음"과 대비하여 보여주며 "전후의 사회에서 재건되는 윤리적인 청년의 모습을 가시화"한 작품이다.[9] 이 소설의 주인공인 권상오가 교육자로서의 높은 윤리의식을 지닌 인물로 형상화되고 있는 부분, 소설의 결말부에서 다리를 잃은 권상오와 젊고 지적인 여성 한영실이 서로의 사랑을 확인하는 장면은 백철이 강조한 "새로운 윤리"를 보여준다고 볼 수 있다.

그럼에도 백철이 『푸른 날개』를 강하게 비판한 것은, 백철이 명시적으로 언급하지는 않았지만, 이 작품에 나타나고 있는 성性 묘사에 있을 것으로 추정된다. 백철은 「문학과 윤리의 문제」의 후반부에서 『채털리 부인의 연인』의 작가 D. H. 로렌스가 독자의 감정을 자극하기 위한 것이 아니라 문명비판적인 입장에서 성性 문제를 다루려고 했음을 강조한다. 이는 당대의 신문연재소설에 나타난 성 묘사를 우회적으로 비판하는 것으로 볼 수 있다.

『푸른 날개』에서 성 묘사가 두드러지는 부분은 이혼한 30대 여성 인물인 현청자가 권상오에게 욕망을 드러내는 장면들이다.

이 부분은 실패한 결혼을 경험한 현청자가 연애에 대해 지니는 정열을 보여주지만, 이 정열이 다소 과도하게 묘사되고 있다. 그렇기에 이 작품의 연애 서사에는 일정 부분 균열이 드러난다. 그러나 격렬한 열정을 표출하는 현청자는 이성적 논리로 연애의 포로가 되지 않겠다고 말하는 권상오, 이미 한 번 결혼한 현청자를 시대에 뒤떨어진 인물로 간주하는 20대 여성 백련과 충돌하며 이 작품에 입체성을 부여하는 역할 또한 수행한다. 조연현과 백철이 서사의 반윤리적 양상으로 지적했을 법한 '통속'의 지점은 다른 한편으로 기존 문학작품들이 충분히 재현하지 못한 이들의 목소리를 가시화한 영역이기도 한 것이다.[10]

『푸른 날개』의 창작자이자 식민지 후반기의 신문연재소설을 대표하는 작가 김말봉 역시 '통속'과 '윤리'를 연결하는 글을 1958년에 발표했다. 김말봉은 '대중문학'을 '통속'이기 때문에 멸시해도 좋다고 비판하는 견해, 대중의 취미를 저속하다고 속단하는 견해를 동시에 비판하며 논의를 시작한다.

> 대중문학이라면 통속과 통하는 것으로 믿고, 통속이기 때문에 멸시해도 좋다는 일부 그릇된 인식에 사로잡힌 족속이 있다. 또 그와 함께 대중문학이라면 어느 정도 저속해야 되고 그 저속이 곧 대중의 취미라고 속단하는 작가배가 있다면 이것은 대중을 모욕하는 뜻이 된다.
> 대중은 문자 그대로 수많은 민중을 의미하는 것이다.
> 양떼와 소떼가 하등동물계에서는 대중에 속하는지도 모른다. 양떼와 소떼가 배부르기 위해서는 봄 여름 무성하게 자란 초장의 풀이 있어야 한다.

대중문학은 이 초장의 풀처럼 어디까지나 신선하고 또 풍성한 영양소를 가져야 한다.
　　건전하고 정의가 승리하는 "모랄" 아래서 대중이 진정 재미있게 읽을 수 있도록 정신문화를 지향해준다면 대중문학의 사명은 수행된다 해도 좋다. (중략)
　　대중소설은 어디까지나 소설이요 수신이니 공민의 교과서는 아니라는 것을 기억해둔다면 주인공은 하나같이 성인이나 군자로 만들어달라는 주문은 당치 않은 것이다.[11]

　인용문에서 확인할 수 있는 것처럼 김말봉 역시 대중문학을 '모럴', 즉 소설 속에 나타나는 도덕과 연결한다. 이때 김말봉은 '건전하고 정의가 승리하는 도덕'을 강조하고 있으며 이는 정비석이 「통속소설소고」에서 말한 '상식적 윤리'와 크게 다르지 않다. 그러나 김말봉은 소설의 주인공을 도덕적으로 결함이 없는 인물로 만들어달라는 주문에 대해서는 강하게 비판하는 대신, "생동하는 인격"을 창조해내는 것을 대중소설의 과제로 제시한다. 궁극적으로 그 소설이 '상식적 윤리'에서 벗어나 있지 않다면, 특정 인물의 행동이나 성격이 만들어내는 도덕적 문제는 크게 문제 삼을 필요가 없다는 입장을 표출한 것이다.

　김말봉의 이러한 견해는 '대중'과 '통속'을 '저급 취미'나 '저속'으로 보는 시각이 대중을 모욕하는 것이라고 비판하며 '대중'을 "수많은 민중"으로 규정하는 것과도 관련된다. 조연현이나 백철과 달리 김말봉은 신문소설을 읽는 대중의 외부에 자신을 위치시키려 하지 않고, '통속'과 통해 있는 수많은 민중과 연관된 자로 스스로를 자리매김하는 것이다.

김말봉의 논의에서 또 한 가지 눈여겨볼 것은 '대중문학'과 '통속'을 일정 부분 구분하고 있다는 점이다. 김말봉은 대중문학을 '통속'과 통하는 것으로 보고 이를 멸시하는 시각에 대해서 비판했지만, 김말봉의 글에서 논의의 주된 초점은 '통속'보다는 '대중'에게 맞추어져 있다. 1950년대 여타의 '통속' 관련 논의들에서도 '통속성'과 '대중성'을 구별하는 시각은 두드러지게 나타난다.

2 대중성의 재인식과 차별화된 '통속성'

'대중성'을 어떻게 정의할 것인가

한국전쟁을 전후로 '대중성'에 대한 인식이 변모하는 양상을 보여주는 대표적 예로는 앞에서도 언급한 백철의 논의들을 들 수 있다. 남·북한에 별개의 국가가 건설되기 전인 1947년 백철은 「새양식의 창조―신문학지향에의 소감」을 발표한다. 이 글에서 백철은 '근대문학'이라는 틀에서는 '문학의 대중화' 문제가 성립될 수 없으며, 이는 근대문학이 대중의 취미와 영합할 때에는 문학이 통속화될 수 있기 때문이라고 말한다. 대신 백철은 프롤레타리아 문학이 새로운 양식의 문학을 출현시켜 집단적이며 "대중적인 신문학이 탄생"할 때 '문학의 대중화' 문제는 자연히 해결될 수 있다고 강조한다.[12] 이때의 '대중' 개념에는 식민지 시기 프롤레타리아 문예운동이 '대중화'를 주창할 때 드러냈던 계급적 주체로서의 의미가 부각된다.

    이러한 주장 중 '문학의 통속화'에 대해 비판하는 관점은 1956년 발표된 「세계문학과 우리문학―비판적 위치에서 본 작가회의」

에도 나타나고 있다. 이 글에서 백철은 통속소설의 독자를 '하등下
等의 독자', "비속한 성욕 묘사에 자극을 느끼는 독자"라고 하며 그
러한 독자가 생겨난 근본 원인을 부패한 현실과 퇴폐적 문화 경향
에서 찾는다. 백철은 통속소설의 퇴폐성과 경쟁하여 새로운 독자
대중을 확보하고 '진실한 대중문학'을 개척할 것을 강조한다. 이
때의 '대중문학' 개념에는 1947년 발표된 「새양식의 창조―신문
학지향에의 소감」에 드러난 '집단적 양식 창조'라는 문제의식은
사라지게 된 반면, '새로운 대중문학'을 독자의 문제로 사유하려
는 시각이 두드러진다. 두 글에 동시에 언급된 '새로운 대중문학'
과 대립되는 요소 역시 1947년에는 '근대문학' 양식 자체였다면,
1956년에 이르러서는 '통속소설'로 변주되고 있다. 그러한 변주
과정에서 '대중'과 '통속'을 구분하는 시각이 두드러지게 된다.[13]

'대중'과 '통속'을 구별하는 시각은 백철뿐 아니라 1950년대
신문기사에 나타난 여러 '통속' 관련 용례에서도 발견된다. 1955
년 『경향신문』에 실린 「대중의 양식」이라는 기사는 대중문학이 대
중에게 마음의 양식을 주려면 대중보다 한 걸음 앞서 있어야 함
을 강조하며, 작가가 대중보다 뒤떨어질 때 그는 통속작가로 전락
하게 된다고 말한다. 이 글에서 '대중을 위한 작가'와 '통속을 위한
작가'는 백철의 논의에서와 마찬가지로 위계적 위상을 부여받는
다. '대중'이 정직함과 게으름의 양면성을 지닌 존재로 규정된 반
면, 통속작가는 대중에게 아첨하고 매문賣文하는 자들로 비판되며
'대중문학'의 범주에서 배제되고 있다.[14]

당대의 신문연재소설을 집필하던 주체들 역시 '대중'과 '통속'
을 구별하는 논의를 펼치며 자신의 창작 행위를 정당화하려 했다.
김말봉의 글, 당대의 인기 신문연재소설 작가 김내성의 글 「신문

소설에 바라는 것」이 그 대표적 예다. 김내성의 논의에 따르면, '신문소설', '잡지소설', '전작소설'은 발표 방식의 차이에서 유래하며 각각 고유한 성격을 지닌다. 그러나 신문의 경영이 점차 상업주의로 흘러가며 통속작가들은 "신문사의 상업의식과 독자의 흥미"를 위해 작품에 통속성을 가미했고, 그 결과 대중성과 통속성의 대결이 초래되었다고 김내성은 말한다. 김내성의 글에서 대중성은 예술성과 관련되어 있으며 "어떤 작품의 예술적 감흥이 보편성을 띠고 있는 데"서 생기지만, 통속성은 예술성과 무관하며 독자의 저속한 흥미를 끌기 위해 부자연한 설정을 가미하는 것으로 각각 규정된다. 이러한 관점에서는 대중성과 통속성을 "표현목적과 표현수단이 상반"되는 것으로 바라보는 시각이 깃들어 있다.[15]

흥미롭게도 김내성의 이러한 관점은 김내성이 1957년 갑작스럽게 세상을 떠난 후 그를 추모하며 백철이 쓴 「내성형과 그 문학」에서 다시 한 번 강조된다. 백철은 이 글에서 김내성이 탐정소설을 창작하며 문학활동을 시작했고, "통속소설의 분야에서 일을 해온 사람"이라는 점을 강조한다.[16] 그런데 백철은 김내성이 자신의 탐정소설을 '통속소설'이라고 칭하는 것에 반대했으며 자기 작품의 통속성을 "본격적인 소설로 끌어가는 계기"로 활용했다는 점도 강조한다. 이러한 평가는 백철이 밝히고 있듯이 1949년부터 『태양신문』에 연재되기 시작해 "1952년에 이르러 총 5권이 완간"[17]된 『청춘극장』이 문단과 독자들에게 동시에 호평을 받은 데서 기인한다.

『청춘극장』은 해방 이전의 추리소설에서 연애 서사로 나아가는 김내성의 변화를 보여주는 작품이지만, 연애 서사와 독립운동의 서사를 핵심축으로 함께 설정하며 그 틀에 "'추리 서사'를 양념처럼 배치"하고 있는 소설이기도 하다.[18] 백철이 식민지 시기의 통속소설과 당대의 신문연재소설과 달리 김내성의 작품 세계를 높게 평가한 것은 『청춘극장』에 흥미뿐 아니라 "본격문학으로서 예술적인 높이"도 있다고 판단했기 때문이다. 또한 백철은 앞에서 분석한 김내성의 '대중성' 관련 논의도 높이 평가하며 이를 통속성과 대중성을 엄격하게 구별하며 대중성을 소설적인 문학성으로 중시하는 견해이자 '순수소설' 관련 논의의 편협함에서도 벗어날 수 있는 관점으로 소개한다.

『청춘극장』은 1953~1954년에 청운사에서 5권으로 간행된 김내성의 장편소설로, 1959년 홍성기 감독이 영화로 만들었다. 한국영상자료원.

나아가 백철은 '대중성'에 대한 김내성의 시각을 1956년 국제펜클럽회의에서 토의하고 국내에도 반향을 불러일으킨 "작가와 독자 대중 문제"와 연결한다. 백철은 김내성이 국제펜클럽회의에서 토의한 것과 유사한 견해를 그 회의가 있기 7~8년 전부터 주장했기에 "현대문학의 운명을 예견한 사람"으로 평가한다.[19] 그러나 이러한 평가 기준 역시 국제펜클럽회의에서 논의된 '작가와 독자 대중' 문제를 참조하여 형성된 것이기에, 그리고 앞에서 언급한 「세계문학과 우리문학―비판적 위치에서 본 작가회의」라는 글 역시 국제펜클럽회의에서 주최한 '세계작가회의'에 참여한 이후 백철이 집필한 것이기에 '세계작가회의'의 주제에 대한 백철의 논의를 더 주의 깊게 살펴볼 필요가 있다.[20]

매스미디어를 바라보는 상이한 견해

백철에 따르면 런던에서 열린 1956년 세계작가회의가 주요 테마로 '작가와 독자 대중'을 선정한 이유는 '텔레비전의 등장'에 있다. '텔레비전'을 수용하는 "관중과 청중이 대중집단의 성질"을 띠게 되며 나타난 '매스커뮤니케이션' 현상이 서양에서는 작가와 독자의 이반을 낳기 시작한 것이다. 시청각을 동시에 만족시키며 임의의 장소에서도 향유할 수 있는 텔레비전의 전달 방법이 다수의 청중을 동원하자 시각에만 의존하며 "개인적인 전달을 수단으로 삼았던" 문학은 '독자 대중'과 괴리되는 상황에 직면한다. 그렇기 때문에 세계작가회의는 현대의 작가들이 텔레비전을 통해 형성되는 대중을 "새로운 대중독자의 한 양상"으로 바라봐야 한다는 견해를 제시한다.

그러나 백철은 한국의 경우 '텔레비전'이 대중적으로 보급되지 않았기에 서양과 같이 '텔레비전 앞에 모여든 청중'을 '새로운 대중'으로 볼 수 없다고 하며 그 대신 "정치에 대하여 큰 관심과 흥미를 가지고 정치연설의 '마이크' 앞에 운집하는 대중층"을 '새 독자대중'으로 보아야 한다고 말한다. 백철은 '매스미디어의 수용자'라는 의미로 '대중'을 규정하는 시각이 1950년대 한국 사회에 온전히 적용될 수 없다고 본 반면, 그 시각에서 부각된 '새로움'의 감각을 차용하여 이를 '정치적 능동성을 지닌 주체의 형성' 문제로 변주한다.

그렇기에 백철은 매체 환경이 급변하고 있는 서양에서 부각된 '새로운 대중'이라는 문제 틀을 한국적 맥락에서 변용하려고 한 것으로 볼 수 있다. 또 그 문제의식은, 식민지 시기부터 1947년 발표된 「새 양식의 창조—신문학지향에의 소감」에까지 지속된 '계급적'이자 '집합적' 주체로서의 '대중'에 대한 백철의 관심이 한국 정치의 영역에서 새롭게 형성되는 주체들에 대한 관심으로 변주된 것이기도 하다. 당시 대중들의 국민의식이 급진적으로 높아지며 주위 현실을 비판적 태도로 바라보는 것에 한국 작가가 깊은 관심을 가진 후 그 대중이 표현하지 못하는 감정과 심리를 대신 그려내야 한다고 서술한 것에서 이 점이 확인된다.

이를 위해 백철은 작가들이 '새로운 대중'의 "지적 수준과 언어까지" 내려가 이에 부합하는 테크닉을 차용해야 한다고 말한다. 그러나 '새로운 대중'을 독자층으로 상정하여 '진실한 대중문학'을 만들 것을 강조한 백철은 신문소설 독자에 대해서는 저널리즘의 상업주의에 물들고 "통속소설의 비속한 성욕 묘사에 자극을 느끼는" 이들로 규정하며 이들을 '새로운 대중'의 범주에서 배제한다.[21]

과연 신문소설 혹은 통속소설을 읽는 독자들과 정치 현실에 대해 비판적 태도를 드러내는 대중들은 온전히 구별되는가, 양자를 마주칠 수 있게 하는 조건들은 무엇인가 등의 문제에 백철은 질문을 던지지 않는다. 대신 '새로운 대중'을 부각시키며 한편으로는 통속소설 작가/독자들을, 다른 한편으로는 인간을 사회성과 분리하여 파악하는, 이른바 순수문학의 작가들을 동시에 비판하는 데 백철은 초점을 맞추고 있다.[22]

텔레비전의 대중적 보급 여부에 입각해 보았을 경우 한국에서 서양과 유사한 양태의 '새로운 대중'이 형성되지 않았다고 본 백철의 견해는 언론인 천관우가 당대의 대중매체를 바라보는 시각과 관련된다. 천관우는 당대에 유행하는 '매스·커뮤니케이션' 혹은 '매스·콤'이라는 용어를, 1940년 경부터 미국에서 쓰이기 시작해 오늘날 한국에서도 자주 사용되는 '신어'新語로 규정한 후 '매스·콤'이 대중에게 가져다주는 효과를 소비적 오락과 정치적 무관심으로 정의한다. 매스컴의 위험성을 경계했지만, 천관우는 한국의 경우 매스컴의 영향 하에 있는 청중의 범위가 질적인 측면과 양적인 측면 모두에서 제한되어 있음을 지적했다. 나아가 "여론 형성에 참여하는 동질적인 국민"이 어느 정도의 범위를 가지는지에 대해서도 회의적인 시선을 던진다.[23]

천관우나 백철의 회의적 시각에도 불구하고 '매스커뮤니케이션'이 "사회 여론을 좌우하는 정치적인 힘"에 대해 당대의 언론들은 이미 주목하고 있었다.[24] 천관우의 「매스콤뮤니케이숀의 한국적 과제」가 발표된 해에 「방송문화와 대중」, 「영화예술과 대중—관객을 위한 간이영화론」 같은 일련의 기사가 언론에 실린 것에서 이를 확인할 수 있다. 이 글들은 모두 대중매체의 수용자로서의 '대중'에 주목하지만, 각 글의 초점은 조금씩 차이를 드러낸다. 「방송문화와 대중」은 '매스커뮤니케이션' 중 라디오 방송에 초점을 맞추며 청각에 호소하는 방송문화의 힘을 강조한다. 반면 텔레비전은 고가의 영상기를 사용해야 하기 때문에 대중과의 거리가 멀다고 말한다.[25]

균질한 대중과 배제되는 '통속'

이진희의 「영화예술과 대중—관객을 위한 간이영화론」은 대중예술로서의 영화가 지닌 가능성에 대한 믿음을 강하게 드러낸다. 이 글보다 5년 전인 1952년에 발표된 「영화수출의 구상—영화예술의 독자성」이라는 기사에서 김성민은 영화가 "통속적인 예술형식과 보편적인 시각적 표현"을 동시에 보여주고 있기에 많은 대중에게 침투할 수 있는 예술이라는 점을 강조했지만, 그러한 영화예술이 한국에서 침체 상태에 빠져 있음을 비판적으로 바라본다.[26]

반면 1950년대 후반에 발표된 「영화예술과 대중―관객을 위한 간이영화론」은 영화관을 찾은 관객이 2,560만을 넘었고, 영화가 사회 각층의 사람들에게 애호를 받는 최상의 오락임을 전제로 하여 논의를 시작한다. 5년 사이에 변화한 영화의 문화적 위상을 환기해주고 있는 것이다. 이 글의 필자 이진희는 이러한 위상 변화를 강조하며 영화의 대중성을 예술성과 함께 논하고 있다.

> 많은 관객을 흡수하지 않으면 안 될 영화의 기업성이 상품가치에 치중한 나머지 대중에 영합하기 위하여 저급한 통속작품으로 추락하여 예술성을 상실할 위험도 있다. 그러나 진정한 대중성이란 대중의 생활감정에 가장 절실한 문제를 대중과 더불어 느끼고 생각하는 데 있다. 그러한 의미에서 대중성은 영화의 예술성을 오히려 강렬하게 할지언정 손실케 하지는 않는다. 영화의 예술로서의 질에는 빛과 그늘과 구도 등의 회화적인 세계나 입체적인 조각의 세계, 그리고 스토리를 전개시켜 인물의 성격, 감정, 심리 등을 표현하는 문학, 연극 등의 세계도 종합적으로 포함되어 있다.[27]

그 과정에서 이진희 역시 '통속'과 '대중성'을 구별한다. 이때의 '통속'은 상품가치에 지나치게 치중하고 대중에 영합하는 특성으로 규정되며 '저급'의 위상을 부여받는다. 반면 '대중성'은 "대중의 생활감정에 가장 절실한 문제를 대중과 더불어 느끼고 생각"하는 특성이자 영화의 예술성을 강렬하게 만드는 요소로 재인식된다.

'대중성'을 새롭게 규정하며 이를 '통속'과 차별화하려 했던 논자들은 1950년대 중반 이후의 한국 사회에서 다시금 형성되고 있던 집합적 주체, 즉 매스미디어의 수용자로서의 대중, 혹은 정치적 주체로서의 대중을 주목하고 있었다. 새로운 '대중' 혹은 진정한 '대중' 같은 표현은 1950년대 한국 사회에서 온전히 부각되지는 못했지만, 잠재적으로 그 모습을 드러내고 있던 주체들을 가시화해내는 호명이기도 했다. 동시에 그 논의들은 그 '대중'의 범주에 '통속'의 수용자를 배제하며 '대중'을 단일하면서도 균질한 주체로 상상하려 했다.

백철, 천관우, 이진희 등의 논의에서 확인할 수 있듯 한국에서 '대중' 및 '매스미디어'가 형성되는 상황에 대한 다층적 견해가 충돌하고 있었다. 그러한 충돌은 '매스미디어'로 통칭되기 시작한 방송, 영화, 출판 등이 각기 다른 변화의 양태를 겪고 있던 상황과도 관련되어 있었다.

3 혁명 전후前後의 '통속'

매체 환경의 변화와 규제되는 '통속'

1950년대 여러 논자들이 '통속'에 관해 강하게 비판한 것은 당대 매체 환경, 그중에서도 특히 출판 환경이 급변한 것에서 기인한다. 특히 대중잡지의 경우 1950년대 양적으로 범람했는데,[28] 그 잡지들 중 일부의 내용은 "사회풍조의 퇴폐를 조장"하고 있다고 비판받고 있었다.[29] 그럼에도 출판 환경이 안정되지 못한 1950년대 한국에서 '대중잡지'는 작가들에게 작품을 지속적으로 발표할 수 있게 하는 물질적 기반을 제공해주고 있었다. 박연희가 「작가와 생활」에서 "문예지 고료가 이백자 한 장에 백환이라면 대중지는 삼백환"을 작가에게 지급하고 있음을 토로한 데서 이를 확인할 수 있다.[30]

앞의 표 3에서 확인할 수 있듯 1956년부터 1960년까지 '통속'이라는 용어는 대중잡지 관련 기사에서 지속적으로 쓰였고, 그중 상당수는 대중잡지에 대한 비판적 견해를 드러낸다. 대표적 예로 이무영은 「패배敗北의 삼월작단三月作壇 — 현저해진 통속문학通俗

文學의 침투」에서 통속문학을 순문학적 창작활동의 적으로 간주한다. 이무영은 『사상계』, 『현대문학』, 『문학예술』, 『문학인』, 『고대문화』 등의 월간지에 실린 창작 20편을 비평한 후 이들 작품의 대부분을 저속하며 야담과 비슷해진 '통속작품'이라고 평가한다. 그러나 이무영은 그 저속함을 개별 작품 혹은 그 작품 창작자의 한계로 규정하지 않고, 통속문학이 침투한 결과로 해석한다. 이는 『현대문학』, 『문학예술』, 『사상계』 등을 중심축으로 형성된 문학장을 "신성한 창작단"으로, 『아리랑』, 『실화』, 『야담』 등의 대중잡지에 실린 '통속문학'을 그 창작단의 "최대의 적"[31]으로 상정하는 가치체계에 기반을 두고 있다.[32]

아동문학가 이원수도 아동잡지가 "통속잡지에서 인기 있는 작가에게만 집필을 위촉하여 통속잡지"와 동일한 성격을 갖게 된 점, 그 결과 "성인을 상대로 한 '에로' 잡지"에 안내역을 하고 있는 상황에 대해 강도 높게 비판한다. 이원수는 전후의 도덕적 혼란에 누구나가 동조해 퇴폐적인 생활을 한다면 어떠한 사회가 될 것인가라는 질문을 던지며 "도덕의 정상화"를 강조한다. 그 일환으로 "비교육적인 소년잡지나 통속잡지와 동일한 노선을 지향하는 소년잡지"에 대해서 제재를 가할 것을 관계 당국에 주문한다.[33]

이러한 이원수의 제안이 통속적인 문화물에 대한 규제 정책에 직접적으로 영향을 미쳤는지는 확인되지 않는다. 그러나 이원수가 「소년과 도색잡지」에서 통속잡지에 대한 규제를 주문할 때 '정기간행물 허가제'를 언급한 점을 염두에 둔다면, 그 논의가 이승만 정권의 검열 정책에 일정 부분 동조하고 있다는 점을 유추할 수 있다.

통속문학과 통속잡지 비판을 넘어 이에 대해 규제를 요구하는 제안은 1959년에 현실화되기에 이른다. 1959년 『동아일보』 기사에서는 방인근의 식민지 시기 통속소설을 원작으로 삼은 영화 《젊은 아내》의 상당 부분이 검열당했다고 쓴다. 통속소설의 줄거리 자체가 건전한 소재는 아니지만 큰 문제가 되지 않을 장면들도 대대적으로 검열당했음을 이 기사는 비판적으로 바라본다. 그 전해인 1958년 12월 이승만 정권의 공보실은 통속잡지 혹은 대중잡지로 규정되던 『야담과 실화』의 신문 광고 속 음란한 내용이 미풍양속을 저해한다는 이유로 『야담과 실화』에 대해 "폐간 처분 및 발매금지 처분"을 내린다.[34]

주목할 것은 이 처분에 대해 『경향신문』과 『동아일보』가 강하게 반발하고 있다는 점이다. 두 신문은 『야담과 실화』의 신문 광고 속 내용이 문제의 소지가 있고, 발매금지 처분까지 받을 수 있다는 점에는 동의하면서도 이를 근거로 폐간 처분까지 한 것을 강력하게 문제 삼는다. 특히 『경향신문』은 그 폐간 조치가 미군정 시기 만들어진 군정법령 88호, 「신문급기타정기간행물허가에 관한 건」을 적용했다는 점, 그 법령은 민주정부가 수립된 이후 폐기되어야 했던 "언론 제한의 악법"이라는 점을 강도 높게 비판한다.[35] 통속에 대한 규제가 언론의 자유 자체에 대한 위협과 연관될 수 있다는 불길한 예감은 불과 5개월 후 군정법령 88호를 적용해 공보실이 『경향신문』 자체를 폐간하는 조치로 현실화된다. 정권을 비판한 『경향신문』의 사설 및 일부 기사가 허위 사실을 보도하여 정계의 혼란을 조장했다고 문제 삼은 것이다.[36] 『경향신문』 폐간에 대한 각계각층의 비판적 반응은 다음 해 발생할 4·19혁명의 전조를 드러내고 있었다.[37]

혁명 이후의 '통속' 검열

4·19혁명은 혁명 이전 진행된 검열 체계 전반에 대해 비판하는 목소리를 불러일으켰다. 혁명 직후 진행된 '영화계' 설문조사에서는 혁명 이전 '통속물'이 유행했던 상황을 검열과 관련 짓는 발언들이 나타나기 시작한다. 대표적으로 유현목 감독은 "관의 독재적 검열제도를 폐지"하고 '영화윤리위원회'와 같이 민간이 주가 된 기구를 만들어 "창작행위에 위축을 느끼지 않을 정도"의 윤리 규정을 만들어야 한다고 강조한다.[38]

실제로 당대 언론 기사는 4·19혁명 이후 연극·영화 및 출판 분야의 검열 방식이 변화했다는 점을 보도하고 있다. 혁명 3개월 후 발표된 「주간지의 '붐'은 오는가?」라는 『경향신문』 기사에서는 혁명 이전 『경향신문』을 폐간하는 조치의 근거가 된 군정법령 88호가 폐기되었음을 알리고 있다. 그리고 이로 인해 정기간행물 발행이 등록만으로 가능해지자 일간지와 주간지가 쏟아져 나오기 시작했음을 강조한다. 이러한 변화는 "일반 대중을 상대로 한 상품가치 있는 본격적인 출판물" 그중에서도 특히 주간지 분야의 출판물에 대한 언론인의 관심을 불러일으켰다. 월간지가 상대적으로 침체 상태에 빠진 것과 달리 『주간삼천리』, 『주간대중』, 『주간춘추』 등이 4·19 이후 발간되면서 대중의 흥미와 오락에 기반을 둔 '종합주간잡지'의 붐이 일어날 징조가 나타났다.[39]

출판 및 문화에 대한 규제 방식의 변화 양상은 영화 분야에도 드러났다. 언론 기사들은 혁명 이후 영화검열제도가 사라지고 자율적 심의기관으로 영화윤리위원회(이하 '영륜')가 생겨난 후 새로운 갈등이 생겨나게 되었음을 보여준다. 영국 영화 《비트 걸》의

원래 제목이 "젊은 육체들"이었던 《비트 걸》은 1961년 영화윤리위원회 심의에 걸려 상영 보류되었으나, 제목을 바꾼 후 문교부의 심사를 거쳐 상영이 허가되었다. 한국영상자료원.

상영을 둘러싸고 발생한 불협화음이 그 대표적 예다. 세기영화에서 수입한 이 영화의 원래 제목은 《젊은 육체들》로 1961년 영화윤리위원회 심의에서는 "'비트'족의 생활형태를 지나치게 나열적으로 묘사해서 청소년으로 하여금 모방케 할 우려가 많다"는 이유로 상영 보류가 결정되었다. 반면 문교부는 자체 심사위원회를 구성하여 12개 부분을 삭제하고 제목을 《비트 걸》로 바꾼 영화에 대해 상영해도 무방하다는 결론을 내렸으며, 형법상 저촉되지 않는다는 검찰 당국의 의견을 받아 상영을 허가해준다.

이와 관련하여 문교부 정책에 대한 비판적 언론 보도가 쏟아졌고, '영륜' 역시 "해체도 불사한다"는 강경한 결의를 드러내며 문교부 장관에 항의문을 보낸다. 논란이 일자 문교부는 외국영화 수입을 추천하는 사무를 각계인사들로 구성된 '외화추천심사위원회'

에 돌리게 된다. 이러한 혼란이 생겨나게 된 원인은 4월혁명 이후 생겨난 과도정부가 문교부의 검열사무를 폐지하고 민간사회단체인 '영화윤리전국위원회'를 발족했지만 여전히 외국영화의 수입 추천 사무를 문교부에 담당하게 한 데 있다. 그렇기에 한 언론사에서는 문교부의 외화수입 허가 추천 사무가 이전 이승만 정권의 잔재이자 또 다른 사전 검열에 해당한다고 비판하며 "영화윤리심의기관의 조속한 일원화"를 촉구하기에 이른다.[40]

상영된 영화 《비트 걸》이 "저속한 통속취미를 발산"하기 위해 도덕적인 줄거리를 마련했다고 비판받은 것을 상기하면,[41] 《비트 걸》을 둘러싼 논쟁은 '통속'을 규제하고 관리하는 방식이 혁명 전후 변화한 양태를 상징적으로 드러내고 있다고 볼 수 있다.

혁명 이후 '통속'을 바라보는 방식들

혁명 이후 '통속'을 바라보는 관점의 변화는 혁명 이전 아동문학과 관련된 '통속'을 '퇴폐'와 연결하며 이에 대한 규제를 주문한 이원수에게도 두드러진다. 이원수는 「1960년도 아동문학―자유민주적인 문학에의 노력」에서 당대의 아동문학에 "아동의 사회적인 생활에 파고들어 대중성을 획득"하려는 새로운 시도가 나타나고 있음을 강조한다. 이원수는 이것이 "아동문학의 통속화의 길"이 될 수도 있지만, '광범한 아동대중'에게 아동문학이 문학적 방식으로 침투할 수 있다는 점에서 효과적인 방법이라고 평가한다. 반면 과거 아동문학이 '통속으로 추락한 것'은 "정권에의 아부나 현실도피, 부정의 엄폐, 낡은 도덕에의 맹종"을 드러냈기 때문이라고 말한다. "사월혁명은 이러한 비민주적인 문학에 반성과 정화의 기회"를 주었으며 "아동문학의 정당한 발달을 촉진시키는 데 강한 영향을 주었다"고 쓴 부분에서 확인할 수 있듯 이러한 시각에서는 '예술'과 '통속'의 대립 구도는 옅어진 대신, '사회적 대중성'과 '비민주적 문학'의 대립이 전면으로 부각된다.[42]

'통속'을 '민중', '대중'과 별다른 구별 없이 사용하는 방식도 『동아일보』에 연재된 「제이공화국에의 고동鼓動」 중 '문화' 부분의 기사에 나타나고 있다. 이 연재물은 혁명 이후 정치, 외교, 경찰, 재정·금융, 산업·노동, 언론, 사회 등의 다양한 영역에서 어떠한 변화가 생겨났는지를 서술하고 있다. 그 연재물 중 '문화' 관련 부분은 '시인'과 '은행원'의 대화로 이루어지고 있는데, 그들의 대화에는 당대의 예술가들이 혁명의 과정에서 "민중-통속"과 괴리되어 신선과 같은 방관자 역할을 하고 있음을 비판하는 시각이 두드러진다. 나아가 기사는 "제이공화국까진 학생들이, 그리고 대중이 문화인을 인도해왔다 하겠는데 앞으로도 문화인은 민중과 나란히 함께는 못 나갈망정 여전히 질질 끌려만 갈 것인지"를 반문한다. 이러한 대화에서는 '통속'과 '대중' 그리고 '민중'이 연관성을 지닌 어휘로 배치되어 혁명을 이끌어낸 주체로 그려진 반면, '문화인'과 '작가'들은 그들에 의해 이끌려가는 객체로 묘사된다.[43]

「제이공화국에의 고동」 기사에서는 4·19를 기점으로 젊은 세대의 작가들이 새로운 인간형을 전형화할 것이고, 유유낙낙하던 작가들 역시 혁명을 주제로 삼은 작품을 발표할 것이라고 예견한다.[44] 그 예견은 상당 부분 현실화되어 1960년대 초반부터는 4·19 세대로 지칭되는 새로운 작가들이 문학장에 등장했고, 기성 작가들의 신문연재소설에도 4·19혁명의 흔적을 담은 작품들이 적지 않게 발표된다.⁴⁵ 이러한 변화는 신문연재소설 독자의 호응도 있었기에 만들어졌을 것으로 추정된다. '새로운 (정치적 주체로서의) 대중'과 신문소설의 (통속적) 독자를 구별하려고 한 1950년대 후반 백철의 견해와는 달리, '새로운 (정치적 주체로서의) 대중'과 신문연재소설의 독자는 '혁명'을 매개로 마주칠 수 있었다.

그러나 혁명의 열기가 식어가면서 '통속'과 '민중' 및 '대중'을 연결한 논의는 1962~1963년의 『동아일보』, 『조선일보』, 『경향신문』에서는 더 이상 발견되지 않고, '통속'의 의미를 이전 시기와 다르게 규정하거나 그 가치를 둘러싸고 논쟁을 벌이는 견해들도 빈번하게 발표되지 않는다. 이는 '대중'과 관련된 평가가 변화하기 시작한 것과도 맞물린다. 『경향신문』 논설위원 신상초는 4·19 직후에 쓴 칼럼 「배반당한 혁명」에서 민주당에게 충분한 의석수를 제공하여 혁명 완수와 국정 쇄신을 바란 국민대중의 투표심리를 긍정적으로 평가하며 민주당이 이러한 여망에 역행하는 것을 '혁명에 대한 반역'이라고 한다.⁴⁶

반면 6개월이 지난 1961년 2월, 신상초는 "대중의 직접적인 압력"이 의회정치제도 그 자체를 부인하려 한다고 강하게 비판한다.⁴⁷ 소두영은 유사한 상황을 대중의 '욕구불만' 상태로 규정한 후, 정부가 군중의 의사표시 방법인 '데모'에 대한 '노이로제'에서 벗어나 실속 있는 정책과 방안으로 욕구불만을 해소해야 한다고 강조한다.⁴⁸ 이러한 글들에서 '대중'은 4·19혁명을 이끈 정치적 주체로서의 위상이 아니라, 욕구불만을 표출하며 대의제도를 위협하는 주체로 재현되기 시작한다.⁴⁹

1961년 5·16쿠데타가 발발된 이후 발표한 「제언—영화계도 자아 혁명을」에서 전창근은 군사혁명의 핵심적인 목표를 민족부

흥으로 규정한 후 영화의 기능 역시 "국가의 재건과 민족문화의 부흥"에 맞추어져야 함을 역설한다. 나아가 영화인은 엄중한 자아혁명을 통해 "대중에게 슬기와 아름다움과 즐거움을 줄 수 있는 건전한 영화"를 만들어야 한다고 말한다. 이러한 서술에서는 4·19혁명 직후 검열을 비판하던 목소리가 사라지고 있음을, '대중'을 문화인의 감시자로 인식하던 시각이 '대중'을 수동적 객체로 바라보는 방향으로 뒤바뀌기 시작했음을 발견할 수 있다.[50]

통속·신파·지방

'대중'을 수동적 객체로 바라보는 시각이 힘을 얻긴 했지만, 1960년대에는 사회적 변화를 이끌어낸 핵심 세력으로 '대중'을 바라보는 관점, 그리고 매스미디어 수용자로서 '대중'에 주목하는 시각까지 사라진 것은 아니었다. 그렇기에 '대중' 개념은 1960년대에도 여전히 중요한 위상을 부여받았다. 반면 '통속'은 '대중'과 함께 새롭게 논의될 지평을 부여받지 못했고, 그 용어가 사용되는 문화적 영역 역시 변화를 겪게 된다.

앞의 표 3에서 확인할 수 있듯 1962~1964년까지 '통속'이라는 용어는 신문연재소설보다 영화 및 방송극과 관련된 기사에 압도적으로 많이 쓰였다. 그러한 기사들에는 '오락'·'신파성'·'멜로드라마', '최루', '눈물' 같은 단어들이 주되게 나타나기 시작했고, '통속'의 의미를 '저속' 혹은 '저급'으로 단정하는 용례들이 대부분을 차지한다. 박상호 감독의 영화 《산색시》,[51] 심우섭 감독의 영화 《초립동》,[52] 이성구 감독의 《하늘과 땅 사이에》,[53] 강찬우 감독의 《피리 불던 모녀 고개》,⁵⁴ 박상호 감독의《가족회의》,⁵⁵ 오영근 감독의 《내일의 태양》,⁵⁶ 신경균 감독의《여자의 일생》,⁵⁷ 엄심호 감독의 《한 많은 미아리고개》,⁵⁸ 최학곤 감독의《군세어라 금순아》,⁵⁹ 양인은 감독의《여정만리》⁶⁰ 등이 '통속신파' 혹은 최루조의 '통속물'로 규정되었다. 이 작품들은 궁핍한 생활을 하는 지역을 배경으로 고통을 겪는 여성 혹은 노년 인물을 등장시키고 있다는 공통점이 있다.⁶¹

문화연구자 이영미는 '신파성'을 미적 특질로 규정한 후 그 미감이 "1910년대에 식민지 조선에 정착하여 1920~40년대 급격히 확산되다가 1970년대 이후 서서히 쇠락"했다고 말한다. "자학과 동시에 갖게 되는 자기연민"을 신파성의 핵심적 태도로 본 이 연구는 1960년대 초반의 대중예술에서는 "도시 서민 가정의 위기와 극복 이야기"가 중심을 이루고, 1963년 이후에는《맨발의 청춘》에서 볼 수 있듯 청년 남성들의 계층상승적 욕망이 표출되는 데 비해, 신파적 미감은 식민지 시기에 비해 두드러지지 않는다고 보았다. '신파성'은 1963년 이후 영화에서 조금씩 되살아났다고 분석한다.⁶²

이러한 선행 연구의 시각을 참고하면, 1962년 발표된 여러 영화들이 '통속'이자 '신파'로 규정되며 비판받은 것은 해당 영화를 관통하는 정서가 신문 기자나 도시의 관객층들에게 긍정적으로 평가받지 못했음을 보여준다. 1960년대 초·중반 화제를 끌었던 《마부》,《로맨스 빠빠》,《맨발의 청춘》 등의 영화가 '도시 서민 가정' 혹은 '도시의 청년층'들에게 화제를 끌어낸 데 비해,⁶³ 1962년의 신파적 통속물들은 예전 시대의 촌스러운 감성에 기반을 두고 과도한 눈물을 드러내는 작품들로 이해되었다. 그러나 그 작품들에 대해 "지방 흥행을 다분히 의식"했다고 서술한 것 혹은 "'지방 장사'는 될 것 같지만 어디 서울서야 하는 느낌"을 갖게 했다고 말한 것을 보면,[64] '신파적 통속물'은 도시의 관객들에게는 받아들여지지 못했지만, 지역의 문화적 수용자에게는 일정한 호응을 받았던 것으로 보인다.

혁명의 열기가 식어가면서 '대중'을 능동적 주체로 규정한 후 이를 '통속'과 연결하는 용례들은 신문기사에서 점차 사라진다. 반면 1962년 이후 '통속'은 저급, 안이함, 촌스러움 등의 특성을 지닌 것으로 인식되고, 이를 영화 속에 나타난 '신파적 특성'과 연결하는 기사가 늘어난다. 이러한 '통속'의 용법은 도시와 지방의 문화적 수용자들 사이의 간극에 주목하며 이를 위계화하려는 경향이 부각되기 시작했음을 보여준다. 그때의 '통속'이 '대중'과 차별화된 채로 쓰였다는 것은 '통속'의 수용자들이 4·19혁명 전후 부각된 '대중'의 범주에 온전히 포섭되지 않았다는 점을 말해준다.

7장

문화 민주화 시대의 '통속'

1   **문화산업의 융성과 문화 통제의 이면**

4·19 이후 혁명 이전에 진행된 검열체계 전반에 대해 비판하며 4·19 이전의 통속물을 비민주적 제도와 현실도피로 인해 생겨난 것으로 규정하는 시각이 두드러졌다. 또한 '통속'과 '민중', '다중'을 별다른 구분 없이 사용하며 혁명을 이끌어낸 주체와 이들 개념을 연관시킨 반면, '지식인'과 '작가'는 이들에 의해 끌려가는 객체로 묘사하는 기사도 발표되었다. 그러나 혁명의 열기가 식어가면서 '통속'과 '민중', '대중'을 연결하는 신문기사는 점차 사라지고, '대중'의 역할에 대한 관점도 변동하기 시작했다.

이러한 변화와 맞물려 1963년 이후 '통속'은 '오락', '신파성', '멜로드라마', '여성 취향' 같은 단어들과 더 긴밀하게 연관되기 시작한다. 영화 《겨울 나그네》를 "여성취향의 통속비극"으로, 영화 《청춘교실》을 "여대생들 구미에 맞을 청춘용 통속오락물"로 규정한 기사에서 이를 확인할 수 있다.[1] 「여성 위한 통속물」, 「여성취향의 통속신파」 같은 기사의 제목에서도 '여성'의 취향을 신파와 최루 등으로 고정시킨 후 이를 '통속'과 연결하여 비하하려는 움직임이 발견된다.[2]

김수용 감독의 1963년 영화 《청춘교실》은 당대의 청춘스타 신성일과 엄앵란 배우가 주연을 맡았다. 한국영상자료원.

텔레비전 문화의 통속과 문화 통제

'통속'을 '신파조의 여성 멜로드라마'와 관련 짓는 시각은 이후에도 지속적으로 나타나지만,[3] 그 시각이 초점을 맞추고 있는 매체는 1970년대를 전후로 변화하고 있었다.[4] 1960년대에는 영화와 라디오 방송극이 '통속'과 연관된 대표 매체로 인식되었다면, 1970년부터는 TV드라마와 '통속'을 연결하는 기사들이 늘어나게 된다. MBC 드라마 《정》情을 '통속 멜로드라마의 챔피언'으로 보며 그 드라마가 신파적이지만 안방 부녀층 시청자의 압도적 인기를 모았다고 보도한 기사가 대표적이다.[5]

텔레비전이 '통속'과 연관된 매체로 부각한 것은 1970년대 전후 한국의 사회·문화적 변화와 긴밀하게 관련된다. 연구자 송은영에 따르면, 1960년대 후반기부터 한국의 경제는 급속도로 성장했고 TV 보급률이 확대되며 대중문화의 영향력이 확대되었다. 이와 맞물려 1971년부터는 한국에 '대중사회' 현상이 나타났음을 진단한 후 그 현상을 어떻게 바라봐야 할 것인가를 논의하는 작업이 활발하게 이루어진다. 또한 송은영은 대중사회 관련 논의들이 1978~1979년에 급격히 증가했음에 주목하며 그 논의들이 "한국사회가 이미 대중사회화되었다는 공통된 실감"에 기반하고 있었음을 보여준다.[6] 언론학자 강현두는 1974년 편찬한 『현대사회와 대중문화』에서 1960년대 후반기 전파 미디어와 오락적 주간지 등이 대거 출현하면서 '대중문화 시대'가 도래했음을 느끼게 되었다고 말한다.[7]

그런데 이 시기는 멜로드라마뿐 아니라 쇼프로그램을 포함한 TV 문화 전반이 비판의 대상이 되고 있던 때이기도 하다. 신파조의 '통속 멜로드라마'가 TV 일일연속극으로 방영되고 있는 것을 비판하는 신문기사에는 '히트팝송'이라는 명분으로 서양 대중문화를 모방하는 무대가 판을 치고 있다는 비판도 덧붙여져 있었다.[8] 이러한 비판은 이후 '통속 멜로드라마'와 '대중가요' 전반에 걸쳐 생겨나게 될 문화적 통제의 흐름을 예견하고 있는 것처럼 보인다.

1975년 '대통령 긴급조치 9호'가 선포된 이후에는 '방송정화실천요강'이 발표되어 TV드라마의 방영 횟수가 제한되었고, 드라마 내용에도 폭넓은 금지조항이 만들어졌다. 방송윤리위원회가 TV드라마에서 문제 삼은 것은 "비상식적 애정관계", 사치스러움, "과도한 감상주의, 저속한 대사나 표현" 등이었다.[9] 같은 시기인 1975년 '한국예술문화윤리위원회'(이하 예륜)는 총 175개의 국내 가요를, 같은 해 12월에는 국내가요 223곡을 금지곡으로 정했다. 예륜 위원장 조연현은 「불건전가요 시시비비」라는 좌담회에서 "공산주의를 선동하는 가요, 또 기존 도덕적 질서를 근본적으로 무너뜨리는 가요, 성행위를 극단적으로 묘사하는 가요"와 같은 통속의 가요가 많기에 이를 방임해둘 수 없다고 말한다.[10]

〈그건 너〉, 〈한잔의 추억〉, 〈미인〉 등 히트곡이 포함된 대중가요에 대해 '속되다' 또는 '퇴폐적이다'라는 이유로 방송·판매·공연·보급을 금지한 예륜의 조치는 속된 슬픔과 체념을 정조로 삼는 유행가요의 기풍을 부정하여 통속가요의 장래를 암담하게 만들었다는 반응을 불러일으킨다.[11] 이러한 반응은 '통속'을 저속과 퇴폐로 규정하여 금지하려는 시각에 의문을 제기하며 '통속'으로 규정된 문화 안에 깔린 정서가 대중적 감성의 기저를 이루고 있음을 환기하고 있다. 역설적으로 과도한 문화 통제는 1970년대의 대중문화가 한국 사회의 구성원들에게 큰 영향을 미치고 있었음을 말해준다.

'통속'으로 규정된 문화를 정부 당국이 통제하는 흐름은 1980년대에도 지속되었다. 1980년대 '통속' 관련 기사에서는 청소년이 주요 수용자층으로 형성된 대중문화를 비판하는 흐름이 두드러진다. 앞서도 분석했듯이 이런 흐름은 1970년대 TV 쇼프로그램의 퇴폐적 풍토를 비판하는 기사에서도 일정 부분 나타난 바 있다. 1980년대 신문기사에는 《젊음의 행진》이라는 특정 TV 쇼프로그램과 잡지의 통속성을 지적한 후 그 문화의 주요 수용자를 청소년 및 중고생으로 규정하며 그들의 향유 방식 자체를 문제 삼는다. 청소년 문화에 대한 문제 제기는 청소년의 독서가 지나치게 통속소설에 치우쳐 있음을 지적하는 기사로도 이어지는데, 이때 통속소설의 대표적 예로 '하이틴 시리즈'가 거론되기도 했다. 또한 청소년 잡지의 통속화를 문제시하는 기사에서는 청소년 특히 중고등학교 여학생을 대상으로 하는 잡지들에 초점을 맞추고 있었다.[12]

여학생 청소년을 대상으로 하는 잡지, 그들이 향유하는 문화를 '통속'으로 폄하하는 기사는 그 문화에 대한 사회 전반의 규제가

《젊음의 행진》은 1980년대 KBS에서 방영된 쇼프로그램으로, 10대 청소년층에게 큰 인기를 끌었다.

작동되고 있었음을 보여준다. 실제로 이러한 기사들이 언론에 실리기 시작한 1986년에 한국도서잡지 주간신문윤리위원회는 "월간 여학생, 월간 주니어, 월간 여고시대, 월간 하이틴 등 4개 학생잡지에 무더기로 '경고' 처분"을 내렸다. 이를 보도하는 신문기사에서는 이 잡지들을 여학생잡지로 지칭하며 이들 잡지에 실린 외설적 내용이 청소년의 가치관에 미칠 악영향을 경계한다.[13] 그렇지만 그 규제는 역설적으로 섹슈얼리티 관련 문제를 탐색하는 여성 청소년 수용자의 움직임이 형성되고 있었다는 것, 청소년들이 대중문화 수용의 적극적 주체로 가시화되기 시작했음을 보여준다.[14]

상업주의 비판의 이면

1970~1980년대에 실린 '통속' 관련 신문기사에서는 '통속상업'과 같이 '상업성'과 '통속'을 연결하는 표현도 빈번하게 쓰이고 있었다. 그러한 사용 방식은 '신문연재소설' 관련 글에서도 발견된다.[15] 1970년대 신문에 연재된 소설이 연이어 베스트셀러가 되자

최인호의 소설 『별들의 고향』은 1972년 『조선일보』에 연재되어 선풍적 인기를 끌었다. 1974년 이장호 감독이 영화로 만들었다. 한국영상자료원.

그 현상을 '소설의 상업화 경향'이자 '통속'으로 인식하는 시각이 두드러진 것이다.[16] 대표적으로 구중서는 「70년대 소설의 반성」에서 『별들의 고향』의 최인호, 「영자의 전성시대」의 조선작, 『겨울여자』의 조해일 등을 비판하며 이들이 신인 작가로서의 재질을 인정받자마자 "통속적 성격의 연재 지면에 너무 빨리 진출"해 상업성에 치중하고 있음을 지적한다.[17] 1970년대 소설의 상업주의에 대한 비판은 1980년에는 문학평론가 곽광수와 대중작가 유현종의 네 차례에 걸친 논쟁으로 이어졌고 문학평론가 조남현, 소설가 김이현도 이 논쟁에 개입한다.

곽광수는 「위장된 저질이 인기 높다」에서 1970년대 문단에서 생겨났던 상업주의 비판 관련 논의를 긍정적으로 평가하며 "상업주의를 가능케 하는 사회구조의 몰윤리성"에 대해 비판할 필요성을 말한다. 이 글은 상업주의를 "대중사회의 대중문화가 가지는 부정적인 측면"과 연결하며 대중의 선호도가 매스컴에 의한 상품의 간접정보에 의해 결정되는 현상을 부각시킨다. 곽광수는 이러한 상품유통의 메커니즘이 문화의 영역에도 적용되며 오늘날의 대중사회에서는 문학그룹과 거대출판사가 대중을 조종하여 베스트셀러를 만들어내고 있다고 비판한다.[18]

이에 대해 소설가 유현종은 「비평상인의 책임이 크다」에서 인간성을 말살하려 하는 상업주의적 움직임으로부터 문학을 보호하겠다는 의지를 지니고 있는 것은 작가임을 강조한다. 반면 비평가들은 상업주의화된 문학의 정체가 무엇인지를 올바르게 분석하지도 않으면서 상업주의 문학을 매도하고 있다고 비판한다.[19] 이후 곽광수는 자신의 견해와 유현종의 논의가 상업주의를 비판한다는 측면에서 크게 다르지 않음을 말하며 작가뿐 아니라 비평가, 출판업자, 문학 저널리스트들이 모두 "돈과 허영의 압력"에서 벗어나 자유롭게 문학활동을 할 수 있도록 성찰해야 한다는 점을 강조했다.[20] 그러나 유현종은 상업주의와 상업주의 문학이 무엇인지를 깊이 있게 논의하는 작업이 우선시되어야 한다는 의견을 한 번 더 피력한다.[21]

이러한 두 사람의 논의에 대해 조남현은 이들 모두가 소설 작품이 지닌 상품적 속성에 대해서는 포착했지만, 독서대중을 수동적 존재로만 간주하며 "과대선전이나 과대포장에 쉽게 속아 넘어가는" 소비 집단과 동일시했다고 비판한다. 조남현은 대중독자가 지니는 능동성을 긍정해야 함을 역설한다. 그 대신 '작가의 창작의도'에 초점을 맞춰 '상업주의 작가'를 규정해야 한다고 말하며, 가치 평가에 개의치 않고 더 많은 독자의 반응만을 기대하여 '통속

소설'을 쓰는 작가를 '상업주의 작가'라고 한다.[22]

이러한 논의는 '통속'을 '저속'으로 간주하며 그 가치를 일면적으로 결정한 후 이를 상업주의와 연결했다는 점에서는 1950년대 '통속'을 비판했던 시각들과 크게 다르지 않지만, '대중문화' 및 '출판자본'의 성장으로 인해 당대 문화가 변동하고 있음을 주목했다는 점에서는 기존 논의들, 그리고 통속적 문화를 검열하고 규제하려 한 시각들과 일정 부분 차이를 드러낸다. 상업주의를 경계하고 비판하는 논의 한 편에 대중독자의 능동성을 긍정하는 관점이 싹트고 있었던 것이다.

대중문화가 성장하며 소설이 통속·상업화되었음을 비판한 기사들은 출판계도 1970년대에 고도의 발전을 이루었고 서점의 대형화 현상이 나타났음을 언급한다.[23] 문화의 산업화 및 매스미디어의 확산과 맞물려 "고급문화와 통속문화의 장벽이 낮아져가는 추세"는 거스를 수 없는 흐름이 되고 있었다.[24] 이는 곧 1970년대 이후 한국의 문화산업이 융성하고 있었음을 보여준다.

두 가지 유형의 대중성과 '통속'

이 시기에 언론학자 강현두는 '대중문화'에 '포퓰러 컬처'popular culture와 '매스 컬처'mass culture의 의미가 함께 담겨 있으며 이 중 어느 편을 강조하느냐에 따라 '대중문화'의 의미가 달라진다는 점을 강조한다. 이때 강현두는 '매스 컬처로서의 대중문화'를 "현대의 매스미디어를 통한 커뮤니케이션에 의해서 대량으로 복제되고 양산"되는 문화로 인식한 반면, '포퓰러 컬처'에 대해서는 근대 이전까지 거슬러 올라갈 수 있는 문화로 그 의미 역시 포괄적이고 가치중립적이라고 말한다.

강현두는 '포퓰러 컬처'와 '매스 컬처'의 의미를 명확하게 구분하지만, 양자의 번역어로는 모두 '대중'을 사용하고 있었다. 오늘날까지도 지속되고 있는 이러한 번역 방식은 당대 한국에 사용되던 '대중' 개념에 영어 'popular'와 'mass'에 담긴 의미가 일정 부분 혼재되어 있음을 보여준다. 1970~1980년대 한국에서 'popular'를 번역하는 방식은 변화하고 있었다.[25] 1장에서 서술했던 것처럼 식민지 시기 이중어사전에서 'popular'는 여러 단어로 번역되고 있었고, '통속' 역시 그 번역어 중 하나였다. 1961년 『사상계』에 실린 「고급·저급·모던—통속문화와 민주정체에 관한 고찰」에서도 'popular'는 '통속'으로 번역되고 있었다.[26]

이러한 번역 방식과 비교했을 때 강현두는 대중문화를 입체적으로 파악하기 위해 'popular culture'라는 개념을 수용했지만, 그 개념을 'mass culture'와 똑같은 용어로 번역했고, 이는 당대의 '대중문화'에 미친 '매스미디어'의 영향력을 암묵적으로 인정했다고 볼 수 있다. 강현두는 많은 지식인과 문화적 엘리트들이 당대 대중문화의 상업성과 저속성을 비난하지만, 대중은 그 문화를 여전히 탐닉하고 있다고 말하며 이러한 대중의 행동을 설명할 수 있는 대중문화 이론에 대해 탐색한다.[27]

'포퓰러 컬처'의 의미로 '대중문화'를 규정하는 시각은 이후에도 조금씩 확대되기 시작한다. 대표적으로 권영민은 '대중문화' 안에 'mass culture', 즉 "문화적으로 세련되지 못한 다수에 의해 수용된 문화"라는 의미와 구별되는 '대중적 문화'popular culture의 의미가 담겨 있음을 강조한다. 권영민은 '포퓰러 컬처'의 의미를

'대중의 문화 참여' 및 '문화의 민주화' 현상과 연결하며 이를 바탕으로 '대중성' 개념을 재조명한다. 문화 활동 기회의 대중적 확산과 함께 '문화의 민주화 현상'이 나타나기 시작했다는 점을 주목하고 있는 것이다.

그러나 권영민의 글은 '대중성'이라는 같은 개념 안에 담겨 있는 두 가지 의미, 즉 '매스 컬처로서의 대중문화'가 '포퓰러 컬처'와 어떻게 관계 맺는지에 대해서는 본격적으로 분석하고 있지 않다. 대신 권영민은 '소설'이라는 장르에 초점을 맞춰 '대중성'의 의미를 '통속성'과 엄밀하게 구분한다. 권영민은 '소설' 장르의 본질 자체가 평범한 개인을 대상으로 하고 있으며 형식이 개방적이고 독자층을 한정하지 않는다는 점에서 '대중성'을 기본으로 삼고 있음을 강조한다. 반면 "예외적인 인물과 특이한 상황성을 표출"하고자 하며 보편화를 거부하는 것을 '통속성'의 기본 특징으로 규정한다.[28]

권영민의 논의는 해방 이후 한국에서 '대중문화'가 발전하고 있던 상황을 포착하며 '대중성'과 '통속성'의 의미를 상세하게 구별한다. 이러한 구별의 방식은 이후의 '대중문학' 및 '통속성' 관련 논의에도 적지 않은 영향을 미쳤다. 그러나 그 논의는 식민지 후반기부터 1950년대까지 '통속'과 관련된 여러 논의들이 '통속' 개념에 '상식'의 의미가 담겨 있음을 지적한 것, 그리고 '통속문화'로 인식된 여러 작품들에 '예외적이고 특이한 상황' 못지않게 상식적 윤리가 담겨 있는 것을 충분히 고려하지 않았다는 점에서 아쉬움을 남겼다. '통속'으로 규정된 작품 안에 상식적 윤리와 예외적 상황이 어떻게 관계 맺는지를 분석하는 일은 '대중성'과 '통속성'이 명확하게 나뉠 수 있는지를 탐색하는 작업과도 연결된다. 권영민의 작업은 그 탐색보다는 '대중성'과 '통속성'을 분명하게 구획하는 데에 초점을 맞췄다. 이는 권영민을 비롯한 당대의 연구자들이 대중문화에 대해 지닌 양가적 태도를 보여준다.

2   문화의 민주화와 문화 생산 주체로서의 '대중'

문화의 민주화와 '민중문화'

1970~1980년대는 본격적인 산업화로 인해 다양한 사회적 문제가 발생한 시기인 동시에, 민중문화와 대중문화가 동시에 융성하기 시작한 때이기도 하다. 평론가 김주연은 당대의 문화 지형 전반이 변화하고 있던 추세를 날카롭게 응시하며 '대중', '민중', '통속'과 관련하여 흥미로운 분석을 남기고 있다.

　　김주연은 '본격문학'과 '통속문학'을 이원적으로 구분한 후 전자를 긍정적으로, 후자를 부정적으로 평가하는 도식을 비판한다. 김주연은 이러한 이원적 평가가 어떻게 우리 사회에 가능하게 되었는지를 탐색하고 성찰하는 작업이 우선되어야 함을 강조한다. 이 견해는 대중문학과 민중문학의 관련성에 대한 연구 및 비판이 활발하게 이루어져야 한다는 주장과도 연결되었다. 김주연은 대중문화의 경우 "문화의 다양화와 대중의 감수성 신장이라는 측면"에서, 민중문학의 경우 "귀족문학만이 본격문학으로 간주되어온 그릇된 전통의 시정과 문학의 민주화라는 측면"에서 더욱 계발될 필

요가 있음을 강조한다.[29]

신문에 실린 글에 드러난 김주연의 견해는 자신이 편집한 『대중문학과 민중문학』(1980)이라는 저서에서 심층적으로 논의되었다. 편저에 실린 「민중과 대중」에서 김주연은 '민중'을 근대 이전 "권력 엘리트들로부터 소외된 일반 백성, 서민"을 지칭하는 말로, '대중'을 산업사회의 등장과 관계가 깊고 "대량생산 및 대량소비사회의 출현"과 맞물려 본격적으로 논의된 개념으로 본다. 동시에 양자가 모두 소수의 엘리트 계층이 아닌 이들을 지칭하고 있음을 강조하며 당대의 '민중'이 "현실순응을 거부하고 인간된 삶을 지향하려는 태도"를 지향하는 '가치' 개념인 반면, '대중'은 "현실을 수동적으로 수용하는 사람들 모두를 막연하게 지칭"한다고 말한다.

이러한 개념 구분은 1970년대 대표적 민중 사회학자 한완상이 '민중'을 정치적 통치수단, 경제적 생산수단, 문화수단을 가지고 있지 않은 피지배자로 이해했지만, 이를 '즉자적卽自的 민중', 즉 '민중'이라는 자의식을 가지지 못한 '민중'과 '대자적對自的 민중', 즉 피지배자임을 깨닫고 지배질서를 바꾸려고 하는 민중으로 나눈 것과도 연관된다.[30] 앞에서 김주연이 '민중'을 가치 가념으로 규정한 것은 한완상이 '대자적 민중' 개념을 통해 지배질서에 도전하는 '민중'의 모습을 부각한 것과 관련된다.[31] 한편 한완상은 1976년 『월간 대화』에 수록된 좌담에서 '대중'을 "비합리적으로 사고하고 위험스러운 비민주적인 운동을 일으킬 수 있는 세력"으로 인식한 후 '민중'이 '대중'으로 전락할 위험성에 대해 경계한다.[32]

김주연은 한완상과 달리 '대중'을 부정적으로 바라보는 견해에 동의하고 있지 않다. 미국에서 주로 활동하는 대중문화 연구자들이 "대중 속으로 널리 확산된 문화적 기회의 균등화 현상"을 '문화의 민주화'라는 관점에서 지지하고 있음을 언급한 부분을 통해 이를 확인할 수 있다. 나아가 그는 '민중'이 '대중'의 일부이며 '민중문학'과 '대중문학'의 문제의식 역시 '문학·문화의 민주화'를 지향한다는 점에서 둘이 만날 수 있음을 역설한다. '대중'의 실체를 인정하고 '민중' 개념에 깃든 가치를 지향할 때 "하위문화와 상위문화 사이의 가치균열"을 막는 의식을 기를 수 있다고 김주연이 말한 부분에서도 유사한 고민을 드러내고 있다.[33] 김주연이 '본격문학'과 '통속문학'을 이원적으로 구분하는 시각을 비판한 것은 이러한 맥락에서 이해될 수 있다.

이때 김주연이 강조한 '문학·문화의 민주화'에 대한 문제의식은 비슷한 시기 발표된 여러 글들에서도 발견된다. 대표적으로 김종철은 「대중문화와 민주적 문화」에서 대중문화의 현실순응적 성격을 비판한 프랑크푸르트학파의 시각을 엘리트주의적 문화관이라고 지적한다. 김종철은 "문화의 민주화 또는 민주적 문화의 형성"이라는 관점에서 대중문화에 대한 토론이 전개되어야 함을 강조하며 "고급문화와 저급문화의 구별"이 "민주적인 문화의 실현을 위한 노력에 제약"을 가한다는 점을 비판한다. 나아가 김종철은 발터 벤야민의 「기술복제 시대의 예술작품」을 언급하며 기술 발전이 가져다준 대중문화에서 민주적 문화가 형성될 가능성을 찾는다. 이러한 김종철의 논의는 1970년대 후반 유행하던 '대중사회' 관련 논의를 '문화의 민주화'라는 틀로 전유했다고 볼 수 있다. 그러나 대중문화를 복합적 관점에서 접근하며 대중문화와 관련하여 '민주적 문화'의 가능성을 찾으려는 김종철의 시각은 이론적 차원에 머물러 있으며 당대 한국의 대중문화를 깊이 있게 탐색하는 데까지 나아가고 있지는 않다.[34]

『창작과 비평』 1979년 가을호에 「대중문화의 현황과 새 방향」이라는 주제로 열린 좌담회에서는 '대중문화'를 바라보는 여러 관점들이 충돌하여 나타난다. 이 좌담회에는 미술평론가이자 『창작과 비평』 편집위원인 김윤수의 사회로 사회학자 한완상, 한국일보 문화부장 오도광, 연극연출가 박우섭, 동일방직 노동자 석정남이 참여했다. 좌담회에서 김윤수는 경제개발 정책에 따라 "대량생산, 대량소비, 대중매체의 보급, 대중오락 등으로 특징지어지는 대중사회"가 출현했음을 전제로 한 후 이와 관련된 대중문화의 문제에 대해 살펴보자고 말한다.

이에 한완상은 대중사회와 대중문화를 부정적으로 바라보는 서양 사회의 시각을 정리한 후, 사회과학자의 관점에서 대중문화는 대중사회 도래 이후에 생겨난 것이며 지배자의 기득권을 보존 내지 강화해주는 기능을 담당하고 있다고 말한다. 한완상은 대중문화가 대중의 비판의식을 마비시키는 기능을 수행한다고 본 반면, '민중문화'는 그 마비로부터 대중을 각성하게 만드는 역할을 담당한다고 보고 있다.

이 좌담에 참여한 다른 논자들은 이러한 개념 구분에 전적으로 동의하고 있지는 않다. 박우섭은 대중 스스로가 자신들의 이야기를 표출할 수 있는 통로를 열어준다는 점에서 대중사회의 긍정적인 면이 인정되어야 함을 역설했고, 대중문화를 창출해낼 수 있는 대중을 문화적 측면에서의 '민중'으로 볼 수 있지 않겠느냐는 질문을 제기한다. 김윤수도 의식화의 정도와 관계없이 대중은 "역사의 주체이면서도 지배받고 있는 절대 다수의 민중"이라는 점을 강조한다. 피지배자의 주체성을 부각시킨 '민중' 담론이 '대중'의 능동성을 재인식하는 계기 또한 만들어내고 있었음을 발견할 수

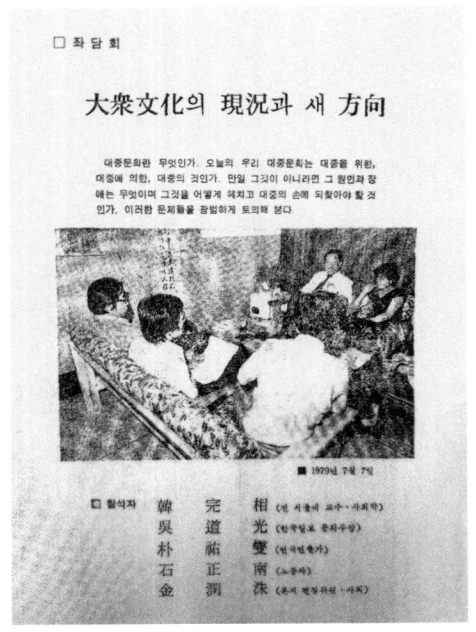

「좌담회—대중문화의 현황과 새 방향」, 『창작과 비평』 53호, 1979 가을.

있다.

　이때 김윤수는 '대중문화'라는 말 속에 다수집단의 문화라는 뜻과 함께 '통속적인 문화'라는 의미가 담겨 있으며 이에 대해 토의할 필요성을 제기한다. 오도광은 '통속성'을 대중문화와 고급문화를 구별하는 시각으로 규정한 후 그 속성을 '즐거움을 주는 것' 즉 엔터테인먼트entertainment라고 말한다. 하지만 오도광은 대중문화를 지배 체제의 통치수단으로만 볼 수는 없으며, '엔터테인먼트'라는 속성 역시 대중의 문화적 욕구에 지배 체제가 영향을 받은 것으로 해석한다. 대중의 선택을 받는 문화만이 존속될 수 있기에, 당대의 대중 역시 '수용자'의 한계 내에서 주체적 역할을 수행하고 있다고 본 것이다. 반면 박우섭은 대중이 스스로의 취향에 맞는 문화를 선택할 수 있는 역할에서 한 걸음 나아가, 문화 생산의 주체가 되어야 함을 강조한다.

그러나 좌담회에서의 논의는 원론 차원에서만 제기되었고 한국 대중문화의 역사적 성격을 논하는 부분에서는 한국 대중문화의 질이 너무 낮으며 현실도피적 즐거움을 주는 데 머무르고 있다는 데로 의견이 모아졌다. 물론 그 비판은 석정남이 강조하듯이 텔레비전이나 신문 등의 당대 언론 매체가 하층민의 삶을 비롯한 사회 문제를 재현하고 있지 않다는 문제의식에서 비롯된 것이기도 했다.[35]

『창작과 비평』 좌담회 참석자 중 상당수는 '민중문화론'의 문제의식을 수용하며 대중문화의 한계를 비판했다. 하지만 좌담회에서 표출된 문제의식에는 민중문화에 대한 강조만으로 설명될 수 없는 지점이 있다.[36] 대중문화의 한계를 비판한 논자들 중 일부도 '대중'과 '민중'이 온전히 구별되지 않는 개념이라는 점, 그리고 '대중'이 대중문화를 변화시켜나가는 주체로 형성되기 시작했다는 점에 주목하고 있었다.

'대중'의 주체성을 논하는 시각은 '수용자로서의 대중'에 초점을 맞출 것인가 아니면 '문화 생산 주체로서의 대중'을 더 부각할 것인가에 따라 적지 않은 차이를 드러내고 있었다. '통속성'에 대한 논의는 '수용자로서의 대중'에 초점을 맞출 때 주로 이루어진 반면, '생산 주체로서의 대중'에 주목할 때에는 '문화의 민주화' 혹은 '문화의 대중화'와 같은 개념들이 강조되었다.

1980년대의 문예 대중화 운동과 '통속'

1980년대는 5·18이 안겨준 충격, 『창작과 비평』, 『문학과 지성』을 비롯한 정기간행물들이 강제로 폐간된 사건, 그리고 강제 폐간을 전후로 무크지 운동이 활발하게 전개되었다는 점 등에서 이전 시기와 변별점을 지닌다. 강인철은 『민중, 시대와 역사 속에서—민중의 개념사, 통사』(2023)에서 1970년대를 '민중' 개념이 전면적으로 부활한 시기로 보는 데 비해, 1980년대를 민중 개념이 급진화된 동시에 대중화, 정치화된 시기라고 한다.[37] 1984년 발간된 『실천문학』 5권에 실린 좌담 「새로운 민중문학을 위하여」는 이러한 변화 양상을 잘 보여준다. 이 좌담회에는 임헌영, 채광석, 김도연이 참여했는데 좌담의 참여자들은 식민지 시기 및 해방 직후에 사용되던 '인민' 혹은 '대중'과 같은 개념의 위상을 '민중'이 대체하고 있다는 데 인식을 같이한다.

임헌영은 자본주의가 자리를 잡은 이후 본격문학과 대중문학이 분리되었고, 그 과정에서 '속중'俗衆이 생겨났다고 말하며 이를 바탕으로 '민중'이라는 말이 나올 수 밖에 없었던 당위성을 설명한다. 채광석은 "천박한 속중으로서의 대중과 피지배자 계층을 계급적으로 인식하는 인민이란 말 틈새"에서 양자를 구별하는 새로운 개념으로 '민중'이라는 말이 확립되기 시작했다고 말한다. 이에 김도연은 '민중'이라는 개념이 피지배층 일반을 가리킬 수는 없고, 오히려 변혁의 주체가 될 만한 노동자·농민 혹은 "일부 선진적인 소시민 지식인"을 가리킨다고 말하며, 요즘 "대중성 속에서 민중성을 찾자는 얘기"가 있음을 덧붙인다.

이들의 좌담은 앞에서 정리했던 한완상과 김주연의 논의, 즉

'즉자적 민중'과 '대자적 민중'을 구분하고 '민중' 개념에 가치지향성이 담겨 있음을 강조한 논의들과 일정 부분 맥락을 함께한다. 그러나 대중문화와 민중문화를 이원적으로 구분하고 '대중'의 저급한 측면을 강조하며 이를 '속중'으로 규정하고 있는 지점은 '대중'과 '민중'의 연관성을 부각시키려 했던 김주연의 문제의식과는 변별된다.

그런데 흥미로운 것은 1980년대 문학의 변화 양상에 대해 논하는 부분에서 김도연이 당대의 문학 창작 담당층이 노동자 계급으로 확산되는 양상, 르포와 수기를 중심으로 창작 주체가 전문 작가로부터 벗어나고 있는 상황 등에 주목하며 그 현상을 "문학의 민주화" 또는 '대중화'로 지칭하고 있다는 점이다. 채광석 역시 『실천문학』을 비롯한 무크지들이 기존 전문가 집단 혹은 이른바 운동권 내에서 돌려 읽던 양상에서 벗어나고 있음을 강조한다. 그렇기에 "실천적 현장성, 현장적 실천성이 그 본질인 대중성을 어떻게 확보해나가느냐 하는 점"이 관건이 되었다고 말한다. 즉 민중문학·문화 운동으로 지칭되던 활동들이 여러 계층·계급 속으로 확산되기 시작하자 '대중화'에 대한 고민이 본격화되었고, 그 과정에서 '대중' 혹은 '대중성'을 어떻게 규정해야 할지에 대한 논의들이 나타나고 있었던 것이다.[38]

이 좌담에 참여한 김도연은 1984년 발표된 「장르 확산을 위하여」에서도 정기간행물의 등록이 취소되고 출판물의 규제가 심해진 1980년대 전반기에 무크적 성격을 지닌 여러 경향의 동인지들이 생겨났으며, 문학의 담당 주체가 비전문 문인들로 이행하고 있음에 주목한다. 그는 이러한 움직임을 "문학의 대중화·민주화를 향한 고무적인 조짐"으로 해석하며 '문학의 민주화'와 '문학의 대중화'를 서로 긴밀하게 연관된 개념으로 배치한다.

　김도연은 1980년대 문학의 변화 과정에서 "'운동성'에 입각한 '실천문학', '일상성'에 기반을 둔 '생활문학'" 등의 개념 범주가 창출되었다고 말한다. 이때 '운동성'이 자유실천문인협의회라는 조직의 발족과 무크지 『실천문학』의 간행으로 대변된다면, '일상성' 문제는 1980년대 문학·문화 운동이 대중적 기반을 넓혀가려는 과정에서 제기된 개념 범주로 이해되고 있다.

　이 중 "'일상성'에 기반을 둔 '생활문학'"을 논할 때 김도연이 주로 강조하는 것이 고정된 장르의 틀을 탈피하는 실험이다. 김도연은 1980년대가 "이제까지 문학의 범주에 소속되기 어렵다고 생각되던 장르들이 대중성 획득의 주요한 전술 단위로 부각"된 시기임을 강조했다. 시와 소설 같은 정통 장르 형식은 '운동으로서의 문학' 혹은 '일상으로서의 문학'과 관련될 때 장애 요인으로 작용한다고 말하며 르포·수기 등을 비롯해 호소문·진정서·선언문·성명서 등의 '전단문학'에 이르는 주변 장르에 초점을 맞추어 논의를 전개한다. 실제로 논픽션, 수기, 르포 등의 장르는 1970년대 이후 대중적 호응을 이끌어냈으며, 이들 작품 중 『어둠의 자식들』, 『꼬방동네 사람들』 같은 작품은 영화로도 각색되었다.[39]

　김도연의 논의는 1980년대의 문학·문화 운동이 기존 고정된 장르의 틀을 벗어나 역동적 움직임을 보여주고 있는 상황을 예리하게 포착하며 그러한 운동의 발전 가능성을 모색했다. 그러나 김도연의 논의에서는 문학·문화 운동의 대중화 작업을 어떻게 전개해갈 것인지에 대한 모색은 드러났지만, 그 대중화 작업의 지반이 되는 '대중' 혹은 '대중성'이 무엇인지를 규명하는 작업은 본격적으로 전개되지 않았다.[40] 김도연 스스로 이를 잘 알고 있었기에 자

『꼬방동네 사람들』은 이동철이 1981년 현암사에서 출간한 논픽션으로, 1982년 배창호 감독이 영화로 만들었다. 한국영상자료원.

기의 문제의식을 1920년대 카프 계열 문인들의 대중화 관련 논의, 해방 직후 문학 대중화 운동과 연결하며 이들의 작업과 자신의 논의를 비교해야 할 필요성에 대해 강조한다.[41]

반면 김도연의 글이 실린 『한국문학의 현단계 III』의 2부에는 연극, 영화, 대중가요에 대한 글들이 함께 실려 있는데, 그중 김창남의 「대중가요, 그 현실순응의 이데올로기」는 1980년대의 문화운동 주체들이 '대중' 및 '대중문화'를 바라보는 관점을 비교적 정확하게 보여준다. 같은 해 실천문학사에서 발행한 무크지 『노리』에 참여하기도 한 김창남은 「대중가요, 그 현실순응의 이데올로기」에서 '대중가요'가 "'음반'의 존재를 전제로 하며 익명적 다수를 대상으로 하는 방송매체에 의해 보급됨을 기본속성"으로 한다는 점을 명확하게 밝힌다. 김창남은 대중매체, 그중에서도 방송매체는 그 매체적 위력으로 인해 "첨예한 정치적 규제의 대상"이 되기에 방송매체의 제약을 받는 대중가요는 지배층이 허용하는 범위 내에서 정서를 표현할 수밖에 없다고 말한다.

기본적으로 김창남은 대중매체와 대중문화가 사회·경제적 상황의 제약 아래에서 형성됨을 강조하며 한국의 대중가요 역시 한국 "근대사의 사회경제적 파행과정"에 편승하고 있다고 말한다. 나아가 김창남은 대중가요가 지니는 일상성이 본질적으로 "'현실순응의 이데올로기'를 조장"하기에 그 허구성을 대중들 앞에 드러내는 작업이 계속되어야 함을 역설한다. 이러한 견해는 김창남이 대중매체와 대중문화의 부정적 속성에 주로 초점을 맞추고 있으며, '대중' 또한 그 부정적 속성을 있는 그대로 수용하는 수동적 존재로 인식하고 있었음을 보여준다. 반면 김창남을 비롯한 노래 운동가들이 추구하는 '생활노래', 즉 "인간적 삶의 표현으로서의 노래"는 "보다 나은 삶에의 비전"을 지향하는 활동으로 규정되며 '대중가요'와 여러 지점에서 대비되고 있다.[42] 1980년대 민중문화운동을 주도한 이들 상당수는 대중문화가 퇴폐·향락 문화를 조장하고, 대중의 사회 비판의식을 희석시킨다고 인식하고 있었다.[43] 이러한 인식의 이면에는 방송을 비롯한 여러 대중매체가 정권의 통제를 받고 있던 상황이 자리한다.

그러나 1980년대 문학·문화 운동의 담론에 대중을 수동적으로 인식하고 대중문화의 부정적 효과를 비판한 담론만 존재한 것은 아니다. 수적으로는 적었을지 몰라도 '민중'과 '대중' 개념을 이분법적으로만 바라보지 않고 그 연관성을 고민한 논의들, 대중문화 속에서 긍정적 가능성을 발견하려는 논의들도 존재했다. 그러한 논의들에서는 '통속'을 다르게 바라보려는 시각이 나타나고 있었다. 영화운동과 관련된 장선우의 「민중영화의 모색」, 노래운동에 관한 문제의식을 담은 문승현의 「노래운동의 몇 가지 문제들」이 그 대표적 예다.

1985년 봄호 『실천문학』에 실린 「민중영화의 모색」에서 장선우는 '대중'이라는 어휘가 산업사회의 특징이자 "소비적이고, 몰개성적이고, 양적이고, 조작대상"과 같은 한정적 의미만을 담은 개념인 데 비해, '민중'은 "보다 주체적이고, 창조적이며, 동시에 개별적이고 공동체적인 이상"을 내포한 개념으로 이해한다. 그렇기에 대중영화에서 민중영화로의 지향은 "소비적 충동에서 창조적 열기로, 양적인 확산에서 질적 심화로, 경쟁적이고 분열적인 산업사회의 정서로부터 협동적이고 동일적인 공동체적 이상으로 자기 회복을 추구하는 운동"이라고 인식된다. 즉 「민중영화의 모색」은 앞에서 논의한 『실천문학』의 대담과 마찬가지로 '대중'과 '민중'의 의미를 대립시킨 후 전자에서 후자로의 변화를 지향하는 글로 보인다.

그러나 「민중영화의 모색」은 당대 한국 영화계를 지배하는 할리우드 영화 스타일에 대해 이를 일고의 가치가 없다고 판단하는 것에는 무리가 따른다고 말한다. 장선우는 할리우드 영화가 미국의 전략상품이자 미국식 꿈을 제3세계에 전파하는 반민중적 성격을 지닌다고 보았지만, 대중의 지지를 받는 꿈과 환상이 그 자체로 문제일 수는 없음을 강조한다. 그 대신 "꿈과 환상 그 자체의 민중적, 민족적 표현을 생각해볼 필요"를 역설한다. 이러한 관점에는 모든 대중문화가 지배 이데올로기를 일방적으로 대중에게 전파하는 것이 아니라, 그 이데올로기 안에는 대중이 공감할 수 있는 꿈과 환상 역시 깃들어 있다는 시각이 내포되어 있다.

그렇기에 이 글은 민중영화의 제작과 배급형태를 논하는 부분에서 관객을 소비 대상이 아니라 창작 주체로 인식해야 한다고 말한다. 관객 대중이 "소비충동뿐 아니라 그에 못지않은 강렬한 창조적 충동"을 지니고 있음을 강조하는 것이다. 이러한 시각 전환은 곧 "민중의 삶, 민중적 창조, 열기에 귀의하는 것"이 예술성을 확보하는 길이자 상업성을 획득하는 길임을 실천적으로 보여줘야 한다는 주장, 이를 위해서는 자본을 중심으로 한 제작구조와 배급형태를 탈피해야 한다는 점을 강조하는 논의로 이어진다. 이러한 장선우의 논의는 기존의 대중문화 그리고 그 문화를 수용하는 대중 안에서 능동적 가능성을 발견하여 이를 '민중문화 운동'과 연결하려는 문제의식을 담고 있다. 그 과정에서 장선우는 찰리 채플린의 영화《시티 라이트》나《키드》를 통속영화의 전형이자 민중영화의 양식적 가능성을 보여주는 사례 중 하나로 든다.[44]

1985년 발간된 『문화운동론』 그리고 1986년 발간된 『노래운동론』에 모두 실린 「노래운동의 몇 가지 문제들」도 '대중'과 관련하여 「민중영화의 모색」과 유사한 문제의식을 표출했다. 문승현은 이 글에서 '대중'을 제도문화권 밖으로 끌어내기 위해서는, "대중들 스스로가 제도문화권 밖으로 걸어 나오도록" 하기 위해서는 어떠한 노래가 필요한지 질문을 던진다. 이 질문은 필자가 제도문화권을 경계로 기존의 대중가요를 향유하는 대중과 노래운동 주체의 활동 영역을 이분법적으로 구획하고 있음을 보여준다. 하지만 '대중'을 스스로 제도문화권 밖으로 나올 수 있는 자발성을 지닌 주체로 상정하고 있다는 점에서 문승현의 논의는 '대중'의 수동성만을 강조한 논의들과는 일정 부분 구별된다.

이는 "어떤 노래가 필요한가"라는 질문에 답변하는 과정에서 이른바 '뽕짝'을 그 예로 들고 있는 것에서 확인할 수 있다. 문승현이 볼 때 이른바 '뽕짝'으로 불리는 트로트는 "일제의 의도적인 문화정책의 산물"이자 정치적 패배의식과 "식민지체험의 연장된 의식"을 반영한다. 한편 동시에 문승현은 해방 전 발표된 〈타향살이〉, 〈애수의 소야곡〉, 해방 이후 발표된 〈가거라 삼팔선〉, 〈전선야곡〉에 '망향'과 '연정' 그리고 '분단'과 '전쟁'에 대한 구체적 정서가 담겨 있다는 점도 강조한다. 트로트의 성격을 사회학적 관점에서 단정하지 않고 노래현실에 입각해 재평가해야 한다는 견해는 곧 오늘날 필요한 노래가 "대중의 일상정서를 파고들 수 있는 노래", "대중의 각질화된 감수성을 뚫고 들어갈 수 있는 일상의 노래"라는 주장으로 이어진다.[45]

이와 같은 시각은 무크지 『노래 1』에 드러난 이영미의 문제의식과도 부분적으로 연결된다. 이 책에 실린 「일제시대의 대중가요」에서 이영미는 "민중예술의 실천적인 논의와 함께 대중예술·대중문화에 대한 관심이 높아지고 있는 것은 당연한 귀결"임을 강조한다. 이때 이영미는 대중문화를 "이 시대를 사는 대다수 사람들(민중을 포함한)에게 가장 영향력 있는 문화"로 규정하고 있으며 대중문화에 대한 관심이 민중의 문화, 나아가 "이 사회의 전반적 문화구조를 문제 삼는 단계"에 이르렀다고 말한다. 이영미는 '대중'을 '대다수의 사람들'이라는 의미로 인식하며 그 안에 '민중'이 포함되어 있다고 말한다. '대중'과 '민중' 개념의 연관성을 고찰하며 이영미는 대다수 사람들이 향유하는 대중문화의 특성을 탐색하는 동시에, 당대 문화의 전반적 구조 자체를 비판적으로 문제 삼으려 한다.[46]

비슷한 시기인 1984년 발표된 이영미의 「1920년대 대중화논쟁 연구」는 유사한 고민이 학위논문의 차원에서도 나타나고 있었음을 보여준다. 이영미는 식민지 시기 임화, 김기진 등 카프의 문인들을 중심으로 벌어진 대중화논쟁의 의의와 문제점을 검토한다. 그 과정에서 이영미는 이들이 대중성을 '낮은 교양'과 '흥미'로 규정하고 있음을 비판하며 그 이면에 대중에 대한 불신이 깔려 있음을 지적한다. 이러한 인식은 곧 근대 이후 한국 사람들이 행해 온 문학 행위 중 극히 적은 부분만이 연구되고 '구비문학', '통속문학', '대중문학'에 대한 연구가 이루어지지 않았음을 비판하는 시각으로 이어진다.[47]

1980년대 문학·문화 운동 담론에는 대중문화를 수동적으로 향유하며 지배 이데올로기를 일방적으로 받아들이는 존재로 '대중'을 인식하는 시각이 다수를 차지했다. 하지만 장선우, 문승현, 이영미의 논의에서 확인할 수 있듯이 그 담론 안에는 '대중'이 지니는 꿈의 복합적 특성을 응시하려는 관점, '지배 이데올로기'라는 개념으로 온전히 설명될 수 없는 대중의 일상 정서 및 감수성을 바라보려는 인식 또한 표출되고 있었다. 그 과정에서 '통속'으로 지칭되던 문학·문화 활동을 되돌아볼 필요성도 이야기되고 있었다.

3 1987년 이후의 '통속'

'대중'을 어떻게 바라볼 것인가

1987년 6월 항쟁, 그 이후 일어난 노동자 대투쟁은 한국 사회를 급격하게 변화시켰다. 변화하는 사회·문화적 분위기는 1988년 『한겨레신문』에 실린 「전환기의 한국문화」 연재물에 잘 나타나고 있다. 이 연재물은 1980년대부터 생겨난 새로운 문화적 움직임을 『실천문학』 등의 무크지 발간, 박노해 『노동의 새벽』 같은 노동자·농민의 창작활동, 마당극 문화, 대학영화운동 등으로 정리한다. 그러고 나서 이 움직임이 운동이 지향하는 목표와 이념을 명확히 했다는 점, 상당한 대중적 동의를 얻어 기성문화권으로 진출했다는 점에서 이전과는 다른 성격을 지녔다고 말한다. 연재물에서 부각된 '전환기'라는 용어는 이러한 변화를 지칭한다.[48]

이 시기에는 문예운동의 대중화와 관련된 논의가 더 활발하게 일어났다. 1987년 『문학예술운동』 1집에 실린 좌담 「문학과 예술의 대중화를 위하여」에 참여한 임헌영, 채광석, 류혜정은 민중이 새로운 문학 창작의 주체로 등장하며 작가와 독자의 분리 현상이 극복되었다는 점, 시·소설 창작에 국한되지 않는 여러 장르의 예술활동이 1980년대 상반기에 이루어졌다는 점을 높이 평가한다. 나아가 채광석은 '대중화'를 "민중 주체의 문학예술로 전환되어 나가야 할 과도기적 시기"의 핵심 과제라고 말한다. 그리고 그 과제를 창작 주체와 수용 주체가 "서로 매개되고 교섭되면서 통일적으로 주체화되는" 과정과 연결한다.[49]

같은 잡지에 실린 김명인의 「지식인 문학의 위기와 새로운 민족문학의 구상」 역시 비슷한 문제의식을 드러낸다. 1987년 6월 항쟁 직후 발표된 글에서 김명인은 이 시기를 문학예술에 있어서 운동성이 전면적으로 관철되어야 하는 때라고 하며 그 작업을 '문학 대중화'라고 말한다. 이때 김명인은 문학운동이 운동답게 전개되기 위해서는 '대중' 개념이 정리되어야 한다고 강조한다.

자본주의적 상품생산 과정에서 '대중'은 소비자 역할을 주로 부여받게 되는데, 김명인은 그 대중을 '소외된 대중'으로 바라본다. 김명인은 "'독자 대중'이라는 표현이 전제하고 있는 기존의 문학대중관" 역시 '소외된 대중'에 기반을 두고 있기에 이를 엄정히 거부해야 하며 전문가와 비전문가라는 간극을 넘어 "대중이 창작하고 대중 스스로 비평하며 대중이 형성해나가는 문학을 건설"해야 할 필요성을 강조한다.[50] 이러한 시각은 '대중'을 문학/문화의 수동적 수용자로 전제하지 않은 채, '대중'이 지닌 문화 생산 주체로서의 가능성을 확장하려는 문제의식을 드러낸다. 이 관점은 이후 김명인이 식민지 시기 및 해방 직후 발생했던 '문예 대중화 운동'의 한계를 비판하고 '아래로부터의 대중화'를 지칭하는 '대중문학운동'을 부각시키는 논의로 이어졌다. 1989년 발표된 「대중문학운동론」이 그 대표적 예다.

김명인은 '문예대중화 운동'에서 '대중'은 일반적 문화토부터 소외된 피지배계급 대중, 즉 "노동자, 농민, 도시빈민 등 생산근로 대중"을 지칭한다고 말하며 '문화의 민주화'가 이루어진 혼대에 이르러 '문예대중화'의 조건이 성숙해졌음을 강조한다. 이러한 분석은 「지식인 문학의 위기와 새로운 민족문학의 구상」에 나타났던 문제의식과 맥락을 같이한다.

김명인은 이 글에서 '문예대중화'를 지식인 문예운동가가 기존 문예 형식 속에 "대중의 변혁 이념과 세계관을 담아 보급함으로써 대중을 의식화"시키는 '위로부터의 대중화'와 "문예의 생산, 유통, 소비의 전 국면에 걸쳐 대중이 주체"가 되는 '아래로부터의 대중화'로 나눈다. '위로부터의 대중화'의 경우 수행 주체가 대중이 아니라는 점에서 기본적 한계를 가진다는 점을 지적하며 무게중심을 '아래로부터의 대중화'에 두어야 할 필요성을 제기한다. '대중문학운동'을 '아래로부터의 대중화'에 초점을 맞춘 후 문예운동조직을 통해 글쓰기운동의 저변을 노동조합, 농민회 야학 등으로 확대해나가는 방법, 그리고 시장 메커니즘에 온전히 지배되지 않는 자주적 유통구조를 만들 수 있는 방안 등에 대해 구체적으로 논하고 있다.

「대중문학운동론」(1989)에 담긴 김명인의 논의는 글쓰기 운동의 주체를 확장시키는 작업과 자본주의적 시장 메커니즘에 온전히 포섭되지 않는 출판 및 유통 구조를 함께 고민했다는 점에서 '창작방법'의 문제, 혹은 대중의 의식화 문제에만 초점을 맞춘 기존 '문예 대중화 운동'의 한계를 일정 부분 극복하고 있다. 물론 이러한 논의는 김명인 개인의 고민만이 아니었고, 당대에 수행되던 여러 대중문학운동의 영향을 받은 것이었다. 「대중문학운동른」은 서울 대림동의 "'노동자문학학교', 안양의 '안양독서회', 마산·창원 지역의 '책사랑', 거제 지역의 '일사랑'과 같은 지역 내 상설공간", 혹은 부산노동자문학회, 전북노동자문학회 같은 지역 문학회를 중심으로 노동자들의 자발적 문예대중조직이 형성되고 있는 점, 노동자문학 전문매체가 서점뿐 아니라 "각 지역의 노동운동단체나 조합 등을 통해 판매, 배포"되고 있었던 점에 주목하고 있었다.[51]

그런데 김명인의 '대중문학운동' 담론에는 그 운동에 의해 새롭게 생산되고 유통될 성과물들을 '수용자' 층이 어떻게 받아들일지에 대한 관심은 전면적으로 나타나고 있지 않다. 이는 「지식인문학의 위기와 새로운 민족문학의 구상」에서 김명인이 '독자 대중'의 역할을 수동적 소비자로만 규정한 한계와 긴밀하게 연동된다.

1990년대 초반에 이르면 '문예운동의 대중화' 관련 담론들은 이러한 한계에 대해 심층적으로 고민하기 시작했고, 그 과정에서 다시금 '통속'에 대한 논의가 나타난다.[52]

'통속'에 대한 비판을 넘어서

1980년대 대표적 무크지였다 이후 계간지로 전환된 『실천문학』은 1991년 봄호에 '대중사회와 민족문화'라는 초점 코너를 배치해 '문학대중화'의 문제를 재조명한다. 이 특집에 실린 「통속문학과 대안적 대중문학의 가능성」에서 손경목은 통속문학이 지닌 보수적 낭만주의, 순응주의를 비판하며 대안적 대중문학을 통해 "통속문학에 장악된 대중을 되찾는 데 힘을 기울여야 함"을 강조한다.

손경목은 디킨스나 채플린의 예를 들며 통속문학의 기능 자체를 온전히 부정적으로만 볼 수 없으며 "지금 이곳의 현실을 근본적으로 타개하고 새로운 미래를 구성하는 데 도움"을 주는 통속문학이 존재할 수 있음을 강조한다. 이러한 인식은 곧 현재의 통속문학이 지니는 대중적 영향력에 대항하여 그 문학을 '대안적 디중문학'으로 대체할 수 있는 가능성에 대해 논의하는 작업으로 이어졌다. 그 과정에서 손경목은 '대안적 대안문학'의 지향점을 "바람직한 욕망의 교육"으로 규정한다. 즉 현실추수적인 욕망이 아니라 "삶의 다양한 문제들과 진지하게 대면하고 해결하려는 의지와 욕망을 갖도록 대중을 설득하는 것을 근본적인 지향"으로 삼아야 한다고 말한다.

이러한 손경목의 관점은 대중문학이 독자와 대면하는 지점을 '욕망'이라는 틀로 새롭게 의미화하려 했다는 점에서 흥미롭다. 그러나 욕망의 문제를 '바람직함'이라는 틀로 바라보려는 순간, 욕망 자체보다는 욕망의 가치를 평가하는 도덕적 세계관이 더 부각될 수밖에 없다. 손경목은 '욕망'과 '통속'이 어떻게 관계 맺는지를 심층적으로 고민하지 않은 채 '대안적 대중문학'의 당위적 목표를 제시하는 데에 주된 초점을 맞추었다.[53]

1990년 『사상문예운동』 가을호에 발표된 강영희의 「김수현 문학과 대중의식의 변증법」은 이러한 한계를 일정 부분 넘어선다.[54] 강영희는 김수현을 비롯한 대중문학 작품이 대중에게 환영받고 있는 것을 "질 낮은 통속취미에 영합하고 있다"고 보는 관점에 대해 "엘리트주의적 사고방식에 근거하여 대중을 근거없이 폄하"한다고 비판한다.[55] 강영희는 대중문학/문화가 대중의식의 어떤 측면을 반영하고 있다는 점을 강조하며 김수현의 작품 구조에 대한 분석을 통해 그 의식을 해명하려 한다.

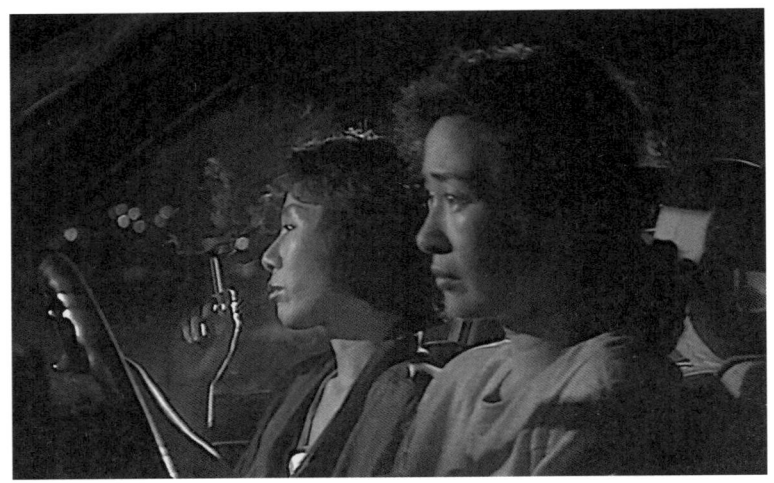

1988년 큰 인기를 끈 MBC 드라마 《모래성》. 김수현은 자신의 원작소설을 바탕으로 이 드라마의 극본을 집필했다.

이때 강영희는 대중의식을 계급의식 혹은 도덕적 가치관의 문제로 환원시키지 않고, 대중의식 안에 내재한 자기분열적 심리를 포착하고자 한다. 김수현 소설의 주인공들이 이성적으로는 통념에 사로잡혀 있지만, 정서적으로는 통념에 대한 반발을 실천에 옮기고 있다는 점을 분석하며 이를 "비인간적인 통념에 현실적으로 승복해도 감정적으로는 도무지 굴복할 수 없는 여성 대중들의 분열 심리"와 연결한다.

특히 강영희는 김수현 소설이 여성 대중들이 겪는 여성 문제를 다루고 있는 점을 강조하며 대중 안에 내재한 젠더적 차이를 부각시켰고, 이를 바탕으로 대중의식 자체에 "이데올로기의 완강한 지각을 뚫고 나오려는 강렬한 욕구"가 존재함을 드러냈다. '대중' 안에 내재한 차이를 드러내려 했으며, 바람직한 욕망으로 대중의식을 한정하지 않고 '대중의식' 이면에 있는 분열적 심리와 강렬한 욕구를 포착하려 했다. 이는 곧 '통속'으로 손쉽게 간주된 수용자의 문화를 새롭게 바라보려는 문제의식을 내포하고 있었다.[56]

비슷한 시기 『사상문예운동』에 발표된 「예술대중화의 원칙과 적용」에서 이영미는 '트로트' 등의 통속적 대중가요를 차용한 김호철의 노동가요가 당대 노래운동에 참여한 이들에게 논쟁을 불러일으킨 요인을 "자신들이 즐겨 향유하지 않는 부류의 예술들에 대한 이질감"으로 규정한다. 이영미는 대학생이나 지식인이 포크 등의 기존 양식을 기반으로 "진보적 노래문화의 전통"을 만들어낸 것과 유사하게 노동자·농민 대중은 자신의 계층이 향유하는 통속적 대중가요를 자산으로 삼아 그 속에서 긍정성을 발현시키려 했음을 강조한다.[57] 이러한 관점에서는 '통속'을 '저급'이 아니라 '문화적 향유 방식'의 한 유형으로 간주하려는 시각이 발견되며 대중 안에 내재한 이질적 취향에 주목하며 그 취향의 간극을 응시하려는 문제의식이 드러난다.[58]

이러한 시각은 이 책의 3장에서 논의한 1920년대 김기진의 '대중화' 관련 논의를 떠올리게 한다. 김기진은 대중 내부에 존재하는 문화적 향유 양상의 간극에 초점을 맞춰 '대중'을 '상층'과 '하층'으로 구분한 후 각기 다른 집단에 통용될 수 있는 이원적 창작방법론을 모색했다. 이때 김기진은 양자의 문화적 특성을 위계화하고 있으며 그 위계화 양상 자체를 문제 삼으려는 고민을 드러내지 않았다. '통속'은 이 중 '하층'의 대중이 향유하는 문화적 속성을 규정하는 명칭이었다. 반면 이영미의 논의는 '통속적 대중가요'를 지식계층이 향유하는 문화와 차별화하려는 시각에 문제를 제기했다. 이론적 논의와 결합되어 있지는 않지만, 이영미의 논의는 문화적 '취향'이 사회적·역사적 변화의 과정과 맞물려 형성된 것이며 취향의 구별 짓기가 계급·계층적 차별과 연동된다고 본 피에르 부르디외의 시각을 연상하게 한다.

최근 연구에서 문학 연구자 장성규는 '문예 대중화 운동' 관련 논의들이 『사상문예운동』과 그 전신인 『문학예술운동』에 빈번하게 나타나고 있음을 분석하며 이 논의들이 "수용자와 수용행위에 대한 고찰"을 통해 문화적 위계서열화를 해체하고 민중문화와 대중문화를 통합적으로 인식하려 했음을 강조한다.[59] 『사상문예운동』을 중심으로 '문예 대중화 운동' 관련 논의를 펼친 이들이 민중문화가 퇴조하고 대중문화의 영향력이 확대되고 있던 1990년대 후반에도 변화하고 있는 대중문화를 사회·역사적으로 조망하려는 연구를 이어갔던 것은 그러한 문제의식과 관련되어 있다고 볼 수 있다.[60]

1990년대 이후의 '통속'

1990년대 초반은 한국, 나아가 전 세계의 사회·문화에 격변이 일어난 시기로 여겨져왔다. 한편 독일 통일과 소비에트연방의 붕괴 등 현실사회주의 국가의 몰락은 세계적 냉전체제의 격변을 가져왔고, 이러한 변화는 1991년 5월 명지대생 강경대의 죽음에서 촉발된 대규모 대중운동의 실패와도 맞물려 한국 사회·문화의 변화를 초래했다. 그 결과 1980년대 대중적으로 확산된 마르크스주의 사상 및 민중문화운동은 1990년대 초반부터 퇴조의 길을 걷기 시작한 것으로 인식되었다. 정치철학자 진태원은 민주화운동의 고양과 더불어 1980년대 활발하게 논의된 마르크스주의의 흐름이 사라진 시기, 그리고 '포스트'로 규정되는 다양한 사상 및 담론들이 "주류 사상과 담론으로 등장"한 시기로 이 시기를 규정한다.[61]

이 시기에는 영상 광고, 뉴미디어 등이 유행하는 상황에 주목하여 대중문화와 고급문화의 구별이 확고하지 않게 되었으며 '대중 소비사회'가 도래했음을 역설하는 논의들이 발표되기 시작했다. 사회학자 김성기는 한국 자본주의가 새로운 단계, 즉 후기 자본주의로 진입했다고 분석한 후 "생산 영역보다는 소비 영역이, 노동 분야보다는 정보 분야"가 더 우위를 점하게 되었으며, 지식과 정보 및 문화 활동에 종사하는 신중간층이 갈수록 증가할 것이라고 예측했다. 반면 이러한 관점이 '소비 및 정보'와 '노동'을 이분법적으로 파악하여 후자, 즉 '노동'의 영역을 배제한 채 논의를 전개하고 있다는 비판도 제기되었다.[62]

1992년 『한겨레』에 실린 「신세대 소설 경박하다」라는 기사는 장정일의 『너에게 나를 보낸다』 등 이른바 신세대 소설이 가벼운 사유와 유희적 현실인식을 드러냈다고 비판하며, 이를 "대중문학과 진지한 문학의 경계가 모호"해진 현상으로 바라본다. 이 기사에서는 그러한 현상을 외국의 추리·과학·통속소설 등이 번역되고 비디오 문화가 확산되던 변화와 관련해 이해한다.[63]

공포·괴기·SF 등의 장르소설이 번역되고 있는 상황은 이들 작품을 "통속문학으로만 치부해버리는 국내 풍토"에서 벗어나려는 움직임으로도 인식되었다.[64] 1990년대 후반에 이르면 장르문학 창작과 문화산업을 연결하는 논의들도 나타났다. "통속소설로 분류되는 장르"였던 판타지 작품 『퇴마록』, 『드래곤 라자』, 『용의 신전』, 『건축무한육각면체의 비밀』의 창작자들이 영화나 컴퓨터 게임으로 변환될 수 있는 서사를 창작하는 "문화산업형 작가"로 인

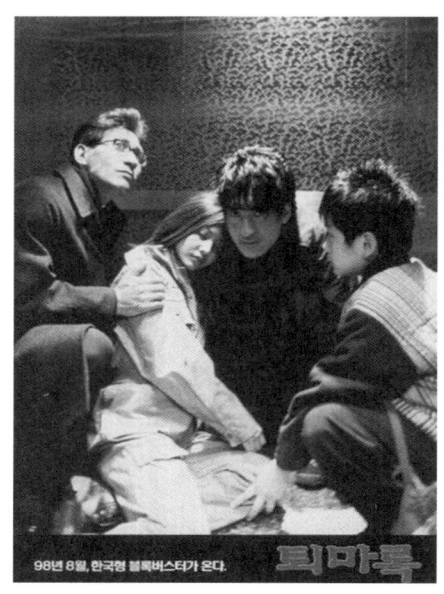

『퇴마록』은 이우혁이 1993년 PC통신에서 연재한 소설로, 1994년 이후 들녘출판사에서 출판되었다. 박광춘 감독이 1998년 영화로 만들었다. 한국영상자료원.

식되기 시작한 것이다. 장르문학이 "영화, 애니메이션, 컴퓨터 게임 캐릭터 등의 2차 생산"을 이끌어내는, 이른바 '원 소스 멀티유즈'One Source Multi Use의 경향은 '통속'에 대한 재평가를 이끌어냈다.[65]

TV드라마나 영화 관련 기사에서도 '통속'을 사용하는 방식의 변화가 부분적으로 나타났다. TV나 영화 작품에 나타난 '통속'을 '저급'으로 규정하며 이를 비판하는 시각은 여전히 다수를 차지하지만, 통속적 드라마가 왜 대중에게 인기를 끌었는지를 탐색하려는 기사,[66] 통속적 스토리의 이면에 미적 진실이 깃들어 있음을 분석하는 기사,[67] 영화 《해피앤드》와 《세기말》이 통속물이지만 세기말의 불안한 심리를 형상화했음에 주목하는 기사[68] 등이 발견된다. 이 기사들은 '통속'으로 분류되는 작품에 저속한 문화 이상의 것이 담겨 있음을 강조한다.

문학 관련 담론에서도 유사한 경향이 탐지된다. 문학 연구자 조성면에 따르면, 1990년대는 대중문학을 표방하는 전문잡지들이 연이어 창간되고 대중문학 창작이 활발해진 시기다. 이러한 변화는 대중문학의 몰개성적 특성을 비판하는 논의와 대중문학의 시의성을 긍정하는 논의들을 동시에 만들어냈다.[69] 조성면은 1990년대 발표된 대중소설론들이 "본격문학/대중문학이라는 이항대립적인 문학관"을 극복하자고 주장했지만, 여전히 "본격/통속, 고급/저급의 이항대립적 구도"에서 벗어나지 못하고 있음을 비판한다. 그 비판은 "대중문학 연구를 통해서 근대문학의 모순구조를 해명"하자는 제안으로 이어졌다.[70]

실제로 1990년대 중반을 넘어서면 본격문학과 통속문학을 고급과 저급으로 규정하는 시각에서 벗어나는 논의들이 나타난다. 식민지 시기 발표된 염상섭 소설 관련 기사에서도 '통속 취향'으로 무시되던 염상섭의 일부 소설 그리고 소설 속 여성 화자를 재인식하려는 움직임이 나타났다.[71]

1995년 발간된 박성봉의 연구서 『대중예술의 미학―대중예술의 통속성에 대한 미학적인 접근』은 '통속적인 것과 진지한 것'의 이분법을 문제 삼으며 양자가 '대중예술' 안에서 어떻게 긴장을 이루고 있는지를 탐색한다. 이 책을 소개한 기사에서 문화평론가 이성욱은 대중문화의 현실적 위상이 달라졌고, 고급문화와 대중문화의 차등적 구분법이 더 이상 대중에게 영향력을 발휘할 수 없게 된 상황을 강조한다. 이성욱은 "대중예술과 통속성의 미적 가치를 복권"시키고 있다는 점에서 이 책이 대중문화 연구에 새로운 의의를 부여하고 있다고 말한다.[72]

박성봉의 연구서는 '대중예술'을 'popular art'의 번역어로 제시하면서도 영어 'popular art'가 우리말의 '민속예술' 또는 '민중예술'의 의미를 지니고 있음을 환기한다. 그리고 '대중예술'이 '대중매체'mass media를 통해 "손쉽게 즐길 수 있는" 작품들을 지칭하지만, "우리의 일상 삶의 맥락 속에 어떤 특정한 문화산물들의 성격을 효과적으로 부각시키기 위해 존재하는 개념"임을 강조한다.

그러한 논의의 과정에서 박성봉은 '통속적인 것'을 'the vulgar'의 번역어로 제시하며, 이를 대중예술의 특성으로 규정한다. '통속' 개념은 식민지 시기부터 1960년대까지 'popular'의 번역어로 제시되기도 했지만, 이 책에서는 'popular'를 '대중'으로 번역했고 'vulgar', 즉 '저속'과 관련된 의미를 '통속' 개념과 연결한다. 1980년 전후 'popular'의 번역어가 '대중'으로 정립된 양상이 이 책에서도 반복되고 있는 것이다. 그럼에도 이 책은 '통속적인 것'을 "우리 모두의 내면에 공통적으로 존재하는 인간성의 평범한 한 부분"으로 바라보고 있으며 '통속적인 것'과 '진지한 것'의 이분법을 근본적으로 문제 삼고 있다는 점에서 기존의 '통속' 관련 논의에서 한 걸음 나아갔다.

박성봉의 저서는 '대중예술' 안에 '통속'과 '예술'이 "분리될 수 없이 상호관련"을 맺고 있음을 강조한다. 나아가 이 책은 통속성의 하위 범주를 '해학성', '감상성', '선정성', '관능성', '환상성' 등으로 규정하며 대중예술의 통속성이 미적인 것과 어떻게 관련되는지 탐색하려 했다. 박성봉의 연구는 '통속성'에 대해 심층적으로 탐구하며 이를 예술의 범주와 연결하려 했다는 점에서 높이 평가할 만하다. 다만 그 논의가 '통속성'을 과도하게 일반화하다보니

'통속'으로 규정되는 속성들이 시대에 따라 변화하는 양상을 주목하지 못했다. '통속'의 역할을 예술 혹은 '미적인 것'과의 관련성에만 국한하여 논의한다는 점도 이 연구서가 지니는 한계로 볼 수 있다.[73]

비슷한 시기 발표된 김창남과 이영미의 저서는 '통속'에 대해 본격적으로 논의하지는 않지만, 수용자로서의 '대중'의 위상을 재조명하며 대중문화의 변화 과정을 조망하려 했다. 1980년대 노래운동에 참여했던 김창남은 1995년 발간된 『대중문화와 문화실천』에서 대중이 계급, 성별, 인종, 세대 등으로 구분되는 여러 집단으로 구성되어 있음을 강조했다. 그리고 대중이 문화를 "선별적으로 수용하고 특유의 방식으로 해독하며 변형"시킨다는 점에 주목했다. 이러한 관점은 대중문화의 의미가 '수용자 대중'의 '문화실천'에 따라 다양하게 발생될 수 있다는 시각을 내포한다.[74]

앞에서 분석한 것처럼 1980년대 여러 논자들 역시 대중이 문학·문화 활동의 주체로 등장하는 과정에 주목했다. 이때의 '대중'은 주로 '생산대중', 즉 노동자 계급과 긴밀하게 연관된 집단으로 규정되었고, '대중'이 수동적 수용자로서의 위치를 탈피하여 문화 생산의 주체로 나아가는 과정에 논의의 초점이 맞춰져 있었다. 반면 김창남은 대중문화 수용의 과정에 초점을 맞추어 그 과정을 문화산업의 논리와 '대중'의 문화적 실천이 경합하고 투쟁하는 영역으로 바라본다.[75]

이러한 관점의 변화는 상업적 문화를 수동적으로 소비하는 행위로만 해석되던 대중의 문화 활동, 특히 '통속적'이라고 비판받던 활동들을 재조명할 계기를 만들어냈다. 실제로 김창남은 『대중문화와 문화실천』에서 청소년 집단, 사무직노동자 집단, 생산직노동

자 집단, 중산층 주부 집단이 대중음악을 어떻게 실천적으로 수용하는지를 집중적으로 탐색했다.[76]

비슷한 시기 이영미는 대중가요를 "그 시대 그 사회를 살아가는 대중들의 의식과 조응"하는 예술작품이라고 말하며 대중가요 통사를 집필한다. 그 과정에서 대중가요의 성격을 "자본주의 사회의 지배문화인 동시에 서민문화"로 이해한다. 대중가요의 성격이 자본주의 사회의 정치권력 및 경제적 지배체제로부터 자유로울 수 없다고 강조한 이영미의 시각은 1980년대 이후 부각된 '예술 대중화 운동'의 문제의식과도 연결된다.

동시에 이영미는 대중가요가 서민문화임을 강조하는데, 이때 '서민문화'는 'popular culture'와 같은 의미를 지닌 용어로 제시되고 있다. 박성봉이 'popular'의 폭넓은 의미망을 강조하면서도 이를 '대중' 개념과 연결한 데 비해, 이영미는 '대중가요'라는 용어를 사용할 때는 'popular'를 '대중'으로 번역하지만 '대중가요'의 성격을 규정할 때는 'popular'를 '서민'과 연결한다. 이러한 이중적 번역 방식을 사용하는 이유가 책에서 분명하게 설명되지는 않지만, 그 안에는 대중가요를 "상층 귀족이나 엘리트의 예술"이 아니라 대다수 서민들이 향유하는 문화임을 강조하려는 시각이 깔려 있다고 볼 수 있다.[77]

이러한 시각은 대중가요와 같은 서민 예술작품을 고급예술의 형식주의적 평가 원칙과 다르게 바라봐야 한다는 논의로 이어졌다. "고급예술의 형식주의적 평가 원칙"에서 볼 때 대중가요는 "통속적인 것으로 간주"될 수 있다고 언급한 부분을 보면, 그 시각은 '통속'으로 간주된 문화적 경향을 낯설게 바라보려는 시도와도 관련되어 있다. 이영미는 서민 예술작품을 고려할 때 작가 대신 수용자, 그리고 작가의식 대신 양식을 더 중요한 고려 대상으로 삼아야 함을 강조한다. 서민 예술작품에 "수용자 다수의 욕망과 경험"이 깃들어 있으며, 수용자 집단이 "시대, 계층, 지역, 세대, 문화적 환경, 학력, 성 등에 따라서 다른 취향"을 지니고 있음을 주장하는 동시에, "특정 시대에 특정 양식이 유행"하는 현상을 수용자 대중이 세계를 바라보는 태도와 연결하려 한 것이다.[78]

이러한 분석은 '통속' 개념의 의미를 정립하려는 논의로 나아가지는 못했지만, '대중' 내부에 내재하는 '통속적인 것'을 '저속'의 의미로 손쉽게 단정하고 있지 않다. 그렇기에 이영미의 논의는 '통속'으로 규정된 수용자의 취향 및 세계인식이 변화해온 양상을 입체적으로 분석하는 작업에도 유효한 참조가 될 수 있을 것이다.

고전문학 연구자 박애경은 2000년 『가요, 어떻게 읽을 것인가』에서 가요의 '통속성'을 '저질'로 폄하하는 견해에 이의를 제기하며 가요의 즐거움은 "통속적인 예술 일반과 마찬가지로 '소통의 즐거움'"이라는 점을 강조한다. 이때 박애경은 '통속' 안에 "널리 알려진 것, 평균적인 것, 쉽게 이해할 수 있는 것"이라는 의미가 있으며, 이는 저속의 의미와 구분된다는 점을 강조한다. 통속성을 "노래와 그것을 듣는 수용자 사이에 이루어지는" 소통의 즐거움으로 인식하는 시각은 박성봉의 『대중예술의 미학―대중예술의 통속성에 대한 미학적인 접근』의 영향을 받은 것이기도 했다.

한편으로 그 시각은 고전문학 연구자의 관점에서 '통속 민요'가 근대적 대중가요로 변화해간 과정을 탐색한 연구에 기반을 둔 것이기도 했다. 박애경은 근대 이전의 가요 장르인 잡가와 민요가 1910년대 극장 공연의 인기 있는 레퍼토리로 부상했으며 그 담당자들은 "가집 출판, 음반 발매와 같은 새로운 유통 환경"에도 적응

했다고 말한다. 이는 대중가요가 지니는 개방성을 강조하며 그 개방성 안에 잡가와 민요 등의 전근대적 가요와 외래의 음악 양식, 그리고 "근대적 유통 체계" 사이의 교섭 및 소통이 있었음을 분석한 논의로 이어졌다.[79]

이처럼 1990년대 '통속'의 용법들이 일정 부분 변화하게 된 원인은 한국의 문화산업 및 대중문화가 비약적으로 발전한 것에서 찾을 수 있으며, 김창남과 이영미의 논의가 보여주듯이 1970~1980년대 전개된 '문화의 민주화'와 '문예운동의 대중화' 관련 논의들의 영향도 그 한편에 있다. 또한 김창남과 박성봉의 논의에서 확인할 수 있듯이 '스튜어트 홀'로 상징되는 서양 문화연구의 문제의식이 이 시기 본격적으로 수용되었다는 점이 이러한 변화에 영향을 미치고 있었다.[80]

1990년대를 전후로 발생한 변화에도 불구하고, 이 시기 '통속' 관련 문화현상에 대한 비판적 시각이 불식됐다고 보기는 어렵다. 문학평론가 강상희가 쓴 「독자검열시대의 문학」에서 이를 확인할 수 있다. 강상희의 글은 '대중예술' 사전심의제도가 철폐된 1996년의 상황을 반영하여 '통속'을 '표현의 자유' 문제와 연결한다는 점에서 흥미롭다. 강상희는 공권력의 검열이 과거와 같이 작동하기 어려워진 시대에 독자들만이 작품의 검열관 역할을 담당하게 되었음을 강조한다. 강상희는 문인들이 이러한 변화를 두려워하고 있다고 말하며, 그 두려움의 이면에 독자에 대한 불신이 깔려 있다고 말한다.

강상희는 "문인들로 하여금 대형서점 계산대를 붐비게 하는 통속적인 작품이 무엇인지 눈치나 보게 할 수는 없지 않을까"라고 반문한다. 이 질문에는 1990년대 이전의 '통속' 관련 담론에서도 발견되던 대중독자에 대한 불신, 그리고 '대중'의 문화적 취향을 '통속'으로 단정하며 그 부정적 속성을 강조하는 시각이 깃들어 있다. 그러나 과거의 담론들이 통속적 문화를 강도 높게 비판하며 그 문화와 관련된 수용자들을 계몽하려는 의도를 강하게 표출했다면, 강상희의 글에서는 수용자 대중이 주도하게 될 문화적 변화에 대한 두려움이 더 선명하게 드러나고 있다. '독자'가 독재자가 될 수 있는 가능성을 경계하며, 문학이 압살될 위기의식을 토로하는 부분에서 이러한 두려움이 발견된다.[81] 그 두려움 안에는 대중의 문화적 역량에 대한 불신이 깔려 있지만, 문화 시장의 논리가 전면화될 경우 생겨날지 모를 '문화 획일화' 현상에 대한 우려도 있었다.

1970년대 이후로 '대중'은 문학·문화의 생산 주체로 인식되기 시작했고, 수용자 대중의 문화적 실천이 지니는 의의를 재평가하려는 움직임도 확대되고 있었다. 이러한 변화를 '문학·문화의 민주화'로 해석한 1970~1980년대 담론들을 참조하면, 이 시기는 '문화 민주주의'로 나아가던 때로 규정할 수 있을 것이다. 이 시기, 특히 1987년 이후 '통속'으로 인식된 문화는 가치 폄하의 대상이 아니라 탐색하고 분석해야 할 영역으로 자리매김하기 시작한다. 그러나 이러한 변화의 이면에는 대중이 주도하게 될 문화에 대한 거부감도 사라지지 않은 채 잔존하고 있었다. 이때 '통속'은 '대중'이 만들어갈 문화의 부정적 측면을 드러내는 개념으로 여전히 사용되고 있었다.

에필로그

이 책은 '통속' 개념의 변모 양상을 그 개념과 연관된 '보통', '대중', '상식', '윤리', '신파'와 교차해 살펴보며 사회·문화적 주체로서의 '대중'과 연관되어 있었지만 때로는 '대중' 안에 온전히 포섭될 수 없었던 '속'俗 문화를 한국 사회가 어떻게 바라보았는지, 그리고 그 시선이 어떻게 변동했는지를 탐색하려고 했다. '통속' 개념이 활발하게 사용되던 1960년대 이전의 한국과 현재를 비교했을 때 오늘날 상위계층과 하위계층의 문화를 구별하는 관점은 힘을 잃은 것으로 보인다.

2000년대 이후 한국 대중문화의 영향력은 그 이전 시기에 비해 비약적으로 커졌다. 한편 '대중독재'와 '대중지성'이라는 개념이 이 시기 학술장에 함께 발표된 것에서 확인할 수 있듯 '대중'을 바라보는 각기 다른 시각은 이 시기에도 여전히 공존하고 있었다.[1] 박정희 시대에 대한 향수가 2000년대에도 나타나고 있는 현상이 대중독재 체제의 성공을 가능하게 한 "대중의 자발적인 참여와 동원"[2]에 주목하게 했다면, 2008년 촛불집회에 참여한 시민들이 만들어낸 열정적 네트워크는 "앎의 소통과 수평적 연대"에 기반을 둔 대중지성이 형성된 과정³을 강조하게 한 것이다. '대중'과 관련된 개념으로 인식되던 '통속' 역시 2000년대에도 대비되는 두 유형으로 쓰이고 있었다.

1955년 『경향신문』에 실린 기사 「통속과 저속」이 우려했던 것처럼 오늘날까지 '통속'은 '저속' 혹은 '저급'과 유사한 의미로 주되게 쓰이고 있다. 색다른 멜로 영화 두 편의 개봉을 알리는 2015년 신문 기사의 제목이 "사랑과 삶의 무게 외면해온 '통속 멜로'는 가라"였던 점, 그리고 그 기사에서 소개하는 영화들을 "신데렐라와 백마 탄 왕자님을 내세운 통속적인 신파극"과 구별 짓고 있는 부분에서 이를 확인할 수 있다.⁴ 이 기사에서 '통속'은 가볍고 깊이 없는 이야기이자 '신파'와 연관된 개념으로 쓰인다. 이러한 용법, 특히 '통속'과 '신파'를 연결하는 방식은 본문에서 분석했듯 1960년대 초반부터 널리 쓰이기 시작해 오늘날에까지 지속되고 있다.

한편 오늘날에도 '여러 사람들에게 널리 통용되는 속성'이라는 의미로 '통속'을 사용하는 사례가 적지 않게 나타난다. 영화 《택시운전사》를 통속적이지만 그래서 더 많은 사람들의 공감을 이끌어내는 5월 광주에 대한 이야기라고 평가하는 기사,⁵ 소설가 정세랑이 인터뷰에서 "많은 사람들에게 가 닿기 위해서는 통속의 힘이 필요하다"고 말한 것은 그 대표적 예로 볼 수 있다.⁶ '널리 통용되는 속성'으로 '통속'을 이해할 때도 그 속성이 무엇인지는 시대에 따라 변화했다. 소설가 김기태는 여러 인터뷰에서 스스로를 통속적 현실에 구속되어 있다고 말하는데, 그가 말한 '통속'에는 TV 프로그램 《나는 SOLO》, '아이돌'로 대표되는 대중문화가 있다. "우리는 아이돌 프로듀서의 기자회견을 메인 언론이 생중계하는 그런 세상에 산다. 그것이 이미 우리의 자연이다"라고 답한 부분에

서 이를 확인할 수 있다.[7]

　이러한 시각은 '통속'을 '퇴폐적'이거나 예외적 속성으로 인식한 해방 이후 비평가들의 논의, 청소년들이 열광하는 TV 쇼프로그램을 비판하고 규제하려 한 1970~1980년대 신문기사의 시각과는 확연히 변별된다. '통속'을 바라보고 이해하는 문화적 지반이 일정 부분 변한 것이다. 그렇다면 20세기 이전 상층문화와 하층문화의 간극을 문화적 배경으로 삼고 있는 '통속'에 '널리 통용되는 속성'의 의미가 담기게 된 이유는 무엇일까?

널리 통용되기 시작한 '통속'

이 책은 근대 이전 간헐적으로 사용되던 용어인 '통속'이 근대 이후 어떻게 그 용례를 확장해갔는지를 탐색한 후 이를 통해 20세기 한국의 '속'俗 관련 문화가 변동한 양상을 탐색하려 했다. 상층과 하층 계급의 문화가 나뉘어 있던 20세기 이전 시기 '통속'은 하위 계급의 문화와 관련되어 쓰이고 있었지만, 그 사용 양상은 제한적이었다. 1900년대 전후 '통속'은 교육제도, 지식 체계 및 어문 질서의 재편 과정과 밀접하게 연관되기 시작했고, 그 과정은 곧 '통속'이라는 말의 의미가 확대된 과정과 맞물린다. '속'의 세계뿐 아니라 "모든 세상에 널리 통용되는"의 의미가 '통속' 개념에 담기게 된 것이다.

　20세기 이후 동아시아에서 쓰인 '통속'에는 계층적 위계 질서 속에서 분할된 지식/언어의 체계를 재배치하려는 움직임과 긴밀한 관련을 맺고 있었다. 그러한 재편의 움직임 속에서 '속'은 교육의 주체 혹은 지식의 향유자와 공통성을 지니는 존재들로 재현되기 시작했다. 1900년대 전후 동아시아에서 '통속' 개념이 쓰인 양상은 상당 부분 유사성이 있지만, 20세기 초반 한국에서 쓰인 '통속' 개념은 다음 세 가지 지점에서 중국 및 일본의 '통속' 개념과 차이를 드러낸다.

첫째, 한국에서 '통속' 개념은 1900년대 후반 '보통교육'과 관계를 맺으며 쓰였지만, 1910년대 이후 '통속'은 '강연'이라는 말과 주로 결합되었으며 '통속강연'이라는 용례는 해방 이전까지 식민지 조선의 신문 매체에서 지속적으로 쓰이고 있었다. 1910년대 『매일신보』에 나타난 '통속강연'은 근대적 지식을 청중들에게 전달하며 식민 지배권력의 통치성을 확대시킨 장치였으며, 다른 한편으로 불평등하고 불충분한 식민지 조선의 보통학교를 대신하여 학교 제도로 포섭해낼 수 없었던 조선인들을 통치 영역으로 끌어내려는 기획이기도 했다.

둘째, 19세기 후반부터 20세기 초반까지 일본과 중국에서 '통속'은 '속어'를 통해 어문 질서를 재편하려는 움직임과 관련된 용어였으나, 한국에서는 어문 질서를 재편하려는 움직임과 역동적으로 조응하지 않았다. 『시문독본』에 쓰인 '통속' 역시 의미가 엄밀하게 규정되지 않은 채 1910년대의 불안정한 언어적 상황을 드러내는 역할을 주로 수행했으며 1920년대에는 일반 사람들에게 통용되는 화법話法 혹은 더 많은 사람들과 교감할 수 있는 서술 방식을 주로 의미했다. 그럼에도 1910년대 후반 『매일신보』의 현상문예, 1930년대 『동광』에 발표된 한글학자 김윤경의 글에는 '통속'을 '조선어'로 쓰인 문장으로 규정하고 있었다. 이러한 사용 방식은 1938년 『조선어사전』의 '통속' 항목에 '통속문'이라는 용례가 제시된 것과도 연관된다.

　셋째, 3·1운동 직후 『개벽』에서는 통치권력이 불균등하게 작동하고 있던 장소를 응시하며 '통속' 개념을 발화하려는 시도들이 나타났다. 특히 김기전은 식민 통치의 양상이 공간적으로 분할되어 드러나고 있음을 주시하며, '농촌'을 근대적 통치성이 발현될 수 없는 장소로 인식했다. 식민지 조선의 근대 교육제도가 온전히 영향을 미칠 수 없는 장소에서 '통속교육'이 해야 할 역할을 모색한 것이다. 그 모색은 1920년대 『개벽』, 『동명』 및 『공제』 그룹의 논자들도 일정 부분 공유하고 있던 문제의식이었다. 그들은 새로운 근대문명 지식의 습득 여부가 발화 방식의 또다른 분화를 낳고 있는 상황을 인식하고 있었다. 그렇기에 그들은 근대적 지식 자체뿐 아니라 그 지식을 전달하는 방법에도 관심을 기울였다. 전문가가 아니더라도 이해할 수 있는 방식으로 지식을 전달하려고 했고, '통속'은 그러한 전달 방식을 지칭하는 용어가 되었다. 이러한 말하기 방식 역시 '통속' 개념에 '모든 세상에 널리 통하는'이라는 의미가 담기게 된 원인이 되었다.

　이와 같은 20세기 초반의 '통속' 개념 사용 방식은 식민지 시기 '통속강연' 용례가 다수를 차지한 이유 또한 설명해준다. 식민권력의 통치성을 확산시키려고 한 1910년대 '통속강연'의 기획 의도는 1920년대 이후에도 지속되었지만, 1920년대에는 다층적 주체들이 통속강연의 기획자로 나타나기 시작했다. 특히 1920년대 중반에는 사회주의 운동과 관련된 그룹들이 '통속강연'을 적극적으로 활용했고, 이와 맞물려 조선총독부의 경찰권력은 강연의 구체적 전개 양상을 주의 깊게 감시했다. 그 감시의 흔적은 『조선일보』와 『동아일보』의 '통속강연' 관련 기사에서 재현되고 있었다.

이는 '통속'의 세계가 다층적 주체들이 개입하고 충돌하는 공간이었음을 보여준다. 역설적으로 식민지 시기 지속되는 '통속강연'은 식민권력에 완전히 포섭되지 않는 '속'의 영역이 있었음을 드러내준다. 그 영역은 식민지 근대의 지식 체계가 온전히 영향력을 미칠 수 없는 지점이었다.

1925년 전후 『조선일보』와 『동아일보』의 '통속강연' 관련 기사 중 사회주의 운동 혹은 민족협동전선 운동 관련 기사에서는 강연회 청중의 특성을 규정하는 표현들이 구체적으로 쓰이기 시작했고, 그러한 청중들을 고려한 어법으로 강연이 구성되었음을 드러내고 있다. 특히 '한양청년연맹'은 새로운 청년운동의 방향을 모색한 결의문에서 '대중'이라는 용어를 사용해 각기 다른 계층 및 이데올로기로 나뉜 청년들을 확장된 틀로 묶으려는 문제의식을 드러냈다. 이 결의문 중 '교양'과 관련된 부분에서는 '청년'을 지식의 습득 정도에 따라 '유식'과 '무식'의 틀로 나눈 후 각기 다른 실천적 방안을 모색하고 있었다. '통속강연/강좌'는 이 중 지식, 특히 조선어와 관련된 지식을 습득하지 못한 청년들을 위해 배치된 프로그램이었다.

'한양청년연맹'의 결의문이 발표된 시기는 김기진으로 대표되는 카프 계열 문인들이 '통속' 및 '대중' 관련 논의를 적극적으로 펼쳐나간 때이기도 하다. 김기진은 '통속'을 '대중'과 연결하며 대중을 '무산계급'으로 규정했을 때 포착할 수 없었던 대중 내부의 이질적 문화를 가시화했고, 그 이질성에도 불구하고 대중들이 문화적 집합체를 형성할 수 있는 가능성을 탐색했다. 그 과정에서 김기진은 대중의 문화적 격차와 연동되는 창작방법론을 모색하려 했다. 그 논의는 '한양청년연맹' 등의 운동 단체가 청년 대중을 '유식/무식'이라는 틀로 구분한 후, 그러한 구분에 맞추어 각기 다른 실천적 프로그램을 구상했던 것과 일정 부분 유사성이 있다. '통속' 및 '대중'과 관련된 김기진의 논의는 신문기사에 재현된 내용을 통해서는 깊이 있게 파악할 수 없는 '통속강연' 청중들의 특성, '통속강연'의 기획 의도를 추론하는 데 하나의 실마리를 던져준다.

김기진이 '통속' 관련 논의를 적극적으로 펼친 1920년대 중반부터 '통속'은 '대중' 개념과 연관되어 쓰였다. 김기진은 대중을 교양의 정도나 문화적 수준의 차이에 따라 상층과 하층으로 분할했는데, '통속'은 하층 대중의 문화적 수준과 취향을 드러내는 역할을 담당했으며 '고등하지 않은' 혹은 '논리적이지 않은' 같은 속성을 부여받았다. 이때의 '통속'은 대중 안에 내재한 이질성을 드러내고 있으며, 김기진은 그 이질성을 지적 격차에 따라 위계화하여 바라보았다. 김기진은 그 위계 자체를 재편할 수 있는 대중의 문화적 역량에 대해 신뢰를 보내고 있지 않았다.

그럼에도 김기진의 논의는 하층 대중이 향유하는 문화, 즉 딱지본 고전소설, 음독 중심의 문화, 연극·영화·음악과 같이 시청각을 향유하는 문화 등을 환기하고 있기에 의의를 지닌다. '통속강연' 역시 시청각을 동시에 활용하여 청중들과 대면하고 있다는 점에서 이러한 문화들과 일정 부분 맥락을 같이한다.[8] 또한 김기진의 통속소설 및 대중소설 관련 논의, 그리고 식민지 시기의 '통속강연'은 검열을 우회하며 청중 혹은 대중독자와 마주침의 계기를 만들려 했다는 점에서 유사한 문제의식을 드러낸다. 한설야와 이기영도 근대적 교육의 수혜를 받지 못한 이들의 자리를 환기하며 '통속' 개념을 썼다.

이 책은 이러한 1920년대 '통속' 관련 용례의 특성이 1930년대에 어떻게 변화했는지를 탐색하며 1930년대 '문학·예술' 분야에 나타난 '통속' 개념의 양태를 다시 살펴보았다. 이는 1920년대 '통속' 개념에 깃든 '이질적 집합을 형성하려는 문제의식'이 1930년대에 어떻게 변용되었는지 탐색하려는 시도와 연결된다.

1932년 전후 '통속강연'이 감시되거나 검열되었음을 보여주는 흔적은 『동아일보』와 『조선일보』에 거의 나타나지 않는다. 한편 이 시기 '통속강연'은 의학, 위생, 과학 등 전문 분야에 국한되었고, 이러한 강연회가 열렸음을 알리는 기사의 수조차 1938년 전후로 현저하게 줄어든다. 이에 비해 '통속강연' 관련 기사의 수가 줄어든 1935년 전후로 '통속' 관련 문학·예술·문화 기사의 수는 늘어난다. 이 시기의 용법, 특히 1930년대 중반 이후 '통속'의 용법에는 1920년대 '통속강연' 용례에서와는 달리 청중 및 독자의 계급적 특성을 드러내는 표현들, 혹은 근대적 교육의 수혜를 받지 못한 청중들의 면모를 서술하는 내용들은 거의 나타나고 있지 않다.

이 책은 '통속' 관련 문학·예술·문화 분야의 기사가 늘어나기 바로 직전 1933~1934년 발표된 「신문소설강좌」를 분석하며 1930년대 통속문화의 변화를 조건 짓는 또 다른 요소를 탐색하려 했다. 1930년대 중반을 전후로 '문학·예술·문화' 관련 분야에서 '통속'에 대한 논의가 활발하게 일어나게 된 데에는 검열의 강화 외에도, 저널리즘으로 대표되는 대중매체의 성장이 영향을 미치고 있었다. '통속소설' 혹은 '신문소설'을 기존의 '문학'과 구분되는, 하나의 전문 영역이자 상품으로 인식하며 이를 강연의 새로운 대상으로 삼으려는 움직임에서도 이를 확인할 수 있다. 이는 문화의 상품화 현상이 1930년대 '속' 문화에서 부인할 수 없는 대세가 되었음을 보여준다.

1930년대 후반에 이르면 '통속성'이 무엇인지를 이해하고 '통속'의 지반을 탐색하려는 논의가 활발해진다. 그 과정에서 '통속'은 대중이 지닌 '상식'common sense과 연관된 말로 인식되기도 했으며, '상식'이 지닌 다층적 성격을 해명하는 논의들도 나타났다. 1920년대에도 '평이한 화법'을 의미하는 일상적 용례에서 '통속'은 '상식'과 함께 사용되었지만, '문학' 관련 담론에서 '통속'과 '상식'을 깊이 있게 연결한 논의는 1930년대 후반 집중적으로 등장한다. 임화, 김남천, 안회남 등은 '상식'의 한계를 벗어나지 못하는 '통속소설'이 전시체제로 변해가는 당대 상황의 변화 가능성을 모색하지 않는다는 점을 우회적으로 비판했다. 그러나 이들의 논의에는 통속소설 창작을 통해 통념 이상의 것을 담아낸 김말봉 같은 작가들의 소설 세계는 배제되어 있었다. 반면 이태준은 소설의 창작 과정에 공통적으로 드러나는 언어적 지반을 '통속'으로 규정한 후 그 지반 위에서 사회적 행동이 이루어질 수 있음을 강조했다.

'상식'을 뜻하는 'common sense'가 '공통감각'의 의미를 담고 있는 것에서 알 수 있듯, '상식'과 '통속'을 연결한 1930년대 '통속' 용례에는 1938년 『조선어사전』에서처럼 '세상에 널리 통용되는'이라는 의미가 담기기 시작했다. 이태준이 식민지 후반기 '통속'을 사회적 활동의 토대로 이해한 것 역시 '통속'을 '상식'으로 바라보는 관점에 담긴 문제의식 중 일부를 확장한 것으로 볼 수 있다. 그러나 통속과 상식을 연결하려고 한 논의들 상당수에도 통속소설과 예술소설을 구별하여 바라보는 시각은 여전히 다수를 차지했다. 이들의 시각은 당대 문화의 변동을 비관적으로 바라보며 통속소설을 논의에서 배제했다는 점에서 한계를 지닌다. 이들이 '통속'으로 규정한 김말봉의 소설 세계에는 '통념적 상식'으로 설명될 수 없는 지점들이 나타나고 있다. 반면 '통속성'을 긍정적으로 해석한 이태준의 논의에는 통속문화 내부의 이질성이 통제되고 있던 1930년대 후반의 파시즘적 분위기에 암묵적 동조를 보낼 수 있는 위험도 내포되어 있었다. 그럼에도 이태준의 논의는 협소해진 유형의 통속성마저 1940년대 사라질 위기에 놓여 있었음을 보여 준다.

재구성되는 '대중', 축소되는 '통속'

식민지 시기 '통속'이라는 용어가 일상적 매체 및 문학 담론에서 중층적 양상으로 쓰인 것과 달리, 해방 이후 '통속'은 '교육/강연'과 결합된 용례로 자주 나타나지 않은 데 비해 문학/문화 영역에서 주로 쓰인다. 이는 해방 이전 '통속'이 차지했던 의미 역할의 대부분을 해방 이후 '대중'이라는 말이 담당하게 된 데 원인이 있다. 해방 직후에는 사회 세력을 재편하기 위해 다수 사람들의 힘을 결집시키는 것이 중요한 과제로 떠올랐다. 이러한 시기에 '교육/강연'이나 '소설/문학'과 주로 결합되던 '통속'보다 '국민' 혹은 '인민'과 결합될 수 있는 '대중' 개념이 두드러지게 사용될 수 있었다. 또 남·북한에 교육제도가 정립되면서 식민지 시기의 통속강연 같은 활동은 국가중심적 제도의 영역으로 포섭되었고, 그 결과 '통속강연' 용례가 줄어들게 되었다.

　　남·북한에 각각 별개의 국가가 성립된 1948년 이후 한국에서는 '순수문학'과 '대중문학'의 대립이 부각되며 '통속'이 다시금 논의되기 시작했는데, 조연현과 백철 같은 이 시기의 비평가들은 '통속소설'을 당대의 소설이 저급화된 상태로 인식했다. 이러한 이들의 담론은 저널리즘의 속성을 분석하며 '통속'의 지반을 탐색한 김남천의 고민, 대중이 지니는 '상식'의 성격을 '통속성'과 연결했던 임화·안회남의 문제의식이 담겨 있지 않았다. 그러한 한계는 곧 한국전쟁 이후 공론장에서 '통속' 개념이 논의될 수 있는 지평을 협소화하는 결과를 초래했다. 반면 북한에서 '통속'은 '저급'의 의미보다는 식민지 시기 및 해방 이후 한국의 사전에 정리되었던 '모든 세상에 널리 통하는'의 의미로 주로 사용되었다. 그러나 식민지 후반기 '통속'과 관련하여 흥미로운 논의를 펼쳤던 임화, 김남천, 이태준이 1950년대 숙청되면서, 식민지 후반기 그들의 '통속' 논의를 북한에서의 '통속' 개념과 접목할 수 있는 가능성은 봉쇄되었다.

1950년대 초·중반 한국에서 '통속'은 전후의 '윤리', 특히 그 중에서도 '성性 윤리'와의 관련성 속에서 주로 논의된다. 조연현과 백철 등 이 시기의 대표적 평론가들은 당대의 통속적 문학/문화가 성性과 관련된 기성 윤리를 무너뜨리고 있다고 비판했다. 그러나 그들이 반윤리적 양상으로 지적한 통속적 서사는 1950년대 여타 문학작품들이 충분히 재현해내지 못한 이들의 목소리를 가시화하는 영역이기도 했다.

1950년대 중반 이후부터는 '통속성'과 '대중성'을 차별화하려는 시각이 두드러진다. 식민지 시기인 1930년대에도 '통속'과 '대중'을 구별하는 시각은 나타났지만, 그러한 사례는 '통속'과 '대중'을 병용하는 용례를 압도할 만큼 다수는 아니었다. 1950년대 '통속'과 '대중'을 구별하는 시각은 김말봉이나 김내성처럼 자신의 창작 행위를 정당하려 했던 신문연재소설 작가와 그 소설들에 담긴 당대의 풍속에 불만을 가진 백철 같은 평론가에서 모두 나타났다. 이들의 논의 중 다수는 '대중성'을 '예술성'과 관련된 특성으로 규정한 반면, '통속'은 '저속성'과 연결하려 했다는 점에서 유사성을 지닌다.

 이 시기 백철은 당대에 형성되고 있던 정치적 주체에 관심을 기울이며 이들을 '새로운 대중'으로 호명했지만, '새로운 대중'의 범주에서 '통속'으로 규정된 신문소설의 독자는 배제하려 했다. 반면 라디오와 영화 같은 매스미디어의 성장에 주목한 논자들은 문화적 수용자로서의 '대중'이라는 주체를 부각시켰고, 이와 관련된 논의에서도 '대중성'은 '통속성'과 차별화되는 개념으로 정립되고 있었다.

 1950년대 후반 '통속'에 대한 규제가 확산되며 『야담과 실화』 같은 대중잡지가 폐간되었으며, 그러한 사태를 강하게 비판한 『경향신문』도 1959년 다른 '필화사건'으로 폐간되기에 이른다. 그러나 4·19혁명은 혁명 이전 진행된 검열 체계 전반에 대한 비판적 목소리를 불러일으켰고, 출판 및 문화에 대한 규제 방식은 일정 부분 변화하게 된다. 정기간행물의 발행이 등록만으로 가능해진 상황은 그 변화를 상징적으로 드러낸다.

 통속적인 것을 규제하는 방식이 혁명 이후 변화한 것과 맞물려 '통속'을 퇴폐 및 저속이 아니라 '비민주적'인 것으로 규정하는 관점도 발표되었고, '통속'을 '민중', '대중'과 별다른 구분 없이 사용하는 양상도 나타나게 된다. 이러한 용례에서는 '민중', '대중', '통속'은 혁명을 이끌어가는 주체로 재현된다. 혁명은 정치적 주체 및 문화적 주체로서의 대중의 위상을 부각시키는 계기였으며 그 과정에서 '대중'과 '통속'의 간극은 얇아지게 되었다.

그러나 혁명의 열기가 식어가면서 '대중'은 욕구불만을 표출하며 대의제도를 위협하는 주체로 규정되기 시작했고, '대중'을 문화 영역의 감시자로 인식하던 시각은 수동적 객체로 바라보는 방향으로 점차 변모한다. 이와 맞물려 '통속'이라는 용어는 1962~1963년을 기점으로 '신파성', '멜로드라마', '최루', '눈물' 같은 용어들과 더 긴밀하게 관련 맺는다. 저급, 안이함, 촌스러움 등의 특성을 지닌 것으로 규정된 '통속'을 영화나 방송극 속에 나타난 '신파적 특성'과 연결 짓는 기사가 늘어나게 된 것이다. 그 과정에서 도시와 지방의 문화적 수용자들 사이의 간극에 주목하며 이를 위계화하려는 견해도 나타났다. '신파'로 규정되기 시작한 '통속'이 '대중'이라는 용어와 별다른 관련을 맺지 않은 채 사용되기 시작한 것에서 확인할 수 있듯 '통속'의 수용자들은 혁명 전후 부각된 '대중'의 범주에 온전히 포섭되고 있지 않았다.

신문연재소설의 창작자, 새로운 매스미디어의 가능성에 대해 논하는 평론가, 혁명 전후 드러난 정치적 주체의 가능성을 논하는 평자들 대부분은 '대중'을 강조했고 '대중'은 다층적 주체들에 '공통적인 것'common의 위상을 부여하는 용어로 자리매김하고 있었다. 반면 '대중' 개념과 구별되는 양태가 현저하게 늘어난 '통속'은 주로 '저속한 것'으로 인식되었으며, '대중성'에서 점차 배제되고 있었다. 그 저속한 것의 양태는 1950년대의 '섹슈얼리티' 혹은 퇴폐적인 황색 문화에서 혁명 직후의 '비민주적인 것' 그리고 1960년대 초반의 '신파적인 것' 등으로 변주되고 있었다.

1970년대를 전후로 대중매체의 역할이 증대되고 문화산업이 융성하기 시작한 것, 정치·사회적 주체로서의 '대중'이 부각한 것은 '대중'을 문화 생산의 주체로 인식하게끔 했다. 상위문화와 하위문화, 고급문화와 저급문화를 구별해서는 안 된다는 주장도 '문화의 민주화'라는 명제 아래 제기되고 있었다. 이 시기 '통속' 개념은 주로 상업주의로 비판받는 문화 수용자층과 관계를 맺은 채 쓰였고, 그 의미는 1990년대 이전까지는 대체로 '저속'의 의미를 내포했다. '통속' 개념의 용례가 축소된 것은 해방 이후와 마찬가지로 '통속강연'이 더 이상 활발하게 진행되지 않았기 때문이기도 하고, '통속' 개념에 내재된 20세기 이전의 문화 배경, 즉 상층문화와 하층문화를 분리하는 시각이 더 이상 통용되지 않는 사회로 변화했기 때문이기도 하다. 그런데 그 과정에서 한국의 '통속' 개념이 북한과는 달리 '저속'의 의미를 주로 내포하게 된 이유는 무엇일까? 당대 사용된 '통속' 개념의 양태를 살펴보면, 그 원인들로 다음을 추정해볼 수 있다.

첫째, 1950년대 이후 대중매체가 급격하게 발전하자 그 변화에 대해 당대 사회 구성원들이 양면적 감정을 표출한 점을 그 원인으로 들 수 있다. 1950년대 이후에는 신문과 대중잡지 같은 인쇄매체, 영화 등이 인기를 끌기 시작했다면, 1960년대에는 라디오, 1970년대에는 TV가 당대의 수용자에게 급격히 확산되었다. 이러한 변화는 그 매체의 수용자들을 '대중'으로 인식하며 그 위상을 재인식하게 만들었지만, 다른 한편으로 새롭게 등장하는 매체에 대한 거부감도 대중 사이에 표출되기 시작했다. 그 거부감은 대중적 인기를 끌기 시작하는 매체의 문화를 저속하다고 평가하며 그 문화를 '통속'으로 지칭하는 방식으로 나타났다. 1950년대에는 신문연재소설과 대중잡지 기사, 1960년대에는 라디오 방송극, 1970~1980년대에는 텔레비전 드라마와 쇼프로그램이 '통속'으로 비판받았던 것에서 이를 확인할 수 있다. 오늘날 대중적 영향력이 커진 유튜브 및 웹소설에 대해서도 그 매체들의 초기 발전 단계에서는 부정적 평가가 적지 않게 나타났던 것 역시 유사한 맥락에서 이해할 수 있다.

둘째, '통속' 개념의 사용 방식 변화는 도시문화와 지방문화의 간극, 젠더 및 세대 간 문화 수용 차이를 위계적으로 인식하며 이질적 양태의 문화적 활동을 저속하다고 가치 평가하는 논의들이 생겨나는 것과 맞물리고 있었다. 특히 1960년대 이후로 도시문화와 긴밀하게 연관을 맺는 수용 주체에 대해서는 '대중'으로, 반면 지방에서 혹은 여성층에게 통용되는 문화 수용 방식에 대해서는 '통속'이자 '저급'으로 규정하는 시각이 빈번하게 표출되었다. 1970~1980년대에 청년이나 청소년에게 확산되는 대중문화에 대해서도 유사한 시각이 나타났다.

셋째, 문화의 생산 및 수용 주체가 급변하고 있는 상황에 대해 기존 지식 계층이 양가적 반응을 드러낸 것 역시 이러한 변화를 만들어냈다. '문화의 민주화' 경향이 확산된 1980년대 이후 문화 활동 주체로서의 '대중'의 역할이 조금씩 긍정되기 시작했다. 그럼에도 비교적 최근인 1996년 발표된 「독자검열시대의 문학」에 이르기까지 대중 수용자들의 위상 변화가 만들어낼 문화적 변동 양상을 비관적으로 바라보는 견해가 여전히 남아 있었다. 이러한 비관은 새로운 주체들이 생산하고 수용하는 문화를 '대중' 혹은 '민중'이라는 개념을 통해 긍정적으로 바라보면서도, 다른 한편으로 그 부정적 양상을 '통속'으로 규정하며 이를 경계하는 시각들을 만들어냈다. 물론 '문화의 민주화' 경향이 확산되며 '통속'은 다시금 탐색되어야 할 특성으로 인식되기 시작했다. '대중'과 '통속'을 바라보는 양면적 관점은 오늘날까지도 변주된 양태로 지속되고 있다.

'대중' 개념이 긍정적으로 쓰일 수 있었던 것은 '문화의 민주화' 현상뿐 아니라 1970년대 전후로 융성하기 시작한 문화산업이 큰 역할을 담당했다고 볼 수 있다. 문화산업의 발전은 오늘날 대중문화에 대한 인식을 바꾸는 데 결정적 영향을 미쳤지만, 산업의 논리로만 문화를 바라볼 때에는 그 문화가 다수의 수용자를 확보하고 있는지의 문제에 주로 초점을 맞추게 되어 소수적이거나 주변적 특성을 지닌 문화를 배제할 수 있다. 상업적 이윤을 창출하기 쉽지 않은 문화 영역에서 활동하는 주체들이 '통속'을 저속의 의미로 주로 사용하며 '대중문화'의 부정적 속성을 부각시키는 원인은 문화의 획일화 현상이 생겨날 수 있다는 우려 때문이기도 하다. 그러나 오늘날 발생하는 여러 사회 문제에서 확인할 수 있듯이 전문적 엘리트들이 대중의 선택과 능동성을 손쉽게 폄하하고 자신들의 영역 안에서만 타당성을 얻는 논리에 갇히게 되면, 그 역시 또 다른 획일화의 경향을 만들어낼 수 있다.

이질적인 것의 계보와 또 다른 마주침의 자리

이 책은 '통속' 개념의 사용 방식 변화와 의미 변화를 살펴보며, 상위계층과 하위계층의 문화를 위계적으로 바라보는 시각과 '속'의 세계에 공통성을 부여하려 한 근대 초기 구성원들의 기대가 그 용어 안에 동시에 깃들어 있음을 보여주려 했다. 또한 해방 이후 '통속'으로 지칭되는 문화의 수용자는 정치적 주체로서의 '대중' 혹은 매스미디어의 수용자로서의 '대중'과는 차별적으로 인식되었음을 분석했다. '통속' 개념의 사용 양상 변화를 탐색하는 일은 '대중'들이 수용 혹은 생산하는 문화 내부의 이질성을 응시하면서도, 그 문화를 향유하는 주체들 사이에서 생겨나는 공통적인 움직임, 혹은 배제 양상을 재조명하는 작업으로 볼 수 있다.

오늘날 'K-컬처'로 지칭되는 한국의 대중문화는 단일한 성격으로 규정될 수 없는 이질성을 내포하고 있다. 그 이질성은 때로 대중들의 예기치 않은 사회·문화적 움직임을 만들어내기도 한다. 그러나 오늘날 한국 사회에는 자신들이 향유하는 것과는 다른 유형의 문화를 배제하거나 폄하하려는 관점이 여전히 남아 있다. '통속' 개념의 변화 과정을 재조명하는 일은 오늘날의 '대중' 관련 문화에 깃든 이질성을 위계화하지 않은 채 대면하려고 하는 작업들에 도움을 줄 수 있을 것이다. 4·19혁명을 매개로 신문연재소설의 독자와 정치적 주체로서의 '대중'이 마주칠 수 있었듯이, 그러한 대면이 또 다른 마주침의 기회를 만들어낼 수 있기를 기대한다.

미주

1장 '통속' 개념과 근대 한국 사회가 바라본 '속'俗

1. '통속'의 위치: 공통적인 것과 저급한 것 사이에서

1   문세영, 『우리말사전』, 삼문사, 1951.
2   이태준, 「통속성 기타」, 『문장』 2권 7호, 1940.
3   국립국어연구원, 『표준국어대사전』, 두산동아, 1999, 6428쪽.
4   문세영, 『조선어사전』, 박문사, 1938, 1461쪽; 문세영, 『우리말사전』, 1951. 박용규, 「문세영 『조선어사전』의 편찬 과정과 국어사전사적 의미」, 『동박학지』 154, 연세대학교 국학연구원, 2011, 274쪽.
5   연극 《고도를 기다리며》에 대해 '통속적 격려보다 묵직한 위로'를 줬다고 평가하는 기사가 그 대표적 예다. 「통속적 격려보다 묵직한 위로…원로 배우들의 내공」, 『동아일보』, 2024. 1. 18(https://www.donga.com/news/Culture/article/all/20240117/123105906/1).
6   「'K-드라마의 원조' 김말봉 작가를 만나다…연극 '통속소설이 머 어때서?!'」, 『뉴스1』, 2023. 6. 16(https://www.news1.kr/life—culture/performance—exhibition/5079104).
7   한국문학 연구 영역에서는 1990년대 중반 이후부터 김말봉 소설에 대한 재평가가 이루어지기 시작했지만, 김말봉 소설 연구가 더 활발하게 전개되며 그 지평을 확장한 것은 2010년대 이후부터라고 볼 수 있다. 김말봉 연구로는 다음을 참조할 수 있다.
서영채, 「1930년대 통속소설의 존재방식과 그 의미—김말봉의 『찔레꽃』을 중심으로」, 『민족문학사연구』 4, 민족문학사학회·민족문학사연구소, 1993; 이정숙, 「김말봉의 통속소설과 휴머니즘」, 『한국언어문화』 13, 한국언어문학회, 1995; 서정자, 「삶의 비극적 인식과 행동형 인물의 창조—김말봉의 『밀림』과 『찔레꽃』 연구」, 『여성문학연구』 8, 한국여성문학학회, 2002. 최미진, 「광복 후 공창폐지운동과 김말봉 소설의 대중성」, 『현대소설연구』 32, 한국현대소설학회, 2006; 최지현, 「해방기 공창폐지운동과 여성 연대(solidarity) 연구—김말봉의 『화려한 지옥』을 중심으로」, 『여성문학연구』 18, 한국여성문학학회, 2008; 임정연, 「1950년대 새로운 '통속'으로서의 아메리카니즘과 '교양' 메커니즘—김말봉의 『방초탑』을 중심으로」, 『현대문학이론연구』 63, 현대문학이론학회, 2015; 진선영, 「한국전쟁기 김말봉 소설의 이데올로기 연구—〈별들의 고향〉을 중심으로」, 『겨레어문학』 55, 겨레어문학회, 2015; 김경연, 「'삐라를 든 여자들'의 냉전—해방/전쟁기 여성작가 김말봉의 행로와 문화냉전의 젠더정치」, 『한민족문화연구』 68, 한민족문화학회, 2019; 엄학준, 「김말봉의 『찔레꽃』에 드러난 지식인 노동자의 표상과 그 의미—1930년대 대중소설의 노동자 인식을 중심으로」, 『한국문학이론과 비평』 10, 한국문학이론과비평학회, 2023; 배상미, 「공창폐지 운동과 그 유산—김말봉의 『화려한 지옥』과 『별들의 고향』」, 『현대소설연구』 92, 한국현대소설학회, 2023. 이후 분석하게 될 김말봉의 다른 소설들과 관련된 논의는 해당 부분에서 다시 언급하려고 한다.

8 차태근, 「비평개념으로서의 雅俗과 그 이데올로기」, 『중국어문논총』 28, 중국어문연구회, 2005, 591~596쪽.

9 김동준, 「雅俗의 교차, 石北 申光洙家 漢詩에 나타난 '俗'의 활용 방향」, 『한문학논집』 39, 근역한문학회, 2014, 208~209쪽 및 233쪽.

10 이경구, 「「18세기 '時'와 '俗' 관련 용어의 변화와 그 의미」, 『한국실학연구』 15, 한국실학학회, 2008, 84쪽 및 92쪽.

11 이경구, 「18세기 '時'와 '俗' 관련 용어의 변화와 그 의미」, 74쪽.

12 이경구, 「18세기 '時'와 '俗' 관련 용어의 변화와 그 의미」, 74쪽.

13 進藤咲子, 「'普通'と'通俗'」, 『明治時代語の研究: 語彙と文章』, 明治書院, 1981. 11.

14 정은진, 「18세기 俗畫 관련 題跋을 통해 본 통속성 연구」, 『한문학논집』 39, 근역한문학회, 2014, 193쪽; 심경호, 「한국한문학이 지닌 다층성의 한 구현, 통속성」, 같은 책, 11쪽.

15 민관동 외, 『중국 통속소설의 유입과 수용』, 학고재, 2014, 26쪽.

16 이와 관련된 본격적인 분석은 2장에서 진행하려고 한다.

17 이중어사전의 역할 및 이중어사전과 관련한 연구 동향은 황호덕·이상현, 『개념과 역사—근대 한국의 이중어사전』, 박문사, 2012; 강용훈, 「이중어사전 연구 동향과 근대 개념어의 번역」, 『개념과 소통』 9, 한림과학원, 2012 참조.

18 황호덕·이상현 편, 『한국어의 근대와 이중어사전: 영인편 8권』, 박문사, 2012, 533쪽.

19 황호덕·이상현 편, 『한국어의 근대와 이중어사전: 영인편 9권』, 박문사, 2012, 613쪽.

20 1900년대 이전 출간된 이중어사전에서도 '通'이라는 한자어는 영어 'common', 즉 '공통적인 것'과 밀접하게 연관되어 있었다. '通'과 관련된 단어인 '통ᄒ다'의 경우 'to be in communication'(프랑스어는 communiquer)으로 번역되고 있다. 황호덕·이상현 편, 『한국어의 근대와 이중어사전: 영인편 1권』, 박문사, 2012, 546쪽; 『한국어의 근대와 이중어사전: 영인편 5권』, 박문사, 2012, 740쪽 참조.

21 레이먼드 윌리엄스, 김성기 외 옮김, 『키워드』, 민음사, 2010, 98~101쪽 및 360~363쪽 참조.

22 황호덕·이상현 편, 『한국어의 근대와 이중어사전: 영인편 5권』, 박문사, 2012, 637쪽.

23 '통속' 개념이 드러내고 있는 한국 및 동아시아의 '속' 관련 문화의 변동은 근대

사회의 세속화secularization 과정과도 비교해볼 수 있다. 찰스 테일러는 『근대의 사회적 상상』(이상길 옮김, 이음, 2010, 289쪽)에서 "근대성은 세속적secular이다"라고 주장한 바 있다. 이때의 '세속적'이라는 말은 막스 베버가 말했던 '탈주술화' 과정을 지칭하고 있으며, 찰스 테일러는 이를 "사회의 행위초월적 토대"를 이루는 신(혹은 신성한 것)으로부터 자유로워진 과정으로 해석한다. 중국의 비판적 이론가인 쉬지린 역시 막스 베버가 근대성을 탈주술화 과정이라고 갈파한 것을 환기시키며 근대성을 초월세계의 무덤이라고 말한다. 쉬지린에 따르면, 중국의 문명 전통에서 초월세계는 세속세계와 이원적이지 않고 내재적으로 결합되었지만, 중국인의 세속세계 배후에는 천명, 천도, 천리로 대표되는 초월적 세계 또한 존재했다. 쉬지린은 그러한 초월적 세계가 해체되고 중국이 세속화된 사회로 진입하는 과정을 단계별로 나누어 서술하고 있다(쉬지린, 송인재 옮김, 『왜 다시 계몽이 필요한가―현대 지식인의 사상적 부활』, 글항아리, 2013).
그러나 쉬지린의 논의는 막스 베버와 찰스 테일러가 규정한 '세속화'라는 문제틀을 동아시아 근대 사회에 유사하게 적용하여 중국 사회에도 세속화 현상이 나타나고 있다는 점을 강조했을 뿐, '속'과 관련된 동아시아 문화 변동의 특성을 드러내는 개념들에 대해서는 충분히 주목하지 않았다. 이 책은 '속' 관련 어휘들 중 '통속'이라는 용어가 1900년대 전후의 동아시아 사회에서 활발하게 사용되기 시작했음에 주목하여, 그러한 언어적/개념적 변화가 한국 사회의 '속' 관련 문화의 변동과 연관을 맺고 있는 양상들에 대해 탐색하려고 한다.

24 신현준은 최근 연구에서 "영어 popular 및 이의 상응어인 여타 유럽 단어들은 한편으로는 '인민', 다른 한편으로는 '인기'에 이르는 넓은 스펙트럼의 의미를 포괄하는 '모호한' 단어"임을 지적한 바 있다. 신현준은 '대중'이 popular의 의미망을 모두 포괄할 수 있는 용어인지에 대한 의문을 제기한다. 신현준, 「가(歌)·요(謠)·곡(曲)의 해부학 5―새벽의 '노래운동'과 투쟁가, 서정곡, 서사요 1977-1993」, 『대중음악』 34, 한국대중음악학회, 2024, 27쪽.

25 I. 크리스톨, 「고급·저급·모던―통속문화와 민주정체에 관한 고찰」, 『사상계』, 1961.

26 권영민, 「대중문화의 확대와 소설의 통속화 문제」, 『한국 민족문학론 연구』, 민음사, 1988. 이에 대한 본격적 논의는 이 책 7장에서 진행하려고 한다.

27 강현두, 「대중문화의 주요 개념」, 『대중문화의 이론』, 민음사, 1980, 13~17쪽. 신현준은 학계에서 통용되는 대중문화의 지배적 의미가 "1980년대까지는 mass culture에 가깝고, 1990년대부터는 popular culture에 가깝다"고 말한다. 그러나 강현두의 예에서 확인할 수 있듯 1980년 무렵부터 대중문화를 'popular culture'로 바라보는 관점이 정립되기 시작했다. 역사학자 이하나는 이러한 관점이 1970년대부터 나타나기 시작했다고 분석한다. 신현준, 「가(歌)·요(謠)·곡(曲)의 해부학 5―새벽의 '노래운동'과 투쟁가, 서정곡, 서사요 1977-1993」, 27쪽; 이하나, 「'대중성' 개념에 대한 시선의 변화와 위계의 감성」, 『한국 근현대사 연구』 109, 한국근현대사학회, 2024, 131쪽.

28 안인환, 『중국대중문화, 그 부침의 역사―대중문화 담론과 중국지식인의 변주』,

도서출판문사철, 2012, 396~397쪽. 반면 중국이 본격적으로 개혁개방의 길을 걷게 된 2000년대 이후 'popular'를 번역하는 방식은 달라지게 된다. 안인환에 따르면, 2006년 무렵 중국의 지식인 타오둥펑은 서양의 'popular culture'와 'mass culture'가 같은 대상을 지칭하고 있기에 이를 모두 '대중문화'로 번역해야 함을 강조했다. 2000년대 이후에는 중국에서도 '대중'이 'popular'의 번역어로 자리매김하기 시작했음을 확인할 수 있다.

29 「중국 개혁파 입장 담긴 해설서」, 『한겨레』, 1989. 7. 19.

30 「얼마나 아십니까…북한상식 '68' 가요」, 『조선일보』, 1995. 6. 15. 북한의 '통속' 개념과 관련된 심층적인 연구는 이하나, 「'통속성' 개념의 분화/분단과 문화평등주의」, 『대동문화연구』 113, 성균관대학교 대동문화연구원, 2021 참조.

31 박성봉, 『대중예술의 미학―대중예술의 통속성에 대한 미학적인 접근』, 동연, 1995.

32 2000년대 전후로 발표된 다음의 연구들은 이러한 문제의식에서 탈피하여 '대중' 개념과 '통속' 개념을 폭넓은 층위에서 바라보려고 했다. 천정환, 『대중지성의 시대』, 푸른역사, 2008; 이주라, 「1910~1920년대 대중문학론의 전개와 대중소설의 형성」, 고려대 박사학위논문, 2011; 한기형, 「노블과 식민지―염상섭 소설의 통속과 반통속」(『대동문화연구』 82, 성균관대 대동문화연구원, 2013)은 특히 이 책의 문제의식 중 많은 부분을 선취하고 있다. 그러나 이상의 연구들 역시 연구의 주된 목적이 '통속' 개념의 역사를 탐색하는 데 맞춰져 있지는 않았다.

33 미셸 푸코는 "담론의 계열들이 어떻게 형성"되었으며, "이들 각자의 특이한 규범은 무엇"이었는지, 그리고 "그들의 출현, 성장, 변이의 조건들은 무엇"이었는지를 분석하려고 했다. 미셸 푸코, 이정우 옮김, 『담론의 질서』, 새길아카데미, 2011, 43쪽. 디트리히 부세는 푸코의 '담론' 개념을 "공통적인 하나의 형성체계에 속하는 진술들Aussagen의 집합"으로 규정하며 "이론적으로나 방법론적으로나 개념사와 담론 분석은 서로 날카롭게 대립하는 게 아니라, 오히려 경합하는 목표 설정에 비추어 동일한 대상 영역을 조명하는 상이한 원근법들로 간주될 수" 있음을 강조한다. 디트리히 부세, 「개념사인가 또는 담론사인가―역사의미론적 인식론의 이론적 토대와 방법론적 쟁점」, 『언어와 소통―의미론의 쟁점들』, 소화, 2016, 137~139쪽.

34 미셸 푸코, 『비판이란 무엇인가?/자기수양』, 난장, 2016, 70쪽.

2. '통속' 개념을 바라보는 시각

35 황호덕·이상현 편, 『한국어의 근대와 이중어사전: 영인편 9권』, 613쪽; 『한국어의 근대와 이중어사전: 영인편 10권』, 박문사, 2012, 1601쪽.

36 이와 관련된 대표적 연구로는 황호덕, 『근대 네이션과 그 표상들』, 소명출판, 2005; 김병문, 『언어적 근대의 기획―주시경과 그의 시대』, 소명출판, 2013. 이러한 저작들에 영향을 미친 연구로는 가라타니 고진, 박유하 옮김, 『일본근대문

학의 기원』, 민음사, 1997; 이효덕, 박성관 옮김,『표상공간의 근대』, 소명출판, 2002; 이연숙, 고영진 외 옮김,『국어라는 사상─근대 일본의 언어 인식』, 소명출판, 2006; 베네딕트 앤더슨, 서지원 옮김,『상상된 공동체─민족주의의 기원과 보급에 대한 고찰』, 길, 2018.

37 멜빈 릭터, 송승철 외 옮김,『정치·사회적 개념의 역사─비판적 소개』, 소화, 2010, 83쪽 및 87쪽.

38 라인하르트 코젤렉, 한철 옮김,「개념사와 사회사」,『지나간 미래』, 문학동네, 1998, 140~141쪽.

39 나인호,『개념사란 무엇인가』, 역사비평사, 2011, 58~59쪽.

40 라인하르트 코젤렉,「근대-현대적 운동개념의 의미론」,『지나간 미래』, 문학동네, 1998.

41 라인하르트 코젤렉,『지나간 미래』, 129쪽.

42 코젤렉의 개념사 모델에 대해서는 여러 비판이 존재했고, 그 모델이 과연 동아시아 사회, 한국 사회에 온전히 적용될 수 있을지에 대해서도 의문이 제기되고 있다. 그럼에도 개념사 서술에 대한 코젤렉 등의 방법론은 근대전환기를 대상으로 하여 한국의 '기본개념' 및 '일상개념'을 실질적으로 집필하는 필자들에게 여러 참조할 점을 던져준다. 멜빈 릭터는 코젤렉 등『역사의 기본개념─독일 정치·사회적 언어 역사사전』편집자들이 견지한 방법론적 원칙을 서 가지로 정리하고 있다. 첫째, '개념사'와 사회사 사료들을 같이 사용하여야 하며 개념적 변화와 사회적 변화 사이에 역동적 상호작용이 있다는 주장을 견지한다. 둘째, 개념을 식별해 추적할 때 공시적·통시적 언어 분석을 교대로 사용하고, 총의론semasiology(특정 용어가 가진 모든 의미에 대한 연구)과 총칭론 onomasiology(특정 언어 내에서 동일한 개념을 지칭하는 모든 명칭이나 용어에 대한 연구)을 함께 사용하여, 그 특정 언어 내 정치·사회적 어휘들의 의미장을 분석한다. 셋째, 개념의 용례 및 변화를 확립하려면, 자료가 허용하는 한도 내에서 최대한의 광범위한(출처와 대상독자가 다른 경우까지 포괄하는) 자료를 분석해야 한다. 멜빈 릭터,『정치·사회적 개념의 역사─비판적 소개』, 83쪽.

43 레이먼드 윌리엄스, 김성기 외 옮김,『키워드』, 민음사, 2010, 20~32쪽. 이러한 어휘들의 변화 양상을 서술하는 레이먼드 윌리엄스의 관점은『문화와 사회』,『기나긴 혁명』등의 저서에 담긴 시각과도 연결된다. 이와 관련된 논의는 송승철,「『열쇳말』의 내적 구성원리와 신뢰성」,『개념과 소통』27, 한림대학교 한림과학원, 2021.

44 이상의 논의는 퀜틴 스키너, 황정아 외 옮김,『역사를 읽는 방법─텍스트를 어떻게 읽고 해석할 것인가』, 2012, 돌베개, 170쪽; 강용훈,「문학용어사전의 형성과 전후戰後 문학 관련 개념들의 재편」,『사이間SAI』, 국제한국문학문화학회, 2016, 174쪽 참조. 퀜틴 스키너는 레이먼드 윌리엄스의『키워드』를 비평하며 이 책에 분석의 방법론이 엄밀하게 정립되어 있지 않음을 지적한다. 퀜틴 스키너는 레이먼드 윌리엄스가 '단어'의 의미 변화로만 규정한 것들을, "단어나 표현이 표준적으로 적용되는 기준의 성격과 범위", 해당 용어의 지시 범위, 그 용어에 대한 사

회적 태도 등으로 구분하여 이해해야 함을 강조한다(퀜틴 스키너, 「문화적 어휘라는 관념」, 『역사를 읽는 방법』). 퀜틴 스키너의 구분 방식은 '통속'과 같이 그 개념의 의미 변화가 시기별로 현저하게 드러나지 않는 '용어'의 사용 양상 변화를 연구할 때 유효한 참조점이 될 수 있다.

송승철은 레이먼드 윌리엄스에 대한 퀜틴 스키너의 비판에 타당성이 있음을 인정하면서도, 두 사람이 "언어의 사회적 맥락성 또는 언어의 사회적 구성성"이라는 문제의식을 공유하고 있었음을 강조한다. 또한 레이먼드 윌리엄스가 중요하게 생각한 것은 학문적 엄밀성을 정립하는 작업보다는 "노동계급들이 일상적으로 사용하는, 따라서 무의식적으로 사용하게 되는 주요한 일반적 용어"를 문제화하려는 의도였음을 강조한다. 송승철, 「레이먼드 윌리엄스의 『열쇳말』과 개념사」, 『개념과 소통』 10, 한림대학교 한림과학원, 2012, 299~326쪽.

45 리처드 왓모어, 이우창 옮김, 『지성사란 무엇인가』, 오월의 봄, 2020, 104쪽. 리처드 왓모어는 퀜틴 스키너를 비롯한 케임브리지 학파의 방법론을 '지성사'로 규정하며 '개념사'와 이를 구별했지만, 멜빈 릭터는 역사적인 방법으로 정치언어를 분석하는 이들의 방식이 많은 점을 공유하고 있다고 말한다. 멜빈 릭터, 『정치·사회적 개념의 역사―비판적 소개』, 2010, 237쪽. 『지성사란 무엇인가』에 대한 논평으로는 송승철, 「개념사와 지성사가 서로 배울 날이 올까」, 『개념과 소통』 26, 한림대학교 한림과학원, 2020 참조.

46 대표적으로 조성면 편, 『한국 근대대중소설 비평론』, 태학사, 1997; 강옥희, 『한국근대 대중소설 연구』, 깊은샘, 2000; 이정옥, 『1930년대 한국 대중소설의 이해』, 국학자료원, 2000; 박진영, 「이수일과 심순애 이야기의 대중문예적 성격과 계보―『장한몽』 연구」, 『현대문학의 연구』 23, 한국문학연구학회, 2004. 1990년대 이후 대중문학 연구의 흐름을 분석한 논의로는 이주라, 『식민지 근대의 시작과 대중문학의 전개』, 소명출판, 2016, 21~27쪽 참조.

47 천정환, 『대중지성의 시대』, 푸른역사, 2008. 119~124쪽 및 153~155쪽.

48 이승희, 「식민지시대 연극의 검열과 통속의 정치」, 『대동문화연구』 59, 성균관대학교 대동문화연구원, 2007, 474~476쪽. 이러한 이승희의 연구는 후속 논의들로 이어졌고 최근에는 이를 발전시킨 단행본이 편찬되었다. 이승희, 『숨겨진 극장―식민지 흥행장의 치안과 통속』, 소명출판, 2021.

49 한기형, 「선전과 시장―'문예대중화론'과 식민지 검열의 교착」, 『대동문화연구』 79, 성균관대학교 대동문화연구원, 2012, 138~141쪽.

50 한기형, 「노블과 식민지―염상섭 소설의 통속과 반통속」, 『대동문화연구』 82, 성균관대 대동문화연구원, 2013.

51 강용훈, 「'통속' 개념의 변천 양상에 대한 역사적 고찰」, 『대동문화연구』 85, 성균관대학교 대동문화연구원, 2014. 이외에도 이 책은 다음의 연구들을 이 책 전체 논의의 맥락에 맞추어 재구성했고, 새로운 논의를 상당 부분 덧붙였다. 강용훈, 「전시체제 이행기의 '풍속' 비판 담론」, 『사이間SAI』, 23, 국제한국문학문화학회, 2017; 강용훈, 「20세기 초반 한국의 '통속'通俗 개념과 '속'俗 관련 문화의 변동」, 『상허학보』 58, 상허학회, 2020; 강용훈, 「식민지 시기 '통속강연'의 행방

과 '통속'의 위상 변화」, 『개념과 소통』 32, 한림대학교 한림과학원, 2023; 강용훈, 「1950년대~1960년대 초반 한국문학/문화에서 '통속적인 것'을 규정하는 방식의 변화 양상」, 『우리어문연구』 80, 우리어문학회, 2024; 강용훈, 「김환태 비평과 1930년대의 '통속' 비판 담론」, 『현대비평』 21, 한국문학평론가협회, 2025; 강용훈, 「1980년대 문학·문화운동 관련 담론에 나타난 '대중' 인식」, 『한국문학논총』 100, 한국문학회, 2025; 강용훈, 「1990년 초반 '문예 대중화 운동' 관련 담론에 나타난 '대중' 인식」, 『한국근대문학연구』 52, 한국근대문학회, 2025.

52 야스마루 요시오, 이희복 옮김, 『일본의 근대화와 민중사상』, 논형, 2021, 18~19쪽 및 78~83쪽. 2010년대 초반 한국 고전문학 연구자들은 야스마루 요시오의 논의를 수용하여 19세기에 나타난 '유교의 통속화' 양상을 분석했다. 그러나 그 논의가 20세기의 '통속' 관련 연구로까지 확장되고 있지는 않다. 장예준, 「19세기 상·하층 소설의 접점과 문화적 의미—한문 장편소설과 우화소설·판소리 계 소설의 글쓰기 방식을 중심으로」, 고려대 박사학위논문, 2012; 하윤섭, 「조선조 '五倫' 담론의 계보학적 탐색과 오륜시가의 역사적 전개 양상」, 고려대 박사학위논문, 2012; 신성환, 「조선후기 유교의 통속화와 『우부가愚夫歌』」, 『한국시가연구』 41, 한국시가학회, 2016.

53 조경달, 박맹수 옮김, 『이단의 민중반란—동학과 갑오농민전쟁 그리고 조선 민중의 내셔널리즘』, 역사비평사, 2008, 86~87쪽 및 170~173쪽. 조경달, 정다운 옮김, 『식민지기 조선의 지식인과 민중—식민지 근대성론 비판』, 2012, 선인, 2012, 26쪽 및 43쪽. 이에 대한 비판으로는 윤해동, 「일본에서의 한국 민중사 연구 비판—조경달을 중심으로」, 『한국민족운동사연구』 64, 한국민족운동사학회, 2010.

54 민중사 연구의 진전을 모색하는 연구자 역시 조경달의 논의가 민중과 근대의 관련 양상을 제대로 포착하지 못한 채 민중의식에 대한 본질주의적 이해를 드러냈다고 비판한다. 배항섭, 「'새로운 민중사' 이후 민중사 연구의 진전을 위하여—19세기 말~20세기 초를 중심으로」, 『역사문제연구』 26권 2호, 역사문제연구소, 2022.

55 심경호, 「한국한문학이 지닌 다층성의 한 구현, 통속성」, 『한문학논집』 39, 근역한문학회, 2014; 정은진, 「18세기 俗畫 관련 題跋을 통해 본 통속성 연구」, 『한문학논집』 39, 근역한문학회, 2014; 박영미, 「『표해록』과 『통속표해록』의 비교를 통해 '통속'의 의미 재고」, 『한문학논집』 39, 근역한문학회, 2014. 근역한문학회에서는 2014년 5월 '문학의 통속화, 통속의 문학화'라는 주제로 학술대회를 열었고, 위 논문들은 모두 이 학술대회에서 발표된 것이다.

56 김지영, 「1920년대 대중문학 개념 연구」, 『우리문학연구』 49, 우리문학회, 2015.

57 이 학술대회에 발표된 글들은 『고전문학연구』 65집에 수록되었다. 수록된 글 중 「통속의 정치와 민요」는 이 1990년대부터 시조의 통속화 과정을 연구해온 박애경의 논의들이 축적된 결과물이다. 박애경, 「조선 후기 시조의 통속화 과정과 양상 연구」, 연세대학교 박사학위논문, 1998; 박애경, 「통속의 정치와 민요」, 『고전문학연구』 65, 한국고전문학회, 2024.

58 이하나,「'통속성' 개념의 분화/분단과 문화평등주의」, 2021, 673~674쪽. 이하나의 연구는 축약된 형태로 북한대학원대학교가 편찬한 『한(조선)반도 개념의 분단사』(문학예술편8)의 '통속' 항목으로 실렸다. 『한(조선)반도 개념의 분단사』(문학예술편) 시리즈에 대한 논평은 장세진,「"우리는 다른 언어로 말하고 있다"—김성수·구갑우·홍지석·이지순 외, 『한(조선)반도 개념의 분단사: 문학예술편 4~8』(사회평론아카데미, 2021)」, 『개념과 소통』 28, 한림과학원, 2021 참조. 이하나의 연구는 '통속'에 대한 연구를 해방 이후 분단 체제의 형성 과정과 확장시켜 논의할 수 있는 가능성을 보여줬다는 점에서 큰 의미를 지닌다. 그러나 이 연구는 '통속' 관련 용례가 20세기 이전과 이후 차이를 드러내는 양상에 대해 주목하지 못했고, 식민지 시기의 '통속' 개념을 논하는 부분의 경우 선행 연구들에서 크게 벗어나지 못했다는 아쉬움을 남겼다. 또 일상 개념으로서 '통속'과 '문학예술 개념으로서 통속'의 의미 격차만을 강조하다보니 '통속강연'과 같은 '통속'의 일상적 용례가 어떻게 변화했는지, 그리고 일상 개념으로서 '통속'과 '문학예술 개념으로서의 통속'이 어떻게 연관되는지에 대해서는 세밀하게 탐색하지 못했다. 해방 이후 한국의 '통속' 개념 변모를 서술하는 부분 역시 다소 긴 시기를 포괄적으로 다루다보니 더 깊이 있게 탐색해야 할 지점이 발견된다. 4·19혁명 전후 '통속' 개념의 사용 양상이 변화하고 있는 양상이나 1970~1980년대의 '문화 민주주의'나 '문예 대중화 운동' 관련 담론에서 '통속' 관련 논의가 이루어진 점 등을 논의에 담고 있지 않은 부분들은 좀 더 깊이 연구될 필요가 있다. 이하나,「'통속성' 개념의 분화/분단과 문화평등주의」, 2021, 684~689쪽.

59 이 책은 20세기 초반 '통속' 개념의 변화 양상과 일정 부분 조응하는 한국의 교육사적 변화, 언어/문체사적 변화를 개괄적으로 검토하며 '통속' 개념을 통해 드러난 한국의 '속'俗 관련 문화 변동을 고찰하려고 한다. 20세기 초반의 교육사적 변화와 언어/문체사적 변화는 한 권의 책에서 서술하기에는 불가능할 정도로 거대한 영역이다. 그러나 이 책은 '통속' 개념의 의미 변동에 영향을 미친 부분에 초점을 맞춰 그 변화를 다루려 하기 때문에 교육사적 변화와 언어/문체사적 변화에 대해서는 개괄적으로만 서술하고자 한다. 그 과정에서 선행 연구들의 성과를 비판적으로 참조하되 그 변화가 '통속' 개념과 관계 맺는 양상에 대해서는 독자적 분석을 진행하려고 한다. 이 책에서 참조하고 있는 대표적 선행 연구로는 다음이 있다. 교육사적 변화에 대해서는 오성철, 『식민지 초등교육의 형성』, 교육과학사, 2000; 고마고메 다케시, 오성철 외 옮김, 『식민제국 일본의 문화통합—조선, 대만, 만주, 중국 점령지에서 식민지 교육』, 역사비평사, 2008. 언어/문체사적 변화에 대해서는 김병문, 『언어적 근대의 기획』, 2013; 임상석, 『식민지 한자권과 한국의 문자 교체』, 소명출판, 2018.

60 '사회' 관련 개념/담론의 변화 양상에 입각해 이 책과 유사한 시기를 분석한 선행 연구에서도 1922~1923년은 그 이후의 시기와 분기점이 되는 때로 규정하고 있다. 김현주의 연구에 따르면, 1922년은 김윤식 사회장 반대운동을 계기로 "'사회'의 경계를 다시 구획함으로써 성원권/대표권을 재분배"하려는 양상이 나타난 때이고, 사회주의의 영향을 받은 『신생활』이 창간되어 '사회'의 표상이 바뀌기

61　시작한 시기였다. 김현주, 『사회의 발견』, 소명출판, 2013, 369쪽 및 438~439쪽.
61　해방기 『경향신문』에 대한 연구는 이종호, 「해방기 염상섭과 『경향신문』」, 『구보학보』 21, 구보학회, 2019.
62　1925~1929년까지의 시기는 염상섭과 김기진 등의 문학인들이 '통속'과 관련된 심층적 논의를 『동아일보』와 『조선일보』 등의 매체에 발표하던 때이기도 하다.
63　'통속' 관련 용례의 양적 분포를 분석하는 작업에는 '네이버 뉴스 라이브러리'newslibrary.naver.com를 활용했다.
64　이 책에서 사용한 '차별화' 혹은 '구별' 등의 용어는 피에르 부르디외가 쓴 'distinction' 개념의 문제의식을 차용한 것이다. 이 개념은 주로 '구별 짓기'로 번역되었지만, 김현경은 이를 '차별화'로 번역했다. 이 책에서는 두 번역어를 서의 적절하게 혼용하려고 한다. 삐에르 부르디외, 최종철 옮김, 『구별 짓기—문화와 취향의 사회학 上』, 새물결, 2006, 11쪽; 피에르 부르디외, 김현경 옮김, 『언어와 상징권력』, 나남, 2020, 12쪽.
65　레이먼드 윌리엄스, 박만준 옮김, 『마르크스주의와 문학』, 지식을만드는지식, 2013, 195~199쪽.
66　이에 대한 논의로는 변재원, 「우리는 서로의 일부」, 『황해문화』 126, 새얼문화재단, 2025; 선지현, 「지워진 자들의 동맹과 연대가 이뤄낼 다른 세계를 상상한다」, 『황해문화』 126; 권창규, 「무지개 색깔 동지들의 기억 투쟁」, 『문화과학』 121, 문화과학사, 2025 참조.
67　퀜틴 스키너, 황정아 옮김, 『역사를 읽는 방법』, 돌베개, 2012, 282쪽.

2장　'속' 관련 문화의 변동과 '통속' 개념의 부각

1. 20세기 이전 '속' 관련 어휘들과 '통속'

1　文人才士, 不知通俗, 不可謂盡美之才也. 이덕무, 「耳目口心書」, 『청장관전서』 靑莊館全書, 한국문집총간 258, 한국고전번역원(정은진, 「18세기 俗畫 관련 題跋을 통해 본 통속성 연구」, 2014, 192쪽에서 재인용).
2　정은진, 「18세기 俗畫 관련 題跋을 통해 본 통속성 연구」, 2014, 193쪽. 정은진의 견해는 '통속'이라는 용어의 근대 이전 사용 방식을 제시했다는 점에서 의미가 있다. 그러나 그 용례 제시가 근대 이후 '통속' 개념의 사용이 변화한 양상을 소급 설명해줄 수는 없다. 같은 특집에 묶인 논문에서 심경호가 강조했듯이 "현재 한국문학에서 운위하는 통속과 통속성의 개념도 근대의 개념을 차용"한 것이며 "한문학은 기본적으로 근대적 의미의 대중성을 운위할 수가 없으므로 한문학에서 통속성을 운위하는 것은 상당한 무리"가 있다. 중요한 것은 '통속'이라는 용어가 근대 이전부터 사용되었음을 고려하되, 20세기 이후 그 용어의 활용이 확대된 양상, 그 확대와 맞물려 '통속'의 의미 및 지시 범주 변화를 만들어낸 다층적 요인을 밝혀내는 작업일 것이다. 심경호, 「한국한문학이 지닌 다층성의 한 구

현, 통속성」, 2014, 12쪽.

3 민관동 외, 『중국통속소설의 유입과 수용』, 학고재, 2014, 26쪽.

4 안인환, 『중국대중문화, 그 부침의 역사―대중문화 담론과 중국지식인의 변주』, 도서출판문사철, 2012, 358쪽.

5 進藤咲子, 「'普通'と'通俗'」, 『明治時代語の硏究―語彙と文章』, 明治書院, 1981, 25쪽. 이 글은 '보통'과 '통속'에 대한 메이지시대 일본 측의 다양한 용례들을 모아놓고 있다. 일본에서 사용된 '보통', '통속' 개념에 대한 용례들을 망라하여 제시했다는 점은 이 연구의 장점이지만, 그 용례들을 모아놓고 의미별로 분류하기만 했을 뿐 '보통'과 '통속'의 연관성 및 그 용어들이 일본의 사회적 변화와 관계 맺는 양상을 분석하고 있지는 않다. 이 책에서는 이 글이 제시한 자료들을 기반으로 독자적인 분석을 수행하려고 한다.

6 양승민, 『한문소설의 통속성』, 보고사, 2008, 27~35쪽. 이 연구서에서 양승민은 연의소설 관련 비평 자료에 "세속과 통한다"는 의미가 담겨 있다고 했지만, 그 자료들에는 '세속'世俗이라는 용어는 직접 제시되고 있지 않다. 그렇기에 이 책에서는 그 자료들에 담긴 '통속'을 '세속과 통한다'는 의미가 아니라 '속의 세계와 통한다'는 의미로 재해석하려고 한다. 「삼국지통속연의인」, 「서한통속연의서」, 「성세항언서」, 「고금소설서」의 원문 및 번역은 최봉원 외, 『중국역대소설서발역주』中國歷代小說序跋譯註, 을유문화사, 1998, 37~43쪽, 104~106쪽, 129~133쪽, 139~143쪽 참조.

7 김만중, 심경호 옮김, 『서포만필 하』, 문학동네, 2010, 654~655쪽; 간호윤, 『한국고소설비평 용어 사전』, 경인문화사, 2007, 188쪽.

8 김경미, 『소설의 매혹―조선 후기 소설비평과 소설론』, 월인, 2003, 61~62쪽.

9 이경구, 「18세기 '時'와 '俗' 관련 용어의 변화와 그 의미」, 『한국실학연구』 15, 한국실학학회, 2008, 83쪽, 92쪽 및 97쪽.

10 박애경, 『한국 고전시가의 근대적 변전과정 연구』, 소명출판, 2008, 46쪽; 장예준, 「19세기 상·하층 소설의 접점과 문화적 의미―한문 장편소설과 우화소설·판소리계 소설의 글쓰기 방식을 중심으로」, 고려대 박사학위논문, 2012; 하윤섭, 「조선조 '五倫' 담론의 계보학적 탐색과 오륜시가의 역사적 전개 양상」, 고려대 박사학위논문, 2012; 신성환, 「조선후기 유교의 통속화와 『우부가愚夫歌』」, 『한국시가연구』 41, 한국시가학회, 2016; 서유석, 「판소리 서사 통속화의 의미―일상의 긍정·유교의 통속화와 專有―『춘향가』를 중심으로」, 『고전문학연구』 65, 한국고전문학회, 2024, 124쪽.

11 이외에도 『한불자전』(1880)과 『한영자전』(1897)에 모두 등재된 '속'俗과 관련된 단어로는 다음이 있다. '비승비속'非僧非俗, '속긱'俗客, '속담'俗談, '속셜'俗說, '속언'俗言, '속인'俗人, '속풍'俗風, '입향슌속'入鄕循俗, '탈속'脫俗ᄒ다', '퇴속退俗ᄒ다'. 이는 다음의 데이터베이스를 활용하여 분석한 결과다. 이은령 외, "웹으로 보는 한영자뎐 1.0(http://corpus.fr.pusan.ac.kr/dicSearch/)", 2009, 저작권위원회제호 D-2008-000027-2.

12 제임스 게일의 사전보다 더 이른 시기 편찬된 『한불자전』(1880)에서 '속'俗은

세상monde, 속세siècle, '가톨릭교에 반대하는 이교도적 태도'paganisme par opposition à la religion catholique로 번역되고 있다. 이러한 의미는 제임스 게일의 사전에는 부각되지 않고 있다. 이를 통해 볼 때 『한불자전』은 '종교' 세계와 대립되는 의미의 '세속성'secularity을 '속'俗이라는 말에 부여하려 했음을 알 수 있다. 황호덕·이상현 편, 『한국어의 근대와 이중어사전』(영인편 1권), 박문사, 2012.

13 琉球國人七名, 漂到濟州 大靜縣, 由水路還送. 其船前低後高, 長八把, 廣三把餘, 高一把餘, 前後左右, 俱畫月形, 上建木綿占風旗二面. 携『通俗三國誌』一卷, 曆一卷, 『三國誌』間一二字, 輒標句讀方言, 文理斷續, 不可曉解. 『정조실록』 46권, 정조 21년(1797). 원문 및 번역은 국사편찬위원회의 『조선왕조실록』(http://sillok.history.go.kr) 데이터베이스를 활용했다.

14 朕이 學部官制改正에 關훈 件을 裁可호야, 玆에 頒布케호노라. 學部大臣은, 敎育學藝에 關훈 事務를 管理홈. 大臣官房에셔는 各部官制通則에 揭훈 者外에 敎育上의 褒賞에 關훈 事務를 掌홈. 學部의 左開二局을 置홈. 學務局·編輯局. 學務局의셔는 左開事務를 掌홈. 師範敎育에 關훈 事項, 普通敎育及幼稚園에 關훈 事項, 實業敎育及專門敎育에 關훈 事項, 各種學校에 關훈 事項, 敎員檢定과 許狀에 關훈 事項, 通俗敎育과 敎育會에 關훈 事項, 學校衛生과 學校建築에 關훈 事項, 外國留學生에 關훈 事項, 敎育費補助에 關훈 事項. 編輯局에셔는 左開事務를 掌홈. 『승정원일기』 3215책(탈초본 141책, 순종 1년(1907)). 원문 및 번역은 국사편찬위원회의 『승정원일기』(http://sjw.history.go.kr) 데이터베이스를 활용했다.

15 리디아 리우, 민정기 옮김, 『언어횡단적 실천』, 소명출판, 2005, 60쪽. '통속'이 '대중' 및 '상식' 개념과 연관되는 과정에 대한 자세한 분석은 3장, 4장에서 진행하려고 한다.

2. 보통교육의 제도화와 '통속'

16 1898년 창간된 『황성신문』은 "관료층 및 지식인층의 대부분을 구성하고 있던 전통적 지식인을 대상으로 한 신문"(정선태, 『개화기 신문 논설의 서사 수용 양상』, 소명출판, 1999, 121쪽)이었다. 반면 『대한매일신보』가 발행된 1904년부터 1910년은 "일본이 본격적으로 대한제국의 내정에 간여하고 병합을 시도하였던 시기"였으며, 『대한매일신보』는 발행인 베델Ernest Thomas Bethell(裵說)이 영국인이어서 "일본 통감부의 감시와 통제에서 비교적 자유로울 수 있었다." 이화여대 한국문화연구원, 『근대 계몽기 지식의 굴절과 현실적 심화』, 소명출판, 2007. 103쪽 및 164쪽.

17 「俚諺童謠查察」, 『황성신문』, 1908. 6. 18. 원문은 다음과 같다. "學部次官俵遜一氏가 各公立學校에 通牒호되 通俗敎育上에 參考호기 爲호야 地方流行의 俚諺과 童謠等을 查察홀 必要가 有호니 期圖細披호야 來九月十五日內로 報來이되

18 「通俗教育의 必要」, 『대한매일신보』, 1908. 7. 7. 국한문판 원문은 다음과 같다. "故로 國民을 敎育ㅎ는 者ㅣ 個個上等知識은 與치못ㅎ지언정 普通知識은 與하여야 可홀지며 國民된 責任을 有혼 者ㅣ 個個上等知識은 修치못홀지언정 普通知識은 修ㅎ여야홀지라 (중략) 嗚呼라 凡今有志는 如此히 注意ㅎ야 古代詩人의 云ㅎ는비 黃金時代(卽宇宙大同의 國家)를 空想치말고 爲先國民同胞와 共進의 方針을 講究하야 **通俗敎育卽普通知識**啓導ㅎ는대 熱心을 注홀지어다."

국문판은 다음과 같은 내용으로 실려 있는데, 국한문판에는 '통속교육'으로 표기된 것이 국문판에서는 '보통교육'으로 쓰여 있음을 확인할 수 있다. "그런고로 국민을 교육ㅎ는쟈ㅡ개개히 샹등지식을 너허 주지는 못홀지언뎡 보통지식은 너허 주어야 가홀거시오 (중략) 오호ㅡ라 무릇 이제 유지혼 사룸들은 이와ㄱ치 주의ㅎ야 녯사룸의 닐은바 황금시디를 부졀업시 성각지말고 위션국민동포와 훔씌 나아갈 방침을 강구ㅎ야 **보통교육과 지식**을 열어주고 인도ㅎ는일을 열심히 주의홀 지어다."

19 유사한 기사가 「동요와 속담」(『대한매일신보』, 1908. 6. 18. 2면)에 다음과 같이 실려 있다. "학부에서 각 관립학교와 공립학교장에게 통텹ㅎ되 풍속교육에 참고ㅎ기 위ㅎ야 디방에 류힝ㅎ는 속담과 동요를 사실홀 필요가 잇스니 ᄌ세히 탐지ㅎ야 오는 구월십오일닉로 보ㅎ되".

20 『조선왕조실록』에 실린 내용은 다음과 같이 『황성신문』(1908. 2. 23)에서도 언급되고 있다. "勅令 朕이 學部官制改正에 關혼 件을 裁可ㅎ야 玆에 頒布케ㅎ노라 隆熙元年十二月十三日 勅令第五十四號 學部官制 第一條 學部大臣은 敎育學藝에 關혼 事務를 管理홈 第二條 大臣官房에셔는 各部官制通에 揭혼 者外에 敎育上의 褒賞에 關혼 事務를 掌홈 第三條 學部에 左開二局을 置홈 學務局 編輯局 第四條 學務局에셔는 左開事務를 掌 홈 一 師範敎育에 關혼 事項 二 **普通敎育及幼稚園에 關혼 事項** 三 實業敎育及專門敎育에 關혼 事項 四 各種學校에 關혼 事項 五 敎員檢定과 許狀에 關혼 事項 六 **通俗敎育과 敎育會에 關혼 事項** 七 學校衛生과 學校建築에 關혼 事項 八 外國留學生에 關혼 事項 九 敎育費補助에 關혼 事項第五條 編輯局에셔는 左開事務를 掌홈 (중략)."

21 사례 1. "ᄌ긔의 지식과 진산이 족히 훈집안 싱계를 비포할만훈 연후에 가취ㅎ느니 즘ㅎ는 법은 우리나라의 례졀과 현슈ㅎ야 죠롱홀만훈 일도 잇스나 나라마다 풍속디로 홀것인즉 그 나라의 남ᄌ의 지식과 권리가 피ᄎ 남ᄌ의 구별이 업고 빅년고락을 ᄀ치ㅎ는 것을 닐ᄋ디 혼인이라 ㅎ느니." (금화산인, 「남녀동등」, 『대한매일신보』, 1907. 7. 3)

사례 2. "구미각국의 문명훈 풍속은 눔의 집에 금슈타도 무고히 포살거나 무리ㅎ게 학디ㅎ여도 벌금이 잇다ㅎ는디 한국인민은 무죄히 외국인에게 살해와 학디를 당하되 호소홀곳이 업슨즉 금슈의 디우도 되지못ㅎ는 한국인민들의 참혹훈 경상이야 엇지 다 말ㅎ리오." (「시ᄉ평론」, 『대한매일신보』 1907. 9. 13)

22 "관혼상제의 헛된 례문과 풍속을 기량하는 안건"을 중추원에서 내각에 올렸으나 별다른 반응이 없음을 비판한 「시스평론」(『대한매일신보』, 1907. 11. 13)이 그 대표적 예다. "한국에 전래하는 소설의 태반이 음란하고 괴이하며 인심과 풍속을 부패하게 하는 것"이라고 비판한 「금일 국문 소설 저자의 주의할 일」(『대한매일신보』, 1908. 7. 8), "한 나라의 풍속을 개량하려면 우선 소설과 연희를 건저 개량해야 한다"고 주장한 「소설과 연희가 풍속에 샹관되는 것」(『대한매일신보』, 1910. 7. 20) 같은 논설 역시 이와 유사한 맥락에서 '풍속 개량'을 주장한 담론이었다. 「금일 국문 소설 저자의 주의할 일」 및 「소설과 연희가 풍속에 샹관되는 것」과 관련된 포괄적 논의는 권보드래, 『한국 근대소설의 기원』, 소명출판, 2000, 122~130쪽 참조.

23 進藤咲子, 「'普通'と'通俗'」, pp.24~25.

24 福澤諭吉, 『福澤諭吉全集 4』, 東京: 岩波書店, 1969~1971, p.571.

25 進藤咲子, 「'普通'と'通俗'」, p.31.

26 이권희, 『메이지기 학제의 변천을 통해 본 근대 일본의 국민국가 형성과 교육』, 소명출판, 2013, 39~41쪽.

27 進藤咲子, 「'普通'と'通俗'」, pp.7~8. 1862년 발간된 『영화대역수진사서』英和対訳袖珍辞書에서 'common'은 "통례의, 평상의"로 'geneal'은 "일반의, 통상역"로 번역되었지만 『부음삽도 영화자휘』附音挿圖英和字彙 초판(1872)에서 '보통'은 'common' 및 'general'과 연관된 단어로 나타나기 시작한다.

28 進藤咲子, 「'普通'と'通俗'」, pp.8~9, pp.12~13. 이 책에 따르면 니시 아마네의 『백학연환』(1870)에도 유사한 방식의 서술이 나타나고 있다.

29 이권희, 『메이지기 학제의 변천을 통해 본 근대 일본의 국민국가 형성과 교육』, 48~49쪽 및 68쪽.

30 오성철, 『식민지 초등교육의 형성』, 교육과학사, 2000, 20쪽.

31 이기훈, 「식민지 학교 공간의 형성과 변화」, 『역사문제연구』 17호, 역사문제연구소, 2007, 69쪽.

32 고마고메 다케시, 오성철 외 옮김, 『식민지제국 일본의 문화통합』, 역사비평사, 2008, 114~115쪽.

33 장응진은 『태극학보』 1호에 「我韓教育界의 現象을 觀하고 普通教育의 義務를 論함」이라는 논설을 발표했다. 이 글에서 장응진은 학생들로 하여금 자기의 직분을 완수하여 문명 사회에 들어가게 하는 것과 국민의 의무를 다하게 하는 것에 보통교육의 의의가 있다고 서술한다. 장응진의 이러한 문제의식은 1906년 10월 『태극학보』 3호에 발표한 「我國國民教育의 振興策」으로 이어진다. 장응진, 「我韓教育界의 現象을 觀하고 普通教育의 義務를 論함」, 『태극학보』 1, 1906. 8, 12~16쪽; 장응진, 「我國國民教育의 振興策」, 『태극학보』 3, 1906. 10, 7쪽.

34 이 글에서 장응진은 의무교육제도의 실시와 구교육제도의 폐지 및 신식학교의 전국적 설치 등을 주장하면서, 지방의 마을에 남아 있는 구식 사숙을 개량하여 몇 개의 마을당 학교 하나씩을 설립하고 그 운영은 해당 마을에 일임해야 한다는 주장을 제기하기도 한다. 윤건차는 "안창호가 설립한 대성학교의 교무 책임

35 자"이기도 했던 장웅진의 이 글이 "당시 각 학회지에 게재되었던 많은 국민교육론 가운데 가장 포괄적이면서도 구체적인 제언"이었다고 하며 "국민교육의 기본적 내용을 명시"한 점을 높이 평가하고 있다. 윤건차, 『한국 근대교육의 사상과 운동』, 청사, 1987, 336쪽.

35 일본의 논의들은 『황성신문』에 번역·연재된 「일본유신삼십년사」의 일부분에서 확인할 수 있다. "凡福澤輸吉은 逮下文章이오 通俗著作이라 英美之實利主義와 法國之自由民權論으로 鼓吹之ᄒ고 西周氏中村敬宇도 亦多譯英美倫理之書ᄒ야 以嘉惠士林ᄒ니." 「일본유신삼십년사」, 『황성신문』, 1906. 12. 3.
인용된 부분에는 후쿠자와 유키치의 통속 저작이 영미의 실리주의와 프랑스의 자유민권론을 고취했다는 점, 니시 아마네西周와 나카무라 게이우中村敬宇도 영미의 윤리서를 번역했다는 점 등이 언급되고 있다.
비슷한 시기 중국에서도 이른바 '하층사회'로 인식되던 영역에 지식을 전파하려는 문제가 중요하게 고민되고 있었으며 그 과정에서 '통속'이라는 용어가 사용되고 있다. 이는 『대한매일신보』편집진들이 번역한 중국 『중외신보』의 논설에서도 확인된다. "즁外日報를 據ᄒ즉 下流社會의 知識을 開通홈이 宜ᄒ다는 論說이 有ᄒ니 大抵下流社會의 知識이 蒙昧홈은 韓淸兩國의 同一ᄒ 病痛이기로 其 槪要를 譯載ᄒ야 警告韓人ᄒ노니 其文이 如左라 (중략) 今日에 無論何地ᄒ고 當亦有因風氣而轉移之人이라 下流社會즁에 不識字者居多ᄒ고 畧識字者亦非竟無其人야라 傳播文明之利器는 識字者利用報紙ᄒ고 不識字者利用演說ᄒ고 畧識字者利用通俗之報紙니." 『대한매일신보』, 1906. 4. 25.

36 고마고메 다케시, 『식민지제국 일본의 문화통합』, 115쪽.

37 물론 1910년대 이전의 '통속'이라는 말에는 '보통지식'이라는 의미가 충분히 구현되어 드러나지 않았다. 이 말의 의미가 심층적으로 쓰이기 시작한 예는 3·1운동 이후 발간된 『공제』 등의 매체에서 확인할 수 있고, 이때 '통속'은 '보통'뿐 아니라 '상식' 개념과도 연동된다. 이에 대한 상세한 설명은 3장에서 하려고 한다.

3. '통속'의 언어들

38 「論學校用歌」, 『대한매일신보』, 1908. 7. 11. 국한문판의 원문은 다음과 같다. "爲先其製歌의 下字用語에 就ᄒ야 壹論컨ᄃᆡ 太雅太奧ᄒ야 **通俗敎育**에 不適홈이 多ᄒ지라 每每春秋期各學校大運動時에 國旗를 揭ᄒ며 隊伍를 整ᄒ고 歸路並唱ᄒ는 歌聲이 作ᄒᄆᆡ 壹般市井閭巷의 人民도 耳를 傾ᄒ야 詳聽하지마는 (중략) 大抵 歌란 者는 人의 感情을 刺ᄒ며 義氣를 皷ᄒ야 興起奮發케ᄒ는 者인즉 其 辭는 簡明易曉로 爲主ᄒ며 其意는 直切痛快로 爲務ᄒ여야 其歌를 隨ᄒ야 其感奮이 불ᄒ지어늘 今에 漢字를 多用하고 國字로 補助ᄒ며 俗語는 抹殺ᄒ고 雅語만 趣重하야 畢竟其意가 晦甚홈에 至ᄒ니 此는 不察의 甚ᄒ 者인져."
국문판에서는 위의 내용을 아래와 같이 적고 있는데, 국한문판에는 '통속교육'으로 표기된 것이 국문판에는 '보통으로 교육하는'으로 쓰여 있음을 확인할 수 있다. "위션 그 노래를 짓는듸 글즈를 노코 말을쓰는거슬 흔번의론젼듸 넘어깁고 아담흐야 **보통으로 교육흐는듸**는 덕당치못흘거시 만흔지라 미양 봄과 가을 각학교 대운동흘째에 국긔를들고 듸오를 정졔히흐고 도라가는길에 일졔히 부르는 노랫소릭가 나면 일반시졍과 려항의 인민들도 귀를기우리고 즈셰히 듯지마는 (중략) 대뎌 노래라흐는거슨 사름의 감졍을 건드려셔 의긔를 고동흐야 흥긔흐고 분발케흐는 거신즉 그말은 간단흐야 알기쉽게흐기로 쥬쟝을흐며 그뜻은 근결흐고 쾌활케흐기로 힘을 써서 노래를 쓰라셔 그 긔운이 감발케올거시어늘 이졔 흔이 한문으로지어 국문으로 토만 달어서 풍쇽의 말은 지워브리고 문즈만 즁히 넉이미 필경은 그뜻이 아조 어두운듸신지 니르니 이느 슯히지 못흠이 심흐도다"

39 사이토 마레시, 황호덕 외 옮김, 『근대어의 탄생과 한문―한문맥과 근대 일본』, 현실문화연구, 2010, 31~32쪽.
40 쓰보우치 쇼요, 정병호 옮김, 『소설신수』, 고려대출판부, 2007, 123쪽; 홧호덕, 『근대 네이션과 그 표상들』, 소명출판, 2005, 305~371쪽 참조.
41 이보경, 『근대어의 탄생―중국의 백화문 운동』, 연세대학교출판부, 2020, 30~31쪽.
42 사이토 마레시, 노혜경 옮김, 『한문맥의 근대―청말=메이지의 문학권』, 스명출판, 2018, 128쪽.
43 유사한 문제 제기는 진평원의 저서에도 나타나고 있다. 진평원, 이보경 외 옮김, 『중국소설사―이론과 실천』, 자음과 모음, 2004.
44 안예리, 『근대 한국어의 변이와 변화』, 소명출판, 2019, 18~20쪽.
45 『福澤諭吉全集 12』, p.144(원문에 대한 번역은 이연숙, 『국어라는 사상』, 78~79쪽에서 재인용).
46 이연숙, 『국어라는 사상』, 2008, 77~78쪽.
47 이연숙, 『국어라는 사상』, 78쪽.
48 이연숙, 『국어라는 사상』, 78쪽.
49 유길준, 「서유견문」, 『유길준전집』 1, 일조각, 1982, 7쪽.
50 이에 대한 상세한 분석은 황호덕, 앞의 책, 324~337쪽.
51 유길준, 「小學校育에 對흔 意見」, 『유길준전집』 2, 일조각, 1982, 257쪽; 연세대학교 언어정보연구원 HK사업단, 『풀어쓰는 국문론집성』, 박이정, 2012, 278~285쪽 참조.
52 '국어'라는 개념을 부각시키기 시작한 유길준의 변화는 김병문이 『언어적 근대의 기획―주시경과 그의 시대』에서 주시경 담론의 변모 양상을 분석한 것과 맞닿아 있다. 김병문에 따르면 주시경은 1987년 『독립신문』에 발표된 「국문론」에서는 '국문'의 특성이 "무엇인지, 그것이 '한문 글자'와 비교했을 때 어떤 면에서 더 우월한 것인지" 쓰고 있다. 반면 1907년 『서우』 2호에 발표된 「국어와 국문의 필요」에서 "말과 글'의 평가는 좀 더 추상적 차원에서의 국가와 연결"되고 있다. 이때의 "'국어'는 구체적인 발화 상황과는 별개로 존재하는 '언어'를 가정하는" 인식과 "'더불어' 발견된 것"이며 '국어'를 사용하는 화자는 "'언어공동체=민족국가'에 의해 주체화되는 '균질적인 개인'으로 상상된다. '국어'와 '국민교육'을 연결하는 유길준의 관점에서도 국민적이자 균질적인 주체를 상정한 주시경과 유사

53 이러한 유길준의 문체 의식 및 국한문체의 의의를 신채호, 최남선의 문체 의식과 비교한 논의로는 다음을 참조했다. 임상석, 「유길준의 국한문체 기획과 문화의 전환―신채호, 최남선과의 비교연구」, 『우리어문연구』 43, 우리어문학회, 2012.

한 문제의식을 발견할 수 있다. 김병문, 『언어적 근대의 기획―주시경과 그의 시대』, 소명출판, 2013, 105쪽, 131쪽, 139쪽.

54 최남선, 구자황·문혜윤 편, 『시문독본』, 경진문화, 2009, 9쪽.

55 『매일신보』, 1919. 5. 29. 이희정, 『한국 근대소설의 형성과 『매일신보』』, 소명출판, 2008, 138쪽 참조.

56 구자황, 「최남선의 『시문독본』 연구」, 『과학과 문화』 9, 서원대 미래창조연구소, 2006; 임상석, 『식민지 한자권과 한국의 문자 교체』, 소명출판, 2018, 121쪽.

57 임상석, 『식민지 한자권과 한국의 문자 교체』, 125~131쪽.

58 안예리, 「시문체時文體의 국어학적 분석」, 『한국학논집』 46, 계명대학교 한국학연구원, 2012, 260~261쪽. 안예리는 "동아시아의 언문일치는 속어화의 일종"으로 볼 수 있지만 "전근대 다이글로시아의 변화가 반드시 속어의 승리로 이어지지는 않았다는 사실"을 강조한다. 안예리, 『근대 한국어의 변이와 변화』, 20쪽.

59 이희정, 『한국 근대소설의 형성과 『매일신보』』, 291쪽. 『매일신보』의 이원화된 표기 전략은 독자층의 분리와 연결되기에, 김영민은 국한문체로 기획되었던 이광수의 『무정』이 순국문체로 문체가 변경된 것을 "근대 자국어를 사용해 독자 계층의 통합"을 이룬 성과로 높이 평가한다. 김영민, 『한국 근대소설의 형성과정』, 소명출판, 2005, 168쪽.

60 박진영, 『번역과 번안의 시대』, 소명출판, 2011, 125~137쪽 및 189쪽.

61 이희정은 1919년 『매일신보』 현상문예모집을 통해 당선 연재된 장편소설이 한 편도 없었다고 말하며 그 원인을 3·1운동의 실패에서 찾는다. 이희정, 『한국 근대소설의 형성과 『매일신보』』, 139쪽. 『매일신보』가 시행한 현상문예에 대한 연구로는 손동호, 「식민지 시기 『매일신보』의 신년현상문예 연구」, 『한국근대문학연구』 20, 한국근대문학회, 2019 참조.

62 천두슈 외, 김수연 편역, 「문학혁명론」, 『신청년의 신문학론』, 한길사, 2012, 84쪽.

63 『매일신보』의 번안소설이 근대 소설 독자의 형성에 미친 영향을 분석한 논의로는 전은경, 『근대계몽기 문학과 독자의 발견』, 역락, 2009; 이희정, 앞의 책, 2008 참조.

64 김윤경, 「訓民正音의 性質과 價値, 朝鮮文字의 歷史的 考察 (10)」, 『동광』 32호, 1932, 68쪽.

3장 식민지 전반기(1910~1931) '대중' 인식 변화와 전유되는 '통속'

1. 식민통치의 확대와 '통속강연'의 주체들

1 「인천의 통속강연회」, 『매일신보』, 1911. 11. 29.
2 「동부의 위생강연」, 『매일신보』, 1914. 6. 3.
3 「통속교육강화」, 『매일신보』, 1915. 3. 12.
4 김현주, 『사회의 발견』, 소명출판, 2013, 140~147쪽.
5 이철우, 「일제하 한국의 근대성, 법치, 권력」, 『한국의 식민지 근대성』, 삼인, 2006, 101~102쪽.
6 미셸 푸코, 심성보 외 옮김, 「통치성」, 『푸코효과―통치성에 관한 연구』, 난장, 2014, 154쪽.
7 「장단에서」, 『매일신보』, 1917. 1. 21.
8 「폐결핵에 대하여, 於청년회관 본사주최 통속강연회에서―총독부의원 千葉의관 강연」, 『매일신보』, 1918. 4. 5~4. 7.
9 「미국의 사회교육, 於청년회관 본사 주최 통속강연회에서―丹羽淸次郎씨 강연」, 『매일신보』, 1918. 4. 9~4. 12.
10 이상의 내용은 「미국의 사회교육, 於청년회관 본사 주최 통속강연회에서―丹羽淸次郎씨 강연」, 『매일신보』, 1918. 4. 9~4. 12.
11 고마고메 다케시, 『식민지제국 일본의 문화통합』, 126쪽 및 137~140쪽.
12 장석만, 「일제시대 종교 개념의 편성―종교 개념의 제도화와 내면화」, 『종교와 식민지 근대』, 책과함께, 2013, 74쪽 및 78~80쪽.
13 김정인, 「1910년대 『天道敎會月報』를 통해서 본 민중의 삶」, 『한국문화』 30, 서울대학교 규장각 한국학연구원, 2002; 허수, 『이돈화연구』, 역사비평사, 2011. 『천도교회월보』에 실린 이돈화의 「종교의 양 측면」과 「미의 신앙으로부터 각의 신앙에」는 '종교와 사회'의 관계 설정이 부각된 대표적 논설이다. 선행 연구에서는 이 두 편의 논설이 현대 종교의 "개인적 측면과 사회적 측면을 종합적으로 파악할 책임"을 강조하고 있으며 "과학뿐만 아니라 도덕과 정치"까지 "천도교 교리의 작용 범위"에 포함하고 있음을 지적한다(허수, 『이돈화연구』, 74~75쪽).
14 종교단체의 교육 및 포교활동을 통제하는 총독부의 방침이 통과된 직후 1916년은 『매일신보』의 지면 배치가 바뀌면서 이광수를 비롯한 조선인 엘리트들에게 일정한 지면을 할애한 후 "사회의 연대성, 능동성, 자율성에 대한 의식과 감각을 유포하는"(김현주, 『사회의 발견』, 237쪽) 글을 수록하기 시작한 시기이도 하다. 또한 이들 조선인 엘리트들이 『매일신보』에 여러 유형의 글들을 연재한 직후는 『매일신보』가 직접 '통속강연'의 기획자로 나섰던 시기와 맞물린다. 이를 통해 식민지 지배권력이 서로 다른 조선인 세력에게 상이한 방식으로 통치를 행하고 있었음을 유추할 수 있다.
15 1920년 7월 18일 『조선일보』에 실린 「경성시민강담회」라는 기사에서는 '경성동아 경제회'가 기획하고 조선은행 부총재, 총독부 상공과장 등 식민지 상층부 권

력에 자리하는 인사들이 연사로 참여한 통속강연이 개최되었음을 보여준다. 이러한 강연들은 '사회교육의 진전' 혹은 '사회 교화'라는 목표하에 총독부에 의해 장려되어 경성, 원산, 평양, 신의주, 대구, 군산, 목포, 부산 등 전국 각지에서 개최되기도 했다. 「경성시민간담회」, 『조선일보』, 1920. 7. 18; 「사회교화강연회 조선각지에 개최」, 『동아일보』, 1921. 8. 4.

16　1920년대의 강연회, 독서회를 연구하며 '대중지성'의 형성 과정을 분석한 선구적 논의로는 천정환, 『대중지성의 시대』, 푸른역사, 2008. 이 연구는 '강연회' 자체가 아니라 '통속강연'에 초점을 맞추어 그 강연과 관련된 다층적 주체에 주목했다는 점에서 선행 연구와 일정 부분 문제의식을 달리한다. '통속강연'은 '대중지성'이 형성되는 장소이기도 하지만, 총독부 당국 및 계몽적 지식인들, 나아가 사회주의 활동가들이 충돌하는 자리이기도 했다. 이에 주목하여 필자의 이 책은 '통속강연'과 관련된 다층적 주체들의 활동이 이후의 '통속소설' 및 대중화 논쟁과 관련된 비평적 논의와도 부분적으로 연결되어 있다는 점까지 함께 분석하고자 한다.

아래의 연구들은 1920년대 전반기 '통속강연'을 다루는 이 책의 논의와 부분적으로 관련되어 있다. 그러나 이 책은 강연회 자체가 아니라 1920년대~1930년대를 전반적으로 아우르며 '통속강연'의 변화 양상을 분석하고 있다는 점, 이 유형의 강연이 '통속소설' 논의와 연결되는 지점을 탐색하려 했다는 점에서 선행 연구들과 구별된다.

홍순애, 「近代小說의 장르分化와 演說의 미디어적 連繫性 硏究―1920~30년대를 중심으로」, 『어문연구』 144, 한국어문교육연구회, 2009; 송민호, 「開化啓蒙時代 '演說'과 '講演'의 分化와 非政治的 公論場 形成의 背景」, 『한국문화』 55, 규장각한국학연구원, 2011; 송민호, 「일제강점기 미디어로서의 강연회의 형성과 불온한 지식의 탄생」, 『한국학연구』 32, 인하대한국학연구소, 2014; 신지영, 『不부/在재의 시대―근대계몽기 및 식민지시기 조선의 연설, 좌담회』, 소명출판, 2012.

17　「부인을 위하야 신시험」, 『동아일보』, 1920. 4. 14.
18　「모임」, 『동아일보』, 1920. 5. 7.
19　「여자순강단김제착」, 『동아일보』, 1921. 8. 16.
20　「여자청년회 강연」, 『조선일보』, 1923. 7. 31. 『김말봉 전집』에 실린 연보에 따르면 김말봉은 1923년 도쿄에 있는 송영고등여학교 5학년을 졸업했고, 1924년 4월 교토에 있는 도시샤여자전문학부 영문과에 입학했다. 기사에 실린 '여자청년회 강연'이 열린 1923년 7월이 작가 김말봉이 송영고등여학교를 졸업한 후 도시샤여자전문학부에 입학하기 전의 기간이라는 점, 작가의 본적이 부산이라는 점을 고려한다면, 기사에 실린 연사 김말봉은 훗날 『밀림』과 『찔레꽃』을 발표하며 1930년대 '통속소설' 논의를 이끌어낸 소설가 김말봉으로 추정된다. 진선영 엮음, 『김말봉 전집 1. 밀림(상)』, 소명출판, 2014, 793쪽.
21　「통속강연회」, 『조선일보』, 1923. 2. 4. 『조선일보』는 이 강연회에 대해 비교적 상세하게 소개한다. 정렴구라는 연사는 「자주자립」이라는 주제로 자작자급의 중요

성에 대해, 육영강습소 교사였던 진연근은 아인슈타인의 상대성 이론에 대해, 그리고 한영석은 「인류생활의 요소」라는 제목으로 무산자의 생활을 개조하겠다는 열정을 각각 드러낸다.

22 「문천통속강연」, 『조선일보』, 1923. 3. 4.
23 「청년연합통속강연」, 『동아일보』, 1921. 4. 25.
24 「인천위생강연」, 『조선일보』, 1924. 6. 30; 「위생강연의 성황」, 『조선일보』, 1924. 7. 4; 「통속의학강연」, 『조선일보』, 1924. 7. 12; 「통속위생」, 『동아일보』, 1924. 6. 28; 「위생강연 금일」, 『동아일보』, 1924. 7. 1.
25 「통속강연회」, 『조선일보』, 1924. 7. 13; 「신의주기독청년」, 『조선일보』, 1925. 12. 15; 「정주천도청당대회」, 『조선일보』, 1929. 3. 16; 「시천교 통속강연」, 『조선일보』, 1929. 5. 9; 「천도교학생회」, 『조선일보』, 1929. 11. 28.
26 성주현, 「천도교청년당(1923~1939) 연구」, 한양대학교 대학원, 2009, 162~163쪽.

2. 근대적 지식의 통속화와 일반인의 화법

27 김기전, 「농촌 개선의 긴급 동의」, 『개벽』 5호, 1920, 16~21쪽; 김기전, 「농촌 청년회의 설립을 촉함」, 『개벽』 7호, 1921.
28 「남북조선을 순회한 자의 수작」(『개벽』 29호, 1922)의 다음 부분은 천도교의 포교활동이 특히 지방에서 위축될 수밖에 없었던 상황을 유추할 수 있게 해준다. "이때에 있어 가장 곤란한 상태를 가지고 있는 이는 그 지방에서 비교적 상당한 생각과 지식을 가지고 있는, 순수한 민간측에 가담하여 무엇이라도 한 번 해보고자 하는 그들이다. 그들의 다수는 일찍이 한 번씩 한 번씩 그 지방의 만세운동에 참여하였거나 그렇지 않으면 그러한 운동에 참여할 뜻을 가진 자라 하여 여러 가지로 주목을 받는 자이다. 경성이나 평양 같은 대도회에서는 경찰 당국의 취체하는 방식도 조금은 다르고 또 그 지역에서 주목받을 정도의 사람은 얼마라도 많은 바 그렇게 괴로움을 당하는 일이 없으나, 시골에서는 그러한 사람이 불과 몇 사람이요 경찰의 취체는 스스로 무리한 점이 많은 바, 그들이 그사이에 당하는 괴로움은 실로 말로 하기 어려울 상태이다." 소춘 김기전 선생 문집 편집위원회 편, 『소춘 김기전 전집 1』, 국학자료원, 2010, 151쪽 및 444쪽.
29 김기전, 「농촌 개선에 관한 도안」, 『개벽』 6호, 1920, 16쪽.
30 고마고메 다케시의 연구에 따르면 "1921년 조사 당시 약 1만 6,000교였던 서당이 계속 증가해 1921년에는 대략 동리 수에 필적하는 약 2만 5,000교에 달했"다. 고마고메 다케시는 이를 1920년대 이전까지 조선의 "재지양반"이라는 전통 엘리트와 일진회 같은 협력 엘리트 사이에 뚜렷한 구분"이 있었음을 보여주는 예로 해석한다. 고마고메 다케시, 『식민지제국 일본의 문화통합』, 149~150쪽.
31 윤해동, 「한말 일제하 천도교 김기전의 '근대' 수용과 '민족주의'」, 『역사문제연구』 1호, 역사문제연구소, 1996, 262쪽.
32 신식, 「문화의 발전 급 기 운동과 신문명」, 『개벽』 14호, 1921, 23~24쪽.

33 신식, 「문화의 발전 급 기 운동과 신문명」, 28쪽.
34 양백화, 「胡適씨를 中心으로 한 中國의 文學革命」, 『개벽』 5호, 1920.
35 천두슈 외, 김수연 편역, 『신청년의 신문학론』, 한길사, 2012.
36 김동인, 「소설에 대한 조선 사람의 사상을」, 『학지광』 18호, 1919, 47쪽. 이와 관련한 상세한 분석은 이주라, 『식민지 근대의 시작과 대중문학의 전개』, 소명출판, 2016, 67~69쪽.
37 박종화, 「文壇의 一年을 追憶하야 現況과 作品을 槪評하노라」, 『개벽』 31호, 1923, 5쪽.
38 이상의 논의는 박양신, 「다이쇼 시기 일본·식민지 조선의 민중예술론—로맹 롤랑의 '제국' 횡단」, 『한림일본학』 22, 일본학연구소, 2013, 36~41쪽.
39 손성준, 「염상섭·현진건의 통속」, 『근대문학의 역학들—번역 주체·동아시아·식민지 제도』, 소명출판, 2019, 254~297쪽.
40 최남선, 『조선역사통속강화』, 『동명』 3호, 1921, 11쪽.
41 윤영실은 최남선이 『동명』에 연재한 「조선역사통속강화게재」와 「조선민시론」 (1922)에서 "정제된 플롯 구상을 통해 민족서사를 훨씬 명료한 윤곽"으로 가다듬었다고 분석하며 그 과정에서 "하나의 유기적 단위로서의 '민족 이야기'"가 부각되었음을 지적한다. 그러나 이러한 방식은 "민족의 연원을 과학적으로 규명하는 것과는 거리"가 있었으며 최남선은 『조선역사강화』(1928)에서 민족적 통사 서술을 본격적으로 시도한다. 윤영실, 『육당 최남선과 식민지의 민족사상』, 아연 출판부, 2018, 309쪽 및 313~315쪽.
42 강용훈, 「'통속' 개념의 변천 양상에 대한 역사적 고찰」, 2014, 20쪽.
43 김명식, 「노동문제는 사회의 근본문제이라」, 『공제』 1호, 1920.
44 「餘滴」, 『공제』 1호, 1920.
45 「통속유행어」에는 '물질주의', '사대주의', '향락주의', '상호부조론', '진화', '과격파', '부인해방', '해방', '민족자결', '노동운동', '인도주의', '노동조합'과 같이 1910년대 후반 이후 부각되기 시작한 계몽운동 및 사상 관련 어휘들이 주를 이루었지만, '가로등', '기하급수', '예술', '경문학', '자유시', '자유결혼'과 같은 다양한 문화 관련 어휘도 소개되었다. 『공제』 2호의 「통속유행어(속)」에서 해설되고 있는 '상식'이라는 말은 이 어휘들의 성격을 암시해준다. 「통속유행어(속)」에서는 "전문가가 아니라도 심득치 아니치 못할 필요한 일반 지식"으로 '상식'을 의미화하고 있으며, 그러한 의미에서는 '전문가'와 '일반인'의 경계를 넘어 누구나 이해할 수 있고 누구에게나 필요한 '지식'을 중요시하려는 의도가 발견된다. 그 의도는 새로운 말들을 일반 구독자도 접근하기 쉽게 소개하려는 『공제』의 기획 목적, 「통속유행어」의 서술 방식 자체와도 긴밀하게 연동되고 있었다. 「통속유행어 (속)」, 『공제』 2호, 108~110쪽.
46 에티엔 발리바르, 서관모 옮김, 「민족형태—그 역사와 이데올로기」, 『이론』 6호, 진보평론, 1993, 132쪽.

3. 사회운동의 대중화와 금지/허용의 경계

47 「경성여청동맹 공장방문대」, 『동아일보』, 1926. 3. 6; 「경성녀청 상무위원회 지난 사일오후에」, 『조선일보』, 1926. 3. 6; 「녀청동맹의 부인주간」, 『조선일보』, 1926. 3. 11. 경성여자청년동맹과 함께 무산부인 데이를 준비하려 한 조선여성동우회 역시 '부인통속강좌'를 진행하고 있었다. 「녀성 동우회 통속강좌」, 『조선일보』, 1927. 2. 19. 이외에도 '김해토요회'도 '여자통속강연회'를 개최하고 있었다. 「김해토요회 주최 녀자통속강연」, 『동아일보』, 1926. 2. 28.

48 「교양, 단결, 연락 등」, 『동아일보』, 1926. 9. 17.

49 「대전에서 사회문제대강연」, 『조선일보』, 1924. 8. 22.

50 「여자의 노력뿐으로 교육회를 설립」, 『동아일보』, 1920. 4. 14.

51 「간도에 통속강좌」, 『조선일보』, 1925. 1. 7.

52 「한양청년연맹의 청년운동 신정책」, 『조선일보』, 1925. 11. 26.

53 1927년 11월 19일 『조선일보』에는 송도청년회가 연구회를 개최하여 '사회주의 통속강의'를 열었다는 기사도 실려 있다. 이 기사에서 확인할 수 있듯 사회주의 사상을 통속적으로 강의하는 활동들은 1920년대 중반부터 '연구'나 '학술'이라는 용어와도 밀접하게 연동되기 시작했다. 「송도청년회 연구회개최」, 『조선일보』, 1927. 11. 19. 이 시기 사회주의 사상을 포함한 다층적 지식을 더 많은 사람들이 이해할 수 있는 방식으로 재구성하는 작업은 '통속강연', '연구회' 등 여러 방식으로 시도되고 있었다. 다음의 기사에서도 이를 확인할 수 있다. 「출판일보」 『동아일보』, 1930. 10. 3; 「신간소개」, 『동아일보』, 1930. 10. 5.

54 로버트 스칼라피노·이정식, 한홍구 옮김, 『한국 공산주의 운동사』, 돌베개, 2015, 206~207쪽.

55 윤기정, 「무산 문예가의 창작적 태도」, 『카프비평자료총서 III 제1차 방향전환론과 대중화론』, 임규찬·한기형 편, 태학사, 1989, 332쪽.

56 본부초안, 「무산계급 예술운동에 대한 논강」, 『카프비평자료총서 III 제1차 방향전환론과 대중화론』, 임규찬·한기형 편, 태학사, 1989, 355~356쪽.

57 『예술운동』 창간호(1927. 11)에 실린 이북만의 「예술운동의 방향전환은 과연 진정한 방향전환론이었는가?」에서도 확인할 수 있듯, 그러한 정치운동, 정치투쟁은 조선 사회의 특수성, 즉 식민지적 특성을 고려하고 있었고 그 투쟁의 표현 지점이 '신간회'에 맞춰져야 한다는 점도 강조되었다. 이북만, 「예술운동의 방향전환은 과연 진정한 방향전환론이었는가?」, 『카프비평자료총서 III 제1차 방향전환론과 대중화론』, 임규찬·한기형 편, 태학사, 1989, 358~360쪽 및 372~373쪽. 이 글에서 이북만 역시 무산계급운동의 방향전환을 "정치운동, 대중운동으로 전환"으로 규정하며 예술운동이 추구해야 할 새로운 임무로 "대중을 전무산계급적 정치투쟁에까지 동원하는 매개체로서의 예술", "작품행동과 반항운동을 통하여 많은 대중을 우리의 조직에까지 즉 투쟁에서까지 동원"하는 것을 강조한다.

58 김윤희, 「근대 국가구성원으로서의 인민 개념 형성(1876~1894) — 민(民)=적자(赤子)와 『서유견문(西遊見聞)』의 인민」, 『역사문제연구』 13(1), 역사문제 연구

소, 2009, 316쪽. 황호덕·이상현 편, 『한국어의 근대와 이중어사전: 영인편 1권』, 박문사, 2012, 68쪽.
59 박명규, 『국민·인민·시민―개념사로 본 한국의 정치주체』, 소화, 2009, 84~85쪽.
60 황호덕·이상현 편, 『한국어의 근대와 이중어사전: 영인편 5권』, 박문사, 2012; 황호덕·이상현 편, 『한국어의 근대와 이중어사전: 영인편 6권』, 박문사, 2012, 85·220·418쪽.
61 게일의 1911년판 『영한자전』에도 '계급'은 수록되었지만, 이 말은 'class'와 연결되어 이해되고 있지 않다. 그러나 1931년판 『영한자전』에는 '계급'을 'class'와 연결하고 있으며 '무산계급'이라는 말도 수록하고 있다. 황호덕·이상현 편, 『한국어의 근대와 이중어사전: 영인편 10권』, 박문사, 2012, 123·601쪽.
62 일문연 대중문화연구 프로젝트 엮음, 엄인경·하성호 옮김, 『일본대중문화사』, 보고사, 2024, 292~294쪽.
63 시마무라 테루는 '대중'의 위상이 높아진 또 다른 이유로 매스미디어의 성장을 들며, 1918년 쌀값 폭동에 항의하는 소규모 민중 폭동이 신문 보도로 인해 확대된 사건이 '대중'의 출현을 보여준다고 말한다. 시마무라 테루, 「군중·민중·대중: 메이지말~다이쇼기에 걸친 민중폭동」, 『내셔널리즘의 편성―근대 일본의 문화사 5: 1920~1030년대 1』, 소명출판, 2012, 217~221쪽.
64 안인환, 『중국대중문화, 그 부침의 역사』, 210~214쪽 및 253쪽.
65 허수, 「1920~30년대 식민지 지식인의 '대중' 인식」, 『역사와 현실』 77, 한국역사연구회, 2010. 허수는 1931년 '신간회' 해소와 관련된 논쟁에서 '노농대중'이라는 용례가 부각되었음을 지적한다.
66 한홍정과 관련된 내용은 조선일보사 사료연구실, 『조선일보 사람들: 일제시대편』, 랜덤하우스중앙, 2004.
67 「함흥통속강연」, 『조선일보』, 1928. 5. 2. 그러나 그 기사의 뒤에 배치된 강연회의 내용들은 「법률과 오인의 생활」, 「위흥상업계를 보고」, 「질병과 그 예방」, 「경제실제」로 상식적 지식과 학술적 내용의 경계에 놓여 있는 것들이었다. 다만 「법률과 오인의 생활」로 강연한 채용묵에 대해 청중이 '치안유지법제령'과 관련된 질문을 던졌다는 것에서 확인할 수 있듯 표면적으로 배치된 강연의 주제와 실제 수행된 강연의 내용들은 일정 부분 괴리되어 있었을 가능성이 존재한다. 이러한 특징 때문에 이 통속강연회는 금지되지 않았고, 기사에서는 이 강연회가 근래 함흥에서 드물게 열린 회합이라는 점도 부각되고 있다.
68 「신간전주지회 간담회를 적개최」, 『조선일보』 1927. 7. 18. 그 기사에 따르면 신간전주지회가 기획하고 있던 통속강좌에는 경제적 측면에 대한 연구가 중요시되었으며, 그 측면은 "세계자본공세와 노동공세"가 "상부구조에 반영하는 모든 정황"과 같은 표현에서 확인할 수 있듯 마르크스주의적 문제의식에 영향을 받고 있었음을 확인할 수 있다.
실제 수행된 수많은 통속강좌들은 신간전주지회가 기획했던 것처럼 사회비판적 문제의식을 직접적으로 드러내기 어려웠을 것으로 추정된다. 1929년 함흥 신간지회 교육부는 "통속적이며 학술적인 재료를 취"하여 "일반의 상식보급"을 목적으로 강연회를 기획했고, 함흥서 고등계 주임에게 강연회의 내용을 말했음에도 경찰이 막연하고 고압적인 태도로 강연회를 금지시킨 것에 분개하고 있다(「금지 일관의 함흥서 태도」, 『동아일보』, 1929. 8. 28).

69 「대성황의 통속강좌」, 『조선일보』, 1925. 1. 18.
70 「간도통속강좌」, 『조선일보』, 1925. 2. 2.
71 「주의병 걸린 경관의 자복 간도 통속강좌」, 『조선일보』, 1925. 2. 17.
72 「김하준씨 귀국」, 『조선일보』, 1923. 3. 20; 「당우청년구락부의 강연」, 『조선일보』, 1923. 8. 31.
73 「간도소식일속」, 『동아일보』, 1923. 10. 31.
74 전명혁, 「일제강점기 조선인 기자와 언론활동—일제하 방한민의 언론, 교육운동과 민족해방운동」, 『사림』 44, 수선사학회, 2013, 9~11쪽.
75 「간도동계중학과 영사당국의 압박」, 『동아일보』, 1923. 12. 19; 「동학수페지호」, 『동아일보』, 1923. 12. 21.
76 「통속강연금지하는 성진경찰의 고압정책」, 『조선일보』, 1926. 11. 12.
77 「과학사상연구 총회에 해산명령」, 『동아일보』, 1926. 2. 14.
78 「사상단체 태양회 창립」, 『조선일보』, 1926. 11. 16.
79 「태양회총회금지 치안방해란 구실로」, 『동아일보』, 1926. 12. 19.
80 「이청裡靑 강연회 경관중지연호」, 『조선일보』, 1927. 6. 25.
81 「강좌가 불온타고 중지, 해산, 검속」, 『조선일보』, 1929. 8. 20.
82 「제일회 상식보급단기강좌 통속대학」, 『조선일보』, 1929. 11. 7.
83 「통속대학대성황」, 『조선일보』, 1929. 11. 13; 「단기강좌 통속대학 제이회」, 『조선일보』, 1930. 12. 6. 종로중앙기독교청년회관에서 열린 '제2회 단기강좌 통속대학'에서는 김현준이 '사회성'이라는 주제의, 염상섭이 '현대문학의 동태'라는 주제의 새 강연자로 예고되고 있었다. 주지하다시피 1929년은 염상섭이 『조선일보』 학예부장으로 활동하고 있던 때이기도 하다.
84 「통속대학을 경찰이 금지」, 『조선일보』, 1931. 11. 27.
85 한기형은 식민지 시기 김기진의 '통속소설' 논의가 검열 우회 전략과 연관된다는 점을 강조한 바 있다. 한기형, 「노블과 식민지」, 2013. 1920년대 중반 이후의 '통속강연' 역시 이와 유사한 맥락에서 이해될 수 있다.

4. '대중' 내부의 이질성과 '통속' 개념의 전유

86 허수, 「1920~30년대 식민지 지식인의 '대중' 인식」, 『역사와 현실』 77, 한국역사연구회, 2010. 그러나 허수는 이 기간에 '대중문화' 계열의 '대중' 용례가 출현하기는 했지만, '대중' 개념의 의미 변화를 가져올 만큼 두드러진 변화는 나타나지 않았다는 점 또한 분석하고 있다.
87 레이먼드 윌리엄스, 『키워드』, 295~297쪽.
88 「조선 영화제작에 관한 일고찰(1)」, 『별건곤』 7호, 1927. 5.

89 「여언」,『별건곤』 1호, 1926. 11.
90 문경연,『취미가 무엇입니까?』, 돌베개, 2019, 194~198쪽.
91 碧朶,「貧趣味症慢性의 朝鮮人」,『별건곤』 1호, 1926. 11.
92 김기진의 1920년대 초반의 활동과 관련한 연구는 다음을 참조했다. 김윤식,『한국근대문예비평사연구』, 일지사, 1978; 박현수,「김기진의 초기 행적과 문학 활동」,『대동문화연구』 61, 성균관대학교 대동문화연구원, 2008.
93 이상 김기진의 행적과 관련된 내용은 김기진,「우리가 걸어온 30년」,『김팔봉문학전집 II』, 문학과지성사, 1988; 김기진,「나의 회고록」, 같은 책; 김기진,「편편야화」, 같은 책 참조.
94 선행 연구에서는 번안소설이 김기진의 대중화 관련 논의에 미친 영향을 강조하고 있다. 이는 분명 설득력 있는 주장이지만, 그 영향은 1920년대 중반 이후 여러 신문사를 거쳐 갔던 김기진의 기자 활동 전반, 1926년『시대일보』에 연재했던『약혼』부터 시작된 신문연재소설의 창작경험과 연관해 이해될 필요가 있다. 김기진의 번역·번안 소설 및『중외일보』기자 활동에 대한 연구로는 김영애,「김기진과『중외일보』」,『근대서지』 10, 근대서지학회, 2014; 김영애,「김기진 번역 번안소설 연구」,『반교어문연구』 35, 반교어문학회, 2015. 송하춘,『한국현대장편소설사전』, 고려대학교출판부, 2013, 316쪽.
95 김기진의 회고에 따르면, 김기진은 1928년 초 형인 김복진이 '제3차 공산당 ML당 사건'으로 검거되며 생활의 어려움에 직면했고, 1929년 초반에는『중외일보』를 그만두고 정어리 공장 사업에 뛰어든다. 사업에 실패한 후 1930년 다시『중외일보』사회부장으로 일했지만,『중외일보』는 경영난으로 문을 닫을 수밖에 없게 된다. 이후 김기진은『조선일보』사회부장으로 자리를 옮겨 기자로서의 활동을 이어나갔다. 김기진,「편편야화」,『김팔봉문학전집 II』참조.
96 김기진은「문예시대관 단편―통속소설 소고」에 앞서 1927년 12월 발표된「감상을 그대로―약간의 문제에 대하여」에서도 문학에서의 '독자' 문제를 중요하게 고려해야 한다고 말한다. 김기진,「감상을 그대로―약간의 문제에 대하여」,『동아일보』, 1927. 12. 10~12. 15.
97 「사면소설예고」,『조선일보』, 1921. 11. 30.
98 코젤렉은 "수많은 정치적·사회적 의미 연관과 경험들"이 "하나의 단어로 유입"될 때 비로소 단어는 개념이 될 수 있음을 강조한다. 라인하르트 코젤렉,『지나간 미래』, 134~135쪽.
99 2010년대 이후의 연구에서는 김기진의 논의를, 프롤레타리아 문예운동의 대중화 과정에서 검열과 시장을 바라보는 관점의 차이와 연결시켜 접근했다(한기형,「선전과 시장」,『대동문화연구』 79, 2012; 최병구,「1920년대 비평(사)의 문화적 배경 또는 논쟁의 심층」,『구보학보』 25, 2020). 또 대중화 논쟁과 관련된 담론들에서 '통속'·'민중'·'대중'의 의미 투쟁이 발생하고 있는 양상 등을 분석하며 일정한 성과를 남겼다(강용훈,「'통속' 개념의 변천 양상에 대한 역사적 고찰」, 2014; 김지영,「1920년대 대중문학 개념 연구」, 2015). 이 책에서는 이러한 성과를 이어받되 김기진의 '통속' 및 대중화 관련 담론이 문제의식을 문예 창작 혹은

소설 수용의 영역으로 한정하지 않고, '강연'과 연관되는 선전 및 교육 활동으로 확장하려 했다는 데 주목하려고 한다. 이는 김기진의 통속소설 담론이 '시가 및 다층적 문학 장르에서의 대중화' 논의로 나아가게 된 양상을 재조명하려는 작업, 나아가 이 책의 핵심적 문제의식인 '통속강연'이 '문예운동에서의 통속'을 논의한 담론과 연결되는 지점을 분석하려는 작업과 맞닿아 있다.

100 김기진, 「문예시대관 단편—통속소설론 소고」(김팔봉, 홍정선 편, 『김팔봉문학전집 I. 이론과 비평』, 문학과지성사, 1988, 121~122쪽).

101 이상은 김기진, 「문예시대관 단편—통속소설론 소고」, 『조선일보』, 1928. 11. 9~11. 20(김팔봉, 『김팔봉문학전집 I. 이론과 비평』, 120~126쪽).
이러한 김기진의 논의는 「문예시대관 단편—통속소설론 소고」가 발표되기 전인 1928년 1월 『중외일보』에 연재된 최독견의 「대중문학에 대한 편상」에 일정 부분 영향을 받았을 가능성이 높다. 「문예시대관 단편—통속소설론 소고」가 이광수와 함께 김기진이 최독견을 통속소설의 대표 작가로 규정하며 논의를 시작하고 있다는 점, 이후 최독견·염상섭 등과 함께 『황원행』을 집필했다는 점에서 이를 추정해볼 수 있다. 김지영의 연구에 따르면, 최독견은 "독자 대중과 교섭하고 민중과 반려하는 창작을 '대중문학'으로 명명"했으며 그 논의는 "일본에 있었던 대중화론의 시발점과 일맥상통"하는 한편, "김기진의 통속소설론과도 흡사한 논리구조"를 취하고 있다. 김지영, 「1920년대 대중문학 개념 연구」, 237쪽.

102 염상섭, 한기형·이혜령 엮음, 『염상섭 문장 전집 1』, 소명출판, 2013, 714쪽.

103 이하 김기진을 분석하는 부분은 강용훈, 『비평적 글쓰기의 계보—한국 근대문예비평의 형성과 분화』(소명출판, 2013)의 257~264쪽의 내용을 참조했으나, 이를 '통속' 개념에 맞추어 변형하고 재구성했다.
'대중'과 '통속'을 바라보는 김기진의 시각에는 1920년대 후반 이후 일본에서 전개된 프롤레타리아 문예운동의 대중화 논의도 영향을 미쳤다. 1926년 일본에서는 문학의 대중화 현상이 두드러졌고, 이 시기 발표된 기쿠치 칸의 『진주부인』은 '새로운 통속소설'로 평가되기에 이른다. 반면 프롤레타리아 문예운동은 침체기에 빠져들었고, 이를 타개하기 위해 가토 가즈오는 프롤레타리아 작가들에게 새로운 통속소설을 쓰자고 제안한다. 1920년대 후반에는 구라하라 고레히토가 "'재미'의 문학을 선도했던 대중문학이나 통속문학의 수법"을 이용하여 무산계급 예술운동을 대중화해야 한다고 주창했고, 하야시 후사오는 문화적으로 앞선 독자와 "문화적으로 낮은 대중"을 구분한 후 후자에 조응하는 문학을 '프롤레타리아 대중문학'으로 규정한다(이상 일본에서의 '프롤레타리아 문예의 대중화'와 관련된 논의는 마에다 아이, 유은경 외 옮김, 『일본 근대독자의 성립』, 이룸, 2003, 201~218쪽 및 266~280쪽). 서동주는 구라하라 고레히토와 논쟁을 벌인 나카노 시게하루에 초점을 맞춰, 예술대중론에 대한 그의 비판이 '내셔널리즘의 재편'을 문제 삼았다고 해석한다. 서동주, 「예술대중화논쟁과 내셔널리즘—나카노 시게하루의 예술대중화론 비판의 위상」, 『일본사상』 17, 한국일본사상사학회, 2009. 일본에서의 '대중화' 관련 논의들은 김기진의 논의와 상당 부분 문제의식을 같이하지만, 선행 연구에서는 그 영향관계를 인정하면서도 김기진의 논의가 일본의 논의와는 달리 내용과 형식 모든 측면에서의 '대중화'를 강조했음을 지적한 바 있다. 이영미, 「1920년대 대중화논쟁 연구」, 『민족예술운동의 역사와 이론』, 한길사, 1991, 483~484쪽.

104   한기형, 「선전과 시장, 문예대중화론의 재인식」, 『식민지 문역—검열, 이중출판시장, 피식민자의 문장』, 성균관대학교출판부, 2019, 250쪽 및 259쪽.

105   김기진, 「대중소설론」, 『동아일보』, 1929. 4. 14~4. 20(김팔봉, 『김팔봉문학전집 I. 이론과 비평』, 128~138쪽). 낭독의 방식을 강조한 것은 김기진의 논의에서 특정 작품 속에 생경하게 나타나는 연설의 방식을 비판한 것과 대비된다. 김기진은 「문예시대관 단편—통속소설론 소고」에서 이론이 생경하게 드러나며 "작자 자신이 작중에서 앞장을 서서 팔을 모두 걷고 연설"을 하는 방식이 독자의 흥미를 잃게 만든다고 비판한다. 김기진이 대조적으로 가치 평가하고 있는 연설과 낭독의 방식은 물론 '소설' 창작과 관련된 내용이지만, 연설이 아니라 통속강연을 통해 대중과의 접점을 만들어내려고 했던 활동가들의 의도를 추측할 수 있게 만든다(김팔봉, 『김팔봉문학전집 I. 이론과 비평』, 124쪽).

106   김기진, 「프로 시가의 대중화」, 『문예공론』 2, 1929. 6(김팔봉, 『김팔봉문학전집 I. 이론과 비평』, 145~148쪽).

107   차승기는 김기진의 대중화론과 카프 소장파 비평가들의 대중화론을 검토하는 논의에서 양자의 의의 및 한계를 지적한 바 있다. 차승기의 연구에 따르면, 김기진과 카프의 소장파 비평가들은 '대중'을 고민함으로써 프롤레타리아 문학운동 논리의 바깥(=외부)에 있는 영역을 감각할 수 있었다. 차승기는 김기진의 대중화론이 '근대문학'의 틀 아래 갇히면서, 그리고 소장파 비평가들은 '혁명적 프롤레타리아'라는 개념의 틀 아래 갇히면서 외부성에 대한 감각을 잃게 되었다고 비판한다. 이러한 차승기의 논의는 카프 대중화 논의의 한계를 전면적으로 성찰할 수 있게 해준다는 점에서 의의를 지닌다. 그러나 차승기의 논의에서 김기진과 관련된 부분은 김기진의 '통속소설' 논의가 근대문학의 독자층뿐 아니라 귀로 듣는 독자를 염두에 두고 있었다는 점, 1930년 발표된 「예술의 대중화에 대하여」에서는 다층적 매체의 수용자까지 고려하기 시작했다는 점을 분석에 담아내지는 못했다. 차승기, 「프롤레타리아 문학과 대중화—또는 문학운동과 외부성의 문제」, 『한국학연구』 37, 인하대학교 한국학연구소, 2015.

108   1930년 「예술의 대중화에 대하여」라는 글에서 김기진이 보여준 변화에 대한 분석은 이영미, 「한국 근·현대 예술운동의 대중화론, 그 쟁점과 허실」, 『민족문화연구』 61, 고려대학교 민족문화연구원, 2013, 415쪽; 이원동, 「예술 대중화 논쟁과 매체 전략의 의미」, 『어문학』 127, 한국어문학회, 2015, 372~383쪽.

109   김기진, 「예술의 대중화에 대하여」, 『조선일보』, 1930. 1. 1~1. 14(김팔봉, 『김팔봉문학전집 I. 이론과 비평』, 170쪽).

110   김기진, 「예술의 대중화에 대하여」, 『조선일보』, 1930. 1. 1~1. 14(김팔봉, 『김팔봉문학전집 I. 이론과 비평』, 172쪽).

111   한기형, 「선전과 시장, 문예대중화론의 재인식」, 135쪽.

112   김기진은 자신의 논의를 다음과 같이 요약하는 과정에서 '대중적 집합'이라는 표

현을 사용한다. "우리는 우리의 기관을 강대화하는 동시에 이용할 수 있는 모든 간행물 온갖 대중적 집합과 가두·공장·농촌·극장·상점의 진열실 등등의 온갖 기관과 기관을 붙잡기에 힘써야 한다." 김팔봉, 『김팔봉문학전집 I. 이론과 비평』, 173쪽.

113   이민영, 「카프의 연극대중화론과 정치연극의 대중적 형식」, 『한국극예술연구』 31, 한국극예술학회, 2010, 219~220쪽 및 227쪽. 신고송의 대중화 관련 논의가 지니는 의미를 카프의 연극·영화 대중화론 전반과 연결하여 논의한 연구로는 다음을 참조할 수 있다. 이광욱, 「카프 연극 영화 대중화론의 전개와 헤게모니 전략의 추이」, 『한국현대문학연구』 69, 한국현대문학회, 2023.

114   김기진의 논의는 계급의식의 차원에 국한되지 않는 대중의 심리적 층위, 대중에게 미치는 전근대적 문화의 영향에 주목했다는 점에서 의의를 지니지만, 그 논의는 기존 조선 사회운동에서 대중을 재조명하게 된 과정들과도 맞물려 있다. 이러한 특성은 1929년 1월 1일부터 『조선일보』에 연재된 기사 두 편의 영향관계를 통해 확인될 수 있다. 그중 하나는 김기진의 「10년간 조선 문예 변천 과정」이고, 다른 하나는 배성룡의 「조선 사회운동 소사」다.
김기진의 글은 조선 신문예운동의 생성 과정 및 무산계급 운동의 조직 과정에 초점을 맞춰 논의를 전개하고 있으며, 1910~1919년, 1919~1923년, 1923~1928년 말까지 조선 사회의 일반적 정세를 각각 논한 후 문예운동의 특수한 성격을 서술하는 방향으로 전개되고 있다. 이 중 일반적 정세를 다루는 부분에서 김기진의 논의는 조선 사회운동의 변천 과정을 서술한 배성룡의 논의와 유사성을 지닌다. 3·1운동 참여자의 절반 이상이 무교육자 혹은 서당에서 배운 자임을 말하며 지식계급의 한계를 논한 부분, 조선의 운동이 전조선청년당 대회를 경계로 "무산계급적 운동으로 전환하기 시작"(김기진, 「10년간 조선 문예 변천 과정」, 『조선일보』, 1929. 1. 1~2. 2. 김팔봉, 홍정선 편, 『김팔봉문학전집 II. 회고와 기록』, 문학과지성사, 1988, 22~23쪽)했음을 강조한 부분, 그리고 이를 조선 운동의 대중화 과정과 연결한 부분에서 이를 확인할 수 있다.
김기진과 배성룡의 논의는 각각 조선의 문예운동과 조선의 사회운동에 초점을 맞추어 논의를 전개하고 있지만, 그 운동의 대중화 전략을 모색하고 있다는 유사성을 지닌다. 모색의 과정에서 '통속'이라는 말이 부각되고 있다는 점도 공통점이다. 김기진은 "통속소설의 구성 요소의 분석과 약간의 기술에 관한 연구"가 1928년 시작되었음을 강조하고 있으며, 배성룡은 1920년대 중반 청년운동의 대중화 전략을 서술하며 한양청년연맹이 발표한 결의사항을 인용하고 있다. 그 결의사항에서는 한양청년연맹이 사회운동의 대중화를 위해 대외적으로 "노동야학여자야학, 통속강좌 등을 설치"했다는 점이 강조되고 있다. 김팔봉, 『김팔봉문학전집 II. 회고와 기록』, 50쪽; 배성룡, 「조선 사회운동 소사」 12, 『조선일보』, 1929. 2. 8.

115   안막, 「프로예술의 형식 문제」, 임규찬·한기형 편, 『카프비평자료총서 IV』, 태학사, 1990, 72~105쪽; 안막, 「맑스주의 예술비평의 기준」, 같은 책, 117~154쪽; 안막, 「조선 프로예술가의 당면의 긴급한 임무」, 같은 책, 189~190쪽.

116 최근 연구에서는 김기진의 「김명순씨에 대한 공개장」이 김명순에게 가한 폭력과 모독을 강하게 비판한다. 이러한 김기진의 문제점은 '대중'을 위계화하여 바라보는 김기진의 한계와도 밀접하게 관련되어 있다고 판단된다. 서정자, 「김기진의 「김명순씨에 대한 공개장」 분석—김명순에 대한 미디어 테러 1백 년의 뿌리」, 『여성문학연구』 43, 한국여성문학학회, 2018; 정종현, 『카프를 넘어서』, 역사비평사, 2025, 84~87쪽.

117 이도연은 한설야의 「사실주의 비판—작품제작에 관한 논강」의 한계를 비판하면서도 그 글에 담긴 '대중화'에 대한 문제의식은 높이 평가한다. 이도연, 「원론적 마르크스주의 비평의 가능성—한설야 비평에 관한 일 고찰」, 『국어국문학』 193, 국어국문학회, 2020.

118 한설야, 「사실주의 비판—작품 제작에 관한 논강(12)」, 『동아일보』, 1931. 7. 23. 한설야, 「사실주의 비판—작품 제작에 관한 논강」, 『카프비평자료총서 Ⅳ 볼셰비키화와 조직운동』, 태학사, 1989.

119 '통속'에 대한 이러한 이해는 비슷한 시기인 1929년부터 전개된 중국의 '문예대중화' 논쟁에서도 나타나고 있었다. 안인환의 연구에 따르면, 궈모러는 '대중'을 '무산노농 대중'으로 규정하면서 '계급대중'을 계몽하려고 했다. 이때 궈모러는 '무산문예의 통속화'라는 방법을 제기하며 "나는 당신을 향해 542만 번 통속을 외친다! 당신들은 속俗을 통하는 것이 자신의 존엄을 훼손한 듯하고, 속俗을 통하는 것이 자신의 체면을 구긴 듯 생각하면서 어정쩡한 태도를 취하지 마라"고 말한다. 안인환은 1930년대 후반의 혁명적 지식인 마오둔 역시 '통속'을 '"저속'이라는 개념과 구분하며, '통속화'를 '대중화'와 일치시켰고, 이때의 '대중'은 비자본주의적 민중을 지칭한다고 말한다. 안인환, 『중국대중문화, 그 부침의 역사』, 312쪽 및 358쪽 참조. 郭沫若, 「新興大衆文藝的認識」, 『大衆文藝』 1930年度2卷 第3期, 新興文學專號上, 632~633쪽.

4장 식민지 후반기(1931~1945) 통속문화의 지반 탐색

1. '통속'의 위상 변화와 '속' 문화의 상품성

1 백철, 「1933년도 조선문단의 전망」, 『동광』 40, 1933, 72쪽.
2 에로, 그로테스크, 넌센스를 1930년대 대중문화의 주된 속성으로 규정한 것은 소래섭 등에 의해 반복적으로 연구된 바 있다. 소래섭, 『에로 그로 넌센스—근대적 자극의 탄생』, 살림, 2005.
3 이 시기 '통속성'을 논의한 백철의 논리는 변주된 형태로 1950년 무렵 그의 비평에 다시금 나타난다.
4 한림과학원 편, 『한국 근대 신어사전』, 선인, 2010, 102쪽.
5 문세영, 『조선어사전』, 조선어사전간행회, 1938.
6 이상의 논의는 장신, 「1907~1945년의 집회 결사와 탄압 법령」, 『역사문제연구』

	26권 3호, 역사문제연구소, 2022, 165쪽; 이민주, 『제국과 검열—일제하 신문통제와 제국적 검열체제』, 소명출판, 2020, 244쪽.
7	이상의 내용은 「무병인도 경청할 금야수夜의 의학강연」, 『동아일보』, 1934. 10. 16.
8	최규진·황상익·김수연, 「식민지시대 지식인, 유상규劉相奎의 삶의 궤적」, 『의사학(Korean journal of medical history)』 18권 2호, 대한의사학회, 2009, 158쪽 및 163~165쪽.
9	이상의 내용은 김상태, 「경성의학전문학교 학생·졸업생들의 국내 항일운동」, 『동국사학』 67, 동국대학교 동국역사문화연구소, 2019, 374~376쪽. 흥미로운 것은 보건운동사의 핵심적 활동 주체였던 김탁원, 양봉근 등이 모두 여자의학강습소 학우회가 주최한 '통속강연'에도 참여했다는 점이다. 양봉근은 1932년 「전쟁은 과연 질병인가」라는 주제로, 김탁원은 1933년 「정신위생과 변태심리」라는 주제로 강연에 참여했다는 내용이 『조선일보』와 『동아일보』의 기사에 나타나고 있다. '통속의학강연'에 참여했던 양봉근의 강연 주제에 '전쟁은 과연 질병인가' 같은 내용이 있었던 것을 보면, 이때의 '통속의학강연회'의 활동에도 의료 계몽 활동으로만 한정할 수 없는 문제의식이 있었음을 유추해볼 수 있다. 「성하다병기」盛夏多病期 앞두고 통속의학강연」, 『동아일보』, 1932. 6. 12; 「통속의학강연」, 『조선일보』, 1933. 12. 8.
10	김도형, 「세전(世專) 교장 오긍선의 의료 계몽과 대학 지향」, 『학림』 40, 연서사학연구회, 2017.
11	박지영, 「식민지 위생학자 이인규의 공중보건 활동과 연구」, 『의료사회사연구』, 의료역사연구회, 2019, 61쪽.
12	「평양 통속과학만담회」, 『조선일보』, 1934. 5. 30; 「관중천여명의 과학만담성황」, 『조선일보』, 1934. 6. 13; 「과학보급회의 신사업」, 『조선일보』, 1934. 11. 1; 「통속과학강연회」, 『동아일보』, 1935. 2. 25; 「신천과학강연 보급회도 조직」, 『동아일보』, 1935. 3. 4.
13	황지나, 「애산 이인과 1930년대 과학운동」, 『애산학보』 47, 애산학회, 2020, 266~272쪽.
14	임종태, 「김용관의 발명학회와 1930년대 과학운동」, 서울대학교 석사학위논문, 1994, 111쪽.
15	황지나, 「애산 이인과 1930년대 과학운동」, 2020, 279~280쪽; 황지나, 「"과학조선 건설"을 향하여—1930년대 과학지식보급회의 과학데이를 중심으로」, 전북대학교 석사학위논문, 2019, 81쪽.
16	임종태, 「김용관의 발명학회와 1930년대 과학운동」, 131쪽.
17	한만수, 『허용된 불온—식민지시기 검열과 한국문학』, 소명출판, 2015, 266~267쪽.
18	이헌구, 「문학유산에 대한 맑스주의자의 견해」, 『동아일보』, 1932. 3. 11; 백철, 「총괄적으로 본 해체기의 일본문단」, 『조선일보』, 1933. 5. 10.
19	「문인좌담회」, 『동아일보』, 1933. 1. 6.
20	윤백남, 「신문소설 그 의의와 기교」, 『조선일보』, 1933. 5. 14.

21 이상의 내용은 통속생, 「신문소설강좌」, 『조선일보』, 1933. 9. 6~1933. 9. 13. 조성면 편, 『한국 근대대중소설 비평론』, 태학사, 1997 참조.
22 이기영, 「문예적 시사감—창작방법 문제에 관하야」, 『동아일보』, 1934. 6. 4.

2. '상식'과 연결된 '통속'

23 「장편작가회의」, 『삼천리』 8권 11호, 1936, 60쪽. 이 대담에는 『조선일보』, 『중앙일보』, 『동아일보』, 『매일신보』 등 당대의 일간지와 『삼천리』에 장편소설을 연재하고 있는 소설가들이 대거 참여했다. 대담자는 이광수, 염상섭, 박영희, 한용운, 이태준, 박종화, 한설야, 장혁주, 김말봉 등으로 1920년대부터 한국문학의 창작과 비평을 이끌었던 문인들이 망라되어 있고 특히 1930년대 중반 주목받기 시작한 장혁주, 김말봉 등의 작가들이 포함되어 있다.
24 「장편소설 예고」, 『동아일보』, 1935. 8. 4.
25 한설야, 「통속소설에 대하야 (2)」, 『동아일보』, 1936. 7. 4.
26 김환태, 「팔월창작평」, 『조선일보』, 1936. 8. 9. 김환태는 1936년 『사해공론』에 발표한 「예술에 있어서의 영향과 독창」에서도 인물 성격이 발전되는 양상과 '스토리'의 각기 다른 요소들이 유기적으로 결합된 관계를 '스토리에 나타나는 심적 필연성' 혹은 '스토리의 논리성'으로 규정한다. 이 규정은 김환태가 통속소설과 순수소설을 구별하는 기준으로 작동된다.
김환태는 '심적 필연성의 유무'에 따라 스토리가 독자들에게 각기 다른 성질의 흥미를 가져다준다고 보았다. 스토리가 인물의 성격 변화와 관련 없이 전개될 때 그 스토리는 사건을 시간순으로 나열한 것에 그치고, 이때 독자가 느끼는 흥미는 정신생활의 표면에 자리하는 호기심에 그치게 된다. 반면 "사건이 성격 속에 발전되어 심적 필연성"을 갖춘 스토리를 읽을 때 독자들은 그 사건이 왜 발생했는지 이유를 알려고 하며, 그 결과 소설 속에 나타난 모든 행동의 의의, 나아가 인생의 의의까지 맛볼 수 있다. 김환태는 '심적 필연성의 유무'에 따라 '순수소설'과 '통속소설'을 구분할 수 있음을 강조하며 순수소설의 경우 작가가 소재 속에서 정복되려고 하는 반면, 통속소설은 작가가 소재를 정복하려고 한다고 덧붙인다. 순수소설에서 작가가 작품의 유기적 질서에 어긋나지 않게 창작에 임하고 있는 반면, 통속소설의 경우 작가가 그 질서를 존중하지 않는다는 점을 지적하는 것이다. 김환태, 「예술에 있어서의 영향과 독창」, 『김환태전집』, 문학사상, 1988, 71~72쪽. 이에 대한 구체적 논의는 강용훈, 「김환태 비평과 1930년대의 '통속' 비판 담론」, 『현대비평』 21, 2024.
27 이하나, 앞의 글, 2021, 686쪽; 오혜진, 「대중소설론의 변천과 의의 연구」, 『우리문학연구』 22, 우리문학회, 2007, 308쪽. 이하나와 오혜진이 1930년대 후반 '통속소설'과 '대중소설'을 구분하고 있는 논의로 예를 드는 글은 윤백남의 「대중소설에 대한 사견」(『삼천리』, 1936. 2)과 독각생의 「대중과 통속」(『조선일보』, 1937. 9. 1) 등이다. 이러한 글들에 '통속소설'과 '대중소설'을 구별하는 시각이

나타나는 것은 분명하지만, 1930년대 후반의 '통속' 관련 논의 중 다수는 '대중소설'과 '통속소설'을 별다른 구분 없이 논의했다. 뒤에서 다시 이야기하겠지만, 그 구분이 조금 더 명확해진 것은 1950년대이며 이때는 소설뿐 아니라 영화 등의 대중문화와 관련해서도 유사한 논의가 전개된다.

28 한식, 「신문소설의 재검토―작가에 대한 요망과 비평가의 태도」, 『조선일보』, 1937. 10. 28.

29 안함광, 「저널리즘과 문학의 교섭」, 『조선문학』, 1939(조성면 편, 『한국근대 대중소설비평론』, 태학사, 1997, 305쪽에서 재인용).

30 한식, 「신문소설의 재검토 (2)」, 『조선일보』, 1937. 10. 29.

31 임화의 「속문학의 대두와 예술문학의 비극」은 총 여섯 차례 『동아일보』에 연재되었으며, 연재된 글 모두에 '통속' 개념과 관련된 용례가 발견된다. 임화, 「속문학의 대두와 예술문학의 비극」, 『동아일보』, 1938. 11. 17~11. 27.

32 임화, 「통속소설론」, 『임화문학예술전집 3―문학의 논리』, 소명출판, 2009, 3~4쪽.

33 임화, 「통속소설론」, 2009, 323쪽.

34 이상의 논의는 나카무라 유지로, 고동호·양일모 옮김, 『공통감각론』, 민음사, 2003, 17~67쪽 참조.

35 이상의 논의는 임화, 「통속소설론」, 『임화문학예술전집 3―문학의 논리』, 소명출판, 2009, 306~323쪽; 임화, 「세태소설론」, 위의 책, 2009, 271~288쪽. 임화의 '통속소설론'에 대한 최근 연구는 1938년 시점의 임화의 논의에서 1932년 「망명녀」라는 단편소설로 등단한 김말봉의 문학활동이 타자화되고 있음을 비판한다. 배상미, 「임화의 통속소설론과 문학사론의 관계―저널리즘 인식을 중심으로」, 『민족문화연구』 87, 민족문화연구원, 2020.

36 이러한 재구성의 과정은 '메이지시대 이래 일본의 사회상식'의 기조를 이루는 '자유주의' 철학을 비판하려는 문제 틀 아래 놓여 있었다. 도사카 준에 따르던 자유주의 철학의 근본적 특색은 '해석의 철학'에 근거를 두고 있으며, 해석철학은 사물의 현실적 질서에 대해 이야기하지 않은 채, 사물의 의미의 질서만을 분석한다. 도사카 준은 그러한 해석철학이 '문헌학주의'를 낳았으며, 고전의 문헌학적 해석을 현실의 실제적 해석으로 대체하려는 문헌학주의가 일본의 '역사' 해석에 적용될 때 일본적 파시즘의 형태인 '일본 이데올로기'가 생겨난다고 보았다. 戶坂潤, 「現代日本の思想上の題問題」, 『日本イデオロギ論』, 東京: 勁草書房, 1966, pp.17~32.

37 戶坂潤, 「現代日本の思想上の題問題」, 『日本イデオロギ論』, pp.17~32. 도사카 준, 윤인로 옮김, 『일본이데올로기론』, 산지니, 14~33쪽 참조.

38 戶坂潤, 「常識の分析」, 『日本イデオロギ論』. 여기서 도사카 준이 사용하는 '상식'이라는 말은 일본 메이지시대에 생성된 번역어이다. 1880년대에 발간된 『철학자휘』哲學字彙에서 확인할 수 있듯이 '상식'은 'common sense'의 번역어로 활용되기 시작했으며 이후에는 '공통감각'이라는 학술적인 의미가 '상식' 안에 도입되기에 이른다(石塚正英·柴田隆行 監修, 『哲學·思想 飜譯語事典』, 論創社, 2003, p.152). 도사카 준도 「상식의 분석」에서 대중의 일상어로 정착된 '상식'

이 'common sense'의 번역어 역할을 수행했음을 환기한다. 그런데 도사카 준은 '상식'을 인간의 이해력에 "고유하면서도 영구불변한 것으로 가정"하려 한 시도에 거리를 둔다. 도사카 준은 각 개인의 일상적 판단의 합리성을 인간의 내적 능력인 상식에서 찾으려 했던, 스코틀랜드의 상식학파 토머스 리드를 비판적으로 바라보고 있다. 리드에 따르면, 상식은 "사회 속의 여러 사람들에게 평균적으로 통용되는 객관성"을 가진 것이자 영구불변한 것이다. 도사카 준은 리드의 견해에서는 상식이 진보하고 있다는 것을 받아들일 수 없게 된다는 점을 지적한다. 대신 도사카 준은 상식을 포함한 인간 이성의 한계를 비판적으로 문제 삼은 칸트의 역할을 부각시킨다. 이는 '상식'을 새롭게 개념화하려는 시도로 이어졌다. 도사카 준, 앞의 책, 85~91쪽 참조.

39 도사카 준, 앞의 책, 94~103쪽.
40 이원조, 양재훈 엮음, 『이원조 비평 선집』, 현대문학, 2013, 259~274쪽.
41 안회남, 「통속소설의 이론적 검토」, 『문장』, 1940. 1, 152쪽. 조성면 편, 『한국근대대중소설비평론』, 태학사, 1997, 85쪽 참조.

3. 전시체제의 '속' 문화는 변화할 수 있는가

42 차승기, 「불확실성 시대의 윤리」, 『비상시의 문/법』, 그린비, 2016, 68~69쪽.
43 백철, 『신문학사조사』, 신구문화사, 2003, 417~418쪽.
44 최근 연구에서는 제국 일본이 전시사회체제로 이행해가던 시기에 사상 및 출판 통제의 양상이 변화하기 시작했음을 지적한다. 정근식에 따르면, 청년 장교들이 일으켰던 2·26 사건이 진압된 후인 1936년 7월 일본에서는 '불온문서임시취체법'이, 조선과 대만에서는 이에 상응하는 '불온문서임시취체령'이 제정되었으며, 이는 "제국적 차원에서 거의 동시적으로 수행되는" 정보 통제가 이루어졌음을 의미한다. 이러한 통제 정책은 중일전쟁이 발발한 1937년 7월 이후 '국민정신총동원연맹'의 건설과 함께 새로운 단계로 심화되었고, "일본보다 1년 늦게" 조직된 '국민정신총동원조선연맹'은 조선인들의 일상을 전면적으로 재편했다. 그 재편 과정은 오락 및 유흥 장소 등의 공간을 중심으로 진행된 풍속 통제의 심화와도 관련되어 있었다. 정근식, 「식민지 전시체제하에서의 검열과 선전, 그리고 동원」, 『상허학보』 38, 2013, 243쪽.
일본에서 '국민정신총동원운동'이 조직된 양상에 대해서는 진필수, 「일제 총동원체제의 기원과 특징에 대한 재검토」, 『비교문화연구』 22—2, 2016, 443~455쪽. '국민정신총동원운동'이 조선인의 일상을 바꾼 양상에 대해서는 오미일, 「총동원체제하 생활개선 캠페인과 조선인의 일상」, 『한국독립운동사연구』 39, 2011, 245쪽. 오미일은 국민정신총동원연맹이 일본보다 늦게 조직되었지만, "1936년 가을부터 국민정신작흥주간이 시작"되었다는 점에서 조선의 총동원운동이 먼저 시작되었음을 지적한다. 그리고 조선에서는 "황국신민화를 통한 내선일체"가 그 운동의 핵심목표였음을 강조한다.

45 김남천은 1936년 이후 『동아일보』와 『조선일보』에 '통속' 용례가 담긴 글을 12편 발표했다. 김남천과 비슷한 양의 글을 발표한 논자는 안회남으로 총 11편의 글을 발표했다. 이외 한식이 6편, 임화·한설야·서광제가 4편의 글을 발표했다. 김남천이 신문에 발표한 글 중 '통속' 용례가 나타난 지면은 아래와 같다. 「동인지의 임무와 그 동향」(『동아일보』, 1937. 9. 28), 「조선적 장편소설의 일 고찰」(『동아일보』, 1937. 10. 21), 「십일월의 창작평」(『조선일보』, 1937. 11. 2; 1937. 11. 5), 「일신상 진리와 '모랄'」(『조선일보』, 1938. 4. 17), 「현대조선소설의 이념」(『조선일보』, 1938. 9. 15), 「세태와 풍속」(『동아일보』, 1938. 10. 19), 「십일월의 창작평—통속소설에의 유혹」(『조선일보』, 1938. 11. 10), 「이해에 마즈닥쓰는 결산논문」(『동아일보』, 1938. 12. 27), 「일월창작평—중견의 작품」(『조선일보』, 1939. 1. 29), 「소설의 당면과제 하—신문소설의 제문제」(『조선일보』, 1939. 6. 25), 「연재소설의 새 경지—채만식저『탁류』의 매력」(『조선일보』, 1940. 1. 15), 「아메리칸·리알리즘의 교훈」(『조선일보』, 1940. 7. 27).

46 이와 관련된 논의는 이진형, 『1930년대 후반 식민지 조선의 소설이론—임화, 최재서, 김남천의 소설 장르 논의』, 소명출판, 2013.

47 김남천, 「조선적 장편소설의 일 고찰」, 『동아일보』, 1937. 10. 21(『김남천 전집 1』, 박이정, 2000, 283쪽).

48 김남천, 「장편소설계」, 『김남천 전집 1』, 453~458쪽.

49 천정환 역시 『근대의 책읽기』에서 김남천의 「작금의 신문소설—통속소설론을 위한 감상」을 대표적 예로 들어 1930년대 후반 '통속-대중', '예술-순수'를 이원적으로 구별하는 감각이 고정된 실체로 재생산되고 있음을 지적한 바 있다. 천정환, 『근대의 책읽기』, 푸른역사, 2003, 444~447쪽.

50 순수한 통속소설은 아니라고 생각되었지만 장편소설 논의에 비춰보았을 때 그 통속성이 명확히 드러난 작품으로 김남천은 엄흥섭의 『행복』, 함대훈의 『무풍지대』, 현진건의 『무영탑』, 박태원의 『우맹』, 주요섭의 『길』을 들고, "통속성의 유혹 앞에서 순문학을 완강히 주장하기 곤란"한 작품으로는 이광수의 『사랑』, 유진오의 『수난의 기록』을 들고 있다. 김남천, 앞의 책, 456쪽.

51 김남천, 「작금의 신문소설」, 앞의 책, 433~440쪽.

52 김남천, 「소설의 당면 과제」, 앞의 책, 503~510쪽.

53 임화, 「본격소설론」, 『임화문학예술전집 3—문학의 논리』, 소명출판, 2009.

54 이진형도 이와 유사한 지적을 하고 있다. 이진형은 이러한 논의를 임화와 최재서의 소설이론과 김남천의 소설이론이 어떻게 변별되는지에 초점을 맞추어 전개한다. 이진형, 『1930년대 후반 식민지 조선의 소설이론』, 소명출판, 2013, 221쪽.

55 이를 위한 창작방법론으로 김남천은 '풍속 묘사'를 가족사 및 연대기와 결합하는 것, "인물로 된 이데"를 창조하는 일을 강조하고 있다. 바로 그것이 「현대 조선소설의 이념」에서 부각되고 있는 '로만 개조론'이다. 김남천은 가족제도를 둘러싼 풍속을 연대기적 서술 방식, 즉 "사회와 인물을 발생과 생장과 소멸" 과정으로부터 추상해내는 (역사유물론적) 방법과 결합함으로써 '풍속 묘사'의 핵심에 과학적 정신을 상정할 수 있다고 보았다. 다음의 구절은 이러한 문제의식을 압축적으

로 보여준다. "다시 말하면 풍속이라는 개념을 문학적 관념으로서 정착시키고 그 것을 들고 가족사로 들어가되 그 가운데 연대기를 현현시켜 보자는 것이다." 『김남천 전집 1』, 391~406쪽. 김남천의 이러한 문제의식을 도사카 준의 논의와 비교한 연구로는 강용훈, 「전시체제 전환기 한일 마르크스주의자의 '풍속' 비판 담론」, 『마르크스주의와 한국의 인문학』, 후마니타스, 2019 참조.

56 장두영, 「김말봉 『밀림』의 통속성」, 『한국현대문학연구』 39, 한국현대문학회, 2013, 335~336쪽.

57 서정자는 김말봉 『밀림』에 나타난 사상성을 아나키즘 및 기독교정신과 연결한다. 서정자, 「김말봉의 『밀림』 재론―아나키즘과 기독교정신 구현방식을 중심으로」, 『여성문학연구』 49, 한국여성문학학회, 2020.

58 이상 『밀림』과 관련된 분석은 김말봉, 진선영 엮음, 『김말봉 전집 1. 밀림(상)』, 소명출판, 2014; 김말봉, 『김말봉 전집 2. 밀림(하)』, 소명출판, 2014. 배상미는 『밀림』에 나타난 '인천 축항 지대 노동자들의 노동환경' 및 사회주의자 재현 양상을 심층적으로 분석했다. 이 책은 『밀림』을 분석하는 배상미의 문제의식에 상당 부분 공감하지만, 축항 지대 노동자들과 사회주의를 재현한 양상이 이 작품의 또 다른 핵심 인물 오상만의 원한 감정 및 계급상승 욕망과 결합되어 있는 점, 사회주의 운동과 결속하게 된 오꾸마의 형상이 『밀림』 하권 속 기생 인물 오죽엽과 겹쳐진다는 점에도 주목했다. 배상미, 「김말봉의 『밀림』(1935-1938)에 드러난 식민지적 자본주의 비판―축항 지대 노동자들의 파업과 사회주의자에 대한 재현을 중심으로」, 『구보학보』 40, 구보학회, 2025, 185~213쪽.

59 이상의 논의는 이태준, 「통속성 기타」, 『문장』 2권 7호, 1940, 82~83쪽.

60 식민지 후반기의 대표적 작법 교본이었던 『문장강화』에 대해서는 『문장강화』를 서술하는 작업 자체가 "식민지 조선의 언어와 문학이 무엇이어야 하는지를 묻는 과정"이었다는 평가, 『문장강화』가 "언문일치에 근거한 규범적 글쓰기를 배워야 하는 독자와, 개성적 글쓰기로 나아가야 할 독자"로 독자를 양분하고 있다는 해석들이 제기된 바 있다. 박진숙, 「이태준 문장론의 형성과 근대적 글쓰기의 의미」, 『시학과 언어학』 6, 시학과 언어학회, 2003, 157쪽; 박진숙, 「이태준의 언어의식과 근대적 글쓰기의 場」, 『한국근대문학연구』 12, 한국근대문학회, 2011. 이태준의 『문장강화』에 대한 연구사는 다음을 참조했다. 문혜윤, 「조선어 문장 형성 연구의 향방―『문장강화』 연구사」, 『상허학보』 42, 상허학회, 2014.

61 이태준, 「문장강화 1」, 『문장』, 1939. 2, 136쪽.

62 이태준, 「문장의 고전, 현대, 언문일치―문장강화」, 『문장』 2권 3호.

63 이태준, 「문장강화 2」, 『문장』, 1939. 3, 191쪽.

64 이태준, 「문장강화 4」, 『문장』, 1939. 5, 195쪽; 이태준, 『문장강화』, 창비, 2005, 90쪽. 허병식은 최근의 연구에서 제국 일본의 언어와 조선어가 위계화되어 있던 식민지 시기 언어적 편제를 문제시하지 않은 채 『문장강화』가 조선어만의 '언문일치'가 가능하다는 환상을 제시했으며, 표준어와 방언 사이에도 또 다른 위계 구도를 만든 한계를 드러냈다고 비판했다. 허병식, 「『문장강화』와 식민지의 언어 편제」, 『국제어문학』 47, 국제어문학회, 2020, 231쪽.

65 허병식, 앞의 글, 233쪽.
66 그러나 '공통만속'으로서의 '통속성'에 대해 강조한 「통속성 기타」에는 『문장강화』에서 언급한 표준어와 중류 이하 계층에서 사용되는 말 사이의 간극, 교양인의 언어와 속어 사이의 간극에 대해 고민한 흔적이 발견되지 않는다. 그 고민은 이태준이 해방 이후 『문장강화』를 수정하여 북한에서 발표한 『신문장강화』에서 부분적으로 드러난다.
67 또한 이태준의 견해는 '통속성'에 대한 논의 뒤에 덧붙여진 '춘향전의 맛'이라는 글을 통해 유추할 수 있듯 『문장』이 추구해온 '고전연구' 작업과 긴밀하게 연결되어 있다. 연구자 이민영은 『문장』이 소개한 '춘향전'이 김태준과 조윤제 등 여타의 국문학 연구자가 완판본 '춘향전'에 주목한 것과 달리 "경판 계열의 세책본"에 주목했으며 이는 "독서 시장에서 대중들에게 직접 유통되었던 형태의 고전 서사로 근대적인 작가의 개입이 있기 전의 통속적인 '춘향전'의 특성을 가장 선명하게 드러내는 작품"이라고 해석한다. 이민영, 「식민사회의 '춘향전'과 전유되는 전통」, 『현대소설연구』, 현대소설학회, 2021, 247쪽. 이러한 『문장』의 시각을 '낭만주의'로 규정하며 비판한 연구는 다음을 참조할 수 있다. 박영재, 「이태준 고전 담론과 『문장』의 낭만주의 ― 내간체의 발견과 『춘향전』의 귀환을 중심으로」, 『어문논집』 96, 민족어문학회, 2022.
68 이행미의 연구에 따르면, 연재가 중단된 해 『청춘무성』은 박문서관에서 단행본으로 출간된다. 이행미와 배개화의 연구는 『청춘무성』에 국가총동원체제와 식민지 법제도에 대한 비판이 드러나고 있음을 강조한다. 배개화, 「이태준의 장편소설과 국가총동원체제 비판으로서의 '일상정치'」, 『국어국문학』 163, 국어국문학회, 2013; 이행미, 「이태준 소설에 나타난 식민지 법제도와 공공성 ― 「법은 그렇지만」과 『청춘무성』을 중심으로」, 『현대소설연구』 79, 한국현대소설학회, 2020, 450쪽.
69 이태준, 「토끼 이야기」, 『문장』 3권 2호, 1941. 2.
70 박숙자는 식민지 후반기 미나미 지로 총독이 '명랑정치'를 표방하면서 '명랑'이 개인이나 민족을 포섭하고 "배제하는 사회·국가적 기준"이자 규율 담론이 되었음을 강조한다. 박숙자에 따르면, 이 시기의 '명랑'은 '퇴폐'와 '음울'과 대립하는 위치에 놓이며 개인의 감정 및 신체를 규율하는 감성 코드로 작동했다. 박숙자, 「'통쾌'에서 '명랑'까지 ― 식민지 문화와 감성의 정치학」, 『한민족문화연구』 30, 한민족문화학회, 2009, 224~232쪽. 근대 이전부터 해방 이후까지 '명랑'의 함의를 개념사적으로 고찰한 연구로는 다음을 참조할 수 있다. 김지영, 「'명랑'의 역사적 의미론 ― 명랑 장르 코드의 형성과정을 중심으로」, 『한민족문화연구』 47, 한민족문화학회, 2014.
71 1941년 이후에도 이태준은 『매일신보』에 『사상의 월야』, 『왕자호동』 등의 소설을 연재한다. 연구자 정종현은 이들 작품을 분석하며 이태준이 지배적 문화이념과 조선적 특수성 사이에서 분열했지만, "저항의 준거가 될 수 있는 기층 생활세계와 절연"하는 대신 지배적 문화이념을 통해 자기 정체성을 구성하며 분열을 봉합하려 했다고 비판한다. 정종현, 『동양론과 식민지 조선문학』, 창비, 2011,

72 안회남, 앞의 글.
73 이러한 이태준의 시각은 식민지 시기부터 조선인들이 대면해야 했던 이중언어 bilingual 상황을 충분히 고민하지 않았다는 점에서 비판받을 수 있을 것이다. 한국 근대문학의 형성 과정부터 나타난 일본어 글쓰기에 대한 연구로는 권보드래, 「1910년대의 이중어 상황과 문학 언어」, 『동악어문학회』 54, 동악어문학, 2010.

5장 해방 직후 '통속' 개념의 사용 양상

1. 집합적 주체의 귀환과 '통속'의 용법 축소

1 문세영, 『중등조선어사전』, 삼문사, 1948.
2 박명규, 『국민·인민·시민』, 소화, 2009, 104쪽.
3 이는 1920년부터 1962년까지 『동아일보』 기사 제목에 나타난 주요 개념의 빈도수를 정리한 허수의 연구에서 실증적으로 논의되고 있으며, 김성보도 유사한 논지를 전개한 바 있다. 허수, 「식민지시기 '집합적 주체'에 관한 개념사적 접근」, 『역사문제연구』 23, 역사문제연구소, 2010; 김성보, 「남북국가 수립기 인민과 국민 개념의 분화」, 『한국사연구』 144, 한국사연구회, 2009.
4 임화, 「문학의 인민적 기초」(『중앙신문』, 1945. 12. 12), 『해방공간의 비평문학 I』, 태학사, 1991, 103쪽.
5 '인민대중'이라는 말은 중간파적 정치 성향을 드러냈던 『경향신문』에서도 빈번하게 사용된 말이다. 이 신문에서 사용된 '인민대중'은 계급적 의미가 부각되지는 않았고 '다수의 일반적 사람들'과 같은 의미를 내포하고 있었다. 대표적 예로 이화여대 문과대학생인 강정임이 쓴 「우리 문학의 앞길」을 들 수 있다. 강정임은 이 글에서 해방 이후 우리 문학이 "조선민족의 절대다수인 인민대중의 참다운 벗"이 되어야 함을 역설한다. 이때의 '인민대중'은 조선민족의 다수를 차지하는 일반적 사람들을 의미한다. 이는 이 글의 말미에서 "일반 대중의 욕구와 감정을 정확히 파악"해야 한다고 강조하는 것에서도 확인할 수 있다. 강정임, 「우리 문학의 앞길」, 『경향신문』, 1946. 10. 27.
또 해방 직후의 공론장에서는 '인민대중'이라는 말뿐 아니라 '국민대중'이라는 말도 빈번하게 사용된다. 신탁통치반대국민총동원위원회 부위원장 안재홍의 라디오 방송을 옮긴 「반탁은 군정 반대 아니다」(『동아일보』, 1946. 1. 6)라는 기사에 "삼천만 국민대중에게"라는 부제가 달린 것이 그 대표적 예이다. 『경향신문』에 실린 「좌우합작은 성립된다」(『경향신문』, 1946. 10. 7)라는 논설에도 "삼천만 국민대중이 통일"되어야 한다는 주장이 있다.
6 김남천, 「문학의 교육적 임무」(『문화전선』 창간호, 1945. 11), 『해방 3년의 비평문학』, 세계, 1988.

7 임화,「현하의 정세와 문화운동의 당면임무」,(『문화전선』창간호, 1945. 11〉,『해방 3년의 비평문학』, 세계, 1988.
8 김외곤 외 편,『해방공간의 비평문학』, 태학사, 1991, 327쪽.
9 김남천,「창조적 사업의 전진을 위하여—해방후의 창작계」(『문학』창간호, 1946. 7),『해방 3년의 비평문학』, 세계, 1988, 238쪽.
10 이러한 강조는 해방 이후 발표된 창작 작품에 창조적 실천이 발견되지 않았음을 비판하는 언술로 이어지는데, 그 과정에서 김남천은 이 시기의 작품들을 식민지 후반기의 작품과 비교한다. 윤세중의「묘지」, 박영준의「과정」과「환향」등의 작품이 도달한 작가적 경지가 "침묵으로 들어가는 문학사적 암흑기 전야" 조선문학의 최고 수준보다 오히려 떨어졌다는 것을 비판하고 있는 것이다. 해방 이후 '문예운동의 대중화'를 주장할 때에 김남천은 식민지 후반기, 더 나아가 8·15 이전 조선의 문학사적 체험과 그 질적 수준을 논의의 전제로 설정하고 있었다. 김남천, 앞의 글, 239~241쪽.
11 하정일,「조선문학가동맹」,『한국민족문화대백과사전』(https://encykorea aks. ac.kr/Article/E0070777). 10월 항쟁과 관련된 문학 분야에서의 최근 논의로는 다음을 참조했다. 조윤정,「1946년 10월 항쟁과 해방기의 소설」,『구보학보』 21, 구보학회, 2019; 김경민,「10월 항쟁의 문학적 형상화 연구」,『우리말글』, 우리말글학회, 2021; 임세화,「잊혀진 항쟁: 1946년 10월 항쟁과 냉전기 민중운동사의 궤적」,『민족문학사연구』 86, 민족문학사연구소, 2024.
12 김남천,「신단계에 처한 문화운동—대중화공작의 구체적 전개를 위하여」(1947. 1. 14~1. 16),『해방 3년의 비평문학』, 세계, 1988, 269쪽.
13 이상의 내용은 박정선,「해방기 조선문학가동맹의 문화대중화 담론과 조직적 실천」,『어문학』 93, 한국어문학회, 2006, 454~464쪽 참조.
14 박정선, 앞의 글, 453쪽; 김영진,「해방기 대중화론의 전개」,『어문논집』, 중앙어문학회, 2000.
15 김영석,「문예의 대중화 문제·기타」,『해방 3년의 비평문학』, 세계, 1988, 246쪽.
16 「성인교육문제」,『동아일보』, 1946. 2. 7.
17 「성인교육문제」,『동아일보』, 1946. 2. 8.
18 김기석·유성상, 김종서 편,「미군정기 남한에서의 문맹 퇴치운동, 1945~48」,『한국 문해교육 연구』, 교육과학사, 2001, 54~56쪽; 임송자,「미군정기 우익정치세력과 우익학생단체의 문해·계몽운동」,『한국민족운동사연구』 79, 한국민족운동사학회, 2014, 194쪽에서 재인용.
19 임송자, 앞의 글, 196~197쪽.
20 이와 관련된 연구로는 다음을 참조. 임세화,「해방기 남·북한의 문해정치와 여성독본의 자리—박영애의『여성독본』과 최화성의『조선여성독본』을 중심으로」,『인문과학』 85, 성균관대학교 인문학연구원, 2022.

2. 남·북한 '통속' 개념의 차이

21 박명림, 『한국전쟁의 발발과 기원―기원과 원인 2』, 나남, 2003, 373~378쪽 참조.
22 북한에서의 '통속' 개념의 사용 양상과 남·북한 '통속' 개념의 분화에 주목하는 문제의식은 이하나, 앞의 글 참조.
23 이상의 내용은 신형기, 『해방 직후의 문학운동론』, 화다, 1988, 136~137쪽 및 200~203쪽; 이봉범, 「잡지 『문예』의 성격과 위상」, 『상허학보』 17, 상허학회, 2006 참조.
24 이봉범은 1950년대 "수요-공급관계에 따른 상품성이 문학의 영토를 좌우하는 유력한 요소"로 부상하면서 순수문학을 주창했던 논자들이 순수문학/대중문학의 이분법적 구도를 부각했다고 지적한 바 있다. 이러한 구도의 맹아는 한국전쟁이 발발하기 직전인 1950년에도 나타났으며, 백철과 같은 중간파 문인들도 그 대립 구도에 입각하여 자신의 논의를 전개하고 있었다. 이봉범, 「해방10년, 보수주의문학의 역사와 논리」, 『한국근대문학연구』 22, 한국근대문학회, 2010, 47~48쪽.
25 조연현, 「민족문학의 당면과제―현 문단의 장해는 무엇인가」(『국도신문』, 1950. 2. 28), 『해방 3년의 비평문학』, 446쪽.
26 조연현, 앞의 책, 451쪽.
27 백철, 「삼천만인의 문학―민중은 어떤 문학을 요망하는가」, 『문학』 1호, 백민문화사, 1950. 5, 122~123쪽.
28 백철, 「순소설과 정통소설: 대중소설과는 삼각관계인가」, 『서울신문』, 1950. 5. 4~5. 7.
29 조연현, 「본격소설에의 길」, 『경향신문』, 1950. 6. 6~1950. 6. 8.
30 이하나, 앞의 글, 695~696쪽. 「문화선전사업을 강화하여 대외무역을 발전시킬 데 대하여」(1949), 『김일성저작집』 5, 조선로동당출판사, 1980, 154쪽; 「공산주의교양실 창간」, 『로동신문』, 1959. 3. 5; 「혁명적 대작을 더 많이 창작하자」(1963), 『김일성저작집』 17, 1982, 491쪽(이하나, 앞의 글에서 재인용).
31 북한에서는 1946년 3월 '북조선예술총련맹'이 결성되었고, 이 조직은 10월 '북조선문학예술총동맹'으로 개편된다. 김성수, 「북한 조선문학예술총동맹의 역사적 변천(1946―53)」, 『통일정책연구』 33권 1호, 통일연구원, 2024, 216쪽.
32 이찬, 「예술문화의 군중노선」, 『현대문학비평자료집(이북편) 1』, 태학사, 1993, 85~86쪽.
33 안막, 「민족문학과 민족예술 건설의 고상한 수준을 위하여」, 앞의 책, 247쪽.
34 김재용, 『북한 문학의 역사적 이해』, 문학과지성사, 1994, 95~101쪽.
35 오태호, 「해방기(1945~1950) 북한 문학의 '고상한 리얼리즘' 논의의 전개 과정 고찰―『문화전선』, 『조선문학』, 『문학예술』을 중심으로」, 『우리어문연구』 46, 우리어문학회, 2013, 352쪽.
36 배개화, 「문학의 희생―북한에서의 이태준」, 『한국현대문학연구』 34, 한국현대

	문학회, 2011, 252~269쪽. 배개화의 연구에 따르면, 이태준의 『신문장강화』는 1949년 북한의 청년생활사에서 출판되었고, 1952년 5월 일본과 중국에서 동시에 출판되었다.
37	박진숙, 「『신문장강화』의 시간과 이태준」, 『신문장강화』, 현대문학, 2009, 293쪽.
38	이태준, 『신문장강화』, 36~41쪽.
39	이태준, 『신문장강화』, 65쪽.
40	이태준, 『문장강화』, 창비, 2005, 81쪽.
41	이에 대한 비판은 허병식, 앞의 글 참조.
42	이하나, 「통속」, 『한(조선)반도 개념의 분단사―문학예술편 8』, 사회평론아카데미, 2021, 216쪽.
43	이태준, 『신문장강화』, 35쪽.
44	정종현, 「북으로 간 국문학자 신구현」, 『인문논총』 81, 서울대학교 인문학연구원, 2024, 141~145쪽. 이 연구에서는 신구현의 이러한 논의가 '우리식' 문화를 강조했던 김일성의 견해와 맞닿아 있음을 강조한다.
45	한효, 「자연주의를 반대하는 투쟁에 있어서의 조선문학」, 『현대문학비평자료집(이북편) 2』, 태학사, 1993, 391~422쪽.
46	안함광, 『조선문학사』, 연변교육출판사, 1999, 334~335쪽 및 538~546쪽.
47	김재용, 앞의 책, 118~119쪽.
48	이하나, 「통속」, 앞의 책, 216~217쪽.

6장 전후戰後의 문화 변동과 '대중성', '통속성'의 차별화

1. 전후의 윤리 문제와 '통속'의 역할

1	문세영의 『조선어사전』은 해방 뒤에도 계속 사용되다가 1950년부터 "이름이 『우리말사전』으로 바뀌어 삼문사에서 발행"되었다. 박용규, 「문세영 『조선어사전』의 편찬 과정과 국어사전사적 의미」, 『동방학지』 154, 연세대학교 국학연구원, 2011, 274쪽.
2	「통속과 저속」, 『경향신문』, 1955. 7. 4.
3	조연현, 「통속·안이·사실」, 『경향신문』, 1949. 10. 18 ~10. 20.
4	조연현, 「본격소설에의 길」, 『경향신문』, 1950. 6. 6~6. 8. 이러한 관점은 조연현이 스스로가 주도하여 창립한 '한국문학가협회'를 "통속문학과 일체의 경향적인 정책문학을 거부하고 문학의 정통적인 가치를 준수하는 유일한 대표기관"으로 선언한 시각과도 연결된다. 조연현, 「한국문협」, 『조선일보』, 1956. 6. 28.
5	이외에도 정비석은 "이야기의 줄거리에 파란곡절波瀾曲折이 풍부해야 한다", "회화가 많아야 한다", "속도가 빨라야 한다", "문장이 평이하면서도 선동선정적이어야 한다"를 통속소설의 주된 특징으로 들고 있다. 정비석, 「통속소설소고」, 『소설작법』, 신대한도서, 1949, 228~235쪽.

6   백철, 「문학과 윤리의 문제」, 『경향신문』, 1954. 10. 3.
7   김복순, 「대중소설의 젠더정치학—『자유부인』을 중심으로」, 『대중서사연구』 9, 대중서사학회, 2003, 291쪽; 권보드래, 「실존, 자유부인, 프래그머티즘—1950년대의 두 가지 '자유' 개념과 문화」, 『한국문학연구』 35, 동국대학교 한국문학연구소, 2008, 126쪽.
8   노지승, 「『自由夫人』을 통해 본 1950년대 문화 수용과 젠더 그리고 계층」, 『한국현대문학연구』 27, 한국현대문학회, 2009, 315쪽.
9   이민영, 「1950년대 대중소설과 '전후戰後 여성'의 부표들」, 『한국근대문학연구』 23, 한국근대문학회, 2022, 185쪽 및 206쪽.
10   이민영도 『푸른 날개』를 비롯한 김말봉의 1950년대 소설에 나타난 중년의 여성들이 "자기 초월을 향한 강렬한 열망을 바탕으로 사랑의 서사를 추동해나간다"고 지적한다. 이민영, 앞의 글, 206쪽.
11   김말봉, 「대중문학」, 『경향신문』, 1958. 3. 5.

2. 대중성의 재인식과 차별화된 '통속성'

12   백철, 「새양식의 창조—신문학지향에의 소감」, 『경향신문』, 1947. 10. 19.
13   백철, 「세계문학과 우리문학—비판적 위치에서 본 작가회의」, 『조선일보』, 1956. 9. 20.
14   「대중의 양식」, 『경향신문』, 1955. 7. 27.
15   김내성, 「신문소설에 바라는 것」, 『경향신문』, 1956. 5. 3~5. 5.
16   백철이 1949년 발간한 『조선신문학사조사 하—현대편』에도 유사한 내용이 서술되고 있다. 백철은 이 책의 4장 「위기! 1936년 이후 주조 상실과 문학지상시대」의 11절 '통속소설의 유행' 부분에서 1935년 이후 조선의 신문이 상업화되었고, 그 결과 장편소설은 곧 신문소설 및 통속소설이라는 통념이 생겨났다고 서술한다. 그러한 소설의 대표적 예로는 김말봉의 『밀림』과 『찔레꽃』, 박계주의 『순애보』, 그리고 김내성의 『백가면』, 『마인』과 같은 탐정소설들을 들고 있다. 김내성에 대한 백철의 평가는 일정 부분 식민지 시기의 문학사를 서술했던 자신의 작업에 기반을 두고 있다. 백철, 『조선신문학사조사 하—현대편』, 백양사, 1949.
17   정종현, 「'해방전후' 김내성 스파이-탐정 서사의 연속과 비연속—『태풍』과 《청춘극장》을 중심으로」, 『현대문학의 연구』 42, 한국문학연구학회, 2010, 2쪽.
18   오혜진, 「『청춘극장』, 시대의 비극과 조우」, 『우리문학연구』 36, 우리문학회, 2012, 238쪽 및 244쪽.
19   백철, 「내성형과 그 문학(상)」, 『경향신문』, 1957. 2. 23.
20   이와 관련된 논의는 박연희, 「1950년대 한국 펜클럽과 아시아재단의 문화원조—세계작가회의 참관기를 중심으로」, 『한국학연구』 40, 인하대학교 한국학연구소, 2016; 손혜민, 「자본의 순환, 문학의 교환: 전후 '대중성'의 출현과 자본주의」, 『상허학보』 45, 상허학회, 2015 참조.

21 이상의 논의는 백철, 「세계문학과 우리문학—비판적 위치에서 본 작가회의」, 『조선일보』, 1956. 9. 14~9. 26.
22 선행 연구에서는 이러한 백철의 논의가 "'대중'의 물적 조건인 자본주의 체제를 지우고, 그 자리에 정치 체제로서 '민주주의'를 위치시킴으로써 '대중'의 역능을 주창"하고 있음을 강조한다. 손혜민, 앞의 글, 2015, 65쪽.
그러나 이 책에서는 자본주의 체제의 산물로서의 '대중'과 정치적 민주주의 주체로서의 '대중' 사이를 매개하는 '매체'를 백철이 어떻게 바라봤는지에 대해 더 초점을 맞췄다. 백철이 '대중'을 둘러싼 물질적 조건보다 정치적 주체로서의 '대중'에 관심을 가지게 된 것은 '텔레비전'이라는 새로운 매체가 한국 사회에 온전히 보급되지 않고 있었던 상황에 주목했기 때문이기도 하다. 이 책은 서양과는 다른 매체 환경에 놓인 한국의 상황을 인식했음에도 불구하고 신문소설을 읽고 있는 독자들과 정치 현실에 대해 비판적 태도를 드러내는 '대중'을 엄격하게 구별한 백철의 견해가 바람직한 것이었는지에 대한 문제를 제기하려 했다.
23 천관우, 「'매스·콤뮤니케이슌'의 한국적 과제」, 『조선일보』, 1957. 4. 12~4. 14.
24 대표적 예로 다음의 기사를 들 수 있다. 변시민, 「매스·콤뮤니케이슌」, 『동아일보』, 1956. 5. 31~1956. 6. 1.
25 「방송문화와 대중」, 『동아일보』, 1957. 9. 27.
26 김성민, 「영화 수출의 구상(1)—영화예술의 독자성」, 『경향신문』, 1952. 1. 8.
27 이진희, 「영화예술과 대중—관객을 위한 간이영화론(상)」, 『조선일보』, 1957. 10. 5.

3. 혁명 전후前後의 '통속'

28 정병복, 「부침하는 잡지계」, 『조선일보』, 1958. 4. 12.
29 강영수, 「대중잡지의 위기」, 『경향신문』, 1957. 7. 22. 이 기사에서 강영수는 대표적 대중잡지로 『신태양』, 『여원』, 『희망』, 『명랑』, 『야담』, 『주부생활』, 『아리랑』, 『삼천리』, 『야담과 실화』를 든다.
30 그러나 박연희는 원고료의 유혹을 받을 때에도 작가의 심경은 본격소설을 쓸 때와 차이가 없으며 "재미있는 소설을 쓰되 작가적인 개성"을 작품 속에 담아내건, 새로운 대중성을 띠게 될 것이라고 말한다. 이상의 내용은 박연희, 「창작여담—작가와 생활」, 『동아일보』, 1958. 10. 23.
31 이무영, 「패배敗北의 삼월작단三月作壇 현저해진 통속문학通俗文學의 침투」, 『동아일보』, 1956. 3. 23.
32 흥미로운 것은 한중 '문화친선단'의 일원으로 타이완을 방문한 후 1957년 『동아일보』에 연재한 기행문 「대만통신」에서 이무영이 '통속문학'을 적대시하는 자신의 가치체계를 반공주의적 유대감과 연결한다는 점이다. 이무영은 대만에서 50대의 농민작가 첸지陳紀를 만난 후 대만이 황색문학을 제거하기 위해 "십팔종의 통속월간을 폐간"하고 교육부의 주도로 '도색문학제거 운동'에 박차를 가하고 있

는 점을 높이 평가한다. 더 나아가 한국의 새로운 문교부 장관에게 이러한 대만의 시책을 참작할 것을 권하고 있으며, 일본에서도 번역자와 출판업자에게 벌금형을 내렸던 D. H. 로렌스의 『채털리 부인의 연인』에 대해서도 조치를 취해달라고 덧붙이고 있다. 또 50대의 소설가 무중난穆中南에 대해 서술하는 부분에서도 그가 '순문학 계통'의 작품 활동을 하며 '황색문학'을 경멸한다는 점을 높이 평가했고, 그와 의기투합하여 "'방공'防共, '방황'防黃의 악수"를 나누고 있다. 짧은 에피소드이긴 하지만, 이러한 장면에서 '통속문학'은 '공산주의'와 함께 한국 사회가 감염되지 않도록 방어해야 할 적으로 규정되고 있음을 확인할 수 있다. 이무영, 「대만통신 제일신 (하)」, 『동아일보』, 1957. 12. 12. 대만 총통과 함께 민간인이 출입할 수 없는 금문도에 다녀온 후 '도색문학박멸론'에 대해 이야기를 나누는 부분에서도 '방공'防共과 '방황'防黃이 연관되고 있는 양상을 확인할 수 있다. 이무영, 「대만통신 제칠신 (상)」, 『동아일보』, 1957. 12. 26.

선행 연구에 따르면, "한국 문인들의 타이완 친선방문은 한국아세아반공연맹"이 기획한 사업이었고, 한국아세아반공연맹은 이승만이 타이완, 필리핀, 타이, 홍콩, 마카오, 베트남, 오키나와에 제안하여 발족한 아세아민족반공연맹APACL의 한국 지부격으로 만들어진 단체였다. 정비석, 조병화, 이무영 등 타이완을 다녀온 문인들의 기행문은 1958년 단행본 『자유중국의 금일』로 출간된다. 이무영의 「대만통신」은 『자유중국의 금일』에 묶이기 전 『동아일보』에 발표된 글로 추정된다. 이무영은 이 연재물에서 대만의 토지개혁 및 농민의 현재 상황에도 크게 관심을 기울이고 있으며, 이는 이무영의 주된 창작 분야인 '농민문학'과도 연관성이 있다. 이상의 내용은 장세진, 『슬픈 아시아』, 푸른역사, 2012, 156~162쪽 참조.

33 이원수, 「소년과 도색잡지 (하)」, 『조선일보』, 1957. 7. 23.
34 「『야담과 실화』 폐간」, 『동아일보』, 1958. 12. 2; 「좁은 검열관문—가위에 '노이로제'」, 『동아일보』, 1959. 4. 24.
35 「『야담과 실화』의 폐간처분은 과연 타당한 조치일까」, 『경향신문』, 1958. 12. 4. 『동아일보』도 군정법령에 의거하여 해당 잡지를 폐간한 처분은 "출판의 자유와 영업의 자유를 침해"한 위험행위라고 비판한다. 「출판물단속의 방법과 한계」, 『동아일보』, 1958. 12. 5. 『야담과 실화』의 폐간에 대해서는 아래의 박지영 논문도 간략하게 언급하지만, 이 논문의 초점은 『채털리 부인의 연인』과 1960년대 『반노』의 음란성과 관련된 시비에 맞춰져 있기에 『야담과 실화』의 폐간에 대한 『경향신문』의 반응을 탐색하고 있지는 않다. 박지영, 「'음란(외설)' 시비의 이면—『채털리 부인의 연인』(판례)의 번역과 젠더/섹슈얼리티/계급 정치(1945—1979)」, 『여성문학연구』 42, 한국여성문학학회, 2017.
36 「『경향신문』에 돌연 폐간조치」, 『조선일보』, 1959. 5. 1.
37 이와 관련된 연구는 한인섭, 「헌법수호자로서의 김병로—보안법 파동 및 경향신문 폐간에 대한 비평을 중심으로」, 『서울대학교 법학』 56-2, 서울대학교법학연구소, 2015.
38 「구상—영화계」, 『경향신문』, 1960. 5. 11.
39 「주간지의 '붐'은 오는가?」, 『경향신문』, 1960. 7. 10. 이와 관련된 연구로는 하동

호, 「『주간삼천리』 서지고―그 특보 및 논단을 주로」, 『출판학연구』, 한국출판학회, 1973; 전상기, 「1960년대 주간지의 매체적 위상」, 『한국학논집』 36, 계명대학교 한국학연구원, 2007; 신지현, 「아파트를 통해 서울을 소비하기―1960년대~1970년대 초 주간지와 영화에 나타난 아파트의 젠더 표상」, 『동방학지』 203, 연세대학교 국학연구원, 2023.

40 이와 관련하여 참조한 기사는 다음과 같다. 《젊은 육체들》, 『조선일보』, 1961. 1. 30; 「상연보유희망제일호」, 『경향신문』, 1961. 1. 31; 「조령모개의 영화행정」, 『경향신문』, 1961. 2. 16; 「무궤도한 영화행정」, 『경향신문』, 1961. 2. 17; 「악화상영보장?」, 『경향신문』, 1961. 2. 17; 「엉망인 예술행정」, 『경향신문』, 1961. 2. 18; 「외화수입은 심사위를 거치게 문교부서 결정」, 『경향신문』, 1961. 2. 21; 「존폐의 기로에 선 영륜」, 『조선일보』, 1961. 2. 22; 「촉구되는 영화심의제도의 일원화」, 『조선일보』, 1961. 2. 26. 《비트 걸》을 둘러싼 검열 서류를 해제한 논의로는 다음을 참조. 유승진, 「외국영화《비트 걸(Beat Girl, 1960)》 검열 서류 해제」(https://www.kmdb.or.kr/history/contents/2626).

41 「전편에 넘치는 통속취미」, 『조선일보』, 1961. 2. 20.

42 이원수, 「1960년도 아동문학―자유민주적인 문학에의 노력」, 『동아일보』, 1960. 12. 22.

43 최일수도 「문화혁명과 종파주의」라는 칼럼에서 이와 유사한 시각의 견해를 드러낸다. 최일수는 혁명 이전의 문화계 안에 존재한 부패 현상을 비판하며 문화인이 대중으로부터 감시의 대상이 되었음을 말한다. 그렇기에 대중으로부터 멸시와 경멸의 대상이 되지 않기 위해 문화인들 스스로 부패의 근원인 종파성을 청산해야 한다고 강조한다. 최일수, 「문화혁명과 종파주의」, 『동아일보』, 1960. 7. 20.

44 「제이공화국에의 고동 (7): 문화」, 『동아일보』, 1960. 5. 13.

45 이와 관련된 연구는 장성규, 「혁명의 기록과 서발터니티의 흔적」, 『한국문학이론과 비평』 80, 한국문학이론과 비평학회, 2018; 백지연, 「4·19혁명과 젠더 평등의 의미―강신재와 박경리의 소설을 중심으로」, 앞의 책; 강용훈, 「1960년대 초반 안수길 신문연재소설의 4·19 표상과 피난민의 시민권」, 『한국문학이론과 비평』 82, 한국문학이론과 비평학회, 2019; 강지희, 「4·19혁명의 재현과 여성 시민권의 창출―박경리와 손장순의 장편소설을 중점으로」, 『현대문학의 연구』 68, 한국문학연구학회, 2019; 김주리, 「4·19의 세대론과 안수길 소설 속 예외상태의 주체―『백야』를 중심으로」, 『현대문학의 연구』 76, 한국문학연구학회, 2022.

46 신상초, 「배반당한 혁명 (상)」, 『경향신문』, 1960. 8. 12.

47 신상초, 「대의제도 종말의 위기 (상)」, 『경향신문』, 1961. 2. 22.

48 소두영, 「대중의 욕구불만과 정부의 '노이로제'」, 『경향신문』, 1961. 4. 16.

49 흥미롭게도 신상초는 「대의제도 종말의 위기 (중)」(『경향신문』, 1961. 2. 23)에서 우리나라 군인들 가운데 "한국의 나세르"를 꿈꾸는 자가 적지 않다고 추측하며 이후 발생할 5·16을 예견하고 있다.

50 전창근, 「제언―영화계도 자아 혁명을」, 『동아일보』, 1961. 6. 20.

51 「대중소설적인 묘사」, 『조선일보』, 1962. 3. 22.

52 「낡은 신파 이야기」, 『조선일보』, 1962. 5. 3.
53 「정석적인 '메로'」, 『조선일보』, 1962. 5. 31.
54 「줄기찬 최루물」, 『조선일보』, 1962. 6. 20.
55 「통속적인 신파」, 『조선일보』, 1962. 7. 3.
56 「통속적인 신파」, 『조선일보』, 1962. 7. 11.
57 「눈물형 통속신파」, 『조선일보』, 1962. 7. 29.
58 「최루조의 범작」, 『조선일보』, 1962. 8. 6.
59 「굳세게 울어제치는 신파」, 『조선일보』, 1962. 10. 18.
60 「값싼 통속신파 《여정만리》」, 『조선일보』, 1962. 12. 5.
61 남편이 일제 징용으로 끌려간 상황에서 시어머니를 모시고 사는 빈농의 주부(《산색시》), 낡고 봉건적인 악습에 희생되는 여성(《초립동》), "남편이 병사하자 어린 딸을 시부모에게 빼앗긴 채 시집으로부터 쫓겨나 갖은 고초"(「줄기찬 최루물」, 『조선일보』, 1962. 6. 20)를 겪는 여성(《피리 불던 모녀 고개》), "정년 퇴직 후 자식들에게 의존"(「통속적인 신파」, 『조선일보』, 1962. 7. 11)해보려다 고초를 겪는 교장 선생님(《가족회의》), 본처 있는 남자에게 속아 초혼에 실패하고 두 번째 결혼도 시어머니의 학대로 인해 괴로워하는 여성 인물(《내일의 태양》), 남편이 납북된 후 남매를 혼자서 키우는 과부(《한 많은 미아리고개》) 등이 그 대표적 예다.
62 이영미, 『한국대중예술사, 신파성으로 읽다』, 푸른역사, 17쪽, 38쪽, 61쪽, 261~331쪽.
63 이와 관련된 연구는 이영미, 앞의 책, 261~268쪽 및 285~290쪽 참조
64 「대중소설적인 묘사」, 『조선일보』, 1962. 3. 22; 「굳세게 울어제치는 신파」, 『조선일보』, 1962. 10. 18.

7장 문화 민주화 시대의 '통속'

1. 문화산업의 융성과 문화 통제의 이면

1 「살아있는 정감」, 『조선일보』, 1963. 3. 10; 「발산하는 젊음」, 『조선일보』, 1963. 8. 25; 「여성 위한 통속물」, 『조선일보』, 1963. 9. 12; 「여성취향의 통속신파」, 『조선일보』, 1963. 12. 19; 「여성취향의 최루신파」, 『조선일보』, 1964. 2. 4.
2 일본 문화의 수용 양상과 관련하여 이를 '통속문화'의 유입으로 바라보는 기사도 반복적으로 나타난다. 일본의 작가 '석판양차랑'石坂洋次郎의 소설 「빗속으로 사라지다」가 기독교방송국에서 연속 낭독된 것을 보고 "일본 통속유행작가의 작품을 80회씩이나 방송"한 것을 개탄한 기사가 대표적이다. 「방송에도 침투하는 일본 붐—통속작가의 범작 낭독에 물의」, 『경향신문』, 1963. 6. 7.
특히 1965년 한일협정이 체결된 이후에는 일본의 통속소설과 영화·노래가 젊은 세대에게 유행하여 정신적 예속화를 초래한다고 우려하는 시각까지 나타난다.

「한일수교의 1년」, 『조선일보』, 1966. 12. 20.

3   1960년대 이후 '신파성'에 대한 선행 연구를 참조해보면, '통속'의 용법에 대한 관행의 지속 현상은 "인간과 세계를 대하고 받아들이는 특정 방식이 그 관행 안에 내재해 있고 그것에 수용자들이 지속적으로 동의하고 있기 때문"일 것이다. 이영미, 『한국대중예술사, 신파성으로 읽다』, 푸른역사, 2016, 17~18쪽.

4   이하나의 연구(앞의 글, 2021)에서도 비슷한 점이 분석되고 있다.

5   「오늘 '정' 마지막회」, 『조선일보』, 1971. 10. 26. 이러한 우려는 1980년대에드 지속된다. 1983년 한 신문기사는 1970년대 이후 TV 연속극이 "도시 취향에 물질추구와 사랑놀이"를 펼쳐왔다고 비판한다. 「허상만 쫓는 드라마⋯"진실"을 찾아라」, 『조선일보』, 1983. 7. 12.

6   송은영, 「1960~70년대 한국의 대중사회화와 대중문화의 정치적 의미」, 『상허학보』 32, 상허학회, 2011, 195쪽; 송은영, 「1960~70년대 한국 대중사회논쟁의 전개 과정과 특성」, 『사이間SAI』, 국제한국문학문화학회, 2013, 155~158쪽. 송은영에 따르면, 청년문화에 대한 논쟁도 대중사회 논쟁에서 나타났던 것들과 유사한 문제의식을 공유하고 있었다.

7   강현두, 『현대사회와 대중문화』, 서강대학교 인문과학연구소, 1974, 1쪽.

8   「문화계결산 '70 ― 방송・가요」, 『조선일보』, 1970. 12. 18.

9   이하나, 「1970년대 감성규율과 문화위계 담론 ― '통속'의 정치학과 권위주의 체제」, 『역사문제연구』 17(2), 역사문제연구소, 2013, 206쪽 및 210쪽.

10   김은경, 「유신체제의 음악통제양상에 관한 연구 ― 검열메커니즘과 금지곡을 중심으로」, 『민주주의와 인권』 11권 2호, 전남대학교 5・18연구소, 2011, 73쪽 및 76쪽.

11   「대중가요계 큰 충격 "새 풍토의 전기로"」, 『경향신문』, 1975. 7. 14.

12   이상의 내용은 「시드는 '젊음의 행렬'」, 『조선일보』, 1982. 9. 2; 「통속 탈피⋯질을 높인다」, 『조선일보』, 1982. 9. 17; 「청소년 꿈과 고민 "10" ― 독서는 '통속'만을 읽는다」, 『동아일보』, 1984. 12. 21. 손진원의 연구에 따르면, 1970년대 10대를 대상으로 하는 '하이틴 문화산업'이 등장했고, 1980년대 하이틴은 "교복을 입은 10대 여학생"이자 "미, 서구 문화에 호의적이며 사랑, 연애와 관련된 독서 취향"을 지닌 수용자층으로 인식되었다. 1970~1980년대의 잡지 『여학생』, 『여그시대』 등은 성교육 관련 콘텐츠를 엔터테인먼트 성격으로 제공했고, 이는 "주 독자인 여학생이 이성 의식을 정립하고 자기 정체성을 확인하는 과정을 용이"하게끔 만들었다. 손진원, 「1980년대 하이틴 성교육 콘텐츠와 할리퀸 로맨스 연구」, 『한국학연구』 58, 인하대학교 한국학연구소, 2020, 507쪽 및 519쪽.

13   「'섹스상업주의'에 물든 학생 잡지」, 『경향신문』, 1986. 2. 28.

14   1980년대 유행한 '하이틴 로맨스' 장르에 초점을 맞춰 여성 청소년 수용자의 섹슈얼리티를 논의한 연구로는 다음을 참조했다. 손진원, 「1980년대 문고본 르맨스의 독자 상정과 출판 전략 연구 ― '하이틴' 기호를 중심으로」, 『대중서사연구』 25(3), 대중서사학회, 2019; 이주라, 「삼중당의 하이틴로맨스와 1980년대 소녀들의 사랑과 섹슈얼리티」, 앞의 책, 2019.

15 『조선일보』가 연재한「문학풍토 개선돼야 한다」는 그 대표적 예로, 소설가 김원일, 박영한, 박연희 등은 이 지면에서 70년대 소설의 통속화 경향을 강하게 비판했다. 김원일,「문학풍토 개선돼야 한다 ②—소설의 통속화」, 1979. 9. 8; 박영한,「문학풍토 개선돼야 한다 ③—누가「거리의 악사」만들었나」, 1979. 9. 12; 박연희,「문학풍토 개선돼야 한다 ④—문학성의 빈곤」, 1979. 9. 14.

16 반면 김주연은 대중이 많이 읽기 때문에 대중문학이며, 대중문학이기 때문에 문학적 가치가 없다는 주장에는 '문학을 제한된 소수층만이 즐겨야 한다'는 편견이 깔려 있다고 비판한다. 김주연,「대중문학 경시할 수 없다」,『동아일보』, 1978. 8. 8. 또 신문기사 중에는 1970년대 소설의 변화를 새로운 실험으로 진단하는 관점도 제시되고 있었다. 1972년『조선일보』에 실린,『세화의 성』연재 작가 손장순과『별들의 고향』연재 작가 최인호의 대담이 그 대표적 예다. 이들은 '순수와 재미'를 결합하는 방식, "신문소설에서 문학성을 찾을 수 없다"는 시각을 깨뜨리는 실험을 고민했다고 말한다. 손장순은 신문소설의 창작이 고되고 어려운 작업이라는 점을 토로하고, 최인호는 신문소설이 "순수와 통속의 징검다리"가 되어야 함을 강조한다.「"독자가 두렵다"」,『조선일보』, 1972. 9. 12.

17 구중서,「70년대 소설의 반성」,『경향신문』, 1976. 1. 27.

18 곽광수,「위장된 저질이 인기 높다」,『조선일보』, 1980. 6. 20.

19 유현종,「비평상인의 책임이 크다」,『조선일보』, 1980. 6. 24.

20 곽광수,「진의 제대로 알아야 한다」,『조선일보』, 1980. 7. 27.

21 유현종,「항아리 속의 자만 버리자」,『조선일보』, 1980. 7. 1.

22 조남현,「'창작의 의도'가 문제다…상업주의 문학을 다시 비판함」,『조선일보』, 1980. 7. 4. 이러한 비판에 대해 소설가 김이현은 조남현이 언급한 특성의 상업주의 작가가 우리 문단에 몇 사람이나 있느냐고 반문하며 작가는 "보다 많은 독자에게 읽히는 소설"을 어떻게 쓸 수 있을지를 고민하고 있을 뿐이라고 말한다. 이러한 김이현의 논의는 창작과 관련된 대중작가의 고민을 솔직하게 토로했다는 점에서 인상적이지만, 자신의 방식을 작가 전체의 문제로 일반화했다는 점에서는 한계를 드러내고 있다. 김이현,「작가는 많은 독자를 원한다 곽광수-조남현씨 글을 읽고」,『조선일보』, 1980. 7. 8.

23 「격동의 70년대…그 결산 (7)—문화계 (상)」,『경향신문』, 1979. 12. 22. 이 기사에서는 상업주의 작가들이 70년대 격렬한 비판을 받았다는 점을 언급하며, 산업화와 공장 노동자의 아픔을 정면으로 파헤친 작품들, 소설 자체의 예술성에 깊은 관심을 드러낸 작가들, 대하소설 창작 등이 70년대 문학의 대표적 성과라는 점을 강조하고 있다.

24 「여적」,『경향신문』, 1979. 8. 27.

25 이하나는 대중문화를 '매스 컬처'가 아니라 '포퓰러 컬처'로 바라보는 시각이 1970년대 초반부터 나타나기 시작했음을 지적한다. 그러나 이하나의 논문에서는 이러한 차이를 조금 더 명확하게 정립한 강현두나 권영민의 논의는 분석 대상에 포함시키지 않았고, '매스'mass와 '포퓰러'popular가 모두 '대중' 개념으로 번역되기 시작한 상황에 대해서는 주목하지 않았다. 이하나,「'대중성' 개념에 대

한 시선의 변화와 위계의 감성」, 『한국 근현대사 연구』 109, 한국근현대사학회, 2024, 131쪽.

26　I. 크리스톨, 「고급·저급·모던—통속문화와 민주정체에 관한 고찰」, 『사상계』, 1961.
27　강현두, 앞의 글, 1980, 13~17쪽.
28　권영민, 「대중문화의 확대와 소설의 통속화 문제」, 『한국민족문학론연구』, 민음사, 1988, 504~518쪽.

2. 문화의 민주화와 문화 생산 주체로서의 '대중'

29　「한국문화를 생각한다—내일의 좌표를 위하여(4) 문학의 과제는 공감 얻는 일」, 『경향신문』, 1981. 1. 19.
30　한완상, 「민중의 사회학적 개념」, 『민중』, 문학과지성사, 1984, 58~59쪽. 최초 발표 지면은 『문학과 지성』 1978년 가을호, 문학과지성사.
31　한완상, 앞의 글, 63쪽.
32　「민중의 개념과 그 실체—좌담」, 앞의 책, 1984, 43쪽(최초 발표 지면은 『월간 대화』, 1976. 11).
33　김주연, 「민중과 대중」, 『대중문학과 민중문학』, 민음사, 1980, 19~21쪽.
34　김종철, 「대중문화와 민주적 문화」, 『시와 역사적 상상력』, 문학과지성사, 1978, 314~319쪽.
35　이상 『창작과 비평』 대담과 관련된 논의는 「대중문화의 현황과 새 방향」, 『창작과 비평』 53호, 1979, 2~42쪽.
36　2010년대 중반에 발표된 연구는 『창작과 비평』의 1979년 좌담회에 참석한 논자들이 소비, 쾌락의 주체로서의 대중만을 의식하고 있으며 저급의 대중문화가 건강한 민중문화로 극복되어야 한다는 관점을 드러냈다고 비판한다. 또 「민중과 대중」에 드러난 김주연의 시각에 대해서도 민중의 능동성과 대중의 수동성을 대비시켜 "민중과 대중의 위계화"를 보여주고 있다고 비판한다. 이러한 비판은 1979년 『창작과 비평』의 좌담 및 김주연의 시각에 나타난 문제점을 거시적 틀에서 조망하는 데 유효하다. 그러나 『창작과 비평』의 좌담회에서 드러난 각 논자들의 세부적 시각, 「민중과 대중」에 나타난 김주연의 문제의식에는 '민중과 대중의 위계화'로만 설명될 수 없는 지점 또한 담겨 있다. 송은영, 「1970년대 후반 한국 대중사회 담론의 지형과 행방」, 『현대문학의 연구』, 한국문학연구학회, 2014, 125~127쪽.
37　강인철, 『민중, 시대와 역사 속에서—민중의 개념사, 통사』, 성균관대학교출판부, 2023, 326쪽.
38　임헌영 외, 「새로운 민중문학을 위하여」, 『실천문학』 5, 실천문학사, 1984, 212~239쪽.
39　김성환, 「하층민 서사와 주변부 양식의 가능성—1980년대 논픽션을 중심으로」,

『1970년대 대중문학의 욕망과 대중서사의 변주』, 소명출판, 2019, 408쪽. 박상은은 1980년대 "연극·영화 간 매체적이고 장르적 상상력" 속에 민중 형상이 어떻게 드러나는지를 탐색하며 "상업적 대중성과 예술성, 반체제적 비판정신 사이의 비균질적 교차"를 보여주고 있다. 박상은, 『민중과 통속』, 역락, 2024, 18쪽.

40 민중문학 담론의 문제의식에 공감하면서도 그 논의들을 비판적으로 문제 삼았던 성민엽은 김도연을 비롯한 1980년대 젊은 세대 민중문학론자들이 수용의 영역에서 '민중을 위한' 문학 개념에 대해 반성하며 '문학의 대중화' 문제로 이행한 것으로 해석한다. 성민엽, 「민중문학의 논리」, 『민중문학론』, 문학과지성사, 1984, 173쪽.

41 김도연, 「장르 확산을 위하여」, 『한국문학의 현단계 III』, 창작과비평사, 1984, 267~279쪽 및 283~289쪽. 자유실천문인협의회와 관련된 최근 연구로는 이종호, 「자유실천문인협의회의 대항미디어 운동 연구(1) ─ 선언을 통한 창립에서 『실천문학』의 창간에 이르는 과정을 중심으로」, 『한국학연구』 65, 인하대학교 한국학연구소, 2022.

42 김창남, 「대중가요, 그 현실순응의 이데올로기」, 『한국문학의 현단계 III』, 창작과비평사, 1984, 357~373쪽.

43 김성일, 「1980년대 문화운동담론에 나타난 대중문화와 문화주의 비판 연구」, 『대중서사연구』 24-4, 대중서사학회, 2018, 182쪽 및 195쪽.

44 장선우, 「민중영화의 모색」, 『실천문학』 6, 1985, 147~157쪽. 장선우는 이 글이 1985년 3월 3일 '이장호 워크숍'에서 영화 검열위원 김규동, 영화감독 이장호, 조감독 조재홍, 월간 『스크린』 기자 이연호 등과 함께 대담한 내용을 기초로 작성되었음을 밝힌다.

45 문승현, 「노래운동의 몇 가지 문제들」, 『노래운동론』, 공동체, 1986, 196~226쪽.

46 이영미, 「일제시대의 대중가요」, 『노래─진실의 노래와 거짓의 노래』, 실천문학사, 1984, 83쪽 및 118쪽(이영미, 『민족예술운동의 역사와 이론』, 한길사, 1991, 240쪽 및 273쪽).

47 이영미, 「1920년대 대중화논쟁 연구」, 고려대학교 석사학위논문, 1984; 이영미, 「1920년대 대중화논쟁 연구」, 『민족예술운동의 역사와 이론』, 한길사, 1991, 503~509쪽. 한국의 대중문화와 통속문화를 탐색하려는 연구들은 1980년대 이후로 활발하게 나타나기 시작한다. 홍정선의 「한국대중소설의 흐름─통속소설의 문제를 중심으로」(『한신논문집』, 한신대학교, 1985)가 그 대표적 예다. 이 글은 신소설 창작 시기부터 해방 이후까지 한국 대중소설과 대중소설론의 흐름을 개괄적으로 검토하고 있다. 홍정선은 그러한 분석을 통해 대중소설의 부정적 측면과 관련하여 '통속소설'이라는 용어가 많이 쓰였음을 지적한다. 그 분석은 한국 대중소설의 부정적 측면이 1970년대 이후에도 유사하지만 다른 양태로 나타나고 있음을 비판하는 방향으로 귀결되고 있다.

3. 1987년 이후의 '통속'

48 「전환기의 한국문화」, 『한겨레신문』, 1988. 5. 26.
49 「문학과 예술의 대중화를 위하여」, 『문학예술운동』 1, 풀빛, 1987, 17쪽 및 21쪽.
50 김명인, 「지식인 문학의 위기와 새로운 민족문학의 구상」, 앞의 책, 86~109쪽. 김명인의 논의가 불러일으킨 논쟁에 대해서는 김영민, 『한국현대문학비평사』, 소명출판, 2000, 422~434쪽 및 440쪽; 배하은, 「1980년대 문학의 수행성 연구—양식과 미학을 중심으로」, 서울대학교 박사학위논문, 2017, 3쪽.
51 김명인, 「대중문학운동론」, 『희망의 문학』, 풀빛, 1990, 128~139쪽. 김명인의 「대중문학운동론」에 대한 이 책의 문제의식은 이영미의 연구에서 선취되고 있다. 이영미는 김명인의 「대중문학운동론」이 "문학 분야에서 이루어진 대중화론 중 가장 진척된 논의"를 보이고 있다고 평가하면서도 대중문학운동의 주체인 전문 문학인의 역할이 "비전문인 기층 민중들과 어떻게 달라야 하는지"에 대한 설명이 충분하지 않음을 비판한다. 이영미, 「한국 근·현대 예술운동의 대중화론, 그 쟁점과 허실」, 『민족문화연구』 61, 고려대학교 민족문화연구원, 2013, 434~435쪽.
52 「문예대중화 90년대 진보적 문학 새 과제로」, 『한겨레』, 1991. 3. 5.
53 손경목, 「통속문학과 대안적 대중문학의 가능성」, 『실천문학』 21, 실천문학사, 1991, 192~211쪽.
54 『사상문예운동』은 통권 5호인 1990년 가을호부터 '대중문학 작가연구'라는 기획을 만들었고 그 기획은 『사상문예운동』이 폐간되는 1991년 가을호까지 지속된다. '대중문학 작가연구'는 『사상문예운동』이 창간 1주년을 맞이해 새롭게 시작한 기획으로 대중문화가 "자본주의 사회의 대중의식과 관련된 통념을 확대재생산"한다고 보며 그 현상을 분석하려는 의도를 담고 있었다. '대중문학 작가연구' 시리즈에서는 당대의 대중문학·문화를 대표하는 작가 김수현, 이문열, 유안진, 신달자, 박범신, 강철수, 이현세의 작품 특성, 그리고 그 작품들이 대중독자에게 미칠 영향에 대해 분석하고 있다. 「책머리에」, 『사상문예운동』 5, 풀빛, 1990. 『사상문예운동』에 대한 연구로는 장성규, 「민중적 민족문학론의 전개와 문화예술 주체의 문제—『문학예술운동』과 『사상문예운동』을 중심으로」, 『상허학보』 52, 상허학회, 2018, 88~95쪽 참조.
55 실제로 당대 언론에서는 김수현을 "통속애정물 전문의 상업주의 작가"로 규정하는 기사들이 나타나고 있었다. 「M-TV '배반의 장미' 방영 내년 1월 '행토한 여자' 후속」, 『한겨레』, 1989. 11. 25.
56 강영희, 「김수현 문학과 대중의식의 변증법」, 『사상문예운동』 5, 풀빛, 1990, 127~155쪽.
57 이영미, 「예술대중화의 원칙과 그 적용」, 『사상문예운동』 9, 1991. 이 논의에서 이영미가 주되게 비판하는 논의는 김수연의 「〈파업가〉에서 〈골리앗의 그림자〉까지—김호철의 노동가요에 대하여」(『노동자문화통신』 3, 새길, 1990, 88~103쪽)다. 김수연은 〈1노2김가〉, 〈포장마차〉, 〈골리앗의 그림자〉 등의 노래들이 "뽕짝적, 대중가요적 경향"을 차용하는 것이 "익숙함의 대중성"에 안주하며 "자본가

계급의 문화에 대중을 길들이는" 음악적 정서를 확산시킨다고 비판한다. 김수연은 "대중가요의 감수성을 무차별적으로 차용"하기보다 안정감 있고 힘 있는 "낙관적인 대공장 노동자의 정서"를 표현하며 이념적 지향성을 분명히 하는 투쟁가를 창작해야 함을 강조한다. 반면 이영미는 행진곡풍의 투쟁가 역시 1980년대 노래운동이 단조풍의 군가를 적극적으로 받아들이며 진보적 노래문화의 대표적 양식이 되었음을 지적한 후, 통속적 대중가요의 차용에 대해 느끼는 거부감을 "문화적 엘리트주의"로 비판한다. 이들의 논쟁은 김호철의 노동가요와 트로트를 중심으로 전개되기는 했지만, 1990년대 이후부터 오늘날까지의 집회문화에도 적극적으로 차용되고 있는 대중가요적 감성을 어떻게 바라볼 것인지의 문제와도 연결된다. 이러한 논쟁을 조망한 최근 연구로는 신현준, 「가(歌)·요(謠)·곡(曲)의 해부학 5 ― 새벽의 '노래운동'과 투쟁가, 서정곡, 서사요 1977-1993」, 『대중음악』 34, 한국대중음악학회, 2024.

58 이영미의 「예술대중화의 원칙과 그 적용」은 자신이 향유하는 예술문화에 대한 "무반성적 친밀감을 객관화"할 필요성을 제기했다. 이때의 '무반성적 친밀감'은 이 시기의 논쟁을 다시금 성찰한 2010년대 논문에서 규정했듯이 '취향'이라는 개념과 연결된다고 볼 수 있다. 이영미, 앞의 글, 1991; 이영미, 『서태지와 꽃다지』, 한울, 1997, 39~76쪽. 이상 1987년 이후의 '문예 대중화 운동'에 대한 논의는 이영미, 「한국 근·현대 예술운동의 대중화론, 그 쟁점과 허실」, 2013 참조.

59 장성규, 「민중적 민족문학론의 전개와 문화예술 주체의 문제 ―『문학예술운동』과『사상문예운동』을 중심으로」, 2018, 76쪽 및 91쪽.

60 대표적으로는 다음의 연구들을 들 수 있다. 강영희, 『나는 그렇게 생각하지 않는다』, 사회평론, 1994; 이영미, 『서태지와 꽃다지』, 한울, 1997; 이영미, 『한국 대중가요사』, 시공사, 1999. 자신의 연구 방법을 반추하여 설명한 글에서 이영미가 토로했듯이 1980~1990년대 형성된 이들의 문제의식은 2000년대 이후의 대중예술 연구에도 일정 부분 영향을 미치고 있었다. 이영미, 「대중예술 연구, 경향과 방법의 탐색」, 『안과 밖』 28, 영미문학연구회, 2010.

61 진태원, 「포스트 담론의 유령들」, 『애도의 애도를 위하여』, 그린비, 2019, 35쪽. 김정한도 1991년 5월 명지대생 강경대의 죽음에서 촉발된 '1991년 5월 투쟁'에 초점을 맞춰 이를 전후로 한국의 정치철학이 변화해간 양상을 탐색한 바 있다. 김정한, 『비혁명의 시대 ― 1991년 5월 이후 사회운동과 정치철학』, 빨간소금, 2020. 2010년대 중반 이후의 한국문학 연구자들도 그러한 단절을 비판적으로 검토하는 연구를 발표했다. 배하은, 「만들어진 내면성 ― 김영현과 장정일의 소설을 통해 본 1990년대 초 문학의 내면성 구성과 전복 양상」, 『한국현대문학연구』 50, 한국현대문학회, 2016; 강동호, 「'언표'로서의 내면 ― 1990년대 문학사의 비판적 재구성을 위한 예비적 고찰들」, 『한국학연구』 56, 한국학연구소, 2020.

62 김성기, 「후기 자본주의·포스트모더니즘·대중문화」, 『한길문학』 9, 한길사, 1991, 184~202쪽; 이동연, 「포스트모더니즘 논쟁의 올바른 입장을 위하여」, 『한길문학』 10, 한길사, 1991, 229~253쪽.

63 「신세대 소설 경박하다」, 『한겨레』, 1992. 9. 29.

64	「『공포 X파일』, 에밀 졸라 외 지음」, 『경향신문』, 1995. 7. 21;「인터뷰/SF 동호인 모임 '멋진 신세계' 회장 박상준씨: 오락적 장르 아닌 미래 문학」, 『한겨레』, 1992. 9. 23.
65	「인기소설로 영화·애니메이션·게임 등 상품화 '문화산업형' 작가 뜬다」, 『동아일보』, 1998. 11. 5.
66	「KBS 〈첫사랑〉 '안방 사랑'이 더 뜨겁다」, 『동아일보』, 1996. 11. 28;「'그대 그리고 나' 정상이 보인다」, 『한겨레』, 1997. 12. 27.
67	「통속 속에 숨은 진실과 감동」, 『한겨레』, 1999. 7. 7. 이 기사에서는 문화방송의 미니시리즈 《눈물이 보일까봐》에 대해 "연출의 섬세함과 실감 연기에 매달리는 극중 인물들의 모습에서 드라마의 통속성은 빛이 난다"고 평가하고 있다.
68	「영화로 그린 현대인의 불안심리」, 『매일경제』, 1999. 12. 3.
69	「'대중문학' 논쟁 본격 점화」, 『경향신문』, 1993. 9. 28.
70	조성면, 「대중소설을 어떻게 볼 것인가」, 『한국 근대대중소설 비평론』, 태학사, 1997, 16~20쪽 및 27쪽.
71	김원우, 「횡보문학 1백주년 ④: 한국 근대소설의 아버지」, 『조선일보』, 1997. 8. 7;「한국 근대문학 최고봉 횡보 염상섭: 쓸쓸한 '탄생 100주년'」, 『경향신문』, 1997. 8. 20.
72	이성욱, 「대중예술의 미학 — 대중문화 미학적 탐색 새로운 시각 제시」, 『한겨레』, 1995. 9. 20.
73	박성봉, 『대중예술의 미학 — 대중예술의 통속성에 대한 미학적인 접근』, 동연, 1995, 29~73쪽 및 323~326쪽.
74	김창남, 『대중문화와 문화실천』, 한울, 1995, 7쪽 및 20~21쪽.
75	김창남, 앞의 책, 20~21쪽. 김창남 스스로 언급하듯이 이러한 관점의 변화는 피에르 부르디외, 존 피스크, 스튜어트 홀 등 서양의 문화이론을 수용하는 과정과 맞닿아 있다.
76	김창남, 앞의 책.
77	신현준 역시 최근의 연구에서 "영어 popular 및 이의 상응어인 여타 유럽 단어들은 한편으로는 '인민', 다른 한편으로는 '인기'에 이르는 넓은 스펙트럼의 의미를 포괄하는 '모호한' 단어"임을 지적한 바 있다. 신현준, 「가(歌)·요(謠)·곡(曲)의 해부학 5 — 새벽의 '노래운동'과 투쟁가, 서정곡, 서사요 1977-1993」, 2024, 27쪽.
78	이영미, 『한국 대중가요사』, 시공사, 1998, 17~35쪽.
79	이상의 논의는 박애경, 『가요, 어떻게 읽을 것인가』, 책세상, 2000, 31~34쪽 및 95~102쪽.
80	스튜어트 홀은 1968년 영국 버밍엄 현대문화연구소의 2대 소장으로 취임하면서 영국 문화연구의 기본 틀을 만들었다. "당대의 문화현상들을 본격적으로 연구"하며 "문화의 수동적 소비자로 여겨지던 청중(수용자)"을 생산자로 바꿔놓았고, 문화의 생산과 소비 사이의 간극을 탐구했다. 김용규, 「스튜어트 홀과 영국 문화연구의 형성」, 『새한영어영문학』 49-1, 새한영어영문학회, 2007, 7쪽 및 13쪽.

81 　강상희, 「독자검열시대의 문학」, 『매일경제』, 1996. 10. 19.

에필로그

1 　임지현 외, 『대중독재—강제와 동의 사이에서』, 책세상, 2004; 천정환, 『대중지성의 시대—새로운 지식문화사를 위하여』, 푸른역사, 2008.
2 　임지현 외, 앞의 책, 49쪽.
3 　천정환, 앞의 책, 122쪽.
4 　「사랑과 삶의 무게 외면해온 '통속 멜로'는 가라」, 『노컷뉴스』, 2015. 4. 8(https://www.nocutnews.co.kr/news/4394848).
5 　김성호, 「가장 통속적인, 그래서 더 감동적인 5월 광주 이야기」, 『오마이뉴스』, 2017. 8. 8(https://star.ohmynews.com/NWS_Web/OhmyStar/at_pg.aspx?CNTN_CD=A0002348775).
6 　「통일신라 명탐정은 남장여자? 『보건교사 안은영』 작가의 추리물」, 『중앙일보』, 2023. 11. 8(https://www.joongang.co.kr/article/25205741).
7 　「〔인터뷰〕 혼란 앞에 정직해지기 위해 쓴다, 〈두 사람의 인터내셔널〉 소설가 김기태」, 『씨네 21』, 2024. 7. 19(http://www.cine21.com/news/view/?mag_id=105493&utm_source=naver&utm_medium=news); 「한국문학의 신성, 2024 젊은작가상 수상 작가 김기태 첫 소설집」, 『CHANNEL yes』(https://ch.yes24.com/Article/Details/55567).
8 　천정환은 이러한 현상을 문자문화의 확대에 의해 구술문화가 재구조화된 것으로 해석한다. 천정환, 앞의 책, 2008, 282쪽.

참고문헌

1. 기본 자료
(1) 신문
『제국신문』,『대한매일신보』,『매일신보』,『동아일보』,『조선일보』,『서울신문』,『경향신문』,『한겨레(신문)』,『매일경제』

(2) 잡지
『학지광』,『천도교회월보』,『공제』,『개벽』,『창조』,『백조』,『폐허』,『동명』,『별건곤』,『동광』,『삼천리』,『문장』,『조광』,『인문평론』,『백민』,『사상계』,『창작과 비평』,『문학과 지성』,『문학과 사회』,『시와 경제』,『실천문학』,『문학예술운동』 1집~3집,『사상문예운동』,『한길문학』

(3) 단행본
국립국어연구원,『표준국어대사전』, 두산동아, 1999.
간호윤,『한국 고소설비평 용어 사전』, 경인문화사, 2007.
강현두,『현대사회와 대중문화』, 서강대학교 인문과학연구소, 1974.
_____,『대중문화의 이론』, 민음사, 1980.
권영민,『한국민족문학론연구』, 민음사, 1988.
김만중, 심경호 옮김,『서포만필』, 문학동네, 2010.
김명인,『희망의 문학』, 풀빛, 1990.
_____,『두 번의 계엄령 사이에서』, 돌베개, 2025.
김남천,『김남천 전집 1~2』, 박이정, 2000.
김병익,「문화와 민주주의」,『들린 시대의 문학』, 문학과지성사, 1985.
김윤수 외 편,『한국문학의 현단계』, 창작과비평사, 1982.
김주연 편,『대중문학과 민중문학』, 민음사, 1980.
김정환 외,『문화운동론 2』, 공동체, 1986.
김종철,『시와 역사적 상상력』, 문학과지성사, 1978.
김창남 외,『노래운동론』, 공동체, 1986.
김창남,『대중문화와 문화실천』, 한울아카데미, 1997.
김창남,『대중문화의 이해』, 한울아카데미, 1999.
김팔봉, 홍정선 편,『김팔봉 문학전집 I. 이론과 비평』, 문학과지성사, 1988.
김팔봉, 홍정선 편,『김팔봉 문학전집 II. 회고와 기록』, 문학과지성사, 1988.
김환태,『김환태 전집』, 문학사상, 1988.
문세영,『조선어사전』, 박문사, 1938.

문세영, 『중등조선어사전』, 삼문사, 1948.
문세영, 『우리말사전』, 삼문사, 1951.
백낙청·염무웅 편, 『한국문학의 현단계 II』, 창작과비평사, 1983.
백낙청·염무웅 편, 『한국문학의 현단계 III』, 창작과비평사, 1984.
백원담 외, 『예술운동론 I』, 하늘땅, 1991.
백철, 『조선신문학사조사 하권 현대편』, 백양사, 1949.
____, 『신문학사조사』, 신구문화사, 2003.
성민엽 편, 『민중문학론』, 문학과지성사, 1984.
소춘 김기전 선생 문집 편집위원회 편, 『소춘 김기전 전집 1』, 국학자료원, 2010.
송기한, 『해방공간의 비평문학』 I~III, 태학사, 1991.
신형기 엮음, 『해방 3년의 비평문학』, 세계, 1988.
안함광, 『조선문학사』, 연변교육출판사, 1999.
연세대학교 언어정보연구원 HK사업단, 『풀어쓰는 국문론집성』, 박이정, 2012.
염상섭, 한기형·이혜령 엮음, 『염상섭 문장 전집』, 소명출판, 2013.
유길준, 「서유견문」, 『유길준 전집』 1, 일조각, 1982.
유길준, 「小學校育에 對흔 意見」, 『유길준 전집』 2, 일조각, 1982.
유길준, 「세계대세론」, 『유길준 전집』 3, 일조각, 1982.
유재천 외, 『민중』, 문학과지성사, 1984.
유중하, 「문예대중화논쟁 연구」, 연세대학교 석사학위논문, 1986.
임규찬·한기형 편, 『카프비평자료총서 III: 제1차 방향전환과 대중화론』, 태학사, 1989.
_____, 『카프비평자료총서 IV: 볼셰비키화와 조직운동』, 태학사, 1989.
임화, 『임화문학예술전집 3: 문학의 논리』, 소명출판, 2009.
이선영 편, 『현대문학비평자료집(이북편)』 I~III, 태학사, 1993.
이영미, 『민족예술운동의 역사와 이론』, 한길사, 1991.
_____, 「1920년대 대중화논쟁 연구」, 고려대학교 석사학위논문, 1984.
_____, 『서태지와 꽃다지』, 한울, 1997.
_____, 『한국 대중가요사』, 시공사, 1999.
이원조, 양재훈 엮음, 『이원조 비평 선집』, 현대문학, 2013.
이태준, 『문장강화』, 창비, 2005.
_____, 『신문장강화』, 현대문학, 2009.
정비석, 「통속소설소고」, 『소설작법』, 신대한도서, 1949.
정이담 외, 『문화운동론』, 공동체, 1985.
조성면 편, 『한국 근대대중소설 비평론』, 태학사, 1997.
조정환, 『노동해방문학의 논리』, 노동문학사, 1990.
천두슈 외, 김수연 편역, 『신청년의 신문학론』, 한길사, 2012.
최남선, 구자황·문혜윤 편, 『시문독본』, 경진문화, 2009.
한림과학원 편, 『한국 근대 신어사전』, 선인, 2010.
황호덕·이상현 편, 『한국어의 근대와 이중어사전: 영인편 1~11권』, 박문사, 2012.
福澤諭吉, 『福澤諭吉全集』, 東京: 岩波書店, 1969~1971.

進藤咲子,「'普通'と'通俗'」,『明治時代語の硏究: 語彙と文章』, 明治書院, 1981.

(4) 데이터베이스
국립중앙도서관, 대한민국 신문 아카이브(https://www.nl.go.kr/newspaper).
국사편찬위원회,『조선왕조실록』데이터베이스(http://sillok.history.go.kr).
국사편찬위원회,『승정원일기』데이터베이스(http://sjw.history.go.kr).
국사편찬위원회, 한국근대사료 데이터베이스(https://db.history.go.kr/modern/).
네이버 뉴스 라이브러리(https://newslibrary.naver.com/).
유승진,「외국영화《비트 걸(Beat Girl, 1960)》검열 서류 해제」(https://www.kmdb. or.kr/history/contents/2626).
이은령 외, "웹으로 보는 한영자뎐 1.0"(http://corpus.fr.pusan.ac.kr/dicSearch/), 2009, 저작권위원회 제호D-2008-000027-2.
하정일,「조선문학가동맹」,『한국민족문화대백과사전』(https://encykorea.aks.ac.kr/ Article/E0070777).

2. 연구저서 및 논문

(1) 연구저서
강옥희,『한국근대 대중소설 연구』, 깊은샘, 2000.
강영희,『나는 그렇게 생각하지 않는다』, 사회평론, 1994.
강용훈,『비평적 글쓰기의 계보―한국 근대 문예비평의 형성과 분화』, 소명출판, 2013.
강인철,『민중, 시대와 역사 속에서―민중의 개념사, 통사』, 성균관대학교출판부, 2023.
권보드래,『한국 근대소설의 기원』, 소명출판, 2000.
권영민,『한국 민족문학론 연구』, 민음사, 1988.
김경미,『한국 근대교육의 형성』, 혜안, 2009.
김경미,『소설의 매혹―조선 후기 소설비평과 소설론』, 월인, 2003.
김종서 편,『한국 문해교육 연구』, 교육과학사, 2001.
김병문,『언어적 근대의 기획―주시경과 그의 시대』, 소명출판, 2013.
김성수 외,『한(조선)반도 개념의 분단사―문학예술편 4~8』, 사회평론아카데미, 2021.
김성환,『1970년대 대중문학의 욕망과 대중서사의 변주』, 소명출판, 2019.
김영민,『한국 근대소설의 형성과정』, 소명출판, 2005.
_____,『한국 현대문학비평사』, 소명출판, 2000.
김윤식,『한국근대문예비평사연구』, 일지사, 1978.
김재용,『북한 문학의 역사적 이해』, 문학과지성사, 1994.
김재용 외, 박선영 엮음,『민중의 시대―1980년대 한국 문화사 다시 쓰기』, 빨간소금, 2023.
김정한,『비혁명의 시대―1991년 5월 이후 사회운동과 정치철학』, 빨간소금, 2020.
김현주,『사회의 발견』, 소명출판, 2013.

나인호, 『개념사란 무엇인가』, 역사비평사, 2011.
민관동 외, 『중국통속소설의 유입과 수용』, 학고재, 2014.
박근갑 외, 『언어와 소통―의미론의 쟁점들』, 소화, 2016.
박명규, 『국민·인민·시민―개념사로 본 한국의 정치주체』, 소화, 2009.
박명림, 『한국전쟁의 발발과 기원―기원과 원인 2』, 나남, 2003.
박상은, 『민중과 통속』, 역락, 2024.
박성봉, 『대중예술의 미학―대중예술의 통속성에 대한 미학적인 접근』, 동연, 1995.
박애경, 『가요, 어떻게 읽을 것인가』, 책세상, 2000.
_____, 『한국 고전시가의 근대적 변전과정 연구』, 소명출판, 2008.
박진영, 『번역과 번안의 시대』, 소명출판, 2011.
소래섭, 『에로 그로 넌센스―근대적 자극의 탄생』, 살림, 2005.
손성준, 『근대문학의 역학들―번역 주체·동아시아·식민지 제도』, 소명출판, 2019.
송하춘, 『한국현대장편소설사전 1917~1950』, 고려대학교출판부, 2013.
신지영, 『不부/在재의 시대―근대계몽기 및 식민지시기 조선의 연설, 좌담회』, 소명출판, 2012.
신형기, 『해방 직후의 문학운동론』, 화다, 1988.
안예리, 『근대 한국어의 변이와 변화』, 소명출판, 2019.
안인환, 『중국대중문화, 그 부침의 역사―대중문화 담론과 중국지식인의 변주』, 도서출판문사철, 2012.
양승민, 『한문소설의 통속성』, 보고사, 2008.
오성철, 『식민지 초등교육의 형성』, 교육과학사, 2000.
윤건차, 『한국 근대교육의 사상과 운동』, 청사, 1987.
윤영실, 『육당 최남선과 식민지의 민족사상』, 아연출판부, 2018.
윤해동 외, 『종교와 식민지 근대』, 책과 함께, 2013.
이권희, 『메이지기 학제의 변천을 통해 본 근대 일본의 국민국가 형성과 교육』, 소명출판, 2013.
이민주, 『제국과 검열―일제하 신문통제와 제국적 검열체제』, 소명출판, 2020.
이보경, 『근대어의 탄생―중국의 백화문 운동』, 연세대학교출판부, 2003.
이연숙, 고영진 외 옮김, 『국어라는 사상―근대 일본의 언어 인식』, 소명출판, 2006.
이승희, 『숨겨진 극장―식민지 흥행장의 치안과 통속』, 소명출판, 2021.
이영미, 『한국대중예술사, 신파성으로 읽다』, 푸른역사, 2016.
이영미 외, 『김내성 연구』, 소명출판, 2011.
이영미 외, 『정비석 연구』, 소명출판, 2013.
이정옥, 『1930년대 한국 대중소설의 이해』, 국학자료원, 2000.
이주라, 『식민지 근대의 시작과 대중문학의 전개』, 소명출판, 2016.
이진형, 『1930년대 후반 식민지 조선의 소설 이론―임화, 최재서, 김남천의 소설 장르 논의』, 소명출판, 2013.
이화여대 한국문화연구원, 『근대 계몽기 지식의 굴절과 현실적 심화』, 소명출판, 2007.
이희정, 『한국 근대소설의 형성과 『매일신보』』, 소명출판, 2008.

일문연 대중문화연구 프로젝트 엮음, 엄인경·하성호 옮김, 『일본대중문화사』, 보고사, 2024.
임상석, 『식민지 한자권과 한국의 문자 교체』, 소명출판, 2018.
임지현 외, 『대중독재―강제와 동의 사이에서』, 책세상, 2004.
장석만, 『종교와 식민지 근대』, 책과함께, 2013.
장세진, 『슬픈 아시아』, 푸른역사, 2012.
전은경, 『근대계몽기 문학과 독자의 발견』, 역락, 2009.
정선태, 『개화기 신문 논설의 서사 수용 양상』, 소명출판, 1999.
정종현, 『동양론과 식민지 조선문학』, 창비, 2011.
_____, 『카프를 넘어서―사회주의와 식민지 조선문학』, 역사비평사, 2025.
조선일보사 사료연구실, 『조선일보 사람들―일제시대 편』, 랜덤하우스중앙, 2004.
진선영 엮음, 『김말봉 전집 1. 밀림(상)』, 소명출판, 2014.
진태원, 『애도의 애도를 위하여』, 그린비, 2019.
차승기, 『비상시의 문/법』, 그린비, 2016.
천정환, 『근대의 책읽기』, 푸른역사, 2003.
_____, 『대중지성의 시대』, 푸른역사, 2008.
최봉원 외, 『中國歷代小說序跋譯註』, 을유문화사, 1998.
한기형, 『식민지 문역』, 성균관대학교출판부, 2019.
한만수, 『허용된 불온―식민지시기 검열과 한국문학』, 소명출판, 2015.
황종연, 『비루한 것의 카니발』, 문학동네, 1999.
황호덕, 『근대 네이션과 그 표상들』, 소명출판, 2005.
허수, 『이돈화연구』, 역사비평사, 2011.
허수 외, 한림대학교 한림과학원 편, 『두 시점의 개념사―현지성과 동시성으로 보는 동아시아근대』, 푸른역사, 2013.

가라타니 고진, 박유하 옮김, 『일본근대문학의 기원』, 민음사, 1997.
고마고메 다케시, 오성철 외 옮김, 『식민지제국 일본의 문화통합』, 역사비평사, 2008.
고모리 요이치 외, 한윤아 외 옮김, 『내셔널리즘의 편성―근대 일본의 문화사 5: 1920~1930년대 1』, 소명출판, 2012.
나카무라 유지로, 고동호·양일모 옮김, 『공통감각론』, 민음사, 2003.
디페시 차크라바르티, 김택현 외 옮김, 『유럽을 지방화하기―포스트식민 사상과 역사적 차이』, 그린비, 2014.
도사카 준, 윤인로 옮김, 『일본 이데올로기론』, 산지니, 2020.
라인하르트 코젤렉, 한기 옮김, 『지나간 미래』, 문학동네, 1998.
레이먼드 윌리엄스, 나영균 옮김, 『문화와 사회 1780-1950』, 이화여대출판부, 1988.
_____, 김성기 외 옮김, 『키워드』, 민음사, 2010.
_____, 박만준 옮김, 『마르크스주의와 문학』, 지식을만드는지식, 2014.
_____, 임영호 옮김, 『문화와 사회를 읽는 키워드―레이먼드 윌리엄스 선집』, 컬처룩, 2023.

로버트 스칼라피노·이정식, 한홍구 옮김, 『한국 공산주의 운동사』, 돌베개, 2015.
리디아 리우, 민정기 옮김, 『언어횡단적 실천』, 소명출판, 2005.
리처드 왓모어, 이우창 옮김, 『지성사란 무엇인가』, 오월의봄, 2020.
마에다 아이, 유은경 외 옮김, 『일본 근대독자의 성립』, 이룸, 2003.
마이클 로빈슨·신기욱 엮음, 도면회 옮김, 『한국의 식민지 근대성―내재적 발전론과 식민지 근대화론을 넘어서』, 삼인, 2006.
멜빈 릭터, 송승철 외 옮김, 『정치·사회적 개념의 역사―비판적 소개』, 소화, 2010.
미셸 푸코, 이정우 옮김, 『담론의 질서』, 새길아카데미, 2011.
_____, 심성보 외 옮김, 『푸코효과―통치성에 관한 연구』, 난장, 2014.
_____, 『비판이란 무엇인가?/자기수양』, 난장, 2016.
베네딕트 앤더슨, 서지원 옮김, 『상상된 공동체―민족주의의 기원과 보급에 대한 고찰』, 길, 2018.
삐에르 부르디외, 최종철 옮김, 『구별 짓기』, 새물결, 1996.
피에르 부르디외, 김현경 옮김, 『언어와 상징권력』, 나남, 2020.
사이토 마레시, 황호덕 외 옮김, 『근대어의 탄생과 한문―한문맥과 근대 일본』, 현실문화연구, 2010.
_____, 노혜경 옮김, 『한문맥의 근대―청말=메이지의 문학권』, 소명출판, 2018.
쉬지린, 송인재 옮김, 『왜 다시 계몽이 필요한가―현대 지식인의 사상적 부활』, 글항아리, 2013.
쓰보우치 쇼요, 정병호 옮김, 『소설신수』, 고려대학교출판부, 2007.
요네타니 마사후미, 조은미 옮김, 『아시아/일본-사이에서 근대의 폭력을 생각한다』, 그린비, 2010.
야스마루 요시오, 이희복 옮김, 『일본의 근대화와 민중사상』, 논형, 2021.
에티엔 발리바르, 서관모 옮김, 「민족형태―그 역사와 이데올로기」, 『이론』, 1993. 10.
_____, 서관모·최원 옮김, 『대중들의 공포』, 도서출판b, 2007.
윤건차, 『한국 근대교육의 사상과 운동』, 청사, 1987.
이연숙, 고영진 외 옮김, 『국어라는 사상―근대 일본의 언어 인식』, 소명출판, 2006.
이효덕, 박성관 옮김, 『표상공간의 근대』, 소명출판, 2002.
제임스 프록터, 손유경 옮김, 『지금 스튜어트 홀』, 앨피, 2006.
조경달, 박맹수 옮김, 『이단의 민중반란―동학과 갑오농민전쟁 그리고 조선 민중의 내셔널리즘』, 역사비평사, 2008.
조경달, 정다운 옮김, 『식민지기 조선의 지식인과 민중―식민지 근대성론 비판』, 선인, 2012.
조르조 아감벤, 김상운 옮김, 『세속화 예찬』, 난장, 2010.
진평원, 이보경 외 옮김, 『중국소설사―이론과 실천』, 자음과 모음, 2004.
찰스 테일러, 이상길 옮김, 『근대의 사회적 상상』, 이음, 2010.
천두슈 외, 김수연 편역, 『신청년의 신문학론』, 한길사, 2012.
퀜틴 스키너, 황정아 외 옮김, 『역사를 읽는 방법』, 돌베개, 2012.

프레드릭 제임슨, 임경규 옮김, 『포스트모더니즘, 혹은 후기 자본주의 문화 논리』, 문학과지성사, 2022.
戶坂潤, 『日本イデオロギ論』, 東京: 勁草書房, 1966.
石塚正英·柴田隆行 監修, 『哲學·思想 飜譯語事典』, 論創社, 2003.

(2) 연구논문
강동호, 「한국 근대문학과 세속화」, 연세대학교 박사학위논문, 2016.
_____, 「'언표'로서의 내면―1990년대 문학사의 비판적 재구성을 위한 예비적 고찰들」, 『한국문학연구』 56, 한국학연구소, 2020.
강용훈, 「이중어사전 연구 동향과 근대 개념어의 번역」, 『개념과 소통』 9, 한림과학원, 2012.
_____, 「'통속' 개념의 변천 양상에 대한 역사적 고찰」, 『대동문화연구』 85, 성균관대학교 대동문화연구원, 2014.
_____, 「문학용어사전의 형성과 전후(戰後) 문학 관련 개념들의 재편」, 『사이間SAI』, 국제한국문학문화학회, 2016.
_____, 「전시체제 이행기의 '풍속' 비판 담론―김남천과 도사카 준(戶坂潤)의 '풍속' 담론에 대한 재론」, 『사이間SAI』 23, 국제한국문학문화학회, 2017.
_____, 「1960년대 초반 안수길 신문연재소설의 4·19 표상과 피난민의 시민권」, 『한국문학이론과 비평』 82, 한국문학이론과 비평학회, 2019.
_____, 「전시체제 전환기 한일 마르크스주의자의 '풍속' 비판 담론」, 『마르크스주의와 한국의 인문학』, 후마니타스, 2019.
_____, 「20세기 초반 한국의 '통속'(通俗) 개념과 '속'(俗) 관련 문화의 변동」, 『상허학보』 58, 상허학회, 2020.
_____, 「1960년대 안수길의 신문연재소설과 4·19혁명 전후(前後) 서울의 문화적 재현 양상」, 『어문논집』 96, 민족어문학회, 2022.
_____, 「식민지 시기 '통속강연'의 행방과 '통속'의 위상 변화」, 『개념과 소통』 32, 한림대학교 한림과학원, 2023.
_____, 「1950년대~1960년대 초반 한국문학/문화에서 '통속적인 것'을 규정하는 방식의 변화 양상―〈경향신문〉〈동아일보〉〈조선일보〉에 나타난 '통속' 관련 논의를 중심으로」, 『우리어문연구』 80, 우리어문학회, 2024.
_____, 「김환태 비평과 1930년대의 '통속' 비판 담론」, 『현대비평』 21, 2024.
_____, 「1980년대 문학·문화운동 관련 담론에 나타난 '대중' 인식」, 『한국문학논총』 100, 한국문학회, 2025.
_____, 「1990년 초반 '문예 대중화 운동' 관련 담론에 나타난 '대중' 인식」, 『한국근대문학연구』 52, 한국근대문학회, 2025.
강지희, 「4·19 혁명의 재현과 여성 시민권의 창출―박경리와 손장순의 장편소설을 중점으로」, 『현대문학의 연구』 68, 한국문학연구학회, 2019.
권보드래, 「실존, 자유부인, 프래그머티즘―1950년대의 두 가지 '자유' 개념과 문화」, 『한국문학연구』 35, 동국대학교 한국문학연구소, 2008.

_____, 「1910년대의 이중어 상황과 문학 언어」, 『동악어문학』 54, 동악어문학회, 2010.
권창규, 「무지개 색깔 동지들의 기억 투쟁」, 『문화과학』 121, 2025.
김경민, 「10월 항쟁의 문학적 형상화 연구」, 『우리말글』, 우리말글학회, 2021.
김경연, 「'삐라를 든 여자들'의 냉전 — 해방/전쟁기 여성작가 김말봉의 행로와 문화냉전의 젠더정치」, 『한민족문화연구』 68, 한민족문화학회, 2019.
김도형, 「세전(世專) 교장 오긍선의 의료 계몽과 대학 지향」, 『학림』 40, 연세사학연구회, 2017.
김동준, 「雅俗의 교차, 石北 申光洙家 漢詩에 나타난 '俗'의 활용 방향」, 『한문학논집』 39, 근역한문학회, 2014.
김보경, 「1980년대 문학장의 재편 과정 연구」, 연세대 박사학위논문, 2024.
김복순, 「대중소설의 젠더정치학 — 『자유부인』을 중심으로」, 『대중서사연구』 9, 대중서사학회, 2003.
김상태, 「경성의학전문학교 학생·졸업생들의 국내 항일운동」, 『동국사학』 67, 동국대학교 동국역사문화연구소, 2019.
김성보, 「남북국가 수립기 인민과 국민 개념의 분화」, 『한국사연구』 144, 2009.
김성일, 「1980년대 문화운동담론에 나타난 대중문화와 문화주의 비판 연구」, 『대중서사연구』 24-4, 대중서사학회, 2018.
김성수, 「북한 조선문학예술총동맹의 역사적 변천(1946-53)」, 『통일정책연구』 33-1, 통일연구원, 2024.
김수연, 「〈파업가〉에서 〈골리앗의 그림자〉까지 — 김호철의 노동가요에 대하여」, 『노동자문화통신』 3, 새길, 1990.
김연숙, 「전후 재건기의 여성 성공담과 젠더 담론 — 1950년대 대중잡지 『희망』을 중심으로」, 『인문학연구』 46, 경희대학교 인문학연구원, 2021.
김영애, 「김기진과 『중외일보』」, 『근대서지』 10, 근대서지학회, 2014.
_____, 「김기진 번역 번안소설 연구」, 『반교어문연구』 35, 반교어문학회, 2015.
김영진, 「해방기 대중화론의 전개」, 『어문논집』 28, 중앙어문학회, 2000.
김용규, 「스튜어트 홀과 영국 문화연구의 형성」, 『새한영어영문학』 49-1, 새한영어영문학회, 2007.
김윤희, 「근대 국가구성원으로서의 인민 개념 형성(1876~1894) — 민(民)=적자(赤子)와 『서유견문』(西遊見聞)의 인민」, 『역사문제연구』 13-1, 역사문제연구소, 2009.
김은경, 「유신체제의 음악통제양상에 관한 연구 — 검열메커니즘과 금지곡을 중심으로」, 『민주주의와 인권』 11-2, 전남대학교 5·18연구소, 2011.
김주리, 「4·19의 세대론과 안수길 소설 속 예외상태의 주체 — 〈백야〉를 중심으로」, 『현대문학의 연구』 76, 한국문학연구학회, 2022.
김정인, 「1910년대 『天道敎會月報』를 통해서 본 민중의 삶」, 『한국문화』 30, 서울대학교 규장각 한국학연구원, 2002.
김지영, 「1920년대 대중문학 개념 연구 — 카프 대중론과 '통속', '민중', '대중'의 의미 투쟁을 중심으로」, 『우리문학연구』 48, 우리문학회, 2015.

_____, 「1950년대 잡지 『명랑』의 '성'과 '연애' 표상―기사, 화보, 유머란(1956~1959)을 중심으로」, 『개념과 소통』 10, 한림대학교 한림과학원, 2012.
_____, 「'명랑'의 역사적 의미론―명랑 장르 코드의 형성과정을 중심으로」, 『한민족문화연구』 47, 한민족문화학회, 2014.
_____, 「웃음, 혹은 저항과 타협의 양가적 제스처―1950~60년대 조흔파의 명랑소설(성인) 연구」, 『민족문화연구』 79, 고려대학교 민족문화연구원, 2018.
김한식, 「김말봉의 『찔레꽃』과 '본격통속'의 구조」, 『한국학연구』 12, 고려대학교 한국학연구소, 2000.
김현주, 「1950년대 잡지 『아리랑』과 명랑소설의 '명랑성'―가족서사를 중심으로」, 『인문학연구』 43, 조선대학교 인문학연구소, 2012.
_____, 「1950년대 오락잡지에 나타난 대중소설의 판타지와 문화정치학―『명랑』의 성애소설을 중심으로」, 『대중서사연구』 30, 대중서사학회, 2013.
노지승, 「〈自由夫人〉을 통해 본 1950년대 문화 수용과 젠더 그리고 계층」, 『한국현대문학연구』 27, 한국현대문학회, 2009.
문재철·송은지, 「1983년 '열려진 영화론'은 어떻게 2002년 〈성냥팔이 소녀의 재림〉이 되었나?―장선우의 이행에 관한 소고」, 『현대영화연구』 21, 한양대학교 현대영화연구소, 2025.
문혜윤, 「조선어 문장 형성 연구의 향방―『문장강화』 연구사」, 『상허학보』 42, 상허학회, 2014.
박숙자, 「'통쾌'에서 '명랑'까지―식민지 문화와 감성의 정치학」, 『한민족문화연구』 30, 한민족문화학회, 2009.
박양신, 「다이쇼 시기 일본·식민지 조선의 민중예술론―로맹 롤랑의 '제국' 횡단」, 『한림일본학』 22, 일본학연구소, 2013.
박애경, 「조선 후기 시조의 통속화 과정과 양상 연구」, 연세대학교 박사학위논문, 1998.
_____, 「통속의 정치와 민요」, 『고전문학연구』 65, 한국고전문학회, 2024.
박영미, 「『표해록』과 『통속표해록』의 비교를 통해 '통속'의 의미 재고」, 『한문학논집』 39, 근역한문학회, 2014.
박용규, 「문세영 『조선어사전』의 편찬 과정과 국어사전사적 의미」, 『동박학지』 154, 연세대학교 국학연구원, 2011.
박연희, 「1950년대 한국 펜클럽과 아시아재단의 문화원조―세계작가회의 참관기를 중심으로」, 『한국학연구』 40, 인하대학교 한국학연구소, 2016.
박영재, 「이태준 고전 담론과 『문장』의 낭만주의―내간체의 발견과 〈춘향전〉의 귀환을 중심으로」, 『어문논집』 96, 민족어문학회, 2022.
박정선, 「해방기 조선문학가동맹의 문화대중화 담론과 조직적 실천」, 『어문학』 93, 한국어문학회, 2006.
박지영, 「'음란(외설)' 시비의 이면―『채털리부인의 연인』(판례)의 번역과 젠더/섹슈얼리티/계급 정치(1945-1979)」, 『여성문학연구』 42, 한국여성문학회, 2017.
박지영, 「식민지 위생학자 이인규의 공중보건 활동과 연구」, 『의료사회사연구』 4, 의료역사연구회, 2019.

박진숙, 「이태준 문장론의 형성과 근대적 글쓰기의 의미」, 『시학과 언어학』 6, 시학과 언어학회, 2003.
_____, 「이태준의 언어의식과 근대적 글쓰기의 場」, 『한국근대문학연구』 12, 한국근대문학회, 2011.
박진영, 「이수일과 심순애 이야기의 대중문예적 성격과 계보―〈장한몽〉 연구」, 『현대문학의 연구』 23, 한국문학연구학회, 2004.
박현수, 「김기진의 초기 행적과 문학 활동」, 『대동문화연구』 61, 성균관대학교 대동문화연구원, 2008.
변재원, 「우리는 서로의 일부」, 『황해문화』 126, 새얼문화재단, 2025.
배개화, 「이태준의 장편소설과 국가총동원체제 비판으로서의 '일상정치'」, 『국어국문학』 163, 국어국문학회, 2013.
_____, 「문학의 희생―북한에서의 이태준」, 『한국현대문학연구』 34, 한국현대문학회, 2011.
배상미, 「임화의 통속소설론과 문학사론의 관계―저널리즘 인식을 중심으로」, 『민족문화연구』 87, 민족문화연구원, 2020.
_____, 「공창폐지 운동과 그 유산―김말봉의 『화려한 지옥』과 『별들의 고향』」, 『현대소설연구』 92, 한국현대소설학회, 2023.
_____, 「김말봉의 『밀림』(1935-1938)에 드러난 식민지적 자본주의 비판―축항 지대 노동자들의 파업과 사회주의자에 대한 재현을 중심으로」, 『구보학보』 40, 구보학회, 2025.
배하은, 「만들어진 내면성―김영현과 장정일의 소설을 통해 본 1990년대 초 문학의 내면성 구성과 전복 양상」, 『한국현대문학연구』 50, 한국현대문학회, 2016.
_____, 「1980년대 문학의 수행성 연구―양식과 미학을 중심으로」, 서울대 박사학위논문, 2017.
_____, 「혁명성과 진정성의 탈신비화―1980~90년대 문학 연구의 동향과 과제」, 『상허학보』 66, 상허학회, 2022.
배항섭, 「'새로운 민중사' 이후 민중사 연구의 진전을 위하여―19세기 말~20세기 초를 중심으로」, 『역사문제연구』 26-2, 역사문제연구소, 2022.
백지연, 「4·19 혁명과 젠더 평등의 의미―강신재와 박경리의 소설을 중심으로」, 『한국문학이론과 비평』 80, 한국문학이론과 비평학회, 2018.
선지현, 「지워진 자들의 동맹과 연대가 이뤄낼 다른 세계를 상상한다」, 『황해문화』 126, 새얼문화재단, 2025.
손혜민, 「자본의 순환, 문학의 교환―전후 '대중성'의 출현과 자본주의」, 『상허학보』 45, 상허학회, 2015.
서동주, 「예술대중화논쟁과 내셔널리즘―나카노 시게하루의 예술대중화론 비판의 위상」, 『일본사상』 17, 한국일본사상사학회, 2009.
서영채, 「1930년대 통속소설의 존재방식과 그 의미―김말봉의 『찔레꽃』을 중심으로」, 『민족문학사연구』 4, 민족문학사학회·민족문학사연구소, 1993.
서유석, 「판소리 서사 통속화의 의미: 일상의 긍정·유교의 통속화와 專有―〈춘향가〉를 중심으로」,『고전문학연구』65, 한국고전문학회, 2024.
서정자,「삶의 비극적 인식과 행동형 인물의 창조―김말봉의『밀림』과『찔레꽃』연구」,『여성문학연구』8, 한국여성문학학회, 2002.
_____,「김기진의「김명순씨에 대한 공개장」분석―김명순에 대한 미디어 테러 1백 년의 뿌리」,『여성문학연구』43, 한국여성문학학회, 2018.
_____,「김말봉의『밀림』재론―아나키즘과 기독교정신 구현방식을 중심으로」,『여성문학연구』49, 한국여성문학학회, 2020.
성주현,「천도교청년당(1923~1939) 연구」, 한양대학교 박사학위논문, 2009.
손동호,「식민지 시기『매일신보』의 신년현상문예 연구」,『한국근대문학연구』20, 한국근대문학회, 2019.
손진원,「1980년대 문고본 로맨스의 독자 상정과 출판 전략 연구―'하이틴' 기호를 중심으로」,『대중서사연구』25-3, 대중서사학회, 2019.
_____,「1980년대 하이틴 성교육 콘텐츠와 할리퀸 로맨스 연구」,『한국학연구』58, 인하대학교 한국학연구소, 2020.
송민호,「開化啓蒙時代 '演說'과 '講演'의 分化와 非政治的 公論場 形成의 背景」,『한국문화』55, 규장각한국학연구원, 2011.
_____,「일제강점기 미디어로서의 강연회의 형성과 불온한 지식의 탄생」,『한국학연구』32, 인하대학교 한국학연구소, 2014.
송승철,「『열쇳말』의 내적 구성원리와 신뢰성」,『개념과 소통』27, 한림대학교 한림과학원, 2021.
_____,「레이먼드 윌리엄스의『열쇳말』과 개념사」,『개념과 소통』10, 한림대학교 한림과학원, 2012.
_____,「개념사와 지성사가 서로 배울 날이 올까」,『개념과 소통』26, 한림대학교 한림과학원, 2020.
송은영,「1960~70년대 한국의 대중사회화와 대중문화의 정치적 의미」,『상허학보』32, 상허학회, 2011.
_____,「1960~70년대 한국 대중사회논쟁의 전개 과정과 특성」,『사이間SAI』, 국제한국문학문화학회, 2013.
_____,「1970년대 후반 한국 대중사회 담론의 지형과 행방」,『현대문학의 연구』53, 한국문학연구학회, 2014.
신성환,「조선후기 유교의 통속화와 〈우부가〉(愚夫歌)」,『한국시가연구』41, 한국시가학회, 2016.
신지현,「아파트를 통해 서울을 소비하기―1960년대~1970년대 초 주간지와 영화에 나타난 아파트의 젠더 표상」,『동방학지』203, 연세대학교 국학연구원, 2023.
신현준,「가(歌)·요(謠)·곡(曲)의 해부학 5―새벽의 '노래운동'과 투쟁가, 서정곡, 서사요 1977-1993」,『대중음악』34, 한국대중음악학회, 2024.
심경호,「한국한문학이 지닌 다층성의 한 구현, 통속성」,『한문학논집』39, 근역한문학회, 2014.
엄동섭,「1950년대 희망사 간행 대중잡지의 서지 연구」,『근대서지』13, 근대서지학회,

2016.

엄학준, 「김말봉의 『찔레꽃』에 드러난 지식인 노동자의 표상과 그 의미―1930년대 대중소설의 노동자 인식을 중심으로」, 『한국문학이론과 비평』 10, 한국문학이론과비평학회, 2023.

에티엔 발리바르, 서관모 옮김, 「민족형태―그 역사와 이데올로기」, 『이론』, 진보평론, 1993.

오미일, 「총동원체제하 생활개선 캠페인과 조선인의 일상」, 『한국독립운동사연구』 39, 독립기념관 한국독립운동사연구소, 2011.

오태호, 「해방기(1945~1950) 북한 문학의 '고상한 리얼리즘' 논의의 전개 과정 고찰―『문화전선』, 『조선문학』, 『문학예술』을 중심으로」, 『우리어문연구』 46, 우리어문학회, 2013.

오혜진, 「대중소설론의 변천과 의의 연구」, 『우리문학연구』 22, 우리문학회, 2007.

_____, 「「청춘극장」, 시대의 비극과 조우」, 『우리문학연구』 36, 우리문학회, 2012.

유승희, 「『실천문학』이라는 아카이브: 운동-기록으로서의 문학과 1980년대의 『실천문학』」, 『서강인문논총』 22, 서강대학교 인문과학연구소, 2022.

유중하, 「문예대중화논쟁 연구」, 연세대학교 석사학위논문, 1986.

윤해동, 「한말 일제하 천도교 김기전의 '근대' 수용과 '민족주의'」, 『역사문제연구』 1, 역사문제연구소, 1996.

_____, 「일본에서의 한국 민중사연구 비판―조경달을 중심으로」, 『한국민족운동사연구』 64, 한국민족운동사학회, 2010.

이경구, 「18세기 '時'와 '俗' 관련 용어의 변화와 그 의미」, 『한국실학연구』 15, 한국실학학회, 2008.

이광욱, 「카프 연극 영화 대중화론의 전개와 헤게모니 전략의 추이」, 『한국현대문학연구』 69, 한국현대문학회, 2023.

이기훈, 「식민지 학교 공간의 형성과 변화」, 『역사문제연구』 17, 역사문제연구소, 2007.

이도연, 「원론적 마르크스주의 비평의 가능성―한설야 비평에 관한 일 고찰」, 『국어국문학』 193, 국어국문학회, 2020.

이민영, 「카프의 연극대중화론과 정치연극의 대중적 형식」, 『한국극예술연구』 31, 한국극예술학회, 2010.

_____, 「식민사회의 '춘향전'과 전유되는 전통」, 『현대소설연구』 81, 현대소설학회, 2021.

_____, 「1950년대 대중소설과 '전후(戰後) 여성'의 부표들」, 『한국근대문학연구』 23, 한국근대문학회, 2022.

이봉범, 「잡지 『문예』의 성격과 위상」, 『상허학보』 17, 상허학회, 2006.

_____, 「1950년대 신문 저널리즘과 문학」, 『반교어문연구』 29, 반교어문학회, 2010.

_____, 「1950년대 잡지저널리즘과 문학―대중잡지를 중심으로」, 『상허학보』 30, 상허학회, 2010.

_____, 「해방10년, 보수주의문학의 역사와 논리」, 『한국근대문학연구』 22, 한국근대문학회, 2010.

이소영, 「87년 체제와 적대의 정동」, 서울대 박사학위논문, 2022.
이승희, 「식민지시대 연극의 검열과 통속의 정치」, 『대동문화연구』 59, 대동문화연구원, 2007.
이영미, 「연극 〈새날을 여는 사람들〉의 관객 수용태도에 관한 보고」, 『문학예술운동』 2, 풀빛, 1989.
_____, 「한국여성노동자회 연극과 노동자적 현실성」, 『한국여성연구소 기타간행물』, 한국여성연구소, 1989.
_____, 「대중예술 연구, 경향과 방법의 탐색」, 『안과 밖』 28, 영미문학연구회, 2010.
_____, 「한국 근·현대 예술운동의 대중화론, 그 쟁점과 허실」, 『민족문화연구』 61, 고려대학교 민족문화연구원, 2013.
_____, 「1970년대, 1980년대 진보적 예술운동의 다양한 명칭과 그 의미」, 『기억과 전망』 29, 민주화운동기념사업회, 2013.
이유리, 「1950년대 도의교육의 형성과정과 성격」, 『한국사연구』 144, 한국사연구회, 2009.
이원동, 「예술 대중화 논쟁과 매체 전략의 의미」, 『어문학』 127, 한국어문학회, 2015.
이은선, 「전쟁기 『희망』과 조흔파의 '명랑소설' 연구」, 『어문논총』 66, 한국문학언어학회, 2015.
이정숙, 「김말봉의 통속소설과 휴머니즘」, 『한국언어문화』 13, 한국언어문학회, 1995.
이주라, 「삼중당의 하이틴로맨스와 1980년대 소녀들의 사랑과 섹슈얼리티」, 『대중서사연구』 25-3, 대중서사학회, 2019.
이종호, 「해방기 염상섭과 『경향신문』」, 『구보학보』 21, 구보학회, 2019.
_____, 「자유실천문인협의회의 대항미디어 운동 연구(1) — 선언을 통한 창립에서 『실천문학』의 창간에 이르는 과정을 중심으로」, 『한국학연구』 65, 인하대학교 한국학연구소, 2022.
이하나, 「'통속성' 개념의 분화/분단과 문화평등주의」, 『대동문화연구』 113, 성균관대학교 대동문화연구원, 2021.
_____, 「1970년대 감성규율과 문화위계 담론 — '통속'의 정치학과 권위주의 체제」, 『역사문제연구』 17-2, 2013.
_____, 「'대중성' 개념에 대한 시선의 변화와 위계의 감성」, 『한국 근현대사 연구』 109, 한국근현대사학회, 2024.
이행미, 「이태준 소설에 나타난 식민지 법제도와 공공성 — 「법은 그렇지만」과 『청춘무성』을 중심으로」, 『현대소설연구』 79, 한국현대소설학회, 2020.
임상석, 「유길준의 국한문체 기획과 문화의 전환 — 신채호, 최남선과의 비교연구」, 『우리어문연구』 43, 우리어문학회, 2012.
임세진, 「1980년대 지역무크지의 문학/문화운동 연구」, 건국대 박사학위논문, 2024.
임세화, 「잊혀진 항쟁 — 1946년 10월 항쟁과 냉전기 민중운동사의 궤적」, 『민족문학사연구』 86, 민족문학사연구소, 2024.
_____, 「해방기 남북한의 문해정치와 여성독본의 자리 — 박영애의 『여성독본』과 최화성의 『조선여성독본』을 중심으로」, 『인문과학』 85, 성균관대학교 인문학연구원,

2022.

임송자, 「미군정기 우익정치세력과 우익학생단체의 문해·계몽운동」, 『한국민족운동사연구』 79, 한국민족운동사학회, 2014.

임정연, 「1950년대 새로운 '통속'으로서의 아메리카니즘과 '교양' 메커니즘—김말봉의 『방초탑』을 중심으로」, 『현대문학이론연구』 63, 현대문학이론학회, 2015.

임종태, 「김용관의 발명학회와 1930년대 과학운동」, 서울대학교 석사학위논문, 1994.

장두영, 「김말봉 『밀림』의 통속성」, 『한국현대문학연구』 39, 한국현대문학회, 2013.

장세진, 「"우리는 다른 언어로 말하고 있다"」, 『개념과 소통』 28, 한림대학교 한림과학원, 2021.

장성규, 「혁명의 기록과 서발터니티의 흔적」, 『한국문학이론과 비평』 80, 한국문학이론과 비평학회, 2018.

_____, 「민중적 민족문학론의 전개와 문화예술 주체의 문제—『문학예술운동』과 『사상문예운동』을 중심으로」, 『상허학보』 52, 상허학회, 2018.

장신, 「1907~1945년의 집회 결사와 탄압 법령」, 『역사문제연구』 26-3, 역사문제연구소, 2022.

장예준, 「19세기 상·하층 소설의 접점과 문화적 의미—한문 장편소설과 우화소설·판소리계 소설의 글쓰기 방식을 중심으로」, 고려대 박사학위논문, 2012.

전명혁, 「일제강점기 조선인 기자와 언론활동—일제하 방한민의 언론, 교육운동과 민족해방운동」, 『사림』 44, 수선사학회, 2013.

전상기, 「1960년대 주간지의 매체적 위상」, 『한국학논집』 36, 계명대학교 한국학연구원, 2007.

전지니, 「1950년대 초반 종합지 『희망』의 반공청년 표상 연구」, 『어문논총』 68, 한국문학언어학회, 2016.

정근식, 「식민지 전시체제하에서의 검열과 선전, 그리고 동원」, 『상허학보』 38, 상허학회, 2013.

정은진, 「18세기 俗畫 관련 題跋을 통해 본 통속성 연구」, 『한문학논집』 39, 근역한문학회, 2014.

정종현, 「'해방전후' 김내성 스파이-탐정 서사의 연속과 비연속—〈태풍〉과 《청춘극장》을 중심으로」, 『현대문학의 연구』 42, 한국문학연구학회, 2010.

_____, 「북으로 간 국문학자 신구현」, 『인문논총』 81, 서울대학교 인문학연구원, 2024.

조윤정, 「1946년 10월 항쟁과 해방기의 소설」, 『구보학보』 21, 구보학회, 2019.

진선영, 「한국전쟁기 김말봉 소설의 이데올로기 연구—〈별들의 고향〉을 중심으로」, 『겨레어문학』 55, 겨레어문학회, 2015.

진필수, 「일제 총동원체제의 기원과 특징에 대한 재검토」, 『비교문화연구』 22-2, 서울대학교 사회과학연구원 비교문화연구소, 2016.

차승기, 「프롤레타리아 문학과 대중화 또는 문학운동과 외부성의 문제」, 『한국학연구』 37, 인하대학교 한국학연구소, 2015.

차태근, 「비평개념으로서의 雅俗과 그 이데올로기」, 『중국어문논총』 28, 중국어문연구회, 2005.

천정환, 「1980년대 문학·문화사 연구를 위한 시론 (1) — 시대와 문학론의 "토픽"과 인식론을 중심으로」, 『민족문학사연구』 56, 민족문학사연구소, 2014.

최규진·황상익·김수연, 「식민지시대 지식인, 유상규(劉相奎)의 삶의 궤적」, 『醫史學』, 18-2, 대한의사학회, 2009.

최미진, 「광복 후 공창폐지운동과 김말봉 소설의 대중성」, 『현대소설연구』 32, 한국현대소설학회, 2006.

최병구, 「1920년대 비평(사)의 문화적 배경 또는 논쟁의 심층」, 『구보학보』 25, 구보학회, 2020.

최애순, 「50년대 『아리랑』 잡지의 '명랑'과 '탐정' 코드」, 『현대소설연구』 47, 한국현대소설학회, 2011.

_____, 「1950년대 활자매체 『명랑』 — 스토리의 공유성과 명랑공동체」, 『한국문학이론과 비평』 59, 한국문학이론과비평학회, 2013.

최지현, 「해방기 공창폐지운동과 여성 연대(solidarity) 연구 — 김말봉의 『화려한 지옥』을 중심으로」, 『여성문학연구』 18, 한국여성문학학회, 2008.

하동호, 「〈주간삼천리〉 서지고 — 그 특보 및 논단을 주로」, 『출판학연구』, 한국출판학회, 1973.

하윤섭, 「조선조 '五倫' 담론의 계보학적 탐색과 오륜시가의 역사적 전개 양상」, 고려대 박사학위논문, 2012.

한기형, 「선전과 시장 — '문예대중화론'과 식민지 검열의 교착」, 『대동문화연구』 79, 성균관대 대동문화연구원, 2012.

한기형, 「노블과 식민지 — 염상섭 소설의 통속과 반통속」, 『대동문화연구』 82, 성균관대 대동문화연구원, 2013.

한인섭, 「헌법수호자로서의 김병로 — 보안법 파동 및 경향신문 폐간에 대한 비평을 중심으로」, 『서울대학교 법학』 56-2, 서울대학교법학연구소, 2015.

허민, 「민주화 이행기 한국소설의 서사구조 재편 양상 연구」, 성균관대 박사학위논문, 2022.

허병식, 「『문장강화』와 식민지의 언어편제」, 『국제어문학』 47, 국제어문학회, 2020.

허수, 「1920~30년대 식민지 지식인의 '대중' 인식」, 『역사와 현실』 77, 한국역사연구회, 2010.

_____, 「식민지시기 '집합적 주체'에 관한 개념사적 접근」, 『역사문제연구』 23, 역사문제연구소, 2010.

허윤, 「전쟁기 『희망』과 남성성의 젠더 전략」, 『이화어문논집』 43, 이화어문학회, 2017.

홍순애, 「近代小說의 장르分化와 演說의 미디어적 連繫性 硏究 — 1920~30년대를 중심으로」, 『어문연구』 144, 한국어문교육연구회, 2009.

홍정선, 「한국 대중소설의 흐름 — 통속소설 문제를 중심으로」, 『한신논문집』, 한신대학교, 1985.

황지나, 「"과학조선 건설"을 향하여 — 1930년대 과학지식보급회의 과학데이를 중심으로」, 전북대학교 석사학위논문, 2019.

_____, 「애산 이인과 1930년대 과학운동」, 『애산학보』 47, 애산학회, 2020.

I. 크리스톨, 「고급·저급·모던—통속문화와 민주정체에 관한 고찰」, 『사상계』, 1961.

(3) 신문 기사 자료

「사랑과 삶의 무게 외면해온 '통속 멜로'는 가라」, 『노컷뉴스』, 2015. 4. 8(https://www.nocutnews.co.kr/news/4394848).

김성호, 「가장 통속적인, 그래서 더 감동적인 5월 광주 이야기」, 『오마이뉴스』, 2017. 8. 8(https://star.ohmynews.com/NWS_Web/OhmyStar/at_pg.aspx?CNTN_CD=A0002348775).

「'K-드라마의 원조' 김말봉 작가를 만나다⋯연극 '통속소설이 머 어때서?!'」, 『뉴스1』, 2023. 6. 16(https://www.news1.kr/life-culture/performance-exhibition/5079104).

「통일신라 명탐정은 남장여자? 『보건교사 안은영』 작가의 추리물」, 『중앙일보』, 2023. 11. 8(https://www.joongang.co.kr/article/25205741).

「통속적 격려보다 묵직한 위로⋯원로 배우들의 내공」, 『동아일보』, 2024. 1. 18(https://www.donga.com/news/Culture/article/all/20240117/123105906/1).

「〔인터뷰〕혼란 앞에 정직해지기 위해 쓴다, 〈두 사람의 인터내셔널〉 소설가 김기태」, 『씨네21』, 2024. 7. 19(http://www.cine21.com/news/view/?mag_id=105493&utm_source=naver&utm_medium=news).

「한국문학의 신성, 2024 젊은작가상 수상 작가 김기태 첫 소설집」, 『CHANNEL yes』 (https://ch.yes24.com/Article/Details/55567).

찾아보기

ㄱ

감성 127, 228, 236
감정 127, 128, 130, 134, 169, 171, 172, 187, 190, 194, 215, 217, 218, 289
'강연' 13, 39, 43, 92, 116, 279
강영희 263, 264
개념사 8, 9, 33, 34, 40
『개벽』 41, 81~84, 87~89, 91, 92, 95, 96, 112, 113, 114, 280
검열 31, 37, 42, 110, 122, 124, 135, 138, 143, 144, 220~222, 224, 227, 233, 240, 274, 282, 283, 287
『경향신문』 21~23, 26, 41, 189, 201, 202, 205, 211, 221, 222, 226, 277
계급(적) 33, 35, 84, 90, 95, 98, 99, 100, 101, 103, 114, 118, 120, 121, 123, 141, 180, 194, 210, 251, 261, 264, 266, 271, 278, 283
계몽 12, 59, 62, 86, 140, 180, 181, 185, 275
『공제』 41, 83, 93~96, 280
'공통'/'공통적' 26, 27, 60, 87
공통감각 154, 284
교양 87, 99, 100, 101, 119~121, 127, 134, 140, 156, 192, 203, 258, 281
교육 13, 15, 25, 32, 37, 39, 43, 45, 54~56, 58, 60~64, 68, 75, 76, 78~81, 83~88, 95, 96, 98, 110, 115, 143, 175, 180, 184, 185, 202, 263, 278, 280, 282, 283, 285
국민 9, 33, 56~58, 61, 63, 67, 68, 78, 102, 179, 180, 184, 216, 285
권영민 28, 29, 241~243
김기전 83~86, 88, 89, 280

김기진 11, 37, 114~127, 134, 140, 142, 175, 258, 265, 281, 282
김남천 148, 151, 162~167, 169, 170, 174, 180~182, 190, 196, 197, 284, 286
김내성 204, 211~213, 286
김도연 250~253
김말봉 17, 23, 81, 146, 152, 154, 165, 167, 204, 206~209, 211, 284~286
김명인 260~262
김수현 263, 264
김영석 182, 183
김주연 244~246, 250, 251
김창남 14, 253, 254, 271, 274
『꼬방동네 사람들』 252, 253

ㄴ

노동계급 90, 106

ㄷ

'대중' 10, 13, 15~17, 22, 25, 26, 28~31, 34, 36, 37, 39~41, 44~47, 55, 101~105, 110~114, 117~128, 130, 134, 135, 139~143, 148~150, 155, 158, 165, 180~183, 189~192, 203, 204, 207~211, 213~218, 222, 225~227, 229, 233, 239, 241, 242, 244~258, 260~265, 268~273, 275~277, 281, 282, 284~292
대중가요 235, 236, 253, 254, 256, 265, 272~274
대중독재 276
대중매체 111, 215, 216, 247, 253, 254, 283, 288, 289 → 매스미디어

대중문학 13, 36, 37, 120, 133~135, 139, 141, 142, 145, 186, 187, 207~209, 211, 215, 242, 244, 250, 258, 260~263, 267, 269, 285
대중문화 12~17, 23, 28, 29, 31, 34, 39, 46, 47, 111, 114, 134, 143, 211, 234~237, 239~249, 251, 254~258, 266, 267, 269, 271, 274, 277, 290~292
대중사회 234, 235, 239, 246, 247, 262
대중성 145, 149, 150, 188~190, 209, 210, 212, 213, 217, 218, 224, 225, 242, 243, 250~252, 258, 286~288
대중소설 120~123, 140, 147, 158, 159, 163, 187~190, 203, 208, 282
대중잡지 21, 139, 146, 219~221, 287, 289
대중지성 37, 276, 277
대중화 15, 37, 81, 112, 115, 116, 123~126, 128, 142, 143, 181~183, 191, 210, 249~253, 259~262, 265, 266, 274
『대한매일신보』 41, 56, 58, 61~64
'도덕' 161, 165~167, 169, 170, 174, 208, 220, 224
도사카 준 154~157
『동명』 41, 83, 91, 92, 95, 96, 280
『동아일보』 41~44, 80, 97, 101, 104, 110, 116, 117, 120, 135~137, 140, 146, 147, 148, 162, 173, 184, 185, 201, 202, 221, 225, 226, 280, 281, 283

ㅁ

매스 컬처/mass culture 28, 29, 240~242
매스미디어 46, 103, 112, 214, 218, 227, 240, 241, 287, 288, 291 →대중매체
매스커뮤니케이션 214, 216
『매일신보』 68~71, 75, 77~80, 88, 89, 114, 279

무산계급 102~104, 111, 119, 126, 135, 141, 143, 281
무산대중 104, 112~114, 118, 126, 127
무식 99~101, 281, 282
문맹 142, 180, 181, 184, 185
문승현 255~258
『문장강화』 171, 172, 193~195
『문학과 지성』 250
문화산업 14, 240, 267, 274, 288, 291
문화의 민주화 15, 242, 246, 249, 261, 274, 289, 290
'민중' 13, 15, 34, 38, 39, 41, 45, 60, 87~90, 102, 103, 104, 116, 137, 138, 171, 172, 180, 195, 207, 208, 225, 226, 233, 244~247, 249~251, 254~257, 259, 260, 287
민중문화 244, 247, 249, 251, 256, 266
『밀림』 152, 165, 167~169

ㅂ

박성봉 269, 270, 272~274
박종화 89, 90, 145, 146, 165
방송극 227, 234, 289
방인근 204, 221
백철 122, 134, 139, 140, 161, 188~190, 201, 203~208, 210~216, 218, 226, 285~287
백화소설 25, 51, 55, 89
번안소설 114
『별건곤』 104, 112~114
『별들의 고향』 238
'보통' 30, 39, 44, 55, 59, 60~63, 94, 276
보통교육 33, 54, 57~63, 84, 85, 279
보통지식 56~58, 61~63, 68, 94
본격문학 37, 213, 244, 250, 269
북한 문학 192, 196
불평등 79, 86, 279
비속 133, 134, 188~191, 211, 215

《비트 걸》 222~224

ㅅ

『사상문예운동』 263, 265, 266
사회주의 12, 99, 101, 104, 106, 112, 114, 142, 167, 169, 196, 266, 280, 281
'상식' 30, 44, 45, 55, 94, 151, 153~158, 160, 161, 170, 174, 242, 276, 284, 286
상업주의/상업적/상업화 46, 113, 163, 164, 174, 212, 215, 237~241, 256, 271, 289, 291
상품가치/상품성 47, 141, 150, 174, 187, 217, 239, 283
『삼천리』 104, 145, 146
성性 45, 204, 206, 286
속어俗語 25, 51, 65, 66, 68, 71, 89, 170, 172, 194, 279
순수문학 145, 147, 160, 186, 187, 215, 285
스키너, 퀜틴 34, 36, 40, 47
『시문독본』 68, 69, 71, 92, 279
식민권력 12, 71, 77, 79, 80, 110, 175, 280
신문소설/신문연재소설 42, 69, 70, 71, 90, 91, 114~117, 120, 140~143, 145, 148~151, 162, 163, 165, 169~171, 173, 174, 204~208, 211, 213, 215, 225~227, 237, 283, 286~289, 292
『신문장강화』 193~195
'신파' 30, 44, 228, 276, 277, 288
『실천문학』 250~252, 255, 259, 262

ㅇ

아雅 24, 34, 52, 65, 96
안막 126, 127, 191, 192
안함광 148, 150, 151, 163, 196
안회남 151, 157~160, 170, 174, 190, 284, 286
언어 맥락주의linguistic contextualism 34, 40
엘리트(주의) 205, 241, 245, 246, 263, 272, 291
염상섭 10, 11, 37, 91, 92, 95, 120 146, 269
예술성 91, 145, 147, 150, 165, 192 212, 217, 218, 256, 287
『우리말사전』 21~23, 201
윌리엄스, 레이먼드 26, 30, 34~36, 40, 46, 47, 111, 112
'윤리' 30, 44, 45, 203, 207, 276, 286
이광수 70, 117, 134, 172
이기영 130, 142, 143, 165, 175, 282
이무영 146, 147, 219, 220
이영미 228, 257, 258, 265, 271~274
이원수 220, 224
이원조 156~159, 170
이진희 216~218
이태준 22, 23, 26, 71, 146, 170~175, 186, 193~197, 284~286
인민 26, 40, 64, 76, 102, 179~181, 190~197, 250
임화 126, 127, 151~154, 158, 161, 165, 166, 174, 179, 181, 186, 190, 196, 197, 258, 284, 286

ㅈ

『자유부인』 204, 205
잔여 46, 47, 67
장선우 255, 256, 258
'재미' 90, 91, 183
'저급' 22, 23, 26, 27, 45, 90, 181, 188, 208, 217, 227, 265, 268, 277, 286, 290
저널리즘 133, 144, 148~150, 163, 190, 215, 283, 286
'저속' 12, 21~25, 30, 174, 189, 201, 205, 227, 240, 270, 273, 277, 287~289
전시체제 45, 138, 143, 161, 166, 173,

174, 284
정비석 202~206, 208
『조선어사전』 12, 22, 96, 135, 158, 179, 190, 279, 284
『조선일보』 41~44, 80, 81, 98, 99, 101, 104~106, 110, 115~117, 123, 135, 137, 140, 141, 148, 162, 173, 202, 226, 238, 280, 281, 283
조연현 186~190, 201~203, 206~208, 235, 285, 286
중일전쟁 13, 45, 136, 138, 161, 162
지식문화 37, 45, 98

ㅊ

『창작과 비평』 247~250
채광석 250, 251, 259, 260
천관우 215, 216, 218
청중 12, 78, 80, 97~99, 104, 105, 107~111, 116, 117, 125, 214, 216, 279, 281~283
『청춘극장』 212, 213
최남선 69, 92, 95
최인호 238

ㅋ

카프KAPF(조선프롤레타리아예술가동맹) 101, 102, 114, 123, 126, 127, 142, 147, 191, 253, 258, 281
코젤렉, 라인하르트 33, 34
『키워드』 35, 111, 112

ㅌ

텔레비전/TV 28, 202, 214~216, 234~236, 249, 268, 277, 278, 289
통념 153, 154, 158~160, 169, 170, 174, 264, 284, 285
통속강연 12, 13, 31, 43, 44, 71, 75, 77~81, 97~99, 104~107, 109~111, 114, 117, 125, 126, 135~138, 143, 174, 180~182, 184, 185, 279~283, 285, 289
통속교육 12, 54, 56~58, 76, 64, 65, 76, 84~86, 88, 185, 280
통속도덕 38, 60
통속문화 14, 15, 28, 37, 52, 71, 147, 240~242, 283, 285
통속운동 81~83
통속성 22, 29, 37, 39, 71, 91, 125, 143, 145, 147, 149~151, 154, 157~159, 161, 163, 164, 170~173, 175, 190, 196, 197, 205, 209, 212, 213, 236, 242, 243, 248, 249, 269, 270, 273, 284~287
통치성 45, 71, 78, 80, 185, 279, 280

ㅍ

포퓰러/popular 26, 28~30, 32, 35, 240, 241, 270, 272
『푸른 날개』 204, 206, 207
프롤레타리아 104, 114, 115, 117, 118, 120, 121, 124, 125, 127~129, 139, 143, 210

ㅎ

하위계층 11, 24, 47, 71, 276, 291
한문맥漢文脈 65, 66
한설야 128~130, 145~147, 175, 282
한식 148~150
한완상 245, 247, 250
한효 196
화법話法 92, 95, 117, 279, 284

기타

4·19 46, 221, 222, 225~227, 229, 233, 287, 292